中国文化概论

（第三版）

何晓明　曹　流◎著

首都经济贸易大学出版社
Capital University of Economics and Business Press
·北　京·

图书在版编目(CIP)数据

中国文化概论/何晓明,曹流著. --3版. --北京:首都经济贸易大学出版社,2019.4

ISBN 978-7-5638-2918-7

Ⅰ.①中… Ⅱ.①何… ②曹… Ⅲ.①中国文化—通俗读物 Ⅳ.①K203-49

中国版本图书馆CIP数据核字(2019)第040686号

中国文化概论(第三版)

何晓明 曹 流 著

ZHONGGUO WENHUA GAILUN

责任编辑 孟岩岭

封面设计 砚祥志远·激光照排 TEL: 010-65976003

出版发行 首都经济贸易大学出版社

地　　址 北京市朝阳区红庙(邮编100026)

电　　话 (010)65976483 65065761 65071505(传真)

网　　址 http://www.sjmcb.com

E-mail publish@cueb.edu.cn

经　　销 全国新华书店

照　　排 北京砚祥志远激光照排技术有限公司

印　　刷 人民日报印务有限责任公司

成品尺寸 170毫米×240毫米 1/16

字　　数 316千字

印　　张 18

版　　次 2007年10月第1版 2011年8月第2版
2019年4月第3版 2024年6月总第7次印刷

书　　号 ISBN 978-7-5638-2918-7

定　　价 39.00元

目　录

导　论

刚柔交错，天文也；文明以止，人文也。观乎天文，以察时变；观乎人文，以化成天下。

——《周易·贲卦·彖辞》

一、"文化"界说

讨论"中国文化"，须从定义"文化"入手。定义"文化"一词，须从认识"文"、"化"二字入手。

文，在甲骨文中写作纹理交错的形状，《说文解字》解释为"文，错划也，象交文"，由此衍生，又有文字、文章、条文、条理、装饰等意义。化，在甲骨文中写作一正一倒的两人之形状，指人的姿态的变动。由此衍生，又有变化、感化、教化等意义，因此，《说文解字》将其解释为"教行也"。"文化"二字联袂成词，较早见于西汉刘向的《说苑·指武》："圣人之治天下也，先文德而后武力。凡武之兴，为不服也，文化不改，然后加诛。"这里的"文化"，就是"以文教化"的意思。

现在人们的日常生活中，"文化"一词的使用非常频繁。有时，"文化"是指与政治、经济、军事相并列的人类社会活动的某一门类；有时，"文化"又仅仅是衡量某人受教育程度的评价尺度。在学者眼中，"文化"的定义简略但内涵饱满。梁启超说："文化者，人类心能所开释出来之有价值的共业也。[1]"梁漱溟认为，文化就是"生活的样法"[2]。本书将"文化"定义为"自然的人化"，即人类作用于自然界万事万物（包括人类自身）的全部活动。更准确地说，文化，即人类主体通过社会实践活动，适应、利用、改造自然界客体，逐步创造、传播、实现自身价值观念的过程。

---

① 梁启超：《什么是文化》，《时事新报》副刊《学灯》，1922 年 12 月 7 日。

② 梁漱溟：《东西文化及其哲学》，第三章，商务印书馆 1999 年版。

二、文化结构

作为一种社会历史现象，“文化”如同任何进入人们视野的研究对象一样，从其内部逻辑关系方面看，是可分的。或者说，是可建构的。换言之，对文化结构的解剖，是概论性文化研究的逻辑基础。

长期以来，对文化结构的研究一直是文化学、文化史学的热门课题。众家异说，杂沓纷纭。大致划分，有物质文化与精神文化两重结构说；物质、制度、精神三层次说；物质、社会关系、精神、艺术、语言符号、风俗习惯六子系统说；等等。这些研究成果言自成理，给我们的深入探讨提供了有益的启示。本书认为，“自然的人化”这一过程的成果体现，既反映在自然面貌、形态、功能的不断改观上，更反映在人类个体与群体素质（生理与心理的、工艺与道德的、自律与律人的）的不断提高和完善上。立足于这种主体与客体统一、物质与精神统一、技术体系与价值体系统一的文化观，本书将文化结构剖析为一个由外而内四层次组成的整体同心圆图式（见图1）。

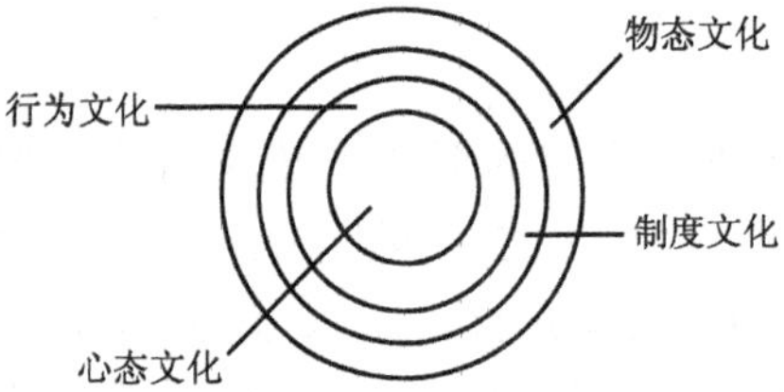

图1　文化结构图

（一）第一层次：物态文化层

人类加工自然物质而创制的器物，即“物化的知识力量”，构成物态文化层。它是人的物质生产活动方式及其产品的总和，是可触知的、具有物质实体形态的文化事物。物态文化以满足人类最基本的生存需要——衣、食、住、行——为目标，直接反映人与自然的关系，反映人类对自然界认识、利用、改造的深入程度，反映社会生产力的发展水平。

（二）第二层次：制度文化层

人类建立的各种社会规范、社会组织，构成制度文化层。简单地从自然界获得生存所需要的资料,是一般动物也能达到的智力水平和组织水平。人类高于动物的一个根本之处,就是他在创造物质财富的同时,又创造了一个规范化的社会环境,创造出一系列的不同于处理人与自然关系的,处理人与人(个体与个体、个体与群体、群体与群体)相互关系的准则,并将它们规范化为社会经济制度、婚姻家庭制度、政治法律制度等。人与人之间,形成家族、民族、国家等群体,结成经济、政治、宗教、教育、科技、艺术等不同性质的社团组织。这一部分文化成果虽然不直接与自然界发生关系,但它们的性质特点、发育水平归根结底是由人与自然发生联系的一定方式所决定的。

(三)第三层次:行为文化层

人类在社会实践尤其是在人际交往中约定俗成的习惯性定势,构成行为文化层。它以礼俗、民俗、风俗形态出现,见于日常起居动作之中,具有鲜明的民族、地域特色。民族的、时代的文化既有物质的标志、制度的规范,又有具体社会行为、风尚习俗的鲜活体现。“百里不同风,千里不同俗”,“一方水土养一方人”等俗语,便是对人类不同群体的行为模式、风俗习惯与其所处自然地理环境之间存在密切关系的描述和总结。以民风、民俗形态出现的行为文化,“首先是社会的、集体的,它不是个人有意无意的创作。即便有的原来是个人或少数人创立和发起的,但是它们也必须经过集体的同意和反复履行,才能成为民俗。其次,跟集体性密切相关。这种现象的存在,不是个性的,而是类型的或模式的。再次,它们在时间上是传承的,在空间上是播布的”①。

(四)第四层次:心态文化层

人类社会实践特别是思想意识活动长期积淀而成的价值标准、审美观念、思维方式等,构成心态文化层。就其发育的规范程度而论,心态文化又可划分为体现社会民众一般情感、愿望的社会心理和经过文化专门家归纳、整理、升华、抽象而成,关涉信仰、观念、思想、艺术理论体系的社会意识形态两部分。一般来说,社会心理是流行的、散乱的、不规范的民众心态,通常以要求、愿望、情绪等方式表现出来,比较直接地受到物质文化水平和社会制度的影响和制约。社会意识形态是文化专门家对民众心态进行理性思考、系统整理和艺术加工的思想结晶,通常以思想学说、著作文本、艺术作品等方式表现出来。

文化结构的层次性,不仅表现于与外在自然界联系的疏密有差,而且还表现于

① 钟敬文:《民俗学》,见《白山黑水》创刊号,东北师范大学中文系民俗学社编印,1984 年。

内在新陈代谢、遗传变异速率的快慢有别。一般而言，在我们划分的文化整体同心圆四层次中，越是靠近外缘的部分，其运动、变化的节奏越快。这是因为，在社会生活中，直接体现人与自然关系的生产力是最活跃的因素，它从根本上决定着制度、行为、心态的存在状态。人类文化的总体性进程往往是生产力的突飞猛进带来物态文化的革命性变化，由此引发社会规范、社会制度随之发生相应的进步，人们的行为举止、生活习俗更趋科学、文明，最终导致心态文化向着积极、健康、完美的境界不断演进。相对于物态文化而言，制度文化、行为文化、心态文化均不同程度地具有保守性，很难与前者保持同步演化，而且越是后者，其滞后性越强烈，变革起来也越为艰难。

这种由外而内、由快而慢的趋势，在进入构成文化内核的心态文化层内部后就会发生改变，即处于更核心部位的社会意识形态，相对于其外缘的社会心理，具有更为活跃的生命脉搏。这是因为，经由文化专门家创作加工，注入了丰富个性色彩的种种社会意识形态（如各种哲学、社会科学理论及文学、艺术思潮）是创造性思维的产物，往往具有活跃的变异性，尤其是在社会变革时代，可以在短期内屡屡发生新旧更替。与此相反，作为社会意识形态的背景和基础的社会心理，诸如潜藏在民众历史生活中的价值观念、审美情趣、思维方式等所构成的“民族性格”，因为是一种感性直觉的“潜意识”或“集体无意识”，难以被自觉把握和运作，从而具有更为顽强的稳定性，不一定对生产方式、社会制度的变化形成直接而迅速的反应。

三、中国文化的特征

依照以上关于文化结构的四层次划分，传统的中国文化在各层次上都有鲜明的特征。

（一）从物态文化层分析，中国文化是一种农业文化①

所谓农业文化，并非说构成这种文化的物态成分中没有其他产业的产品，而是说整个文化的物质基础的主导面和支配力量是在自然经济轨道上运行的农业。

黄河、长江哺育的亚洲东部这片肥沃的土地，为中华先民发展精耕细作的农业经济提供了优良的条件。最新研究表明，中国农业起源于第四纪冰川后期。大约在1万年前，农业生产方式便已在中国确立。距今6 000余年的仰韶文化、河姆渡文化遗址中，均发现了稻谷遗迹。3 000 年前的殷墟甲骨文中出现黍、稷、麦、稻等多种农作物名称字样，并有农事活动的丰富记载。秦汉以后，大一统的中央政权更

① 广义的农业，包含农、林、牧、副、渔诸业。

把“上农除末，黔首是富”定为基本国策，历朝帝王大都耕籍田，祀社稷，以“帝亲耕，后亲蚕”之类的仪式鼓励百姓勤于农桑之业。与世界各国相比，中国古代农业显示出毋庸置疑的先进性。当不少地区的农人还在使用木犁时，中国早已推广了牛耕与铁犁。欧洲人 18 世纪才发明条播机，中国却早在公元前 2 世纪的汉代便有了这种农具。古代中国的轮作复种、家禽舍饲、水利工程等技术也大大领先于世界其他国家。历史遗留下的 300 多种农书，更是古代农业高度发展的经验总结和文本证明。几千年里，中国人的主体——农民“日出而作，日入而息，凿井而饮”，躬耕田畴，世世代代，年复一年地从事简单再生产，成为国家赋役的基本承担者，这就造就了中国古代文化的农业形态特征。进入近代，随着大机器生产和新的生产方式的引进，中国社会开始从自给自足的农耕经济形态中解脱出来。但是，直到今天，农业仍然是整个国民经济的基础产业。这一事实，正可帮助我们理解中国文化源远流长的农耕传统。

（二）从制度文化层分析，中国文化是一种宗法文化

中国古代的社会制度和组织发生过种种变迁，但由氏族社会遗留下来，以父系家长为中心，以嫡长子继承制为基本原则的宗法传统却延续数千年之久，直到近代还保留着明显的痕迹。

宗法制度源于原始社会父系家长制家庭公社成员之间牢固的亲族血缘联系，是这种血缘联系与社会政治等级关系密切渗透、固结的产物。它的确立期在西周。在宗法制度下，君主自命天子，“奉天承运”，治理普天之下的土地和臣民。从政治关系看，君主是天下的共主；从宗法关系看，君主又是天下的大宗。君主之位，由嫡长子继承，世代保持大宗地位，其余王子则封为诸侯，相对于嫡长子为小宗，但各自在其封国内又为大宗。诸侯之位亦由嫡长子继承，余子则封卿大夫。卿大夫以下，大、小宗关系依上序。

宗法制度兼备政治权力统治和血亲道德制约的双重功能。这一特点，奠定了中国传统制度文化的定式。虽然说严格意义上的宗法制度在西周末年已开始瓦解，但它的影响却长期笼罩着中国社会，父系单系世系原则的广泛实行，家族制度的长盛不衰，尤其是“家国同构”现象的持久延续，都是其顽强表现。

“家国同构”即家庭—家族与国家在组织制度方面的同一性。这种同一性，从根本上讲是源于氏族社会血缘纽带解体不充分而遗留下来的血亲关系对于人们社会关系制度化的深刻影响。家与国，其组织系统和权力配置都是严格的父家长制。家是小“国”，国是大“家”。在家庭、家族内，父系家长地位至尊，权力至大；在国内，君主地位至尊，权力至大。这种至高无上的地位、权力，并不因个人生命的中止

而停辍，而是通过血脉遗传，代代相继。“家人有严君焉，父母之谓也。”①“夫君者，民众父母也。”②简言之，父为“家君”，君为“国父”。君父同伦，家国同构，宗法关系因之渗透于社会整体，甚至掩盖了阶级关系。中国古代社会地缘政治、等级制度等社会结构，也因而始终未能完全独立于血亲—宗法关系而存在。也正由于此，直到20世纪新民主主义革命运动兴起，还要将宗法制度及其具体表现——专制政权、族权、神权、夫权一并作为革命的基本目标。

（三）从行为文化层分析，中国文化是一种礼仪文化

中国素称“礼仪之邦”，礼仪习俗历史悠久，影响极为广泛。在古代中国，“礼”既是“立国经常之大法”，又是“揖让周旋之节文”，具有社会政治规范和行为道德规范两方面的内涵。“礼”宽广的覆盖面使它得以成为中华民族行为文化高度浓缩、抽象的概括。

礼，原作“禮”，本义指祭神的器物和仪式，早在周代，便已产生“规范”、“礼治”的引申义，“礼，经国家，定社稷，序民人，利后嗣者也”③。春秋时代，儒家高度推崇礼，以“克己复礼”为思想旗帜，与墨、道等家展开激烈争鸣。汉代以后，统治阶级最终选择儒学作为统治思想的理论指导。在这种背景下，儒学对周礼的推崇由一家一派的学术倾向转变为全社会的文化倾向。汉儒全身心地发掘、整理先贤著作、思想，对“礼”作出更明晰的阐释：“夫礼者，所以定亲疏，决嫌疑，别同异，明是非也。”礼，成为判定社会成员一切言行是否适宜的统一尺度，“修身践言，谓之善行，行修言道，礼之质也”④。礼作为全体社会成员都自觉自愿受其制约的行为规范，其可接受性基础在于，礼并非社会强加给人的外在的规章法则，而是切合人的本质、人的本性的内在情感满足方式，“礼者，因人之情而为之节文，以为民坊者也”⑤。

礼在周代已施行于周王室，但在各诸侯国并不普及。春秋战国时期，社会动荡，礼崩乐坏。秦汉以后，儒生承亡继绝，重建礼制，而且将其规范化、普及化、世俗化，编织出一张笼天地、纳人神、齐万物的周密的文化网络。孔子“非礼勿视，非礼勿听，非礼勿言，非礼勿动”的人生信条，被具体化为从治国理家、求道问学一直到婚丧嫁娶、衣食住行等日常生活方方面面的精细守则。周代施行于贵族王室的礼

---

① 《易·家人》。
② 《新唐书·礼三本》。
③ 《左传·隐公十一年》。
④ 《礼记·曲礼》。
⑤ 《礼记·坊记》。

仪，一变而成为社会各阶层共同遵循的行为规范。

汉代以后，这些无微不至甚至流于烦琐的人生守则，大大约束了社会成员欲望追求、情感宣泄、意志表达的方式，从行为特征上，铸就了中华民族温、良、恭、俭、让的整体风貌。

（四）从心态文化层分析，中国文化是一种伦理文化

宗法式的伦理道德，强烈而持久地左右着社会心理，以血缘关系为基础的伦理观念及其理论形态，构成中国文化意识形态系统的核心。

在社会心理方面，中国人向来表现出对血缘亲疏关系格外注重，其语言体现是亲属称谓系统的庞杂精细。这一系统在父母系、嫡庶出、长幼序等方面有极严格的规定。英语中 uncle 和 aunt 的汉语对应词，竟有伯父母、叔父母、姑父母、舅父母、姨父母五种之多。与此相联系，中国人往往怀有浓烈的“孝亲”情感，这种情感不仅表现为对死去先祖的隆重祭奠，更表现为对活着的长辈绝对顺从、孝敬，所谓“百善孝为先”，“尊亲”成为中华民族古已有之的道德本位。在中国文化系统内，孝道被视为一切道德规范的核心和母体，忠君、敬长、尊上等等，都是孝道的延伸。“夫孝，始于事亲，中于事君，终于立身。[1]”中国人虽然也崇拜天神，但没有希伯来人、印度人、欧洲人、阿拉伯人那样的虔诚和狂热。耶稣受难曾激发起欧洲人无以名状的心灵震撼，而中华民族却以“如丧考妣”来形容悲伤至极的情感。正是由于“孝亲”意识笼罩社会，才使得绝大多数炎黄子孙不致成为“六亲不认”、“无父无子”的狂热宗教信徒。从这个意义上说，纲常伦理观念如同一具庞大严密的“思想滤清器”，阻挡、淡化了宗教精神对国民意识的渗透。与基督教、伊斯兰教、印度佛教相比，中国宗教在禁欲、绝亲等关系世俗人伦方面，总是留有充分的余地。佛教传入中国以后，在尽孝、尽忠这伦理的两大端上有所修正，汉译佛典甚至伪造《父母恩重经》，阐发孝道，宣扬忠君，这才获得民众的理解，得以顺利发展。

作为社会心理表现的理论升华，伦理道德之学当仁不让地成为中国学术的首要重心，影响极大，导致道德论与本体论、认识论、知识论互摄互涵、畛域不清。在古希腊、罗马，人们首先关注的不是人际伦常关系，而是大自然和人类思维的奥秘，因此，主体与客体两分、心灵与物质对立的观念应运而起，宇宙理论、形而上学得以发展。以柏拉图为代表的古希腊哲学体系三分为思辨哲学、自然哲学和精神哲学，此后直到近代，西方以“求真”为目标的学术范式一脉相承，宇宙论、认识论与道德

---

① 《孝经·开宗明义》。

论各自独立发展，虽然有联系，但从未混同。

中国则不同。人伦效法自然，“人法地，地法天，天法道，道法自然”①，自然亦被人伦化，天人之间攀上血亲关系，君主即“天子”，从而形成天人合一、主客混同的局面。中国古代的知识论从未与伦理道德论区分明晰，求学的主要目标不是在“真”——探索自然奥秘，而是在“善”——追求德行觉悟。外在的自然界既未被当做独立的认识对象与人伦相分离，以外物为研究对象的科学便遭到冷遇和压抑，自然科学、思辨哲学因此都难以获得充分发展，伦理学却滋生扩张，甚至成为众多学科门类的出发点和归结点。政治学成为道德评判，政事被归结为善恶之别、正邪之争、君子小人之辨；文学强调教化功能，成为“载道”的工具；史学往往不以存史为基本任务，而以“寓褒贬，别善恶”为宗旨；教育更以德育居首，所谓“首孝悌，次见闻”②，“行有余力则以学文”③，知识的传授只能退居其次。

从心态文化层次上比较，如果说西方文化是“智性文化”，那么中国文化便可称之为“德性文化”。德性文化鼓舞人们注重品行修养，自觉维护正义，忠于国家民族，保持高风亮节，自有其积极的一面；但同时它又具有将伦理关系凝固化、绝对化的弊端，以致在某种情况下成为人身压迫和精神禁锢的理论之源。

四、学习、研究中国文化的意义

2017 年 1 月，中共中央办公厅、国务院办公厅印发了《关于实施中华优秀传统文化传承发展工程的意见》（以下简称《意见》）。《意见》提出，到 2025 年，中华优秀传统文化传承发展体系基本形成，研究阐发、教育普及、传播交流等方面协调推进并取得重要成果。

学习、研究中国文化，对于中华民族审视历史、解剖自身、创造未来，具有积极的现实意义。运用文化结构分析的理论工具，我们可以厘清中国文化发展的基本路向：在物态文化方面，尽快完成从自然经济型农业文化向商品经济型综合产业文化过渡；在制度文化方面，清除宗法关系的遗存，打破“家国同构”定势，建立起以民主法治为基础的公正、和谐的人际关系、社会规范和政治格局；在行为文化方面，继承“礼仪之邦”的文明遗产，同时革除其烦琐、僵化的历史积垢，重塑中华民族文明、礼貌、活泼、雄健的精神风貌；在心态文化方面，发扬伦理文化注重道德修养、调节人伦关系的优长，以避免西方近代化过程中普遍发生的科技进步与道德沦丧二

---

① 《老子·二十五章》。

② 《三字经》。

③ 《论语·学而》。

律背反的历史悖论，同时高扬科学意识，倡导理性思辨，将立德、立功、立言的传统训诫与求真、求善、求美的时代观念结合起来，在推进科技进步与社会发展的过程中，完成民族价值标准、思维方式、文化心理的现代转换。当前，我们应该特别注意制度文化、行为文化和心态文化变革相对于物态文化演进的“滞后性”特点，在加速生产力发展和科学技术革命的同时，积极稳妥地推进经济体制、政治体制改革，建设社会主义精神文明，推进社会主义和谐社会的建设，以理性精神和求实态度继承传统，变革传统，从而创造出生机蓬勃的21世纪中华民族新文化。

思考题：

1. 怎样理解“文化”即“自然的人化”？

2. 谈谈你对中国文化特征的认识与评价。

第一章 富饶家园 锦绣河山

江山如此多娇，引无数英雄竞折腰。

——毛泽东：《沁园春·雪》

中华民族的文化创造活动，是在一定的空间范围内展开的。

翻开地图，我们看到，在亚洲东部、太平洋西岸，中华人民共和国版图的形状恰似一只雄鸡，巍然傲立。黑龙江似鸡冠，新疆、西藏似鸡尾，台湾和海南岛如同鸡爪。根据测绘资料，我国领土的最东端在东经 135 度黑龙江与乌苏里江主航道会合处，最西端在东经 73 度帕米尔高原上，东西相距 5 000 余公里，跨经度 60 多度，东西时差 4 个小时。当乌苏里江畔旭日东升时，帕米尔高原还是星斗满天。我国领土的最北端在北纬 53 度漠河以北黑龙江主航道中心线上，最南端在北纬 4 度南沙群岛曾母暗沙，南北相距 5 500 公里，跨纬度 50 度左右。当大兴安岭千里冰封之时，南国的海岛上依然是一派盛夏景象。国土总面积约 960 万平方公里，仅次于俄罗斯和加拿大，位居世界第三。"在这个广大的领土之上，有广大的肥田沃地，给我们以衣食之源；有纵横全国的大小山脉，给我们生长了广大的森林，贮藏了丰富的矿产；有很多的江河湖泽，给我们以舟楫和灌溉之利；有很长的海岸线，给我们以交通海外各民族的方便。从很早的古代起，我们中华民族的祖先就劳动、生息、繁殖在这块广大的土地之上。"①这里是中华民族生息繁衍的热土，是我们引以为自豪的富饶家园、锦绣河山。

一、中国疆域的渐次拓展

在上百万年的历史长河中，中华民族生活的地理疆域屡经变动，这其中既有因自然地理因素所致，"高岸为谷，深谷为陵"，"沧海桑田"；更多的则与社会政治状

① 毛泽东：《中国革命和中国共产党》，《毛泽东选集》一卷本，人民出版社 1964 年版，第 584 页。

况相关。历代统治者振武开疆，不断扩充帝国的版图，而一旦国势衰微，又不得不向后退缩。因此，历史地看，中国疆域基本是一个动态的概念。中华人民共和国成立后，20世纪60年代，中国政府相继与缅甸、尼泊尔、蒙古、巴基斯坦、阿富汗、朝鲜等国签订边界条约。1991年，中国与老挝的边界条约签订。1999年，中国与俄罗斯签订《全面勘分边界条约》，同年与越南签订《陆地边界条约》。2005年，中国与印度就解决边界问题的政治指导原则达成一致①。至此，我国疆域的边界问题基本解决。

从历史上看，除去少数几个王朝大规模对外军事征服而带来短暂的统治区域急剧扩充外，中华民族生活的疆域大致呈现一种渐次拓展的趋势。中国古代典籍对于中华先民栖息地所作的较为确切的宏观描述，首见于《尚书·禹贡》：

> 东渐于海，西被于流沙，朔、南暨声教，讫于四海。

这种战国时代形成的华夏族的"四至"观，对后世影响深远。从《史记》到《清史稿》，历代正史对于各朝疆域的描述，都是在此基础上增益、发挥的。

《史记·秦始皇本纪》这样描述秦代疆域（图1－1）：

> 地东至海暨朝鲜，西至临洮、羌中，南至北向户，北据河为塞，并阴山至辽东。

《旧唐书·地理志》描述唐代疆域：

> 东至安东府，西至安西府，南至日南郡，北至单于府。

《宋史·地理志序》描述宋代疆域：

> 东南际海，西尽巴楚，北极三关。

《元史·地理志序》描述元代疆域：

> 北逾阴山，西极流沙，东尽辽东，南越海表。

《明史·地理志》描述明代疆域：

> 东起辽海，西至嘉峪，南至琼崖，北抵云朔。

《清史稿·地理志》描述清代疆域（图1－2）：

---

① 中印双方同意，考虑双方的历史证据、民族感情、实际困难、合理关切与敏感因素，以及边境地区的实际情况，边界应沿着双方同意的标志清晰和易于辨认的天然地理特征划定。

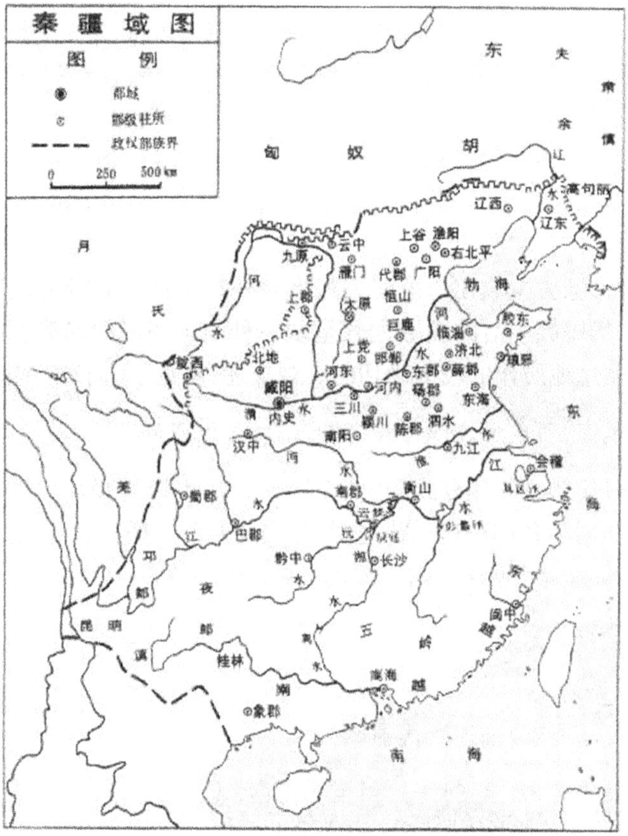

图 1－1　秦疆域图

东极三姓所属库页岛，西极新疆疏勒，至于葱岭，北极外兴安岭，南极广东琼州之崖山。

根据以上典籍记载和近年来历史地理研究的新成果，我们可以大致勾勒出中国疆域变迁的基本轮廓：

原始社会时期，中华先民活动的足迹已经分布在松花江、黄河、长江、珠江流域以及蒙古高原、黄土高原、云贵高原的广大地区。

夏、商、西周三代，中华先民的政治、经济活动的中心，集中于黄河流域和长江流域。春秋战国时期，列强争霸，竞相拓展领地，岭南、漠北及云贵地区与中原的各方面联系日益密切。

秦统一中国，其确立的中央政权控制疆域大致东北起自今鸭绿江口，北部边境

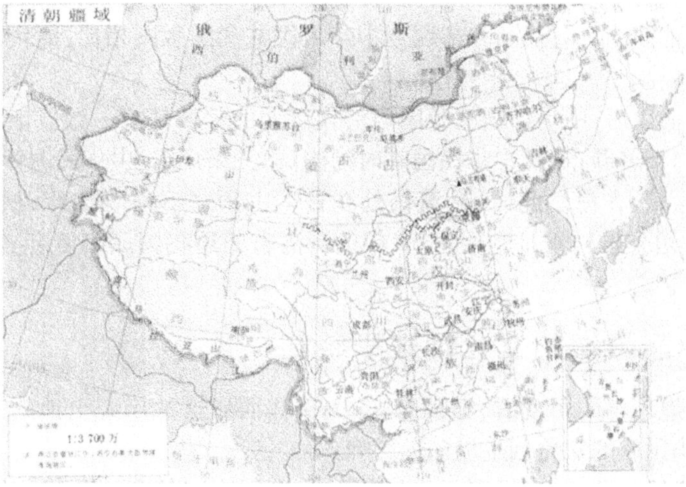

图 1－2　清前期疆域图

沿长城向西至河套地区，西部边境在今银川、兰州、临洮、成都、昆明一线，东、南临海。

汉朝是中国历史上的强盛王朝。与国力鼎盛相应，疆域也大大扩展。这主要体现在西域都护府的建立上，西至伊犁河流域、葱岭的广大地区被置于中央政府控制之下。与此同时，鲜卑、肃慎、夫余族居住的松花江、辽河流域，及东至日本海的广大地区，匈奴族生息的蒙古高原，北至贝加尔湖一带，发羌族活动的青藏高原都与中原地区发生经济贸易、文化交流的密切关系。

唐代疆域在汉代基础上又有拓展。在其全盛期，北至蒙古高原、贝加尔湖直至安加拉河、叶尼塞河流域；东至朝鲜半岛；西至咸海；南至北部湾、海南岛的辽阔版图，都被直接置于中央政权控制之下。

两宋时期，各族政权并立，赵宋王朝控制区域不断缩小，而北方少数民族政权辽、西夏、回鹘以及西辽、金的版图则在动荡之中呈扩大之势。但是总括而言，这一时期中华各族活动的区域大致与唐代保持一致。

元代重新统一中国，诸政权并立局面结束。东北至库页岛、鞑靼海峡；北至勒拿河、叶尼塞河流域；西至葱岭；西南至喜马拉雅山脉；东、南临海的空前规模的辽阔版图被置于中央政权控辖之下。这是中国历史上中央政权直接控制地区最大的时期。

明代，瓦剌、鞑靼人控制了蒙古高原及其以北地区，明中央政权统治区域有所缩小。但是，奴儿干都司的建立，大大强化了东北地区与关内中原的联系。

清代疆域的东北方向比明代稍有收缩，但在西北方向却大有扩展，中央政府加强了对西藏地区的实际控制。与现今中华人民共和国版图相比，清代疆域还包括了今蒙古全境。

辛亥革命以后，中华民国的版图与清代后期的疆域基本一致。南京临时政府时期，孙中山签署颁布的《中华民国临时约法》第三条规定：中华民国领土为22省、内外蒙古、西藏、青海。此时，台湾仍处在日本占领之下。1945年，根据《开罗宣言》和《波茨坦公告》，被日本侵占50年的台湾省归还我国。1946年，中国政府承认外蒙古独立。

二、中国疆域的文化地理学特征

从文化地理学的角度看，亚洲东部、太平洋西岸这片广袤土地的若干鲜明特征，给予中华民族的文化创生以深远影响。

第一，气候类型完备，地形、地貌繁复，为中国文化的多样化发展准备了地理基础。

当我们把中华疆域置于世界地理的总背景下加以考察时，就会发现它的明显特征：地域广大，地形、地貌、气候条件繁复多样，这是埃及、巴比伦、希腊、印第安等古老文明的发祥地所难以比拟的。

古埃及、巴比伦文明的发生地——尼罗河流域、两河流域的地形地貌大体是山岭、沙漠包围的冲积平原，气候均属于干燥的热带、亚热带气候；古印度文明的摇篮虽然地形地貌较复杂，而气候却基本囿于热带；古希腊、罗马的地形地貌大体是山海相间，缺乏阔大气象，气候则只有地中海气候一种类型；印第安诸古文明所依托的地区的地形和气候，也局限于某种单一类型。相比之下，中国则与上述地区大不相同。

中国的地势西高东低，山地、高原和丘陵约占陆地面积的2/3，盆地和平原约占陆地面积的1/3。这就为多种产业、多种经济类型的发生，提供了完备的自然条件。

按地理环境的一个重要因素——气温带分类，人类可以粗略地区别为寒带民族、温带民族和热带民族。由于温带气候适中，提供了远较寒、热带为优越的生产、生活条件，所以，温带成为人类文明最早的发祥地和繁盛之区。黑格尔据此断言："历史的真正舞台所以便是温带，当然是北温带。"①马克思继承了黑格尔的这一观点，并作了进一步发挥：

① 黑格尔：《历史哲学》，上海书店出版社1999年版，第86页。

资本的祖国不是草木繁茂的热带，而是温带。不是土壤的绝对肥力，而是它的差异性和它的自然产品的多样性，形成社会分工的自然基础，并且通过人所处的自然环境的变化，促使他们自己的需要、能力、劳动资料和劳动方式趋于多样化。①

中华疆域自南向北，随着太阳辐射与气温的变化，依次为热带、亚热带、暖温带、中温带、寒温带等五个温度带，其中大部分属于北温带，亚热带区域也不小。明人冯应京曾论及“中华地分三”，“南方大热，北方大寒，中央兼寒热”；“东西高下亦三别”，“东方大温，西方大凉，寒热不同，阴阳多少不一”②。这种明显的自然地带性，在世界各国中是无与伦比的，具备了农业经济多样发展的地理基础。例如，秦岭—淮河以北成为以小麦、粟米为主要作物的旱地农业区，秦岭—淮河以南成为以稻米为主要作物的水田农业区。而由东南沿海向西北内陆，随着降水量的递减，又依次出现森林、草原和沙漠，形成东南部农耕区与西北部游牧区并立的格局。由于我国位于亚欧大陆的东南部，东、南濒临太平洋和印度洋，巨大的海陆对比和海陆之间的热力差异，形成了明显的东亚特有的季风气候。除了青藏高原的大部和西北内陆地区以外，广大东部和南部，甚至包括青藏高原的一部分地区，均受到夏季季风的影响。与世界上同纬度地区相比，我国北回归线附近地区，与北非撒哈拉沙漠、阿拉伯半岛上阿拉伯沙漠、印度的塔尔沙漠纬度位置相当。但在我国的锦绣江南并没有出现这样的荒漠景观，实是受惠于季风。特别是我国的亚热带地区，因受季风影响，温度高、降水多，成为世界上亚热带自然资源最为丰富的地区。

在地形上，中国呈西高东低的阶梯形地势，地貌类型多种多样，有巍巍的群山，壮阔的高原，大片的沙漠荒原，巨大的盆地，宽广的平原，众多的河湖，漫长的海岸线，浩瀚的海洋和星罗棋布的岛屿。中国文化内部的南北之别、东西之异，正植根于这种与地理环境有密切关系的经济生活的土壤之中。

中国文化自其发生期，就因环境的多样性而呈现出丰富的多元状态。至迟到春秋战国时期，各具特色的区域文化即大体成形。东临沧海、山海兼备的齐鲁文化大相歧异于位处“四塞之地”的秦文化，地居中原的三晋文化不同于南方的楚文化，同在长江流域而分处上、中、下游的巴蜀文化、楚文化与吴越文化也各具特色。至于“天苍苍，野茫茫，风吹草低见牛羊”的北方草原文化与“处近海，多犀、象、毒冒、珠玑、银、铜、果、布之凑”③的岭南文化，更是大异其趣。这些文化类型的形成当然

① 马克思：《资本论》第1卷，人民出版社1975年版，第561页。

② 《月令广义·方舆高下寒热界》，引《内经释》。

③ 《汉书·地理志》。

更直接地受到人文因素的作用,不过自然地理环境的多样性毕竟是文化多样发展的基础。

第二,纵深广大,回旋天地辽阔,为文化中心的转移提供了充足的空间条件。

中国疆域幅员广大,腹地纵深,是世界大多数古文化区所难以比拟的。古埃及文明滋生于尼罗河第一瀑布(今阿斯旺附近)以下直至尼罗河三角洲的1 000多公里长、总面积不过3万至4万平方公里的狭窄河谷平原。正因为如此,希罗多德称埃及是“尼罗河的赠礼”。美索不达米亚文化发轫于两河流域上游的扇形山麓地带(今土耳其东南部与伊拉克交界处),后又进入底格里斯—幼发拉底河河谷。这一地区几万平方公里适宜农耕的土地,加上地中海东岸今叙利亚、黎巴嫩滨海地区组成的所谓“肥沃新月带”,就是美索不达米亚文化的摇篮。其面积虽较尼罗河河谷及三角洲为大,但格局终究有限。古希腊文化起源于克里特岛和伯罗奔尼撒半岛的滨海地区。在被崇山峻岭所包围、面对海洋的土壤贫瘠的小平原上,形成若干个面积数百至数千平方公里不等的城邦。负山面海,腹地狭窄的地理环境,逼迫古希腊人向海外拓展生存空间。属于印第安系统的玛雅文化和阿兹特克文化,囿于中美洲狭窄的山地和丛林;领域稍为开阔的印加文化,也很少越出安第斯高原,主要分布在今秘鲁西部山地。

与以上各古老文化相比,中国文化大厦有一个远为宽广的地基。

中国文化重要的发祥地之一是黄河流域。在古代,这片七八十万平方公里的黄土高原和冲积平原,水土滋润,林茂草肥,华夏先民在这里狩猎、放牧,进而发展农耕业,奠定了文明的根基。近几十年的考古发掘表明,不唯黄河流域,而且长江流域、辽河流域以及西南地区,也有长达四五千年的文明史,同样是中华文化的摇篮。学术界一般把文字的发明、城市的建立和金属器皿(青铜器或铁器)的制造视做“原生型”文化形成的标志。这三种文明标志在中国南北东西各地都有考古发现。至迟到春秋战国时期,中国疆域内部已经大体形成三晋、齐鲁、燕、秦、楚、吴越六大文化区。可能成书于战国的《尚书·禹贡》把当时的版图划分为冀、兖、青、徐、扬、荆、豫、梁、雍九州,约略反映了春秋末期以来中华先民栖息生养的地理范围。战国末期成书的《吕氏春秋》更对九州的地域有确切划分:

> 何谓九州?河汉之间为豫州,周也;两河之间为冀州,晋也;河济之间为兖州,卫也;东方为青州,齐也;泗上为徐州,鲁也;东南为扬州,越也;南方为荆州,楚也;西方为雍州,秦也;北方为幽州,燕也。[1]

---

[1] 《吕氏春秋·有始览》。

“九州”包括燕山山脉以南、五岭以北、青藏高原以东的广大区间，面积在300万平方公里左右。这是上古以来中华先民所着力开发的地区。在同期世界文明古国中，其领域的宽广辽阔罕见其匹。这就为中国文化中心的多次转移提供了充足的空间回旋条件。

几千年来，中国文化的中心大体沿着自西向东，继之又由西北向东南的方向转移。这从各朝代文明的中心——首都的迁徙中，可以看出清晰的轨迹。

与多数国家拥有较稳定、单一的首都不同，中国的京城多次转移。而在其他国家，从古罗马到现代意大利，首都一直在罗马；巴黎自5世纪至今依然是法国首都；英国从中世纪七国战争以后始终立都伦敦。中国古代先后涌现过数以百计的都城。上古时期，作为“政治与文化之标征”的都邑皆在东方①，且极不稳定，自商王盘庚迁殷（今河南安阳附近），方有较固定的都邑。安阳、西安（图1－3）、洛阳、开封、南京、杭州、北京成为著称于世的中国七大古都。

七大古都分布于中华大地的中、西、南、北、东，似乎散漫无序，然而，它们绝不是凌乱的杂凑。古都位置的更替，隐含着深刻的历史机缘，是文化中心转移的绝好的地理表征。

殷商以来，黄河中下游即中原一带，是全国最富饶的区域，又是兵家必争之地。把握中原，就意味着把握住天下。因此，从殷周至隋唐，国都始终在中原徘徊。今安阳、西安、洛阳一带多次被选为国都，原因盖出于此。

图1－3　古都西安的大雁塔

① 王国维：《殷周制度论》，《观堂集林》卷十，中华书局1959年版。

在黄河流域以政治经济中心雄踞中华之时，长江流域的开发也取得长足进步。两晋时期，北方兵燹连绵，“中州仕女避乱江左者十六七”①。唐、宋时代，每当北方发生战乱，人民便如潮水般南迁，几成通例。较之北方，南方的经济发展水平自晋、唐以至两宋逐渐超越北方。然而，经济重心的南移并不意味着政治—军事重心的随之南移，因为后者的确立除经济因素外，还有别种动力，如地理位置居中以驭四方、择都的习惯性标准、抵御北方游牧民族的基本战略考虑等，使得经济重心已经南移的诸王朝，大多仍将首都设于北方。不同于以往的是，这些王朝越来越依重于东南财赋的支撑。隋、唐先后从长安迁都于洛阳（定洛阳为东都），北宋更东移京师至开封，以靠近运河干道，都表明文化中心由西向东迁移的明显态势。

以宋代分界，此前中国都城主要在东西轴线上移动，此后则主要在南北轴线上移动。南宋迁都临安，金朝立都燕京，元代以大都为京师，此后，北京成为明清两代国都。

进入近代，中国文化中心进一步向东南倾斜。受西方近代资本主义文明的影响，东南沿海各省“得风气之先”，最先涌现出一批“睁眼看世界”并进而“向西方求真理”的人物，如福建的林则徐、严复，广东的洪秀全、洪仁玕、郑观应、康有为、梁启超、孙中山，江浙的冯桂芬、王韬、马建忠、张謇、章太炎、鲁迅等。与这些先进人物的出现互为因果，近代新学、近代政治运动连同近代资本主义生产方式也在东南诸省发轫、兴起，以锐不可当之势向内地延伸、推进，形成由南而北、自东向西的运动方向，这与中国古代经济文化重心由北而南、由西而东的迁徙方向恰好相反。

综观中国文化史，呈现一种东方不亮西方亮、北方衰落有南方的此伏彼起状态。这与诸多地域狭小的古代文明在遭受异族入侵或者重大自然灾祸时，因无回避转圜之区而陷入毁灭的情况大不相同。从这个意义上讲，中国疆域幅员辽阔、腹地纵深的特征，大有益于中国文化的多样化发展，大有益于中国文化的曲折延续而不致中绝。

第三，与其他文明中心相距较远，导致中国文化发展的相对独立性。

中国疆域东濒茫茫无际的太平洋，北临漫漫戈壁和浩瀚的原始森林，西部则万里黄沙与高山雪峰相连，西南壁立着世界上最庞大而高峻的青藏高原。这样一种与外部世界相对隔绝的状态，对于中国文化特质的形成和发展的影响，深刻而久远。

古代世界可分为四大文明区，即东地中海文明区（古埃及、巴比伦、亚述、腓尼基、古希腊等）、南亚次大陆文明区（古印度及其周边地区）、东亚文明区（中国、朝

① 《晋书·王导传》。

鲜半岛、越南、日本等)、中南美印第安文明区(玛雅、阿兹特克、印加)。除印第安文明以外,东半球诸文明之间,几千年来程度不同地保持着各种联系。不过相对而言,以中国文化为核心和主体的东亚文明区,因地理环境的阻隔而获得较大的独立性,它的文化发生期是在与其他文明区少有联系的情况下度过的。

东地中海文明区诸古文明彼此的交流关系比较密切。古埃及与美索不达米亚相距不过1 000公里,没有难以逾越的地理障壁横亘其间。这两个最古老的文明历来声息相通,古埃及的象形文字最初便受美索不达米亚图画文字的启发,二者的农业及手工业技术、数学、天文历法知识等也多有交流。东地中海文明与南亚文明的交流也很频繁。它们之间虽然有伊朗高原相隔,但其间通道纵横,山口甚多,人员、物资和精神产品自古多有往还。在两河流域曾发现古印度哈拉巴文化的印章,这表明两个古老文化早在公元前2 000年即已建立起实在的联系。

与此形成对照,以中国文化为主体的东亚文明与区外诸文明的联系,大体发生在公元纪年以后,这几乎比上述几个文明区之间的交往晚了近3 000年。

东亚文明区与东地中海文明区分处亚欧大陆东西两端,相距万里之遥,其间不仅有崇山峻岭、沙漠盐原相隔,而且中亚一带历来栖息着强悍猛鸷的匈奴、突厥等游牧民族,阻碍着两大古老文明的交往。亚欧大陆东西两端文明第一次有史籍可考的直接接触,发生在东汉后期桓帝延嘉九年,即公元166年,其时大秦王安敦(今译马可·奥勒略)遣使抵汉,带来象牙、犀角等物产。此后,二者的交往也多通过匈奴人、突厥人、安息人、条支人间接进行,因而规模和力度都大受局限。东西方文明的大规模碰撞和交融,迟至近代才正式展开。

东亚文明和南亚文明在古代的联系,其深度和广度远远超过与东地中海文明的交往。然而,中国接受南亚佛教文化始于公元初年,此时距离中国文明的发生期,也已经相当遥远了。

文化发生学告诉我们,任何一种文化的特性,首先在该文化的发生期决定。美索不达米亚、古埃及、古印度、古希腊等古老文化,早在公元前两三千年,即其发生期,便彼此渗透,相互影响,从而形成千丝万缕的联系,你中有我,我中有你,并无严格的此疆彼界。然而,中国文化的发生期,大体是在与东亚文明区以外诸文化相隔离的情况下独自完成的,因而中华民族是一个颇具独创性的民族,其文化有着鲜明的独特性和自主性,与东地中海文化和南亚文化大相径庭。以文字为例,中国自殷商通用至今的表意方块字,与发源于美索不达米亚,后来流行世界大多数地区的拼音文字其渊源和特性都迥然相异,成为世界文化史上独成一统的特例。当然,历史地看,中国文化的各部类都曾广采博纳外来文化的精华,但那是在文化的发生过程大体完成,文字、思维方式、社会结构的基本风格和定势确立以后,才渐次与南亚及东地中海文化相交会的。这种交会对诸文化彼此间的激荡也相当深刻，但毕竟是两个格局和定势已经大定的系统之间的交流，恰如性格定型后的成年人之间的相互影响，尽管也可能比较强劲有力，但终究不能与少年儿童性格形成时期受到的刻骨铭心的影响相提并论。

三、中国疆域特征的影响

中国疆域相对封闭的格局为中国文化提供了独立发生、发展的地理前提，并产生了深远的影响。

影响之一，使中华文化较完整地保留了民族传统，获得了前后递进、陈陈相因的延续性。

中国文化虽然与中亚、西亚的草原—绿洲文化进行过成效卓著的交流，并在相当的深度和广度上采纳了南亚次大陆佛教文化的精华，明清之际又与欧洲近代文化有所沟通，但截至鸦片战争之前，中国文化并未经受过外来文化的根本性挑战，从而一直保持着自身的风格和系统，如学术上的先秦诸子学—两汉经学—魏晋玄学—隋唐佛学—宋明理学—明清实学；文学上的先秦诸子散文、诗经与楚辞—汉赋—唐诗—宋词—元杂剧—明清小说。其中虽不乏外来文化的影响，但中国文化的特有情致和韵味却一脉相通。这种在数千年间文化统绪延绵不断，各主要文化门类代有高峰，此伏彼起的现象，在世界文化史上是极其罕见的。中国文化这种无与伦比的延续力当然是由综合原因造成的，但中国疆域特殊的相对隔绝状态，无疑是其中至关重要的缘由。

影响之二，使中国人逐渐形成自我中心主义的情结。

由于中国古代文化始终保持着独立的、一以贯之的发展系统，而且长久以来其文化的总体水平明显高于周边地区，这使得中国人把黄河、长江滋润的那片沃土视做唯一拥有高度文明的“化内之区”，而周边及远方则是荒僻野蛮、教化不及的“化外之地”。久而久之，这种观念便升华为一种“世界中心”意识。这种“世界中心”意识大约包含两层意蕴：

其一，自认占据世界主体地位，并处于地理上的中心。由于古代华夏族及后来的汉族多建都于中原地区，“外薄四海”①，处于“四夷”之中，故自称“中国”，以与“四方”对称。战国以降，中国人的“天下观”、“中国观”、“四海观”在渐次扩展，但直至19世纪中叶以前，一直把自己的国度看做地居世界之“中”的“天朝上国”，外域不过是环绕着若干“蕞尔小国”、“蛮夷之邦”。这种见解在中国古代绘制的地图

① 《尚书·益稷》。

上体现得十分鲜明。

其二,中国人自认处于“世界中心”,并非单指地理位置上的中心,还尤其指文化上的中心地位。汉代扬雄在界定“中国”这一概念时,便兼顾文化与地域两层含义:

> 或曰,孰为中国?曰,五政之所加,七赋之所养,中于天地者为中国。[①]

这里把“中国”视做文明的渊薮、世界的中心。中国历代帝王无不“居中夏而治四方”,而一般的民众心理也确认不知“礼义”、“虽能言,不亦禽兽之心”[②]的“化外”蛮夷,理应如众星拱月、百川归海般地聚向中华帝国,“万国来朝”正是自认居于世界文化中心地位的中华先民的政治理想;而“是以声名,洋溢乎中国,施及蛮貊”[③]则表明他们乐于以文化布道者的身份,将教化泽及四面八方。

如果说在十五六世纪以前,中国文化确实在世界上占据领先地位,那么,自十六七世纪以降,当南欧、西欧率先迈入近代社会门槛,中国文化落伍于西方的态势逐渐形成时,那种自以为处在世界文化中心的传统意识则不仅显出“夜郎自大”的可笑,而且严重地延缓了近代中国以开放的姿态走向世界的步伐。

中国一面向海、三面深入大陆腹里的地理环境,从古至今基本未变,但人文—社会因素却发生了重大改变。19 世纪以来,尤其是 20 世纪 80 年代以后,中国人以艰难的步履逐渐走出闭塞状态。西部公路、铁路和航空线的开辟,特别是“欧亚大陆桥”的开通,改变了中国腹地的封闭状态。至于那曾经阻碍中华民族通向外部世界的浩渺无际的太平洋,现在更成为对外开放的重要“桥梁”。如果说“与外界完全隔绝曾经是保存旧中国的首要条件”[④],那么,中国社会和中国文化正是在这个“首要条件”逐渐解除的过程中,一步一步纳入世界现代化进程之中的。中国走向世界、世界走向中国的双向进程,正随着社会的发展和科技的进步,不断加强它的速度和力度。

思考题:

1. 怎样认识中国地理环境的多样性特征?
2. 中国地理环境的多样性特征对中国文化的发展产生了什么影响?

---

① 《法言·问道》。
② 《礼记·曲礼上》。
③ 《礼记·中庸》。
④ 《中国革命和欧洲革命》,《马克思恩格斯全集》第 9 卷,人民出版社 1961 年版,第 111 页。

第二章 诸族团聚 中华一家

协和万邦。

——《尚书·尧典》

民族,是指人们在一定的历史发展过程中形成的,拥有共同语言、共同地域、共同经济生活以及表现于共同的民族文化特点上的共同心理素质的稳定的共同体。中国历来是一个统一的多民族国家。在漫长的历史演进过程中,各族人民密切交往,互相学习,取长补短,求同存异,形成了具有强大内聚力的中华民族,共同创造了光辉灿烂的中国文化。

一、"中华民族"释义

中华民族是中国文化的创造者。

中华民族是现今中国境内由华夏族演衍而来的汉族及55个少数民族的总称。"中华"之得名,由来已久。华夏先民最早生活在黄河流域,四裔环绕,故自称"中华"。"中",意指居四方之中;又有"以己为中"之意,与"以人为外"相对立。"华",本义是光辉、文采、精粹,用于族名,蕴涵着文化发达之意。《唐律名例疏议释义》说:"中华者,中国也。亲被王教,自属中国,衣冠威仪,习俗孝悌,居身礼义,故谓之中华。"

在漫长的历史年代里,随着疆域的拓展,民族融合的范围日广,中国境内各民族间的联系纽带愈益强化,民族共同体诸要素(共同语言、共同地域、共同经济生活以及表现于共同文化上的共同心理素质)渐趋完备。进入近代,由于西方资本主义势力的侵入,中国境内诸族更增进了政治、经济、文化上的整体意识,进一步形成自觉的民族观念。到20世纪初叶,"中华民族"已成为包括中国境内诸民族的共同称谓。在全世界范围内,"凡遇一他族而立刻有'我中国人'之一观念浮于其脑际者,此人即中华民族一员也。”①

世界上任何民族都有其种族的规定性。中华民族的种族主要是黄种人(也有的少数民族如俄罗斯族是白种、维吾尔族亦混有白种血统),黄皮肤、黑眼睛是他们显著的遗传体质特征。但是,“中华民族”的称谓,从来就不是以血缘种族为意蕴的重心。早在公元前1 000年的西周时期,中华先民便有了“非我族类,其心必异”的观念,并将其形诸文字,载入典籍②。“其心必异”一语,透露出中华先民此时已能从文化心理的特质方面自我确认的时代消息。进入20世纪,人们对此又作出更为清晰的阐发:“中华之名词,不仅非一地域之国名,亦且非一血统之种名,乃为一文化之族名。故《春秋》之义,无论同姓之鲁卫,异姓之齐宋,非种之楚越,中国可以退为夷狄,夷狄可以进为中国,专以礼教为标准,而无有亲疏之别。其后经数千年,混杂数千百人种,而称中华如故。以此推之,华之所以为华,以文化言之可决之也。”③

正因为如此,直到今天,数以千万计的浪迹天涯的华裔,有的已在异国他邦生儿育女,传宗接代,有的已经加入别国国籍,但是他们的文化脐带,仍然与中华母亲血肉相连,在他们的思想深处,一刻也没有忘记自己是中华儿女、炎黄子孙。

二、中华民族的起源

中华民族是人类社会历史最为久远的民族之一。我们的先祖,可以追溯到上百万年以前的洪荒时代。

(一)中华民族起源神话

关于中华民族的起源,瑰丽奇妙的盘古开天创世传说是这样记载的:“天地浑地如鸡子,盘古生其中。万八千岁,天地开辟,阳清为天,阴浊为地,盘古在其中,一日九变。神于天,圣于地。天日高一丈,地日厚一丈,盘古日长一丈。如此万八千岁,天数极高,地数极深,盘古极长。故天去地九万里。”④“首生盘古,垂死化身:气成风云,声为雷霆,左眼为日,右眼为月,四肢五体为四极五岳,血液为江河,筋脉为地理,肌肉为田土,发髭为星辰,皮毛为草木,齿骨为金玉,精髓为珠石,汗流为雨泽。身之诸虫,因风所感,化为黎甿。”⑤流传更广的是女娲造人的神话:“俗说天地

① 梁启超:《中国历史上民族之研究》,《饮冰室文集》专集第11册。
② 《左传·成公四年》:“史佚之志有之曰:非我族类,其心必异。”
③ 《中华民国解》,《民报》第15期,1907年7月。
④ 《太平御览》卷二引《三五历记》。
⑤ 《绎史》卷一引《五运历年记》。

开辟，未有人民，女娲抟黄土作人，剧务，力不暇供，乃引绳于泥中，举以为人。"[①]据鲁迅解释，女娲所引之绳，是她"信手一拉，拔起一株从山上长到天边的紫藤"[②]。女娲将紫藤伸进泥潭，搅浑泥浆，向四面挥洒，泥点溅落，变成许许多多活蹦乱跳的小人。女娲又将男人和女人配对，让他们繁衍后代。这在典籍中记做"女娲祷祠神，祈而为女媒，因置婚姻"。[③] 这些上古传说借助想象企图解答的中华民族起源问题，今天已经由人类学、地质学的研究给出了基本的答案。

（二）科学研究意义上的中华民族起源

科学研究表明，现今生活在地球上的人类是由1 000万年以前的腊玛古猿[④]进化而来的。人类进化经历了腊玛古猿、南方古猿、直立人、早期智人和晚期智人几个重要阶段。那么，中华民族的祖先是从哪里来的？过去比较通行的说法是人类最早起源于非洲，然后散布到世界各地，中国人即为其中的一个分支。到20世纪，经中外考古学者的努力，在中华大地上先后发现数十万年以至上百万年前旧石器时代的遗址。这些人类起源的物证在中华大地上星罗棋布。由此，各国学者基本认定，中国人的祖先源于中华大地，中国人是中华大地的土著；中华大地是中国人的发源地，是人类发源地之一。

图2－1　北京猿人复原像

中国人起源于中华大地，第一个有力的科学根据就是20世纪20年代著名的"北京人"（北京直立人）（图2－1）化石的发现。"北京人"是70万年前至20万年前就生活在中华大地的人类祖先。1965年又在云南省元谋发现了距今170万年以前的"元谋人"化石，这是当时中国乃至亚洲所发现并被确认的最早的人类遗骸。20世纪70年代中期以后，我国学者从云南禄丰石灰坝地区陆续发掘出三个腊玛古猿头骨、两个西瓦古猿头骨，以及九个下颌骨，1 000多颗牙齿和少量肢骨化

① 《风俗通义》，上海古籍出版社1990年版。

② 鲁迅：《鲁迅全集》第2卷，人民文学出版社1957年版，第309页。

③ 《风俗通义》，上海古籍出版社1990年版。

④ 腊玛古猿化石最早于1932年发现于印度。迄今为止，化石发现地点集中在亚洲西南部、欧洲西南部和非洲东部，包括中国、印度、巴基斯坦、土耳其、希腊、匈牙利、肯尼亚等国。

石。如此丰富的发现,轰动了国际人类学界。尤其是腊玛古猿头盖骨系世界上的首次发现,更令学者们欢欣鼓舞,称之为"人类起源的新光芒"。再加上我国西南地区远古(中新世后期)地理环境的特点,许多考古学家认为,在这片土地上极有希望再发现更古老、更丰富的有关人类起源的物证。据此,我国考古学家继续进行发掘。1985 年,考古学家黄万波等人在重庆市巫山县庙宇镇龙骨坡发掘出人类化石——一个门齿和一段下颌骨;同时出土的还有大量脊椎动物化石。从 1988 年到 1995 年,中、美科学家运用古地磁、电子自旋共振、氨基酸测定等三种方法对这些化石进行测定,得出基本结论:其地质年代距今约 200 万年。因此,"巫山人"化石是到目前为止我国境内发现的最早的人属化石。除此之外,我国已发现的直立人化石还有:陕西蓝田人(距今 65 万至 80 万年,1963 年发现)、湖北郧县人(可能早于北京人,1975 年发现)、辽宁营口人(相当于北京人,1984 年发现)、湖北郧西人(晚于郧县人,与北京人相当,1976 年发现)、河南南召人(距今 50 万年,1978 年发现)、安徽和县人(距今 30 万至 40 万年,1980 年发现)。已发现的早期智人化石有:广东马坝人(距今约 20 万年,1958 年发现)、陕西大荔人(距今约 10 余万年,1978 年发现)、山西许家窑人(距今约 10 万年,1976 年发现)、湖北长阳人(晚于马坝人,1956 年发现)、山西丁村人(晚于长阳人,1954 年发现)等。已发现的晚期智人化石有:内蒙古河套人(距今约 5 万至 3.5 万年,1922 年发现)、黑龙江哈尔滨人(距今约 2.2 万年,1980 年发现)、北京山顶洞人(距今 1.8 万年,1933 年发现)、四川资阳人(距今 7 000 年,1951 年发现)等。

根据人种学分类,中华先民属蒙古人种。从元谋人、蓝田人到马坝人、大荔人再到山顶洞人,颧骨高突、额骨矢状脊、铲形门齿、第三臼齿先天性缺失、印加骨等一系列蒙古人种所独具的典型体征始终一脉相承,但同时又有了明显的进化趋势。以头骨为例:"从牙齿、面骨到下颌骨都在逐渐相应地缩小;从颅耳高,耳门上点颅高和颅最大宽等各项测量指数看,都显示出头顶骨在不断升高,眉脊减弱以致消逝;颞骨鳞部与乳突部之间的切迹由浅变深。总之,其原始形态由强转弱"①,标志人类智能发展程度的重要指数颅容量,由 900 立方厘米增加到 1 400 立方厘米。经过上百万年的艰难进化,中华先民终于完成"人猿相揖别"②的伟大质变,从而揭开了中国文化的序篇。

① 陈恩志:《论中国境内从猿到人的独自进化和发展系统》,《社会科学评论》1985 年第 1 期。
② 毛泽东:《贺新郎·读史》,《毛泽东诗词选》,人民文学出版社 1983 年版,第 127 页。

三、中华民族远祖的文化融合

18世纪以后，民族学、人类学获得了长足的进步。20世纪初，严复所译甄克思《社会通诠》论道："世界历史所必不可诬之事实，必严种界，使常清而不杂者，其种将日弱而驯致于不足以自存。广进异种者，其社会将日即于盛强，而种界因之日泯。此其理自草木禽兽以至文明之民，在可证之实例。"我国学者也认识到，"世界上没有血统很纯粹的民族。民族既非单元，文化也就不会单元。反过来，文化越灿烂，民族的血统似乎越复杂"①。中华民族及其文化便是此规律的极好实证。

中华民族的多元组成，拥有丰富的历史内涵。它不仅意谓中华民族自古以来就是多民族共处的大家庭，而且也意谓各个民族在自己的繁衍流变中，无一不有"广进异种"的血缘通融因子发生作用。以中华民族中人口最多、历史最长的汉族为例，"稽之史策，其血统之混杂，决非一单纯种族。数千年来，其所吸收同化之异族，无虑百数。春秋战国时所谓蛮、夷、戎、狄者无论矣，秦汉以降，若匈奴，若鲜卑，若羌，若奚，若胡，若突厥，若沙陀，若契丹，若女真，若蒙古，若靺鞨，若高丽，若渤海，若安南，时时有同化于汉族，易其姓名，习其文教，通其婚媾者。外此如月氏、安息、天竺、回纥、唐兀、康里、阿速、钦察、雍古、弗林诸国之人，自汉、魏以至元、明，逐渐混入汉族者，复不知凡几"②。科学家的最新研究也证实，中国实际上并不存在纯种的"汉族人"，所谓"汉族"，实际上是一个文化区分和心理认同意义上的概念，而不是一个完全种族意义上的概念。因此，先进的DNA检测手段对于确认汉族的族属问题，只具有参考价值。

中华民族的多元组成与中国文化的多元发生是同一问题的两面。如果我们鸟瞰距今5 000多年中国文化的英雄传说时代，就会从星罗棋布的原始人群、氏族部落的活动中，看到一幅民族融合的生动图画。

（一）中华先祖的三大文化集团

中华民族的远祖，可分为华夏、东夷、苗蛮三大文化集团。

1. 华夏集团。中华先民的一部分，很早就自称"诸夏"，或"华夏"，或单称"华"、"夏"③。华夏集团发祥于黄土高原，后沿黄河东进，散布于中国的中部及北

① 岑仲勉：《西周社会制度问题》，上海人民出版社1957年版，第111页。

② 柳诒徵：《中国文化史》上册，中国大百科全书出版社1988年版，第3页。

③ 《左传·僖公二十一年》："以服事诸夏。"《左传·襄公二十六年》："楚失华夏。"《左传·定公二十六年》："裔不谋夏，夷不乱华。"

部的部分地区，即仰韶文化、河南龙山文化分布区。华夏集团内有两个大的氏族部落，一支称黄帝，一支称炎帝（黄帝与炎帝，均既是指氏族部落名称，又指该氏族部落首领个人）。由于远古时代文字尚未成为历史的载体，现今所见有关炎帝、黄帝的文献是经过世代口耳相传，到先秦两汉才用文字记录整理下来的，内容比较复杂，其中既有先民生活的真实写照，也有演化了的情节，还包含着一些神奇的色彩，特别是对于炎帝、黄帝（图2－2）这样具有杰出才能和高尚品德并被大家拥戴的英雄人物，经过神异性的升华，使后人在他们身上所见更多的是凡人所不具备的神奇性，对此我们应予以理解和有所甄别。根据古文献，黄帝、炎帝是同一祖先的后代，“昔少典娶于有蟜氏，生黄帝、炎帝。黄帝以姬水成，炎帝以姜水成。成而异德，故黄帝为姬，炎帝为姜……异姓则异德，异德则异类”。[①] 这就是说，黄、炎本是同胞兄弟，以后分别成为姬、姜两姓部落的首领，而异姓部落都有各自的利益和崇尚[②]。其中，炎帝氏族发祥于今陕西境内渭水上游一带，很早就进入了农业阶段。由于位于肥沃的八百里秦川西端，优越的自然条件使从事农业的炎帝族迅速繁荣昌盛起来。他们开始向东发展和迁徙，其路线大约顺渭水东下，再沿黄河南岸向东，一直发展到今天的河南和河北南部，沿途常有一些支系停留下来。黄帝氏族也发祥于渭水流域，居地较炎帝族偏北一些，兴起和发达较炎帝族略晚。大约是人口不断增多的缘故，他们也开始东征，其路线大约顺北洛水南下，到今大荔、朝邑一带，东渡黄河，沿中条山、太行山向东北走，一直到燕山以北，今河北涿鹿一带，也是一面走，一面有一些支系定居下来，四散开去。

图2－2 黄帝陵

2. 东夷集团。东夷集团的活动区域，大致在今山东、河南东南和安徽中部一带，即大汶口文化、山东龙山文化及青莲岗文化江北类型分布区。这一集团包括众多的部落，蚩尤族（也称九黎族）是其中的一个部落。像炎、黄二帝一样，其首领蚩尤也是一个被神化了的人物。蚩尤先征服了东南方广大的地域，然后率众向北发

① 《国语·晋语四》。

② 相传黄帝尚土，“黄帝曰，土气。土气胜，故其色尚黄，其事则土”。（《吕氏春秋·应同篇》）而炎帝尚火，“炎帝氏以火纪，故为火师而火名”。（《左传·昭公十七年》）。

展，逐渐扩大领域。在北进过程中，和当地的氏族部落或冲突或融合，客观上促进了文化的交流和发展。

3. 苗蛮集团。苗蛮集团主要活动于今湖北、湖南、江西一带，即大溪文化、屈家岭文化分布区，若向东延伸，河姆渡文化、良渚文化等也可以归于此集团。大名鼎鼎的伏羲、女娲，还有三苗、祝融氏等，都属于这个集团。

（二）三大集团的战争与融合

三大集团的各氏族部落在发展进程中，有着广泛的经济文化交流，在向四外迁徙的过程中，居地犬牙交错。他们相继进入“英雄时代”以后，随着生产力发展，私有财产、私有观念的萌生，相互之间发生了激烈的战争。战争伤害了先民的生命和财产，但同时也促成了文化交流与民族融合。

首先在华夏集团内部，由于炎、黄二族发展的方向相同，地域紧挨在一起，为了争夺地盘，免不了舌头碰牙齿，终于导致兄弟同室操戈，在涿鹿之野的阪泉大战一场。这是一场残酷的争斗，“黄帝与炎帝战于阪泉之野，帅熊、罴、狼、豹、貙、虎为前驱，雕、鹖、鹰、鸢为旗帜”。[①] 双方杀得尸横遍野，血流漂杵，最终黄帝族略胜一筹，炎帝族溃败。

阪泉之战奠定了黄帝在华夏集团的主导地位，这也是华夏集团往往专以黄帝（轩辕）为自己祖先的重要原因所在。不过，炎帝实际上也没有失败。因为在黄帝与炎帝作战时，炎帝族在农耕方面已经有了显著的进步，就社会经济发展程度而言，炎帝族领先于黄帝族，所以战争之后，炎、黄两大部族很快就相互融合在一起了。炎、黄两大部族合二为一，成为华夏民族正式形成的标志，为中华民族的逐步形成奠定了第一块基石。因此，炎帝和黄帝历来被尊为中华民族的始祖，成为中华民族团结统一的庄严象征，海内外中华儿女都自豪地自称为“炎黄子孙”。

华夏集团开始融合后，继续向四面发展。黄帝族发展的方向是黄河以北，矛头直指燕山，与燕山南北的游牧民族发生过冲突，并取得了胜利。炎帝族发展的方向是黄河以南，面对着土地肥沃的中原地区，碰到北进的东夷蚩尤族，战事遂起，结果炎帝大败，求援于黄帝。黄帝兴兵参战，与蚩尤在涿鹿之野（或曰“冀州之野”）决一死战。蚩尤战败，被处死于黎山之丘。

在南方，由于苗蛮集团比较原始的巫术与华夏集团比较进步的、带有浓厚宗教意味的巫教格格不入，加之物质利益的冲突，双方由小规模的摩擦发展成一场旷日

---

① 《列子·黄帝篇》。

持久的战争。“尧战于丹水之浦以服南蛮”①是其开端;“舜却苗民,更易其俗”是其中期;“禹亲把天之瑞令以征有苗”②才告结束。战争以苗蛮集团的失败而告终,中原地区较先进的巫教风俗,也在两湖三湘之地流行开来。

综上所述,远古时代各个氏族、部落在不断发展、迁徙和相互交往过程中,为了各自的利益时而组合,时而分化,加速了彼此的融合。如繁星般散布在辽阔中华大地上的各个地区的古代文化,虽然它们自成体系、各具特点,却又在发展过程中互相交流、传播、改造、吸收和融合,像滚雪球一样,从范围狭小的氏族部落,发展为大的部族集团,最后汇入中华民族的巨流。黄帝与炎帝、蚩尤这三大部落就是在错综复杂的斗争与融合中,最终形成了以华夏族为中心的局面。其中,炎、黄部落的联合构成了华夏族的主干,而黄帝部落是不断融合周边各地众多部落及其文化的核心力量。在古代传说中,唐尧、虞舜、夏禹都是黄帝的后代,夏、商、周都尊奉黄帝为祖先,北方的匈奴、西边的羌人以及南方的一些少数民族,也自称是黄帝的后裔。而且,后人把黄帝视为中国由野蛮时代向文明时代转化的开拓者,将原始社会中各部族的许多创造和发明,如衣服、文字、舟车、历法、医药等,都归功于他。黄帝还曾“东至于海,登丸山及岱宗;西至崆峒,登鸡头;南至于江,登熊湘;北逐荤粥,合符于釜山;而邑于涿鹿之阿,迁徙往来无常处”③。由此可见,黄帝时代,一统局面初成,文物典章制度初备,已为中华民族多元统一体的形成奠定了基础。

四、和谐的民族大家庭

在中国,中华民族形成于共同文化基础上的中华各族人民的自发融合,中国国家建制是中华文化的政治体现,民族融合即国家凝成。因此,中国人、中国文化、中华民族与中国这个国家是融为一体的,人群繁衍传承着中国文化,文化传承延续着中国历史。在这一漫长的历史进程中,中华民族大家庭的成员迭经变动,有的民族消亡了,延续下来的民族各自都经历了曲折多致的演变过程。

夏商周、春秋战国时期是中华民族孕育的关键时期。黄河流域的华夏族不断吸收周围羌、夷、戎、狄、苗、蛮等族成分,同时东方的九夷,东北的肃慎,西方和北方的羌、氐、狄等族也与华夏族的联系日益紧密,以华夏族为中心、四方各族(东夷、南蛮、西戎、北狄)相互关联的基本格局大体形成。而这个格局,是以后中华各民族之间的基本关系,也就是中华民族得以形成的基本构架。

---

① 《吕氏春秋·恃君览·召类》。

② 《墨子·非攻》。

③ 《史记·五帝本纪》

秦汉时期是中华民族初步形成的时期。“六王毕，四海一”①，秦统一中原六国后，继续向四周开拓，先后将百越大部、西南诸族的一部分纳入帝国的版图。汉朝代秦而立，在继承秦帝国原有版图的基础上又有很大的拓展。广大地域内统一政权的建立，为经济文化的发展创造了和平的环境，也为在更广阔的空间内进行文化交流提供了条件，民族融合的速度大大加快了。经两汉 400 余年的发展，华夏族进一步吸收了其他民族成分，形成汉族。这一人口众多而稳定的民族共同体核心对国家的统一发挥了主要作用。

三国两晋南北朝至隋唐是民族大融合和中华民族进一步形成的重要时期。三国以来，政权频繁更迭。逐步迁入中原的匈奴、鲜卑、羯、氐、羌等族在西晋以后纷纷在中原建立政权。三国两晋南北朝至隋唐时期，边疆各族向中原的汇聚，达到前所未有的规模。在继承和发扬中华传统文化的时代潮流中，经过大约 360 年的纷争融合，隋朝终于统一中国。之后，唐取代隋，建立了强盛的唐朝，中华民族的发展进入了一个崭新的阶段。这一时期，中国境内的各民族都已发生了很大变化，不仅此汉族非彼汉族，且其他各族也是今非昔比了，无论血缘体质还是文化精神都是你中有我、我中有你，难分彼此，“华夷之辨”、“夷夏大防”等民族隔绝状态下的陈旧思想被一种更加开放、更加博大的胸怀所取代。正如唐太宗所说：“夷狄亦人耳，其情与中夏不殊。人主患德泽不加，不必猜忌异类。盖德泽洽，则四夷可使如一家；猜忌多，则骨肉不免为寇雠。”②“自古皆贵中华，贱夷狄，朕独爱之如一，故其种落皆依朕如父母。”③盛唐在各族人民心中留下美好的记忆。至今海外华人还自称唐人，其聚居区称唐人街。

辽宋夏金是中华民族进一步交融的时期。宋朝结束了唐以后五代十国的割据状态，继而出现了宋与辽（契丹所建）、金（女真所建）长期南北对峙的局面。在此期间，周边各族也各自发展。在西北有党项人建立的西夏，回鹘人建立的高昌、喀拉汗和甘州三个政权，在今新疆和田一带有于阗李氏王朝，在西南有吐蕃和大理等少数民族政权。这一时期，中国古代各族人民以盟誓相互联结，分治天下，共同演绎了中华民族历史上繁荣、开拓、进取的文化局面。

元明清是中华民族巩固发展的时期。13 世纪从大漠草原崛起的蒙古族，完成统一，建立元朝。元朝将今西藏及台湾等地第一次纳入统一王朝的版图，在多民族统一国家的发展历程中起到了重要作用。国内各民族经济文化相互交往、国家统

---

① 杜牧：《阿房宫赋》。

② 《资治通鉴》卷一九七。

③ 《资治通鉴》卷一九八。

一不断巩固,从此成为不可逆转的历史潮流。明清两朝是继元朝实现大统一之后,中华民族巩固发展臻于极盛的阶段。在这期间,近现代中华民族的基本构架已经奠定,各少数民族族称也基本确立。清朝的建立使满族形成,东北地区的达斡尔、锡伯、鄂温克、赫哲、鄂伦春等族也相继形成。在西北新疆地区,回鹘的一部分发展为维吾尔族,一部分成为裕固族的主体,哈萨克、柯尔克孜、塔吉克已形成现代民族;进入新疆的俄罗斯、乌兹别克、塔塔尔族的移民同新疆当地居民融合,成为中国的国内民族。回族经过元、明两代的发展,到明代基本形成。东乡、保安、土、裕固、撒拉等族也在这时期形成。吐蕃发展为藏族。在中南和岭南地区的古代民族,逐步发展为苗、瑶、壮、仫佬、彝、白、傣、畲、黎等民族。

新中国成立以后,经过广泛、系统、科学地调查、识别和确认,中华民族大家庭共有 56 个成员。他们是汉、蒙古、回、藏、维吾尔、苗、彝、壮、布依、朝鲜、满、侗、瑶、白、土家、哈尼、黎、哈萨克、傣、傈僳、佤、畲、高山、拉祜、水、东乡、纳西、景颇、柯尔克孜、土、达斡尔、仫佬、羌、布朗、撒拉、毛南、仡佬、锡伯、阿昌、普米、塔吉克、怒、乌兹别克、俄罗斯、鄂温克、德昂、保安、裕固、京、塔塔尔、独龙、鄂伦春、赫哲、门巴、珞巴、基诺。概略而言,汉族由先秦时代的华夏族发展而来;藏、彝、羌、纳西等族源于古羌;苗、瑶、畲等族为南蛮后裔;而壮、傣、黎等族则为百越所传。根据国家统计局发布的 2018 年国民经济和社会发展统计公报,2018 年末,全国总人口 139 538 万人(男性 71 351 万人,女性 68 187 万人),其中汉族人口约占 91%,55 个少数民族人口约占 9%。

由于历史的原因,中国各民族在全国范围形成汉族多住中原、少数民族多住边疆的状况。在少数民族聚居区,一般都有一定数量的汉族居民,有的地区汉族居民甚至还占多数。各少数民族除有或大或小的聚居区外,还与汉族或其他少数民族交错杂居。中国这种各民族大杂居、小聚居、交错分布的状况,反映了各民族之间,特别是汉族与少数民族之间,在政治、经济、文化等各方面的密切关系。少数民族人口所占比例虽小,但分布在全国总面积 60% 以上的地方,地大物博,资源丰富,且处于国防要冲。而汉族人口众多,经济、文化发展水平始终处于明显的领先地位,长期以来对少数民族产生重大影响。另一方面,华夏文化也从周边文化中多方吸取营养,并因此获得了蓬勃旺盛的生机。在几千年的悠悠岁月中,各族之间相互歧视、相互争斗的不愉快事情也屡屡发生,有时甚至发展到兵戎相见,但是这一切都不能掩盖中华民族发展史的主流——各民族间互相学习,和平交往,共同发展。"用夏变夷"与"用夷变夏"的双向交融,最终促成中华文化汲纳吞吐、兼收并蓄的博大风范。

历史已经并将继续证明,在中华民族走向繁荣昌盛的进程中,汉族离不开少数民族，少数民族也离不开汉族。社会主义制度的建立，为中华民族大家庭各成员间的和睦共处、共同进步开辟了更为光明的前景。可以相信，经历了数千年历史熔炉锤炼的中华民族大团结，一定会在新的时代条件下发扬光大，56 个民族组成的中华民族这个和睦的大家庭，必将更加繁荣兴旺。

思考题：

1. 怎样理解“中华民族”的含义？

2. 为什么说在文化发展、社会进步的过程中，汉族离不开少数民族，少数民族也离不开汉族？

第三章 农耕游牧　社稷基业

国多财则远者来，地辟举则民留处，仓廪实则知礼节，衣食足则知荣辱。

——《管子·牧民》

物质财富的创造是一切文化活动的前提和基础，其本身又是文化活动的重要门类。

物质财富的创造是人与自然之间和谐交流的结晶。一方面，人类物质财富的创造始终受到自然环境的影响和制约；另一方面，人类在自身的发展中又不断认识自然、改造自然。人与自然的这种辩证联系统一于人类的社会实践，首先以生产实践，也即经济活动为基础。因此，要把握中国文化的基本特征和发展大势，除必须注意文化的自身逻辑外，还应当把握文化得以运行的经济动力，尤其需要探究：依托于特定的自然条件和地理背景，中华民族发展了丰厚的物质生产方式，从而为中国文化提供了丰厚的经济生活土壤。

一、两大基本经济类型

以劳动对象、劳动产品、操作方式等因素分类，中华先民的物质财富创造活动可分为农耕和游牧两大基本类型。这种区别产生的根本原因在于中国疆域独特的地理条件及其气候特征。

本书第一章已述及，对东亚大陆水汽供应起决定性作用的，是来自太平洋的东南季风。它决定了东亚大陆降水量分布的基本趋势——从东南沿海向西北内陆渐次递减。广东、海南、福建、台湾等地区年降水量高达 2 000 毫米以上，而新疆吐鲁番盆地的年降水量则不足 10 毫米。400 毫米等降水线从大兴安岭西坡，沿西辽河上游、燕山山脉，斜穿黄河河套，经黄河、长江上游区域，直抵雅鲁藏布江河谷。以这条等降水线为界，其东南为受太平洋季风影响的湿润地区，其西北为少受甚至不受东南季风影响的干旱地区。这条 400 毫米等降水线，是中国农耕区与游牧区的大体分界。

(一)农耕经济

农耕是利用植物的自然再生产规律获得物质资料的生产门类。植物的新陈代谢需要特定的日照、温度和水分，因此受到气候条件的严格制约，在生产力水平低下的古代，尤其如此。中国文化的主要发源地黄河、长江流域，气温适中，雨量充沛，适合于农耕产业的发展。中华先民从 1 万年前就逐渐超越狩猎和采集经济阶段，进入农耕时代。

在长期的采集活动中，人们发现了植物生长的周期性规律，开始人工种植某些可供食用的野生植物，这便是农业的起源。中国上古神话对此有如下美妙的传说："神农之时，天雨粟，神农遂耕而种之；作陶冶斤斧，为耒耜鉏耨，以垦草莽，然后五谷兴助，百果藏实。[1]""天雨粟"，正曲折反映了原始农业对于自然条件的极度依赖。年幼的后稷"其游戏，好种树麻菽，麻菽美。及为成人，遂好耕农，相地之宜，宜谷者稼穑焉，民皆法则之"[2]。农耕初为孩童的儿戏之作，后来才成为专门产业，这正昭示着有计划、有目的地大规模种植谷物瓜果，经历了一个从不自觉到自觉的漫长发展过程。

研究表明，中国农业起源于第四纪冰川后期。在一万三四千年以前，中华先民顺应气候转暖的自然变化，开始农事耕作试验。一万年前左右，农业生产方式便已确立且不再逆转。中原华夏族、黄河下游少昊族、长江中游三苗族、长江下游越族，以及辽河流域肃慎族、西北西南古羌族先后开始农耕实践。丰富的考古发掘资料，印证了这一结论。距今约 6 000 年的仰韶文化遗址（首次发现于河南渑池仰韶村），发掘出可见谷壳压痕的土器；在距今约 6 000 年的河姆渡文化遗址（首次发现于浙江余姚河姆渡村），发现了大量的稻谷遗迹；在距今约 4 000 年的龙山文化遗址（首次发现于山东章丘龙山镇），石锄、石镰、蚌镰等农具和各种谷物多有出土。

中原地区的殷人、周人于 3 000 年前进入有文字可考的青铜时代，其农具铜石并用，种植业达到新的水平。殷墟甲骨文中出现黍、稷、麦、稻等多种农作物名称字样，并多有农事活动的记载。周人以后稷即农神为祖先，其领袖公刘倡导农耕，"周道之兴自此始"[3]。春秋战国时代，农业取得长足进展，谷物生产、蚕桑业及小家畜

---

① 《绎史》卷四引《周书》。

② 《史记·周本纪》。

③ 《史记·周本纪》。

饲养成为人们衣食的主要来源，渔猎、采集经济已少为人所道及。随着牛耕技术（图3－1）在中原地区出现，铁制农具渐次采用，耕作方式大有进步。公元前三四世纪，齐鲁地区已实行一年两熟耕作制。荀子说："今是土之生五谷也，人善治之，则亩数盆，一岁而再获之"①，这是世界上较早关于一年多熟制的记载。广种薄收的粗放耕作被"深耕熟耨"、"多粪肥田"所取代。战国时，辅佐魏文侯的李悝倡导"尽地力之教"，为列国所仿效，发展农业生产，成为各国富国强兵的基础。

图3－1　汉代牛耕图

秦汉以后，历代大一统的中央政权都把"重本抑末"定为基本国策。历朝帝王耕籍田、祀社稷、祈雨水、下劝农令，以"帝亲耕，后亲蚕"②之类的仪式和奖励农事的政令鼓励百姓勤于农桑之业。农耕区的范围，也随着生产工具和耕作技术的改善，以及朝廷移民拓边屯田政策的推行而不断扩展，从黄河流域和长江中下游渐次推向长江上游、长城以外，又向南越过五岭，到达珠江流域及云贵高原。栖息于这一区域的华夏—汉族，以种植业为物质生活资料的主要来源，同时也发展家畜、家禽的圈养及家庭手工业，构成一种自给自足的农业自然经济。

以土地所有制为划分尺度，中国古代农耕生产方式的形态演变经历了三个阶段。第一阶段：殷商、西周的土地国有及公社所有阶段，或称"三代井田"阶段；第二阶段：东周井田瓦解至唐中叶均田制瓦解阶段，土地私有制确立，但专制国家对土地私有权保留种种干预；第三阶段：唐中叶均田制瓦解直至清末，土地私有制进一步扩展，专制国家对土地私有权干预更加削弱。与这一发展趋势相对应，农耕业的具体操作方式，也由集体生产向个体生产过渡。西周时期"千耦其耘"、"十千维耦"的大规模集体耕作制，到春秋时代变为"二十五家为一社"的小规模集体耕作制；到战国则演为"百亩之田，匹夫耕之，八口之家，可以无饥"③的家庭耕作制；降及秦汉以后，则以"一夫挟

① 《荀子·富国》。
② 《吕氏春秋·季春纪》。
③ 《孟子·尽心上》。

五口,治田百亩"[1]的小家庭耕作制为主。而这种自给自足的小农业与家庭手工业结合的经济结构,自战国出现、秦汉确立,其后虽多有起伏变化,但基本格局一直沿袭至明清。它的显著特点是,自给自足的自然经济占主要地位。农民不但生产自己需要的农产品,而且生产自己需要的大部分手工业品。那时虽有商品交换,但是在整个经济中不起决定的作用。

关于这种耕织结合、自给自足的经济模式,中国典籍中不乏生动的描绘。东汉学者何休这样写道:"一夫一妇受四百亩,以养父母妻子。五口为一家。……种谷不得种一谷,以备灾害;田中不得有树,以妨五谷。环庐合种桑荻杂菜,畜五母鸡,两母豕,瓜果种疆畔,女工蚕织,老者得衣帛焉,得食肉焉,死者得葬焉。"[2]南北朝时期北齐学者颜之推告诫子孙:"生民之本,要当稼穑而食,桑麻以衣。蔬果之畜,园场之所产;鸡豚之善,埘圈之所生。爰及栋宇器械,樵苏脂烛,莫非种植之物也。至能守其业者,闭门而为生之具以足,但家无盐井耳。"[3]除食盐外,农户所需衣、食、住、用各种物资,都可以自给自足。南宋诗人范成大吟诵道:"昼出耕田夜绩麻,村庄儿女各当家。童孙未解供耕织,也傍桑阴学种瓜。"[4]农家儿女昼耕夜织,辛勤劳作,在其熏染之下,连顽皮的孩童也在桑树荫下作农活演习了。"日出而作,日入而息,凿井为饮,耕田而食,帝力于我何有哉"[5]的古谣,十分简洁地概括出典型的自给自足农耕型生活方式的特征。它的前半段如实地反映了农民世世代代固着于土地之上,周而复始从事简单再生产的情形;而最后一句"帝力于我何有哉",却不过是"桃花源"式的想象与期望。在实际生活中,个体自耕农逃避不了帝王的控制和掠夺,他们是国家赋役的主要承担者,穷年累月、世世代代向朝廷提供粟米之征、力役之征、布缕之征,并因此而成为社会上层建筑的基础、文化生长发育的根柢。《管子》说,"力田"者乃社会中坚,完全符合中国古代的历史实际。无论从哪方面看,中国文化都与经济生活中占主导地位的农业、人口中居绝大多数的农民有着难分难解的联系。可以说,中国文化昔日的灿烂辉煌,其源源不绝的物质基础和动力,主要来自农耕经济;中国文化走向近现代的历程坎坷崎岖,其重要原因也在于这种自给自足的封闭型农耕经济难以解体,生产力水平不能产生飞跃,只能在原有格局内缓慢进展。

---

① 《汉书·食货志》。
② 《春秋公羊解诂》。
③ 《颜氏家训》。
④ 范成大:《四时田园杂兴》。
⑤ 《帝王世纪·击壤之歌》。

（二）游牧经济

与400毫米等降水线东南广大区域内历史悠久的农耕经济形成鲜明对照，在这条自然分界线西北更为广阔的区域内，虽然也有少量由内陆河与地下水灌溉的绿洲农业，但数千年间占压倒优势的一直是游牧经济。传颂千古的《敕勒歌》所唱的“天苍苍，野茫茫，风吹草低见牛羊”，便是对这一区域自然景观与经济类型的生动概括。

13世纪初叶，丘处机应成吉思汗之邀前往中亚。塞外之行，他看到：“地无木植唯荒草，天产丘陵没大山，五谷不成资乳酪，皮裘毡帐亦开颜。”来自农耕区的丘处机不禁发问：“如何造物开天地，到此令人放马牛？”[①]

其实，早在丘处机来到这里之前数千年，“造物”提供的这一干燥而开阔的原野上，便有诸多以“放马牛”为生的游牧部族栖息。

从先秦到两汉，戎、羌、匈奴出没于黄河河套以西的广大山地与荒原间，史籍关于匈奴的生活方式有详细记述：“匈奴，其先祖夏后氏之苗裔也。……逐水草迁徙，毋城郭常处耕田之业，然亦各有分地。毋文书，以言语为约束。儿能骑羊，引弓射鸟鼠；少长则射狐兔，用为食。士为能弯弓，尽为甲骑。其俗，宽则随畜，因射猎禽兽为生业，急则人习战攻以侵伐，其天性也。……利则进，不利则退，不羞遁走。苟利所在，不知礼义。”[②]这段文字相当全面地概述了游牧民族的特征：其一，无城郭、耕地，迁徙无定，以游牧为生；其二，尚处在文明社会门槛之外，无文字，不知礼仪；其三，全民善骑射，民风勇猛剽悍；其四，畜牧、狩猎和从事掠夺战争，是其生活方式互为补充的两个方面。

图3－2　契丹人图像

秦汉以后，唐代的突厥、回纥，宋代的契丹、党项，以及后起的蒙古，生活方式与匈奴近似。至于东北地区的夫余、靺鞨、女真，以及由女真演化而成的满洲，则是半农半牧或半农半猎的骑马民族，也具有游牧人的习性，惯于迁徙，孔武强悍。“胡人以鞍马为家，射猎为俗。泉甘草美无

① 李志常：《长春真人西游记》，河北人民出版社2001年版。
② 《史记·匈奴传》。

常处，鸟惊兽骇争驰逐。"①此话可以概括游牧人、半游牧人的生活方式(图3－2)。

一般而言，当牧区水草丰茂之时，游牧人是满足于自己的草原生活的。当然，农耕区的富庶对他们不无吸引力，以畜产品同农耕人交换粮食、茶叶、布帛、铁器，自古在游牧—农耕区的分界点如长城各关口频繁进行，这种物资交换形式后来被称做"茶马互市"。然而，在草枯水乏之际，饥饿使游牧人躁动起来，他们竞相南下劫掠，来如飙风，去若收电。如果游牧人已经建立起比较严密的社会—军事组织，产生了具有权威的领袖，便把短暂的劫掠发展为大规模、长时期的征服战争，甚至"以弓马之利取天下"，入主中原，建立王朝。公元13世纪蒙古人建立的元朝和17世纪满洲人建立的清朝，便是成功的典范。

二、冲突与对垒

不同的生产、生活方式，不同的文明发展水平，必然导致生息于400毫米等降水线两边的农耕民族与游牧民族之间时常发生利益冲突。而当游牧民族因为自然气候的周期性变冷而不得不向南拓展自己的生存空间时②，农耕民族与游牧民族的利益冲突便演衍为大规模的战争。

(一)农耕民族与游牧民族不同的生产生活方式

一般来说，游牧民族相对于农耕民族，经济、文化发展水平处于较原始阶段，然而他们善于骑射，勇猛剽悍，武功十分强盛，以致经济、文化先进的中原农耕人往往难以与之争锋。从历史上看，以农耕民族为主体建立起来的诸中原王朝，虽然国力强弱有别，但就总体而言，在军事上抗御游牧民族的冲击都是相当吃力的。这与农耕与游牧民族在经济类型、社会结构、生活习惯等方面的诸多差异直接相关。

游牧民族的军事组织和生产组织是合二为一的统一整体，游牧与狩猎活动既是生产实践，又是军事演习。严酷的气候条件，流动畜牧、四海为家的生活方式，使"骑马民族"人人都是剽勇的骑士。一个游牧部落只需稍加编组，立即成为装备齐整的武装力量。

农耕民族则不然。为了发展农业生产，从春秋时代开始，各诸侯国均将兵农分工定为变法图强的重大决策。战国时，李悝在魏、吴起在楚、商鞅在秦，相继使兵农

① 欧阳修:《明妃曲》。

② 中国近5 000年的气候史上，出现过四个寒冷时期，其最低温度大体在公元前1 000年、公元400年、1 200年和1 700年，恰与北方游牧民族几次大规模南下中原在时间上相吻合。第一次是西周后期的"南夷与北狄交"，第二次是"五胡乱华"，第三次是契丹、女真、蒙古接连南下，第四次是满洲入关。见程洪:《新史学:来自自然科学的挑战》，《晋阳学刊》1982年第6期。

专职,脱离农事生产的职业军人出现。“齐桓、晋文始为召募科民之法,而是时秦有陷阵,楚有组甲、被练,越有习流、君子之军。迨至战国,益尚骑射,而(齐之)技击,(魏之)武卒,(秦之)锐士,(赵之)胡服、百金之习行于中国,后世诈力之兵用矣。”[①]汉代晁错倡导移民实边,在边境地区实行兵农合一的屯垦制,三国时曹魏也曾实行屯田养兵制。但屯田时日一久,即产生兵不习战的后果;同时,军官变成实际上占有屯田和屯卒的农奴主,这种所有制关系较之当时早已普及全国的自耕农与地主土地所有制远为落后,故而不可能行之久远,收到预期成效。因此,以后历代中原王朝均实行兵农相分,依“秀者必士,朴者必农,剽而悍者必兵”的原则,按人的才性差异实行士、农、兵的分工。以募兵的方式来抵御“全族皆兵”的游牧民族,这就迫使中原朝廷与民众投入大量的财力、物力,巨额的军费开支与有限的农业生产积累形成巨大矛盾,以致“赋税既竭,犹不足以奉战士”[②]。

此外,农耕人由定居生活养育出来的饮食起居习惯,也无法与“风雨罢(疲)劳,饥渴不困”[③]的游牧人一较短长。从躬耕田园的农夫到驰骋疆场的战士,其间需要从生活方式到内在心态的艰苦调整和长期训练。“匈奴未灭,何以家为”固然是农耕男儿的壮烈情怀,但它是以牺牲农耕人“安家立业”、“妻子同堂”的生活常态为代价的,所以只能是少数英豪的杰出行为。

以上诸种因素的综合,决定了农耕民族与游牧民族之间持续冲突的基本态势:经济、文化先进的农耕人处于被动的防守地位,而相对落后的游牧人却掌握着军事上的主动权。

(二)农耕民族与游牧民族的冲突与战争

战争是政治的延续,同时也受到经济因素的影响和制约。游牧民族射生饮血、逐水草而居的生产方式,决定了他们对农耕区战争的巨大破坏性。农耕民族从事战争,是为了保护自己的耕作区,或者进而扩大耕地面积、增加农人数额,以便征收更多的赋役。为抵御北方游牧民族的骚扰和攻击,中原地区的华夏—汉族作过种种努力。当他们相对衰弱时,便退守农耕区边界;相对强大时,则西出邀击,或远征漠北。然而,游牧人朝发夕至,来去无定,农耕区却固定难移,加以“骑兵驰突”,“步人不能抗”[④]。为了确立一种退可守、进可攻的军事凭借,中原农耕人在长达

---

① 陈傅良:《历代兵制》,上海博古斋1922年版。

② 《史记·平准书》。

③ 《汉书·晁错传》。

④ 《唐荆川左编》卷二七,引吕颐浩所上《论御虏十事》。

2 000 多年的时间内，历尽艰辛，耗费巨大财力、物力、人力，修筑万里长城，创造出世界文明史上的奇迹。其最初的动机，正如汉人桑弘羊所指："匈奴背叛不臣，数为寇暴于边鄙。务之则劳中国之士，不备则侵盗不止。先帝哀边人之久患苦为虏所系获也，故修障塞，饬烽燧，屯戍以备之。"①

长城始建于春秋战国时期。其时列国出于防务目的，纷纷修筑长城。以防范对象区分，有"互防"与"防胡"两种。前者如齐修长城以"备楚"，燕修长城以"防齐"，赵修长城以"防魏"，魏修长城以"防秦"，等等。后者较著名的有秦昭王所筑陇西、北地、上郡长城；赵武灵王所筑云中、雁门、代郡长城；燕昭王所筑上谷、渔阳、右北平、辽西、辽东长城。

公元前 221 年，秦统一中国。列国"互防"长城不仅失去本来意义，而且成为统一的障碍，因此被拆除。而"拒胡"长城的重要性此时则更为突出。因此，秦始皇在发起北逐匈奴战争的同时，又"筑长城，因地形，用制险塞，起临洮，至辽东，延袤万余里"②。

秦长城是在燕北长城、赵北长城、秦北长城的基础上修复、连贯而成的，西起今甘肃阳县，中经黄河河套以北的阴山山脉，东止于今朝鲜平壤西北部清川江入海处，全长 7 500 公里。秦长城将华夏农耕区围护起来，"却匈奴七百余里"，使胡人"不敢南下而牧马"。

秦以后，西汉、东汉、北魏、北齐、北周、隋、辽、金、元、明各代都修筑过长城。其中，汉长城东起辽东，经河套，过河西走廊，直达新疆罗布泊以西，全长超过 1 万公里（图 3－3）。

今天人们在我国北部崇山峻岭之间所看到的长城，是明长城遗迹（图 3－4）。

图 3－3　汉长城遗址

图 3－4　明长城嘉峪关

① 《盐铁论·本议》。
② 《史记·蒙恬传》。

因蒙古和女真(后更名满洲)在北方形成了强大的军事压力,几乎终有明一代,明王朝始终在修筑长城。明长城东起鸭绿江口,经辽东,沿燕山山脉巍然耸立,屏护北京,然后斜穿黄河河套,直抵甘肃嘉峪关,全长7 300公里。

秦长城和汉长城,都是在黄河河套以北、以西,凭借阴山、贺兰山之险阻和黄河天堑而筑。但明长城却向东南后缩数百公里,沿山西大同、榆林一线逶迤西去。这是自然与人文双重因素造成的变动。就自然条件而言,在距今5 000年至1 000年间,黄河流域的气候由温暖湿润转向寒冷干燥。据考古发掘,5 000年前渭水流域多有水獐、竹鼠等亚热带动物;3 000年前的西周丰京、镐京(今西安附近)多有梅、竹等温暖地带的植物,但是到了公元10世纪的北宋,关中已经无竹。12世纪以后,黄河流域更转干冷。这表明,农耕区与游牧区的分界线呈向东南方向后退的趋势。黄河河套以内的鄂尔多斯地区,秦汉时多属农耕区,唐宋以后变为荒漠草原,成为游牧区。正因为如此,秦汉时鄂尔多斯被包围在长城以内,到了明代,却被摒弃于长城以外了。就人文条件而言,长城的南移正表明北方游牧民族对中原农耕民族的攻势愈益严峻,阴山、贺兰山等天险,中原王朝已无力防守,拱手交与游牧人。农耕人在失去天然屏障的情况下,越来越依赖“峻垣深壕,烽堠相接”①的长城来捍卫自身的安全。秦、汉长城均系板筑土墙,明长城则由砖石砌造,由石灰与糯米浆粘接,坚固度大增。一个颇令人玩味的现象是,明长城的路线走向,几乎与前述400毫米等降水线相重合,这恰恰说明,长城是湿润区与干燥区的边界,也即农耕区与游牧区的边界。它是农耕人护卫发达的农业文化的防线。在这一意义上,与其说长城是中国古代若干王朝的北部边界,毋宁说是中华疆域内农耕与游牧两大文明形态的分界线,它的历史作用不仅限于维系中原王朝的统治秩序,而更在于护卫先进的农耕文明,使其不致在游牧人频繁的袭击中归于毁灭。因而,无论从中国文明史还是从世界文明史看问题,长城的作用都是进步的、正义的。正因为如此,孙中山才说:“长城之有功于后世,实与大禹治水等。”②

三、互补与融会

论及农耕与游牧这两种经济类型间的交互关系,冲突、战争只是它的一个侧面,另一个侧面则是文化互补、民族融合。从一定意义上讲,战争本身就是文化互补、民族融合的一种特殊形式。

就农耕民族与游牧民族的总体关系而言,兵戎相见毕竟只是部分时段内的部

① 《明史·兵制》。
② 孙中山:《孙文学说》第四章,《知难行易》。

分内容。在此之外，双方更经常地是以和平方式发生经济、文化诸多方面的互摄性交流。这种交流大体沿着长城一线展开，进而互向对方更广阔的纵深地域扩展。

一方面，游牧人虽然整个社会发展水平处在较低层次，但他们也有两个明显优势：其一，孔武善战，精于骑射；其二，流动生活成为异域文化的绝好传播载体。在整个古代，中原农耕人可以从游牧人那里学习军事技术，吸收异域文化养料，以之作为农耕文化的补强剂。战国时，秦人学习西戎“击技”；赵武灵王“变俗胡服，习骑射”[①]；汉代开辟丝绸之路，广采博纳中亚、西亚游牧文化及绿洲文化的成果；唐代承魏晋以降汉胡文化融合之势，从而获得蓬勃生机。这些都是农耕民族从游牧民族吸纳文化养分、增强生命活力的生动事例。

另一方面，游牧人则从农耕人那里学习先进的生产方式、政治制度，乃至改变生活习俗，促使自身的社会形态发生历史性的飞跃。其间尤其引人注目的是，以征服者姿态进入农耕区的游牧人在先进的农耕文化氛围中，往往为被征服者所同化。南迁的鲜卑人、北魏孝文帝拓跋宏热爱汉文化，他“雅好读书，手不释卷，五经之文，揽之便讲”。[②] 他大刀阔斧地实行以三长制、均田制为基本内容的汉化改革，使北魏社会迅速发展。元代蒙古人入主中原后，元世祖忽必烈将首都从游牧区迁至农耕区的“大都”（即北京），便是归化农耕文明的决定性步骤。后金首领努尔哈赤也十分钦羡汉文化，他“好看三国、水浒二传”[③]，让人将《三国演义》译成满文，发给部下阅览。这些游牧人的杰出领袖人物都显示了接纳先进农耕文明的迫切愿望。匈奴、鲜卑、突厥、契丹、女真、蒙古等游牧或半农半牧民族在与先进的汉族农耕文明接触的过程中，无一例外地在不同程度上取得了社会政治、经济、文化制度方面的明显进步。这充分说明，农耕文明作为一种“高势能”文明，对相对后进的游牧文明的巨大诱导、同化作用。

总之，农耕与游牧作为两种基本的经济类型，不是单纯敌对的关系，而是古老中国文化系统内彼此不断碰撞、交流的智慧与财富的源泉。以迁徙、聚合、战争、和亲、互市等方式为中介，农耕人与游牧人相互交往融合，不断互摄互补，历数千年，方汇成今日以农耕为主兼容游牧的气象恢弘的中国文化。在一定意义上可以说，中国文化是农耕人与游牧人共同创造的伟大成果。

一个民族或国度不可能随意自由地选择生产方式和产业构成，只能在自然的、历史的基础之上承前启后，开拓创新。中华民族通往现代化的物质文明基础，是以

---

① 《史记·匈奴传》。

② 《北史·高祖孝文帝本纪》。

③ 黄道周：《博物典汇·四夷附奴酋》卷二十。

农耕为主、游牧为辅的经济形态。积极推进这种经济形态的现代化转型,进而实现中华民族的全面腾飞,是我们面临的一个长期的战略性任务。

思考题:

1. 为什么古代中国会形成农耕、游牧两大经济类型?
2. 怎样理解农耕与游牧两大经济类型既冲突又互补的相互关系。

第四章 宗法体制 家国同构

天下之本在国，国之本在家，家之本在身。

——《孟子·离娄上》

民族文化活动是在一定的社会结构中进行的。如果说自然环境为人类提供文化创造的地理舞台，那么，社会结构则为人类提供文化创造的组织舞台。

人是社会化的动物。社会性是人区别于一般动物的基本标志。社会结构是人的社会性的外化形式。“社会”，是近世从日语中引入的词汇。它的内涵在古汉语中由“群”来表达。《吕氏春秋·恃君览》记载了先秦时人对于人类“群”的特征的认识：“凡人之性，爪牙不足以自守卫，肌肤不足以捍寒暑，筋骨不足以从利避害，勇敢不足以却猛禁悍。然且犹裁万物，制禽兽，服狡虫，寒暑燥湿弗能害，不唯先有其备，而以群聚邪？群之可聚也，相与利之也。”正是凭借个体之间有一定组织形式的交流协作、互相帮助，中华先民才得以克服艰难困苦的环境，从动物世界中脱颖而出，以万物之灵的大脑和双手，创造出辉煌灿烂的中国文化。

一、女娲、神农与氏族社会

人的社会性，具体体现为规范化、制度化的人际关系及其组织形式。在远古时代，这类关系主要体现为男女通婚关系以及由此而形成的氏族关系。氏族，是以血缘关系结成的基本社会单位。它具有血缘的与政治的双重意义。就前者而言，氏族的解体最终导致“家”的产生；就后者而言，氏族的解体最终导致“国”的出现。

刚与猿类分途的中华先民，“聚生群处”，“无衣服、履带、宫室、畜积之便”①。与极端艰苦的物质生活相应的，是人际关系特别是男女关系的混沌无序，“长幼侪

① 《吕氏春秋·恃君览》。

居，不君不臣。男女杂游，不媒不聘”①。此时的性满足方式是与一般动物无异的原始杂交。经过数十万年的演进，原始杂交才被血缘群婚所取代，即禁止不同辈分的男女之间的性关系。但同辈人、包括同胞两性间的性关系还不在禁忌之列。这便是中国上古神话中伏羲与女娲(图4－1)既是兄妹又是夫妻的奇特关系的文化史依据。此后又经过数万年的进化，同辈人中同胞和旁系两性间的性关系也被禁止，这是外婚制的起点，亦即氏族形成的起点。氏族内部禁止婚姻，集体劳作，产品公有，平均分配。相互通婚的不同氏族血缘相近，构成部落。若干部落交往密切，便形成部落联盟。

图4－1　伏羲、女娲像(汉画像砖)

不论原始杂交还是血缘群婚、族外婚，由于性关系的紊乱，“民人但知其母，不知其父”②，世系均只能按母系血缘计算。加之妇女在原始生产中多从事采集劳作，较之从事狩猎的男子，收获更为稳定可靠，居经济生活的主导地位，因而中华上古神话中最伟岸的形象——补天的女娲、孕育太阳的羲和以及掌管不死之药的西王母，都是女性，最古老的姓氏姜、姬、妫、嬴、姒、嫪、娥均从女旁。中原各地旧石器时代妇女墓葬的规格明显超过男子的考古实证，更确凿表明当时的中华先民生活在母系氏族社会。

母系氏族社会从旧石器时代晚期开始形成，贯穿整个新石器时代。传说中的女娲氏、庖牺氏、神农氏、有巢氏、燧人氏，是这一时期中华先民文化创造的神的人格化代表。

母系氏族社会晚期，耜耘农业充分发展，男子转变为社会经济活动的主力。在婚姻制度方面，不固定的男女结合的对偶婚逐渐过渡为一男一女结为固定夫妻关系的单偶婚。单偶婚不仅对人类体质及道德水准的进步发生了革命性影响，而且还改变了社会组织结构，文明社会的健全细胞——家庭，由此诞生。单偶婚最终改变了“民人但知其母，不知其父”的状况，以父系血缘计算世系不仅成为可能，而且

① 《列子·汤问》。

② 《白虎通》卷一。

成为必须。中国传统的父系家庭由此诞生。

关于中国传统家庭的特征，中外学者多有论列。有人将其归纳为10条：①父家长制；②祖先崇拜；③尊老敬宗；④男系制度；⑤重男轻女；⑥大家庭观念；⑦多子主义；⑧蓄妾制度；⑨父子世袭；⑩孝亲意识①。这些特征共同反映出一个基本的文化史实：在中华民族的文化演进过程中，氏族组织血缘纽带的解脱，远不如其他民族充分。从氏族社会遗留下来的、以父家长制为核心的、由血缘家庭—家族②组合而成的农村乡社，世世代代得以保存。这就形成了宗法制度在中国千年不衰的渊源。

二、五帝与国家起源

父系家庭产生以后，中国上古社会进入铜石并用时代。在社会生产力进一步发展的基础上，原始公有制崩解，私有制萌生。中国神话传说中的五帝（黄帝、颛顼、帝喾、唐尧、虞舜）③便生活在这一时期。

私有制开启了社会不公的进程，原始的人与人的平等关系不复存在。大量的考古发掘证明了这一点。以中、晚期大汶口文化遗址为例：富有者的墓坑庞大，且有上百件各式陪葬器物，包括玉器、象牙器等；而贫寒者的墓坑仅可容身，随葬品极少，甚至没有。墓葬规格的鲜明对比，正反映出死者生前经济状况、社会地位的显著差异。

私有制改变了社会公共权力的性质，使之成为令人垂涎的宝物。即便是半人半神的氏族领袖，也不免为此而大动干戈。在古史传说中，便有“共工与颛顼争为帝”④，进而发生战争的记述。共工失败了，“怒而触不周山”，颛顼得意洋洋地坐了天下。颛顼一举隔断原始宗教观念中天上人间的自由通道，这在典籍中被称为“绝地天通”。狭义地讲，“绝地天通”是一场宗教革命，宗教从此被限定为少数特权者的事业；广义地讲，“绝地天通”带来一场社会秩序的根本变革。从人与神的距离拉开，影响到人与人之间地位的平等。少数人保留了与神交通的特权，成为地上的统治者；多数人失去了往日的自由。国家，这个体现阶级利益、凌驾于社会之上的巨大权威的阴影，开始笼罩人间。

恩格斯明确提出国家形成的两条标准：第一，按地区来划分它的国民；第二，公

---

① 岳庆平：《中国的家与国》，吉林文史出版社1990年版，第7页。

② 家庭与家族既有区别，又有联系。家庭是一同居共炊共财单位，家族不是同居共炊共财单位；聚居一地的拥有共同祖先的同姓家庭组成家族，又称宗族。

③ 五帝的组成，有许多说法，此处引较通行的一种。

④ 《淮南子·天文训》。

共权力的设立，这种权力已经不再同自己组织为武装力量的居民直接符合，“构成这种权力的，不仅有武装的人，而且还有物质的附属物，如监狱和各种强制机关[①]”。他还分析了国家产生的三种途径：其一，雅典式，国家从氏族内部发展起来的阶级对立中产生；其二，罗马式，国家在氏族制的废墟上建立起来；其三，德意志式，国家作为对外征服的直接结果而产生。相对而言，中国的情况更接近于雅典式，但又有所不同。

氏族社会末期，部落联盟首领的产生，在古希腊演出了一幕幕血腥惨剧，但中国上古传说却留给人们温情脉脉的“禅让”佳话。尧在位70余年，衰老之际，知子丹朱不肖，看中了贤孝而有才的舜，经过多方考验，“令舜摄行天子之政，荐之于天”[②]。舜到了暮年，亦仿当年故事，让位于治水有功的禹。这种美妙的权力递嬗方式，被禹传子而不传贤的做法所打断。“传子而不传贤”，恰好表明“公共权力已不再同自己组织为武装力量的居民直接符合了”，而成为“私有”的家传之宝。

夏禹时代，黄河、长江流域的炎帝、东夷、苗蛮等部族之间的交往已经相当频繁，以地缘为基础的华夏民族共同体已显雏形，原始的“九州”地域观念已经形成，其范围大致在“四岳、三塗、阳城、大室、荆山、中南”[③]之间，与考古发掘的中原龙山文化、二里头文化分布区域基本一致。虽然血缘亲族因素在共同体内部依然存在，但毕竟已不再是划分人群的首要依据。更重要的是，超越于氏族原始民主之上的君主权威已经出现。《尚书·甘誓》有如下记载：“（启与有扈）大战于甘，乃召六卿。王曰：‘嗟！六事之人，予誓告汝：有扈氏威侮五行，怠弃三正，天命剿绝其命。今予惟恭行天之罚。左不攻于左，汝不恭命。右不攻于右，汝不恭命。御非其马之正，汝不恭命。用命，赏于祖；弗用命，戮于社，予则孥戮汝。’”文中所见，部落联盟领袖的温文尔雅分明被国家君主的权势威严所取代。公共权力的物化形式军队、监狱（《今本竹书纪年》称“夏台”、“圜土”）、刑法（《左传·昭公六年》记“夏有乱族而作禹刑”）三者皆备。阶级社会——文明社会的曙光在华夏之地初显熹微。

三、西周宗法制度及其影响

在漫长的历史进程中，中国的社会结构发生过种种变迁，然而，由血缘纽带维系着的宗法制度及其遗存和变种却长期存留，并给予社会生活的方方面面以深刻的影响。

---

① 《马克思恩格斯选集》第4卷，人民出版社1972年版，第166—167页。

② 《史记·五帝本纪》。

③ 《左传·昭公四年》。

（一）宗法制度及其特点

宗法制度源于原始社会父家长制家庭公社成员之间牢固的亲族血缘联系，是这种血缘联系与社会政治等级关系密切交融、渗透、固结的产物。它的确立期在西周。

宗法制度是一种庞大、复杂但井然有序的血缘—政治社会构造体系。在这一体系中，最高统治者君王自命“天子”，即天帝的长子，“奉天承运”，治理普天之下的土地和臣民。从政治关系看，他是天下的共主；从宗法关系看，他又是天下的大宗。君王之位，由嫡长子继承，世代保持大宗地位。其余王子（嫡系非长子及庶子）则被封为诸侯，他们对于居王位的嫡长子称为小宗，但各自在其封侯国内又为大宗，其位亦由嫡长子继承，余子则封卿大夫。卿大夫以下，大、小宗关系依上例类推。宗法制也适用于异姓贵族。西周行同姓不婚制，因此，同姓之间共属兄弟叔伯系统，异姓之间多为甥舅亲戚。

在宗法制度下，不论同姓还是异姓，都被宗族[①]血缘关系串连为一体。从消极方面看，宗族的制约限制了人们社会关系的多样化发展，从而阻碍了社会的进步；但是从积极方面看，一个个单独的社会分子被宗族血缘关系紧密地连接为一个整体，借以克服单个分子所无力克服的困难，承受单个分子不能承受的压力。周人聪明地从远古氏族遗留的自然血缘关系中找到了维系宗族整体以抗拒自然或社会原因带来的不虞灾祸的法宝。和氏族中人不能脱离他的氏族一样，在宗法制度下，个人脱离了宗族，也将陷入绝境。周人选择了宗法制度这样一种特殊的社会结构形式，正如马克思所说，是“以个人尚未成熟，尚未脱掉同其他人的自然血缘联系的脐带为基础”。[②]

宗法制度兼备政治权力统治和血亲道德制约的双重功能，由于这种优长，它奠定了中国传统社会结构的定式。但是，这并非意味着后世承袭了西周宗法制的全部内容。事实上，严格意义上的宗法制度在西周末年已开始瓦解。反映周幽王时期生活的《诗·大雅·板》说：“宗子维城，无俾城坏”，便透露出宗法制崩坏的时代消息。春秋战国以降，西周时代由贵族血缘纽带攀联而成的统治体系更趋崩塌。周初“兼制天下，立七十一国，姬姓独居五十三人”[③]，而到战国时，七雄中仅燕国王

---

① 宗族的含义有二：狭义宗族指血缘关系明确、存在经济联系并通常同居一地的父系组织；广义宗族指所有的同姓。在中国传统的宗法意识里，“族”指全体有血统关系的人，并无主从之别；“宗”则指在亲族中奉一人为主。《白虎通义》说：“宗者，尊也。为先祖主者，宗人之所尊也。”

② 《马克思恩格斯全集》第23卷，人民出版社1972年版，第96页。

③ 《荀子·儒效》。

室为姬姓，其余六国均由异姓掌权。秦汉以后，郡县制取代分封制，除帝王继统仍由皇族血缘确定之外，行政官员的选拔、任用实行荐举、考试制，即以“贤贤”取代“亲亲”。但是，从总体上看，宗法制的影响却长期笼罩中国社会。

（二）宗法制度对中国社会的影响

宗法制度的深远影响突出地表现在以下方面：

1. 父系单系世系原则的广泛实行。西周宗法制在公共职务和私有财产的继承方面，依据的是严格的父系单系世系原则。所谓父系单系世系原则，是指在血缘集团世系排列上，完全排斥女性成员的地位。世界文明史表明，在由原始社会过渡到阶级社会的最初阶段，家庭关系方面突出父系单系世系似乎是各民族的普遍现象。如罗马公元前 5 世纪的《十二铜表法》在财产继承权方面就只承认父系亲属，不承认姻亲。在这一法律的“当然继承人”概念中，包括子女和妻子，但不包括已婚女儿。而印度公元前 3 世纪的《摩奴法典》则对于未婚女儿也不给予财产继承权。不过在事实上，古希腊和古印度社会对于姻亲的继承权仍有变相的承认，准许无子者认外甥为子，梭伦变法更在男系亲属之后承认女系亲属的继承权。但是在中国西周时代，父系单系世系原则的奉行却极为严格。王位、君位、卿大夫爵位的继承，绝不超出父系亲属范围，而且规定嫡长子为第一继承人。在家庭财产继承权方面，周代不同于印度《摩奴法典》“长子继承全部家业”的规定，允许几个儿子共同享有继承权，但不允许女性后裔和配偶继承财产。

严格的父系单系世系原则，在西周以后的漫长年代得到广泛实行。就政治权力继承而言，不仅绝不允许母系成员染指，而且绝不传给本系女性后裔。“牝鸡司晨，惟家是索”①的成语，便是对政治权力旁落于女性之手的严厉警告。在欧洲诸国和印度，女王、女皇司空见惯，而中国除唐代武则天一例之外，从未有女性称帝者。偶有女后专权，则被视为异常，通常遭到朝野非议和后世史家抨击。在家庭财产继承方面，也没有女性的地位。“嫁出的女儿泼出的水”，女儿出嫁，连姓氏都要随夫，当然无权继承父系遗产。甚至在某些专业特种技艺的传授方面，也有“传媳不传女”的家规。传媳可以为本家族增创财富，传女则意味着技艺财富流入异姓他族。

2. 家族制度长盛不衰。周代以降，中国社会历经战乱，社会经济形态、国家政权形式多有变迁，但构成中国社会基石的，始终是由血缘纽带维系着的宗法性组织——家族。《白虎通·宗族篇》称：“族者何也？族者凑也，聚也，谓恩爱相流凑

① 《尚书·牧誓》。

也。上凑高祖下至玄孙，一家有吉，百家聚之，合而为亲。”由一个男性先祖的子孙团聚而成的家族，因其经济利益和文化心态的一致，形成稳固的、往往超越朝代的社会实体，成为社会肌体生生不息的细胞。这种家族制度虽几经起伏，却不绝如缕，贯穿于西周以后的数千年间。如南北朝时期，“瀛冀诸刘，清河张、宋，并州王氏，濮阳侯族，诸如此辈，一宗将近万室，烟火连接，比屋而居”①。北宋时期，数世同居的大家族遍及各地，“聚族数百指”②，“家之食口数百”③，千人以上的，亦不罕见，以至某些家族进食时只好采取“诸房鸣钟会食”的办法。直到清代，许多家族依然是“兄弟析烟，亦不远徙，祖宗庐墓，永以为依，故一村之中，同姓者至数十家或数百家，往往以姓名其村巷焉”。④

(1)维系家族制度的三要素。家族制度得以维系，仰赖祠堂、家谱和族田三要素。

祠堂供奉祖先的神主牌位，每逢春秋祭祀，全族成员在此隆重祭奠先祖，这是祠堂的首要功能。祠堂还是向族众灌输族规家法的场所，“每月朔望，子弟肃衣冠先谒家庙，行四拜礼，读家训”。⑤ 对于违反族规家法的不肖子孙实施惩处，也在祠堂内进行。

家谱是家族的档案、经典、法规。家谱详细记载全族的世系源流、子嗣系统、婚配关系、祖宗基地、族产公田及族规家法。它的首要作用是防止因年代久远或居处异动而发生血缘关系的混乱，从而导致家族的瓦解；其次，它还是解决族内纠纷、惩治不肖子孙的文字依据。

族田是家族公共的田产，又分为义田、祭田、学田几类。族田主要用于招佃收租，但为防止族众对其侵蚀，一般规定本族中人不得承租。学田收入供族内儿童作学费，义田收入用以赈济贫困灾病，祭田收入用于开支祭祖的牺牲、礼仪、宴席。如果说祠堂、家谱主要用于从精神上训导族众“尊祖敬宗”，那么族田则主要通过物质利益关系来维系族众的团结。

(2)中国家族制度长盛不衰的显著标志，是族权在社会生活中有强大而持久的影响。族权是以血缘关系为纽带而形成的一种特殊的社会权力，它从氏族社会家庭公社的父权中引申出来，随着家族制度的完善而膨胀，终而成为中国古代与政权、神权、夫权比立而四的强劲的社会维系力量。

---

① 《通典》卷三引宋孝王《关东风俗传》。

② 宗泽：《忠简公集》卷三，《陈八评事墓志铭》。

③ 曾巩：《南丰先生元丰类稿》卷四十五，《故高邮主簿朱君墓志铭》。

④ 《同治苏州府志》卷三引《县区志》。

⑤ 蒋伊：《蒋氏家训》，载《借月山房汇抄》第七二册。

在西周宗法制度下，族权与政权完全合一。秦汉以后，郡县制取代分封制，国家中央权力以下的政权与族权渐趋分离。这一变动，给予族权以双重影响。一方面，国家政治权力从诸多方面制约族权，不让它与政权分庭抗礼，如宗族首领的官僚化，便是逼迫族权从属于政权的有力手段；另一方面，又因为族权与政权的分离，促使族权以独立形态获得长足发展。宋明以后，随着家族制度的完善，族权在社会生活中的作用也愈益显著。

首先，族权有严密的、固定的组织形式。据清人刘献廷《广阳杂记》卷四记载：镇江赵氏宗族有二万余丁，其族有总祠一人，族长八人佐之。举族人中聪明正直者四人为评事，另有摄行杖之役事者八人。祠有祠长，房有房长。族人有讼，不鸣之官而鸣之祠，评事议之，族长判之，行权者决之。

其次，族权与地方绅权结合。族权的人格化代表是祠长、族长、房长。一般，这些职务均被家道富有、罢官在籍者等绅矜土豪把持，而并非严格依宗族血缘秩序由“宗子”担任。这也是后世家族制有别于西周宗法制的要点之一。

再次，族权与国家政权结合。这是宋明以后族权大膨胀的主要表现形式。这种膨胀并非恢复到西周宗法制下的族权与政权完全合二而一，而是表现为族权在执行纲常礼法、维护统治秩序方面与国家政权的目标完全一致，并以自己的特殊功能来弥补国家政权在这些方面的不足。

在执行纲常礼法方面，族权凭借自己的血缘宗法特性，较之政权的强制性灌输，更易收到“管摄天下人心”的功效。族长与族众有血缘关系，比官吏更切近族众；族长又不必像父兄那样碍于亲情，可对族众无所顾虑地施加礼法。所以，“牧令所不能治者，宗子能治之，牧令远而宗子近也；父兄所不能教者，宗子能教之，父兄可从宽而宗子可从严也”。①

在维护统治秩序方面，族权在很大程度上承担了地方政权的部分职能，而它以血缘亲属关系掩盖社会政治方面的“优长”，又有效地粉饰了地主政权的阶级压迫本质。国家催索赋役，往往首先通过家族，而许多家族也将按时完成国家赋役规定为本族的义务。如《朱坡塘朱氏通谱》载明：“族中如有蔑视法律不急公赋者，族长押令速完。”族权承担政权职能的另一重要体现是国家承认家族在一定范围内的法律裁判权。苏州范氏家族“设公案听断一族之事，立有钤记”。②《无为查林徐氏宗谱》规定：“凡族内争斗，必先投鸣房长，次及户长，听其处分。”清代安徽合肥地区家族“宗法极重”，族人争讼，取决于族绅。重大案件虽诉之官府，但“官之判断仍

---

① 冯桂芬：《校邠庐抗议》下卷，中州古籍出版社 1998 年版，第 166 页。

② 翟兑之：《人物风俗制度丛谈》甲集，《大族制》。

须参合族绅之意见"①。由于族权多把持于地主豪绅之手,一旦发生农民起义,族权充当政权帮凶的面目便昭然于世。清道光年间,江西哥老会活跃,清廷下令:"该处通省皆聚族而居,每姓有族长绅士,凡遇族姓大小事件,均听族长绅士判断。……如有不法匪徒,许该姓族长绅士捆送州县审办。"②太平天国兴起,南方诸省均有地主豪绅组织的以族众为基本力量、以族规为法令约束、以族权为指挥系统的"团练"武装,拼死与太平军为敌。太平天国军事上的失败,宗法制的团练武装纷起与之对抗是重要原因之一。

3. 宗法制因素的长期遗存,给中华民族的社会心理以深刻的影响。在氏族社会,血统联盟构成生活制度的基础,而这种联盟得以运转,不是依凭法治,而是遵循以血亲意识为主体的风俗习惯。如前所述,中国是在血缘纽带解体不充分的情况下步入阶级社会的,形成了独特的宗法制度。与之相随,"六亲"(父子、兄弟、夫妻)、"九族"(父族四、母族三、妻族二)观念继续构成社会意识的轴心,而且其形态日益精密化。

(1)在社会心理方面,宗法结构给中华民族打上的深刻烙印,首先表现在对于血缘关系的格外注重。这一社会心理的外化,凸显为亲属称谓系统的庞杂精细,不仅纵向区分辈分,而且在父母系、嫡庶出、长幼序等横向方面也有极严格、细微的规定。

宗法结构下的社会心理又表现为浓烈的"孝亲"情感。这种情感不仅体现为对死去先祖的隆重祭奠,而且更体现在对活着的长辈的绝对顺从、孝敬。"百善孝为先",在中华文化系统内,孝道被视为一切道德规范的核心和母体,忠君、敬长、从兄、尊上等都是孝道的延伸。"夫孝,始于事亲,中于事君,终于立身"③,便点明了宗法伦理的个中精义。

(2)宗法结构下的社会心理还表现在对传统的极端尊重。氏族制度遗风"使人的头脑局限在极小的范围内,成为迷信的驯服工具,成为传统的奴隶"④。学者、思想家讲究学说的承传性,追求"道统"、"心传"的绵延不绝。骚人墨客则推尊"文统","文必秦汉,诗必盛唐"的复古主张成为千年不绝的文学史主题。艺术流派和工艺行帮更讲究"家法",将"无一字无出处","无一笔无来历"视做艺术和技能的极致。"祖传秘方"更是医家取信患者、去邪扶正的法宝。即便是那些不满现状、

---

① 胡朴安:《中华全国风俗志》,上海广益书局1923年版。

② 《清宣宗实录》卷一八一,道光十年十二月戊戌。

③ 《孝经·开宗明义》。

④ 《马克思恩格斯选集》第2卷,人民出版社1972年版,第67页。

革故鼎新的政治改革家，也往往要运用“托古”的套头推行“改制”，否则便难以得到社会的认可和民众的拥护。从积极方面看，对传统的极端尊重大大强化了中华文化的延续力，使之成为世界罕见的不曾中断的文化系统；从消极方面看，它又造成中华民族惯于向后看的积习和因循守成的倾向，销蚀了进取、创新精神。

（3）伦理学的空前繁盛。由于以维系社会成员血缘纽带为职志的伦理观念及其理论形态构成中华文化意识形态系统的核心，伦理学当仁不让地成为中华社会首屈一指的文化门类。反映在学术文化领域，便是道德论与本体论、认识论、知识论互摄互涵，畛域不清。在宗法血缘纽带解体较早的希腊、罗马，社会秩序更多地仰仗契约、法律维系，人们关注的重心不再是人际伦常关系，转而以更大的兴趣去探索大自然和人类思维的奥秘。从古希腊到近代西方，以“求真”为目标，宇宙论、认识论与道德论各自独立发展，虽有联系，但绝不混同。中国则不同，一切学问均与“求善”的道德伦理目标相沟通，而客观的外在事物，尤其是有关自然界的现象、规律，很少被作为独立的认识对象与人伦相分离，科学因而遭到压抑、限制。在这种文化氛围内，自然科学、思辨哲学都难以获得充分发展。

如果说西方文化是“智性文化”，那么中华文化可以称之为“德性文化”。中国的“治道”要津不在“法”治，而在“人”治，而“人”治又特别注重道德教化的作用。“以身训人是之谓教，以身率人是之谓化”①，道德的威力始终被看得比法律更有效。孔子所说：“道之以政，齐之以刑，民免而无耻；道之以德，齐之以礼，有耻且格。”②这正是“德治主义”的精辟表述。在“德治主义”的熏陶之下，一方面统治者不单单以法治国，同时也极力强化伦理训条对臣民精神、行为的规范，以此作为治国安邦的根本，即所谓“礼义廉耻，国之四维，四维不张，国乃灭亡”③。另一方面，社会成员首先考虑的也不是遵从国家法令，而是如何在错综复杂的人际关系中履行自己的伦理义务，即所谓“父慈子孝，兄良弟悌，夫义妇听，长惠幼顺，君仁臣忠”④。这两方面的配合，便构成宗法式社会特殊的充满人伦情感的和谐秩序。

宗教的创立和流行，是世界各民族共有的文化现象。在古代和中世纪，许多民族、国家都曾以宗教作为撑持社会秩序的首要支柱。但在古代中国，除殷商时期是神权至上外，周代以后的3 000年间，中国文化系统虽然容纳了本土和外来的多种宗教，却避免了全社会的宗教迷狂。这主要是因为，产生于宗法性社会的纲常伦理

---

① 管同：《与朱干臣书》，《因寄轩文初集》卷六。

② 《论语·为政》。

③ 《管子·牧民》。

④ 《礼记·礼运》。

观念如同一具庞大而缜密的“思想滤清器”，阻滞、淡化了宗教精神对国民意识的渗透。

宗法社会结构所产生的德性文化，自有其积极效用。在中华文化系统里，强调在道德面前人人平等。孟子说“人皆可以为尧舜”，王阳明说“满街都是圣人”，都是申述普通人可以在道德修养方面达到最高境界。在古代中国政治体制中，对于统治者，特别是对于最高统治者缺乏有效的行为约束机制，但在道德方面却有严格要求。自周朝开始，天子死后有谥号，群臣根据其德行政绩加一概括语，褒者如成、康，贬者如幽、厉，这实际上成为对君主的最终人格评判。这种评判对于在位的当朝君主，显然能起到诱导与劝诫作用。《诗经》的美与刺，《春秋》的褒与贬，也与此有相似的作用。这样一种道德制约在缺乏政治分权制的古代中国，所发挥的积极社会功用不可低估。此外，德性文化在特定历史条件下，还能鼓舞人们自觉维护正义，忠于国家民族，抵御外来侵略，保持高风亮节。千百年来，无数仁人志士都从传统伦理思想中汲取积极营养，立功立德，青史留名。正如文天祥在《正气歌》中热情赞颂的秉笔直书的史家、刺杀暴君的勇士、痛斥昏佞的诤臣、大义凛然的使节、鞠躬尽瘁的贤相，他们不愧为传统伦理精华铸造的中华民族的脊梁。

当然，德性文化又有其消极的一面。它将伦理关系凝固化、绝对化，以至在一定意义上成为人身压迫和精神虐杀的理论之源。在伦理义务的绝对拘束之下，纲常关系日益成为束缚人们的枷锁，并进而制约了全民族思维方式和生活方式的更新。直至“五四”新文化运动，这一思想清理任务才正式提上中华民族的理性批判日程。

四、贯穿千年的"家国同构"特征

“家国同构”是宗法社会最鲜明的结构特征。严格的宗法制虽然在周代以后不复存在，但“家国同构”精神却贯穿于数千年的中国古代社会。

“家国同构”，即家庭—家族与国家在组织结构方面的同一性。这种同一性，从根本上讲是源于氏族社会血缘纽带解体不充分而遗留下来的血亲关系对于人们社会关系的深刻影响，家与国，其组织系统和权力配置都是严格的父家长制。“国”在结构上与“家”一致，致使中国古代社会地缘政治、等级制度等社会结构，始终未能完全独立于血亲—宗法关系而存在。

众所周知，印度也是在氏族制度解体很不充分的情况下转入阶级社会的，但印度没有建立中国式的宗法制度，而是形成独具特色的种姓制度。种姓制是严格的社会等级制度。婆罗门（僧侣）、刹帝利（武士）、吠舍（自由民）、首陀罗（被征服的土著居民）四大种姓等级森严，不同种姓间严禁通婚。在印度社会中，血亲关系在家庭乃至种姓内部依然存在，但在整个社会结构的维系方面，却基本不起作用。社会结构的严格等级制与家庭结构的血亲制判然有别，因此无从出现“家国同构”现象。古代欧洲的贵族、市民、奴隶之间，等级差异亦十分明显；中世纪的僧侣、贵族、平民构成社会结构区别分明的三层次。它们的血缘政治基本被地缘政治、等级政治所取代，当然就更不可能出现“家国同构”现象。

古代中国的情况则大不相同。中国传袭久远的宗法制度基于同族的血缘关系与同乡的地缘关系二者的结合。宗法性的家族成为“国”与“民”之间的中介，“国”与“家”相互沟通，君权与父权也就互为表里，社会等级、地缘政治始终被笼罩在宗法关系的血亲面纱之下。正因为如此，黑格尔认为，“中国纯粹建筑在这一种道德的结合上，国家的特性便是客观的‘家庭孝敬’。中国人把自己看做是属于他们家庭的，而同时又是国家的儿女”。[①] 当代学者则形象地将这种“人—家—国”的社会组织模式称为“同心圆式”，以区别于西方传统社会个人与社会对立并此起彼落的“跷跷板式”[②]。

在“家国同构”的格局下，家是小国，国是大家。在家庭、家族内，父家长地位至尊，权力至大；在国内，君王地位至尊，权力至大。父家长因其血统上的宗主地位，理所当然地统率其族众家人，而且这一宗主地位并不因其生命的中止而停辍，而是通过血脉遗传，代代相继。同样，君王自命“天子”，龙种高贵，君王驾崩，君统不辍，由其嫡长子自然承袭，如是者不绝。父家长在家庭内君临一切，“家人有严君焉，父母之谓也”。[③] 君王是全国子民的严父，“夫君者，民众父母也”。[④] 不仅国君如父，而且各级地方政权的行政首脑亦被视为百姓的“父母官”。简而言之，父为“家君”，君为“国父”。君父同伦，家国同构，宗法关系因之而渗透于社会整体，甚至掩盖了阶级关系和等级关系。

作为“家国同构”社会现实的观念反映，古代中国道德伦理体系的“五伦”（君臣、父子、夫妇、兄弟、朋友）之中，亲缘关系居其二，而且君臣、朋友关系也由亲缘关系推导而来。孝亲是中国道德的本位，孝亲为源，忠君为流。所谓“君子之事亲孝，故忠可移于君；事兄悌，故顺可移于长；居家理，故治可移于官”[⑤]。究其原因，是“家国同构”的现实同一性，导致对于家庭成员和国家子民道德要求的同一性。“忠孝相通”，二者统一于对权力的绝对顺从，所异者仅在于顺从对象一为君主、一

① 黑格尔：《历史哲学》，上海书店出版社 1999 年版，第 127 页。

② 转见岳庆平：《中国的家与国》，吉林文史出版社 1990 年版，第 4 页。

③ 《易·家人》。

④ 《新唐书·礼三本》。

⑤ 《孝经·广扬名》。

为家长。

社会组织的"家国同构"以及由此而来的"忠孝同义",都是宗法制度遗风流播的征象。故而梁启超总结道:

> 吾中国社会之组成,以家族为单位,不以个人为单位,所谓家齐而后国治是也。周代宗法之制,在今日其形式虽废,其精神犹存也①。

五、充分发育的专制政体

中国自夏代产生国家后,就国体而言,以地主阶级专政时间最长;就政体而言,以君主专制历时最长。在世界范围内,这种地主阶级专政的君主专制国家制度在中国出现最早、发展最充分。

君主专制政治体制,是世界诸多民族、国家历史上都曾出现过的政体现象。马克思曾大致区分君主专制政体为两大类型,即以英、法等国为代表的欧洲型和以中国、土耳其为代表的东方或亚洲型②。两者的产生依据、表现形态、集权程度、持续时段、历史作用,特别是对各民族、国家文化演进的制约、影响,又大相异趣。

英国的君主专制政体是在封建社会晚期,资本主义的经济、政治因素已经萌生、发展的时期产生的,它的阶级基础既包括僧、俗封建主,又包括资产阶级新贵族。"在那里,君主专制是作为文明中心、社会统一的基础出现的。在那里,君主专制是一个洪炉,在这个洪炉里各种社会成分被搀和在一起,受到开导,这就使得城市认为资产阶级的普遍统治和市民社会的公共政权比自己的中世纪地方自治更好。"③简言之,英国君主专制在客观上促进、推动和保护了资本主义生产方式的孕育和成长。

早于英国近2 000年,中国的君主专制在战国时期便已出现。列国诸侯在自己的封疆内实行专制统治,用郡县制取代分封制,用官僚制取代世卿世禄制。公元前206年,秦王嬴政统一全国,更厉行中央集权,"天下之事无大小皆决于上"④,君主专制开始实行于疆域广大的一统帝国。秦以后直至明、清,专制主义中央集权政治持久不衰,愈演愈烈。中国君主专制政治的阶级基础是地主阶级,在一定程度上还包括数量极大的自耕农。地主—自耕农所依赖的生产方式是小农业与家庭手工业相结合的自然经济,这种自然经济对商品经济形成巨大的抑制力量。为了保护

---

① 梁启超:《新大陆游记》,《饮冰室合集专集》第五册。

② 《马克思恩格斯全集》第10卷,人民出版社1998年版,第462页。

③ 《马克思恩格斯全集》第10卷,人民出版社1998年版,第462页。

④ 《史记·秦始皇本纪》。

这种自然经济并进而维护地主阶级的根本利益，中国君主专制制度长时间、多方面地压抑新的资本主义生产关系的萌生，使之久久得不到长足发展。在这一点上，它在中国所起的历史作用与在英国等西欧国家正相反。

与世界各国相比，中国君主专制政体特点鲜明。

（一）起点早，持续时间长

中国君主专制出现的年代先于世界诸国，还在国家初成的前封建时代——商周时期便已现端倪。商王盘庚准备迁都于殷，遭到留恋故土的臣民的抵制，他便异常专横地对抗命者发出“我乃劓殄灭之”①的警告。春秋时期，争夺中原霸权成为诸侯们孜孜以求的目标。只有军事实力压倒对方，方可登上霸主地位。这样一来，军事首长手中的绝对权威顺理成章地转化为君主手中的专制王权。据考证，“王”字本为斧钺之形，而斧钺不仅是战争兵器，同时也是统治刑具，因而它不仅是军事统帅，而且是政治权威的象征和称号。

春秋以前，君王的专制权力以分封制为基础；春秋以后，这种权力转化为通过指挥郡县制下的官僚系统而实现。公元前206年，秦王嬴政（图4－2）以武力扫平山东六国，统一天下，建立起高度中央集权的君主专制政体。以后，直到20世纪初辛亥革命推翻清朝统治，专制政体在中国存在了2 000余年，这在世界上是绝无仅有的。

图4－2　秦始皇像

专制政体的长期延续，是中华文化与其他文化的重要区别之一。欧洲从中古到近代也存在一个“神圣罗马帝国”，但它在绝大部分时间内不过空有其名，充其量不过是一个松散的“军事行政联合体”，不能与中国秦汉直至明清的大一统中央集权专制帝国相提并论。

（二）经济基础深厚稳固

绵延2 000余年的中国君主专制政体上层建筑，植根于深厚稳固的自给自足小农经济结构的基础之上。中国古代只有在东汉

① 《尚书·盘庚》。

及魏晋南北朝这一短时段内，出现过类似欧洲诸国的领主庄园经济，而在绝大多数时段，自耕农的小土地占有和地主将土地分片出租给佃农耕种，构成社会经济的基础结构。处于这种小生产状态下的自耕农和佃农，抵御自然和社会灾祸的能力十分有限，脆弱的经济地位决定了“他们不能代表自己，一定要别人来代表他们。他们的代表一定要同时是他们的主宰，是高高站在他们上面的权威，是不受限制的政府权力，这种权力保护他们不受其他阶级的侵犯，并从上面赐给他们雨水和阳光。所以，归根到底，小农的政治影响表现为行政权力支配社会”。[①] 另一方面，地主将土地划成小块出租给佃农耕作，从而使得对土地的占有权和经营权相分离。为了保证自己对佃农的控制、剥削，地主阶级也需要专制政权的保护，特别是在农民奋起造反时，更是如此。

中国古代君主专制权力，是地主与农民彼此消长的调节器。无论是豪强地主兼并土地太甚，逼迫成千上万的农民失去生计，流离失所，还是佃农抗租、自耕农抗赋役，危及地主阶级的根本利益，君主专制权力都会实行干预，使得社会各阶级力量保持在一种动态平衡状态，从而维系国家的生存根基。自给自足的小农经济与君主专制政治相互为用，这便是中国专制政体长期延续的主要奥秘。

（三）与宗法制紧密结合

中国的君主专制与宗法制之间，存在着血肉相依的密切联系。

宗法社会内，君权与父权合二为一，“家无二主，尊无二上”[②]是同样绝对的原则。由于与宗法制紧密结合，君统与宗统、血统直接相关，围绕着专制君权的“血脉”传承，中国古代多次发生父子加害、母子相残、兄弟兼并的惨剧。也正是为了保证专制皇权血统的绝对“纯洁”，中国的君主专制政治派生出极其腐朽的宦官制度和频繁出现的外戚专权现象。

宦官，原先泛指在宫廷内侍奉帝王及其家属的官员。周代置官，宦者已在其列，但不一定由阉人担任，而且不介入国家政务。但从东汉以后，宦官专指被阉割失去性机能的内臣，又称内侍、太监。宦官之所以被选做皇宫、王府内的差役，是因为他们作为男性劳力，可以担当繁重的杂役，满足帝王、皇族骄奢淫逸的享受要求，而他们阉割之后失去男性生理机能，又绝对不会发生后宫淫乱之事，不会破坏皇族血统的纯正，不会导致君统与宗统的分离。宦官为内廷侍从，按制不得干预朝政，但其上层分子因是帝王最亲近的奴才，每能占据要津，执掌权柄。特别是当帝王行

---

① 《马克思恩格斯选集》第1卷，人民出版社1972年版，第693页。

② 《礼记·坊记》。

使极端君权时，更是抑制朝臣，宠任宦官，而宦官也借此机会，攫取国家权力，胡作非为，酿成巨祸。宦官干政，列朝皆有，而以东汉及唐、明三代最烈。明代宦官势力恶性膨胀，自成独立系统，常凌驾于国家纲纪之上。武宗时，司礼太监刘瑾架空皇权，人称“立皇帝”，他本人竟狂妄宣称：“满朝公卿，皆出我门。[①]”熹宗时，宦官魏忠贤专权，自内阁、六部至四方督抚，都由其党徒把持。至此，宦官乱政，达于顶峰。

与宦官乱政并为中国专制政治赘疣的是外戚擅权。宗法制下专制君主王位的血缘继承原则只看血统是否正宗，全然不顾实际治国能力，因此多有幼儿登基之事。每当这种时候，便由其母后临朝。“女主临朝，不得不用其父兄子弟以寄腹心”[②]，这些人便是“外戚”。外戚多为世家豪门，与皇族联姻，本已显赫于世，此时更乘机把持朝政。东汉顺帝至桓帝在位期间，外戚梁冀位居大将军，骄横无忌，年幼的质帝说他一句“跋扈将军”，竟被他毒死。年幼的皇帝长大成人，自然与外戚专权发生矛盾，于是每每依靠自己的最亲近家奴宦官的力量来对抗、消灭外戚势力。等到这个皇帝死后，另一母后及其父兄又选立幼小的皇子或比较疏远的皇族后裔为帝，借机攫取政权。幼帝长大成人，又依靠另一些宦官来消灭外戚。这种斗争反复循环，尤以东汉为甚，几乎无代无之，给社会带来了巨大的动乱。

（四）集权程度至于极端

中国君主专制的集权程度，总趋势是愈益强化。皇帝本人集立法、司法、行政、军事指挥大权于一身，将中央集权推至极端。

从秦始皇开始，“天下之事无大小皆决于上”[③]。直至清朝，这一传统从未断绝。康熙皇帝宣称：“今大小事务，皆朕一人亲理，无可旁贷。若将要务分任于人，则断不可行。所以无论巨细，朕心躬自断制。”[④]所谓“朕心躬自断制”，就是“口含天宪”，言出法行，一言兴邦，一言丧邦，全在帝王意志的须臾闪念之中。正如马克思所说：“君主是国家中个人意志的、没有根据的自我规定的环节，是任性的环节。”[⑤]这种“没有根据的”、“任性”的个人意志以法律的形式表达出来，便使得法律失去原本的严肃意义，成为帝王手中随意捏搓的面团。明太祖朱元璋亲自主持制定《大明律》，但他自己却根本不依此行事。他统治国家 30 年，“无几时无变之

---

① 谷应泰：《明史纪事本末·刘瑾用事》。

② 赵翼：《廿二史札记·两汉外戚之祸》。

③ 《史记·秦始皇本纪》。

④ 《康熙朝东华录》卷九十一。

⑤ 《马克思恩格斯全集》第 1 卷，人民出版社 1995 年版，第 275，276 页。

法”,“或朝赏而暮戮,或忽罪而忽赦”,全凭个人一时的好恶行事①。

以帝王一人之精力(且不论其智商高下、能力大小),要治理地广数百万平方公里,人口几千万乃至上亿的巨大国度内的庞杂政务,必无可能。因此,历代君主也都注意选拔贤能,“掌佐天子助理万机”②,调度各方机构协调运转。这样“提纲而众目张,振领而群毛理”的“辅弼之臣”,首推丞相。丞相一职,历朝称制不尽相同,又称相国、宰相。丞相总理中央行政,处于“一人之下,万人之上”的枢纽地位。本来,相权是作为辅助绝对君权的工具而设立的,与君权不应有冲突,但在实际行使的过程中,二者却时常发生矛盾。其根本原因,在于绝对专制君权的极端自私性和排他性。君权既不得不运用、调动、指挥相权来贯彻自己的意志,又时时刻刻提防相权分割权力、架空自己。综观2 000余年专制社会的历史,君权与相权始终处在这种微妙的关系之中,而其基本发展趋势,则是君权的日益增强,相权的日益削弱。降及明代,君主专制走向极端,朱元璋干脆废除丞相职位,规定吏、户、礼、兵、刑、工六部长官直接对皇帝负责,君权全然取代相权。他还颁布诏令,严禁奏请复立丞相职位,违者“论以极刑”③。此后,明、清两朝,均不设立丞相。尽管如此,清乾隆皇帝仍然对相权异常疑忌,他的如下自白,充分表达了专制帝王的绝对集权心态:“夫用宰相者,非人君其谁乎?使为人君者,但深居高处自修其德,惟以天下之治乱付之宰相,已不过问……天下岂有不乱者,此不可也且使宰相者,居然以天下之治乱为己任,而目无其君,此尤大不可也。”④相权由盛而衰最终消亡的过程,恰是君权不断强化至于极端的最直观的对应参照系,它可以帮助我们明了中国君主专制集权之烈,确乎世所罕匹。

(五)对臣民人身的严密控制

中国君主专制的特长之处,还体现在对臣民人身的严密控制。在专制君王的观念中,“夫牧民者,犹畜禽兽也”⑤。在他们看来,“治民”实质上就是“制民”。为了实现这一目标,最大限度地控制百姓户籍,是中国君主专制的一贯传统。中国是世界上最早实行人口统计和户籍管理的国家。周代即设大司徒一职,“掌建邦之土地之图,与其人民之数”。⑥ 战国时,秦国颁布关于户籍管理的法律《傅律》,规定每

---

① 解缙:《大庙西上皇帝封事》,《皇明文衡》卷六。

② 《汉书·百官公卿表》。

③ 《明史·职官志》。

④ 乾隆御制《书程颐论经筵札子后》。

⑤ 《淮南子·精神训》。

⑥ 《周礼·地官司徒》。

个人都必须著籍官府，否则将受罚治罪。古代中国地域辽阔，加之水旱兵燹之祸，人口变迁剧烈。因此，历代君主都十分重视对人口数量的核查，如周代的“料民”，东汉的“算民”、隋代的“大索貌阅”、唐代的“团貌”等，都属此类行动。核查人口，要求十分严格。东汉“算民”，由主管官吏亲自当面核对姓名、性别、年龄、籍贯、高矮、胖瘦乃至特殊生理标志，有意作弊者，给予严厉处罚。

在精细户籍管理的基础上，严密的基层行政系统里甲制度也建立起来。而里甲制度又与前述宗法制度相结合，因而更加牢固。“十家为什，五家为伍，皆有长焉。筑障塞匿，一道路，博出入，审闾闬，慎莞键。莞藏于里尉。置闾有司，以时开闭。闾有司观出入者，以复于里尉。凡出入不时，衣服不中，圈属群徒，不顺于常者，闾有司见之，复无时。”①严密的户籍、里甲制度，牢牢控制一切社会成员于专制统治的网络之下，“奔亡者无所匿，迁徙者无所容”②，居民的自由流动，几无可能。

中国君主专制制度所以能有效地控制人身，其关键的一条，在于它从控制人的生计入手，“画地为牢”，倾全力将人身固着于土地之上。“理民之道，地著为本。固必建步立庙，正其经界”③，国家建立严格的土地管理制度，并将人民束缚于田畴之中，劝农重农，“禁民二业”④。这绝不仅仅是一个产业政策问题，个中奥秘，正如《汉书·食货志》所揭示：“不农则不地著，不地著则离乡轻家，民如鸟兽，虽有高城深池，严法重刑，犹不能禁也。”正因为如此，历代专制君主都将人身、土地的严格控制紧密地结合在一起。《诗经·小雅》称“溥天之下，莫非王土；率土之滨，莫非王臣”，很早就将“王土”、“王臣”并列为君主私囊中的两大财富。周天子分封诸侯，也是“授民授疆土”一并进行。

周、秦到唐中叶，历朝制度多有损益，但基本原则是计口授田，土不离人，人不离土。唐中叶以后，推行两税法，规定“户无主客，以见居为簿；人无丁中，以贫富为差”⑤。人口按住地立簿，人丁与田亩共为征赋依准。明万历以后行“一条鞭法”，清康熙年间开始实行“摊丁入亩”，两法的共通之处，是地丁合一，使政府赋税管理效率更高。简言之，“有人此有土，有土此有财，有财此有用”⑥，君主将劳动者与劳动对象一并严加控制，因而有效地掌握财富和权力，是中国专制政治持久而稳固的枢密所在。

---

① 《管子·立政》。
② 《管子·禁藏》。
③ 《汉书·食货志》。
④ 《后汉书·刘般传》。
⑤ 《新唐书·食货志》。
⑥ 《礼记·大学》。

六、专制政治对中国社会的消极影响

中国君主专制政治的长期延续，严重制约了思想文化的健康发育。

马克思指出："统治阶级将物质的生产归其统治，同时也要求安排精神的生产手段。"[①]对于中国专制君主来说，最适合的"精神的生产手段"便是"思想大一统"。其中因由，秦始皇时代的李斯一语破的。李斯认为，"古者天下散乱"，故政治与文化均"莫之能一"。而到了"皇帝并有天下"，建立起专制政体之后，如果继续听任"人则心非，出则巷议，夸主以为名，异取以为高"的思想失控状况蔓延，势必导致"主势降乎上，党与成乎下"的恶果，进而根本危及君主专制的"万世一系"[②]。秦始皇采纳了他的建议，"别黑白而定一尊"，焚书坑儒，"以吏为师"，确立了与政治专制相适应的思想"大一统"格局。

汉承秦制，随着专制政体的逐步完善，文化专制也更加严密。武帝时代的董仲舒首次提出"思想大一统"的明确标准："六艺之科，孔子之术。"李斯只强调"禁之便"，不许老百姓如何思想，董仲舒更指出"民知所从"，规定老百姓如何思想。两相配合，思想一统便更加严丝合缝。

专制君主推行思想大一统的露骨行径，莫过于帝王直接出面，干预学术论争。汉武帝以后，虽然"罢黜百家，独尊儒术"的局面已经形成，但儒学内部围绕今古文展开的派别之争并未平息。公元前 51 年，宣帝"诏诸儒讲五经同异"，而由"上亲称制临决"，"平定五经同异"[③]，史称"石渠阁议"[④]。28 年后，同样性质但规模更大、影响更巨的"白虎观会议"举行，还留下一份类似今天"会议纪要"的文献《白虎通义》，为我们研究君主专制的思想大一统，提供了绝好的材料。无论石渠阁议还是白虎观会议，学术意义均不足道，值得人们深思的是，它们开创的"上亲称制临决"的政治控摄文化、权力干预学术的模式却从此遗祸千年。

秦汉以降，专制政治的理论论证不断发展。西汉董仲舒使之神学化，提出"君权神授"论，"天之所大奉使之王者，必有非人力所能致而自至者，此受命之符也"。[⑤] 他还创造出阴阳"三纲"理论，"君为臣纲"赫然立于"可求于天"的"王道之三纲"之首，神权、君权、父权三者合一，君主专制愈发神圣不可动摇。宋代程颢、程颐、朱熹，又使君主专制主义理学化。他们申言"宇宙之间一理而已……其张之为

① 马克思：《德意志意识形态》，郭沫若译，上海言行出版社 1938 年版，第 90 页。
② 《史记·秦始皇本纪》。
③ 《汉书·宣帝纪》。
④ 石渠阁，诸儒讲五经同异的会场。
⑤ 《汉书·董仲舒传》。

三纲,其纪之为五常"①,"父子君臣,天下之定理"②。宋明以后,君主专制愈发严苛,与理学化的"君尊臣卑"理论互为表里。

由于长期专制政治的压抑和专制文化的熏陶,社会对于凌驾于自身之上的绝对君权,形成一种莫名的顺从、敬畏心理。人们习惯于把帝王的"圣旨"看做无可怀疑、必须无条件执行的"绝对意志"。即便是帝王的"肱股之臣",面对"真命天子",亦不免战战兢兢,以致语无伦次。素以"开明之君"著称的唐太宗李世民,曾询问魏征:"群臣上书可采,及召时,多失次,何也?"答曰:"臣观有司奏事,常数日思之,乃至上前,三分不能道一,况谏者拂意触忌,非陛下借之辞色,岂敢尽其情哉!"③

高度集权的君主专制政治还限定了古代知识分子的人生道路。中国士人素以治国平天下为自己学术事业与人生价值的最高实现目标。他们拥有学问、知识,必须而且只能附丽于政治,或者说最终唯有通过"经世"的政治实践来验证其价值。因此,由学而仕,投身宦海,为民请命,替天行道,成为他们最规范的自我角色认同。知识阶层的这种心态,正与专制政治的意识形态与政权建设的需要相契合。因此,牢牢控制知识阶层,使之服务于专制政治,是中国古代君主的要务。为此,他们恩威并施,交替运用笼络与恫吓的两手政策。

笼络政策,首推"学而优则仕"的科举制度。在这种制度下,读书做官成为知识阶层公认的"光明"前途。为此,他们"两耳不闻窗外事,一心只读圣贤书"。"不闻窗外事",自然不会危及专制统治;"只读圣贤书",书中尽是纲常名教之类的说教,耳濡目染,士子便成为温良恭俭让的谦谦君子,更无可能对君主专制构成威胁。相反地,倒是士子将自己的富贵声名,乃至身家性命都与专制政治挂起钩来,自觉自愿地为之服务。正因为如此,当唐太宗看见新进士们服服帖帖地从端门列队而出时,不禁得意洋洋地说:"天下英雄尽入吾彀中矣。"④

恫吓政策,突出体现为"文字狱"。秦始皇以"诽谤"、"妖言以乱黔首"等罪名,坑儒生460余人于咸阳,开了恶例。此后2 000余年,中国专制社会"文字狱"不断,到明清时代,更演至极端。明太祖朱元璋出身微贱,曾出家为僧。他对于群臣奏议、贺表中出现与"僧"、"贼"等音近的文字,近乎病态的敏感,动辄因此而开杀戒。清代"文字狱"之森严可怖,更在明代之上,仅康熙、雍正、乾隆三朝,载诸史籍

① 《程氏文集》卷七十。
② 《程氏遗书》卷五。
③ 吴乘权:《纲鉴易知录》贞观七年条。
④ 《唐摭言》卷一。

的就达百起之多。“文字狱”迭兴，令知识阶层惊恐莫名，无所措手足。清人梁诗正总结出如此经验，“不以字迹与人交往，无用稿纸亦必焚毁”。在这样一种朝不保夕、人人自危的空气之下，“学者渐惴惴不自保，凡学术之触时讳者，不敢相讲习”。[①] 许多学者只得走上史籍考订、音韵训诂的学术之途。“避席畏闻文字狱，著书都为稻粱谋。”[②]知识阶层的思想活力被窒息，言路被堵塞，君主专制制度便得以在“万马齐喑”之中长期延续。

思考题：

1. 宗法制度的特征是什么？西周宗法制度对后世产生了什么影响？

2. “家国同构”特征与中国古代充分发育的专制政体之间有何关系？

---

① 梁启超：《梁启超学术论著四种》，岳麓书社 1985 年版，第 41 页。

② 龚自珍：《咏史》，《龚自珍诗文选》，人民文学出版社 1993 年版，第 91 页。

第五章 绘形象声 经籍典册

文之不可绝于天地之间者，曰明道也，纪政事也，察民隐也，乐道人之善也。

——顾炎武：《日知录·文须有益于天下》

文字和典籍是一个民族的文化名片。

信息交流是文化创造的前提，经验传承是文化发展的基础。为此，人类发明了语言。“语言是从劳动当中并和劳动一起产生出来的。”①语言交流和传承信息的功能往往受到空间与时间两方面的限制，这便是古人所谓“声不能传于异地，留于异时，于是乎书之为文字。文字者，所以为意与声之迹也”②。于是，文字应运而生。文字是记录语言的符号系统，凭借它，语言所承载的内容才得以表述得更精确，流传得更久远。人类运用特定的书写工具，将文字记录在特定的物质材料上，传递信息，表达思想，便诞生了典籍。文字和典籍的出现，在人类文化史上具有划时代的里程碑意义。美国社会学家摩尔根在其名著《古代社会》中称文明社会“始于拼音字母的发明和文字的使用”，恩格斯进一步指出，人类正是“由于文字的发明及其应用于文献记录而过渡到文明时代”③。

中国自古就是多民族的国家，语言和文字种类繁多。历史上，中国境内汉族以外的许多少数民族都拥有自己的语言和文字。相传通密散布喇创制了藏文，野利仁荣创制了西夏文，八思巴创制了蒙古新字，额尔德尼等人创制了老满文。有学者统计，现今我国56个民族的语言，分属于汉藏、阿尔泰、澳亚、印欧和马来—波利尼西亚等五个语系。56个民族目前使用的语言共85种。汉族以外的55个少数民族使用语言84种，其中蒙、藏、维吾尔、满、朝鲜、拉祜、纳西、锡伯、哈萨克、乌兹别克、

① 恩格斯：《自然辩证法》，人民出版社1957年版，第139页。

② 陈澧：《东塾读书记》。

③ 《马克思恩格斯选集》第4卷，人民出版社1972年版，第21页。

塔塔尔、柯尔克孜、傣、彝、景颇、傈僳、苗、佤、俄罗斯、壮等20个民族拥有27种文字,其他民族没有自己的文字①。因为篇幅的原因,本书仅讨论汉字及汉文典籍。

广义地讲,文字和典籍是文化进步的基石;狭义地讲,它们又分别是文化的门类之一。文字与典籍不仅以其交流信息的卓越功能服务于人类文化的千秋大业,而且自身还具有独特的美学和科学价值。一个民族文字与典籍的历史悠久与否,发展程度如何,质、量有何特征,都是衡量其民族文化水准的重要标尺。而无论从以上哪一条看,中国文化都当之无愧地卓然屹立于世界民族之林。

一、汉字的起源

关于汉字从何而来,周秦以后,流传最广的是"仓颉造字"的传说:

> 黄帝之史仓颉见鸟兽蹏远之迹,知分理之可相别异也,初造书契,百工以乂,万品以察,盖取诸夬②。

据汉人记载,仓颉(图5-1)"龙颜侈侈,四目灵光,实有睿德,生而能书。于是穷天地之变,仰观奎星圆曲之势,俯察龟文鸟羽山川,指掌而创文字,天为雨粟,鬼为夜哭,龙乃潜藏"③。仓颉超凡入圣的容貌,"生而能书"的"特异功能",以及造字所引起的异常天象,都给文字的诞生笼罩上神奇的光环。其实,"任何民族的文字,都和语言一样,是劳动人民在劳动生活中,从无到有,从少到多,从多头尝试到约定俗成,所逐步孕育、选练、发掘出来的。它绝不是一人一时的产物。它随着社会的发展而发展,有着长远的历程。"④"要之文字成就,所当绵历岁时,且由众手,全群共喻,乃得流行,谁为作者,殊难确指,归功一圣,亦凭臆之说也。"⑤

图5-1　传说中的仓颉

汉字的发明,经历了漫长而曲折的过程。文字诞生以前,中华先民经历了结绳记事、刻木为契的阶段。《易·系辞下》称此为"上古结绳而治,后世圣人易之以书

① 言文华:《中国的语言、文字和典籍》,《北京第二外国语学院学报》,1997年第2期。

② 许慎:《说文解字》。

③ 《汉学堂丛书》辑《春秋元命苞》。

④ 郭沫若:《古代文字之辩证的发展》,《考古学报》1972年第1期。

⑤ 《鲁迅全集》第8卷,人民文学出版社1957年版,第256页。

契”。关于结绳记事，具体记载不多，且绳易朽烂，故而至今未见考古实物。但是根据世界许多民族均有类似结绳记事的传统，大致可以推定为史实。如古代鞑靼民族调拨军马，结草为约；古秘鲁的印第安人“使用一种打结的绳名为‘魁普’，意即为‘结’，其物系由一条具一种颜色的主要的绳，以及多数的又次要的各种颜色的绳而成。各种颜色代表各种观念或事物，打成各式各样的结或环，便能表示各种复杂的意见”。①

刻物为契，即在竹木等材料上刻上各种痕迹、记号，是上古流行的另一种记事方法。东汉刘熙在《释名》中解释：“契，刻也，刻识其数也。”远古所刻之契，很难存留至今，但是世界范围内，直到中世纪，北欧地区某些偏僻乡村还流行在方形木棒上刻出各种纹符以记录年历和节日。在我国，直到20世纪中叶，西南地区的独龙、景颇等少数民族还保存着刻木记账的方法，“独龙族用木刻作交换契约的凭据，进行交换的双方分别将物品的数量在木刻上打上符号，一二年后结账时将木刻当面焚毁”②。由此可以断定，有关中国上古时代刻木为契以记事的说法绝非妄言。

到了新石器时代的仰韶文化时期，又出现了陶器刻画符号。西安半坡遗址出土的陶钵口沿上，有20余种刻画符号，最常见的是一竖划，其次是“Z”形。在晚于仰韶文化的龙山文化、马家窑文化、良渚文化遗址出土的陶器上，也发现了类似符号，如图5－2所示。

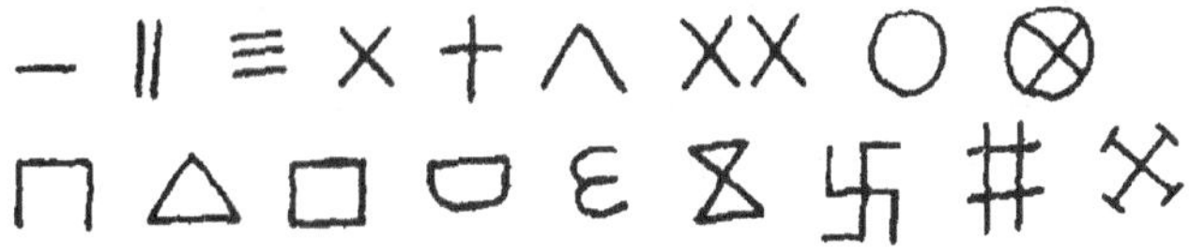

图5－2 新石器时代陶器上的刻画符号

从形体结构看，它们笔画简略，不像某种动、植物的概括图形。从刻画部位看，大多固定于陶器的外口沿。一般在一件器物上只有一个刻符。因而可以断定，它们是中华先民在制作或使用时有意识地刻下的记事符号。不少学者认为，这是今天确知的最古老的一种具有表意作用的文字符号③。如此算来，汉字起码已有6 000余年的历史。

---

① 林惠祥：《文化人类学》，商务印书馆1924年版，第451—452页。

② 林耀华主编：《原始社会史》，中华书局1984年版，第440页。

③ 于省吾认为，陶符“是文字起源阶段所产生的一些简单文字”（《关于古代文字研究的若干问题》，《文物》，1973年第2期）；郭沫若亦说：“彩陶和黑陶上的刻画符号应该就是汉字的原始阶段。”（《古代文字之辩证的发展》，《考古学报》1972年第1期）。

不同于上述简单抽象符号的复杂图形符号，发现于晚于仰韶文化，距今约4 500年的大汶口晚期文化遗址的出土陶器上。其中最复杂的一种为，上部○表示太阳，下部，表示山峰，中部，或释为火，或释为云气。从图形分析，它显然是日出景观的概括摹绘。

大致说来，汉字是由原始社会晚期已经普遍存在于陶器上的抽象符号和概括式图形符号这两种表意符号分化、质变、创新而产生出来的。

符号毕竟不能等同于文字。符号的本质是记事，它尚未与语言中具体的词汇相结合。到距今4 000余年的龙山文化晚期，这种与具体词意相结合的刻画文字终于出现。例如，在河南阳城出土的泥质黑陶薄胎平底器的外底上，刻有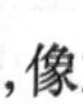，像左右两手有所执持，可能是一个会意字"共"，代表器物所有者的族氏。

阳城是夏禹的都城，由此推断，中国最早的成形文字，大约出现于夏代初期。

从陶符进化到文字，除了依赖于生产发展、经济文化交往增多等社会历史条件，还必须经过专门人才的整理、改造和创制。陶符可以信手画来，只要自己明白就行，而文字却需要得到社会的认可，不可能人人随心所欲地"创作"。完成从陶符到文字的转变、定型工作的，只能是社会中的一小批专门知识人才。这些人从社会流行的符号中去粗取精，归纳整理，改造创制，推广应用，逐步取得全社会的承认和采纳。如果我们不相信仓颉是怪头怪脑的先知先圣，而是这样一批专门人才的代表，那么《荀子·解蔽》中"好书者众矣，而仓颉独传者，壹也"的记录，便如实反映了他们在文字创制过程中的真正功绩之所在。

二、汉字的结构规律与"六书"

（一）甲骨文的发现

我们现在所能看到的最古老的、成熟的汉字，当推殷商时代的甲骨文（图5－3）。殷商之时，占卜盛行。殷人将他们占卜的行为和言辞刻在龟甲和兽骨上，形成特殊的语言符号系统——甲骨文。甲骨文距今已有3 000余年的历史，但是它被人们发现，却不过是百年以前的事情。关于此，还有一个饶有趣味的故事。

1899年，居官北京的金石学家王懿荣患病，从宣武门外达仁堂药店抓回一剂中药，内有一味为龙骨。龙骨本为动物遗骸，性平，味甘涩，中医常用以治惊悸、癫痫、自汗盗汗等症。偶然之间，王懿荣发现龙骨上刻有若干文字，大为惊奇，于是去达仁堂以高价将此类龙骨悉数购回，详加研究，并访查出它们均来自河南安阳的殷墟。后经王懿荣之友刘鹗（即《老残游记》的作者）于1903年著录《铁云藏龟》一书将其公之于世，甲骨文从此名震中外。

图 5－3 甲骨文

此说首见于 1931 年北京《华北日报・华北画刊》第 89 期上一篇署名“汐翁”的文章——《龟甲文》，根据已不可考，其真实性多少令人生疑。比较确实的甲骨文发现记录，是 1911 年有人到安阳小屯村殷墟向当地农民所作的调查：

> 此地埋藏龟骨，前三十余年已发现，不自今日始也。谓某年某姓犁田，忽有数骨片随土翻起，视之，上有刻画，且有作殷色者（即涂朱者），不知为何物。……古骨研末，又愈刀创，故药铺购之，一斤才得数钱。骨之坚者，或又购以刻物。乡人农暇，随地发掘，所得甚夥，拣大者售之。购者或不取刻文，则以铲削之而售。[①]

20 世纪以来，甲骨文研究取得长足进展，已发现 3 000 个以上的字汇，包括名词、代名词、动词、助动词、形容词等词类，还有长达一百七十八十字的记叙文[②]。研究表明，甲骨文已是比较成熟的文字系统。它上承陶符，下启钟鼎文，在中国文字史上占有非常重要的地位。这主要表现在它完整地体现出汉字结构的基本规律。

（二）汉字“六书”

关于汉字结构的规律，前人总结有所谓“六书”之说。“六书”首见于《周礼・地官・保氏》。汉代儒生整理先秦典籍，对“六书”进行解说，认为是六种常用造字条例。“六书”的称谓及次第，班固、郑众、许慎等人的说法大同小异。现在人们通常所说的“六书”，即象形、会意、指事、形声、假借、转注，采取的是许慎的称谓，班固的次第。应当特别强调，“六书”是根据汉字的结构规律归纳出来的，并非先有“六书”之法，然后才依此造字。甲骨文为“六书”之法提供了大量例证，是“六书”理论最早的基本依据。

1. 象形。“象形者，画成其物，随体诘诎。”[③]甲骨文的象形，已非原始的图画，而是抓住表意对象的外形特征，加以形象化。⊙（日）、（月）像天体；（上）、

① 罗振常：《洹洛访古游记》，宣统三年二月二十三日条。上海蟫隐庐出版。

② 胡厚宣：《五十年甲骨文发现的总结》，商务印书馆 1951 年版，第 51 页。

③ 《说文解字》。

(田)像地貌;(人)、(女)像人形。最生动的是有关兽类的象形字:“羊角像其曲,鹿角像其歧,象像其长鼻,豕像其竭尾,犬像其修体,虎像其大口。”①此类字约占甲骨文可识字数的37%。

2. 会意。“会意者,比类合谊,以见指㧑。”②象形字只宜于表达实体的表意对象,而对表达无形的意念、物性的区别、生物的活动等等,就无能为力了。这类表意就要靠组合两个或者更多的象形符号以见意的方法来解决。如以(日)(月)交相辉映为“明”,“明”的另一种写法,意为月光照进窗棂,不仅会意,且富诗情。此外,以手握禾为秉,以爪摘木为采,以手开户为启,以手逮人为及,均属合文会意的例证。

3. 指事。“指事者,视而可识,察而可见。”③用一点或一画来指示位置所在以表达意义,也是甲骨文常用的构字法。“上”写作,“下”写作,(末)标明树梢,(本)指出树根。又如,点在腋为亦,点在女胸为母,也是典型字例。

以上会意、指事两类,约占甲骨文已识字数的40%。

4. 形声。“形声者,以事为名,取譬相成。”④形声字由形符或意符与声符合并而成。(盂),下为形符,上为声符;(祀),左为意符,右为声符。同是以工为音符者,从水成江,从系成红,从鸟成䲨(大鸟)。甲骨文中,形声字约占20%。在现代汉字中,这个比例倒了过来,形声字占总字数的80%。这是因为形声结构造字简便,便于识读,所以甲骨文以后出现的新字,越来越多地沿用此例。

5. 假借。“假借者,本无其字,依声托事。”⑤语言中有些词汇有音而无字,便借用同音字来代表,被借的同音字也就失去了本来的意义。甲骨文中,借翩翩起舞的“凤”为风,又借以手执斧的为斧。

6. 转注。“转注者,建类一首,同意相授。”⑥这是说,意义相同的一类字,属于“一首”。也有人认为“一首”是指字形上同一部首,或字音上同韵同声。所以,“转注”义有义转、形转、音转三说。总之,不外甲等于乙,乙等于甲,可以互注。甲骨之中,此类字有(考)、(老)等。

以上假借、转注二类字,甲骨文中不多,后来的汉字系统中,这两类字也一直很少。

语言文字学家的研究进一步辨明,“六书”之中,“象形、会意、指事、形声”四类

① 《说文解字》。
② 容庚:《甲骨文字之发现及其考释》,北京大学《国学季刊》第一卷第四号,1923年3月。
③ 《说文解字》。
④ 《说文解字》。
⑤ 《说文解字》。
⑥ 《说文解字》。

与“假借、转注”两类，又有区别。明人杨慎提出“四书为经，二书为纬”，清人戴震提出“四体二用”，意思是说象形、会意、指事、形声为“造字之本”，假借、转注为“用字之法”。20 世纪以后，语言文字学家对汉字结构的研究新见迭出，如唐兰提出的象形、象意、形声“三书”说，陈梦家提出象形、假借、形声“三书”说，裘锡圭提出表意、假借、形声“三书”说，但统而观之，都离不开传统“六书”的认识基础①。

三、汉字字体的演化

随着社会生活的发展，汉字字体发生过多次演变。字体，即文字的书写形态，包括笔画形式、结构布局、构图轮廓诸要素。这些要素发生变化，即产生出新的字体。大致归纳，汉字发展史上先后出现过甲骨文、金文、大篆、小篆、隶书、草书、楷书、行书八种字体，现示例如下（图 5－4）。

图 5－4　八种字体写法示例

（一）甲骨文

甲骨文的字体，与其书写工具、材料有直接关系。甲骨文用刀刻在坚硬的龟甲兽骨上，所以笔画短促有力，线条细瘦明称，笔法有方有圆、有肥有瘦。一幅之中，或稀疏有致，或密集严整，古趣横生。同一段文字，因字的笔画多少不同而大小参差。每个字的写法也不十分规范，如“羊”字，就有等多种写法，而这正是早期文字不规范的反映。

① 参见王晶：《以“六书”为滥觞的汉字结构类型理论的流变》，《长春师范学院学报》2006 年第 1 期。

（二）金文

从殷商、西周直到汉代，流行铭刻在青铜器上的文字。青铜器分礼器和乐器两大类。礼器以鼎为最多，乐器以钟为最多，所以“钟鼎”便成青铜器的代称，青铜器上的文字，又称“钟鼎文”。古代称铜为金，故而又称“金文”。从文字结构规律看，金文与甲骨文的明显区别是形声字大增。到金文阶段，汉字的形声化已成大势所趋。在文字篇幅上，金文也有大幅度扩充，甲骨文最长为一百七八十字，而现已发现的《毛公鼎》铭文，已达497字。这正表明人们驾驭语言文字的能力有了长足的进步。金文系熔化铜液注入型范浇铸而成，所以笔画远较甲骨文丰满粗壮，转折浑圆，风格端庄，布局更趋严整。

（三）大篆

大篆是春秋战国时代通行于秦国的字体，传说为太史籀所创制，所以又称“籀文”。许慎《说文解字·序》称，“（周）宣王太史籀著大篆十五篇，与古文或异”，但太史籀所著久已亡佚，现藏于北京故宫博物院，唐代初年出土于天兴（今陕西宝鸡）三畤原的秦国鼓形石刻上的文字，便成为大篆字体的代表。大篆由金文演变而来，但笔画更均匀，结构更工整。例如：“是”字，金文作；大篆作；“柳”字，金文作，大篆作。

（四）小篆

小篆，又称秦篆。公元前221年秦始皇统一中国，采取多种措施加强中央集权，其一为“书同文”，即统一文字。当时各国的文字字体不一，以四、马、安诸字为例（图5－5）：

图5－5　战国时各国文字示例

这种现象严重影响着统一政令的颁行，于是，秦始皇令丞相李斯主持，以大篆为基础，别创一种更简约的文字体系，颁行全国，同时“罢其不与秦合”的各国文字，这便是小篆的由来。小篆保持了大篆圆转遒劲的风格，简化了大篆的笔画或部件，字体结构也更加匀称。在文字规范化方面，小篆也大进了一步，甲骨文、金文及大篆中的许多异体字(即同一字的多种写法)在小篆中消失了。由于统一、规范的特点，小篆在汉字史上占有十分重要的地位。现存小篆的代表作有泰山刻石，相传为李斯亲笔，弥足珍贵。

(五)隶书

小篆比大篆、金文、甲骨文都简约，但作为通行文字，仍嫌繁复。据传，有狱吏程邈，因罪坐狱。他将大篆、小篆的笔画和结构进一步简化，又将圆转改为方折，以便于书写。这种字体首先由誊录公文的官员徒隶使用，渐次推广开来，所以被称为“隶书”。由秦至两汉、三国，隶书使用范围日广，形体也略有变化。早期的秦隶，笔画没有俯仰之势，到了汉隶，笔画呈“波折之势”，东汉后期，更趋工整精巧，结构扁平，形成隶书的楷模。隶书变小篆的长圆字形为扁平，引起字的偏旁布局的调整。许多上下结构的字，变为左右结构。例如：“裠”隶化为“裙”，“䖸”隶化为“蛾”。许多偏旁也简化变形，如“艸”隶变为“艹”。这样一来，隶书就在相当程度上削弱了汉字的象形意味，这正是文字进步的表现。

(六)草书

草书起源于秦末汉初，系由秦隶连笔快书而成。“盖秦之末，刑峻网密，官书烦冗，战攻并作，军书交驰，羽檄纷飞，故为隶草，趋急速耳。”①草书又分章草、今草两种。章草名称的由来，一说是汉元帝时黄门令史游草书“急就章”；另一说是汉章帝喜爱杜度的草书，令其上奏章时亦用此字体，故称“章草”。章草横画上挑，撇、捺分别，仍沿袭隶书法式，所不同的是笔画连带之处，细若游丝，圆如转圜。今草在章草基础上演成，始于东汉张芝。今、章之别，在“章草之书，字字区别。张芝变为今草，加其流速，拔茅连茹，上下牵连，或借上字之终，而为下字之始，奇形离合，数意兼包”②。今草字体一气呵成，极度简化，便于快速书写，但因无固定法式，难认难学，流行不广，仅为书法家们所喜爱。

① 赵壹：《非草书》。
② 张怀瓘：《书断》。

（七）楷书

楷书兴于东汉，兼综隶、草之长，既采纳隶书匀称明晰的优点，又吸取草书的简约精神。相传首创者为王次仲："王次仲始以古书方广少波势，建初（章帝年号——引注）中，以隶草作楷法，字方八分，言有楷模①。""楷"，是端正的意思。楷书字体方正，笔画简明，结构平稳，易认易写，所以直到今天，楷书仍然稳固地占据汉字最通用字体的地位。

（八）行书

行书始创于汉、魏，相传为东汉末年刘德升所创，但未见刘氏墨迹传世。从字体特征看，"行书即正书（楷书）之小伪，务从简易，相间流行，故谓之行书"②。行书减省楷书的笔画，采纳草书连绵笔法，介乎楷、草之间，伸缩性大，实用性强，体变也多。写得规矩一点，更近于楷的，叫"行楷"；写得狂放一点，更近于草的，叫"行草"。唐代书法家孙过庭在《书谱》中称"趋变适时，行书为要"，正点明行书的优长所在。直到今天，一般人手写的汉字，基本上都是行书。

文字是记录语言、表达思想的工具。但凡工具，总是向着高效、低耗、简便的方向演进，汉字也不例外。汉字字体的演变，正是不断提高表记效能、降低繁难程度、方便掌握运用的过程。上述各种字体出现之初，都曾为人们普遍使用。但是，现在笔画繁复的甲骨文、金文、大篆、小篆早已退出人们的日常书写，仅仅留存在书法爱好者青睐的艺术活动的范围之内。

总体来看，汉字字体的演化，表现出两大趋向：

一是简化趋势。从甲骨文到行书，字形由繁到简，笔画由多到少，构架由诘诎到平易，规范由宽松到谨严，一字多形的现象越来越少。

二是音化趋势。任何文字都与语言相联系，都必须具备表音功能。但汉字的"六书"构字法，决定了它主要根据表意原则来造字、用字，因而表音功能相对于其他文字（如英文、法文、德文等）较弱。早期汉字（甲骨文、金文）中占绝大多数的象形字、指事字和会意字，均以整个字形为记音符号，结构上没有独立的表音成分或标志，字形与字音没有直接联系，难以诵读。正是由于认识到这个弊病，人们在实践中便着意提高形声字的比例。形声字音义兼顾，既易区别，又善表达，易认易读，所以发展到今天，形声字已占汉字总数的80%以上。

---

① 王愔：《文字志》。

② 张怀瓘：《书断》。

四、汉字的优长

从历史上看，统一的汉字对于统一的中国文化的进步发挥了巨大的作用。方言的存在是人类普遍的文化现象。中国幅员辽阔，人口众多，方言也五花八门。学术界一般认为，汉语可分为七大方言，即北方方言、吴方言、湘方言、赣方言、客家方言、粤方言和闽方言。各种方言间巨大的语音差异，给籍贯不同的人们的语言交流带来了极大的麻烦。统一的汉字的运用，为持不同方言的人们的交往提供了方便。

作为人类最古老的文字系统之一，汉字已有 6 000 岁高龄，而且在今后相当长的历史时期内还将生机勃勃地继续存在。如此强盛的生命力之源，除了约定俗成的历史—社会原因，更在于汉字系统自身品质的特殊优长。

历经几千年的创造、积累、新陈代谢，到今天，汉字的数量已十分庞大。殷商时代的甲骨文，字数在 4 500 个左右。商、周金文约 3 000 字。加上石刻文字，除去重复，可知周秦时代的文字数目大致为 4 000 个。汉代以后，汉字数量增长加快。东汉许慎作《说文解字》，收字 9 353 个。到了六朝时代梁朝顾野王作《玉篇》，收字突破两万，达到 22 726 个。宋仁宗时，丁度奉诏修《集韵》，包括重文和多音，字数达到 53 525 个。1716 年，《康熙字典》刊行，收字 47 035 个，数量实际超过《集韵》，这个纪录保持了两百年。1915 年中华书局出版的《中华大字典》、1961 年日本学者诸桥辙次主编的《大汉和辞典》和 1968 年台湾出版的《中文大辞典》，字数均未突破 5 万。1975 年以后，湖北、四川 300 余位专家、学者，积 15 年之功，编成至今收字最广的《汉语大字典》，共录字 54 678 个。这是迄今为止汉字统计的最高数量。

这 54 000 余字，包括历史上曾经出现过但现在已被淘汰的古字，也包括数量颇为可观的繁体字、异体字。古往今来，没有任何人能够完全认识这形态纷繁的 5 万多个符号，但这并不妨碍汉字作为有效而便利的语言工具被几百万、几千万乃至几亿、十几亿中国人长久地运用。这是因为，实际生活中经常使用的汉字，只有这个庞大数量的若干分之一。有人统计，老舍的小说《骆驼祥子》总共有 107 360 字，但不重复单字仅有 2 413 个。《毛泽东选集》前 4 卷中，使用汉字也不过 2 981 个①。据专家研究，3 000 个常用汉字已占全部汉字出现频率的 99%。还有人进一步指出，240 个最常用字竟占全部汉字出现频率的57.57%②！既有庞大的字库以应付纷繁的大千世界对语言及其记录的无尽要求，又有相对集中而且十分简约的常用字符以满足一般需要，这是汉字在量方面的明显特点。

---

① 高景成：《中国的汉字》，人民出版社 1986 年版，第 83 页。

② 袁晓园主编：《二十世纪——汉字发挥威力的时代》，光明日报出版社 1988 年版，第 172 页。

人类各民族的文字,不外表意、表音两大类。从历史发展形态看,表意在先,表音在后。表意又分形意与意音两种。世界上独立起源的古老文字,如苏美尔人的早期象形字及古印度文字,均由"记事图画"发展而来,属于"形意"字。形意字增加表音成分,成为意音字,表意表音兼顾。古苏美尔人的楔形文字、汉字的形声字,便属此类。意音字进一步演化,成为完全表音的文字,又分音节文字和音位文字两种。音节文字以表示音节的字母书写,日文的假名最为典型。音位文字用表音位的字母记录语言,如英文、法文、阿拉伯文等。世界上现行的完全表意文字,唯独汉字一种。

一般认为,表音文字用有限的符号(不超过100个)直接记录语音,只要掌握简要的拼写规则,便可以方便地读、写,所以远比表意文字优越。汉字改革的拼音化方案,便是据此而立。

相对而言,表意的汉字比起表音的英文、法文来,确有其难写、难认的短处。但另一方面,我们又要看到,唯其表意,汉字在实现其记录语言的社会功能方面,又有诸多超越表音文字之处。最近,有学者提出,不同语言的特点决定其文字所属类型,西方学者提出的"文字是记录语言的符号"这一论断并不适用于汉语。作为表意文字,汉字并不是汉语的附属物,汉字本身有着丰富的文化内涵和深邃的哲理。汉字有高度的可识别性,信息储存量大,跨时空可读性强。汉字单音节这一特点是电脑声控语言的最佳选择。①

文字记录语言,就其本质讲,是贮存信息。就贮存信息的容量而言,汉字要明显大于英文、法文等表音文字。汉字是方块平面结构,占有宽与高二维空间,而所有的拼音文字均由字母按发音顺序成线性结构,只占有宽度的一维空间。所以,汉字的信息含量更大。另一方面,汉字以一个字符代表一个意义,而拼音文字以几个、十几个甚至几十个字母代表一个意义,所以汉字实际上更简便。这种论点最直接的证据是,联合国所有文件均需印行中、英、法、俄、德、西班牙、阿拉伯文7种文本,除中文外,其余6种均为拼音文字,唯独中文本篇幅最短。

由于单字的信息容量大,所以在记录信息的速度方面,汉字也有一定优势。以将文字输入电脑的击键次数为例,拼音文字一个字母需击键一次,输入一个意义单位需几次、十几次,而汉字码方案种类繁多,常用的五笔字型、双拼、智能ABC等方案每字击键次数不过三四次,且可直接输入词组。孰繁孰简,不言而喻。

语言的丰富程度随社会发展而发展,新的词汇不断产生出来。一种文字是否具有灵活、便捷的构词能力,也是衡量其优劣的基本尺度之一。在这方面,汉字的

① 见林汝昌等文,载《汉字文化》1998年第1期。

优势十分明显。汉语词汇的发展趋势是由单音词(一个字即一个词)占优势向多音词(两个或更多字组成词)占优势演化。单个的汉字自然地由词转化为词素,因此增加新词不必增加新字,而拼音文字则无法做到这一点。如电子计算机出现后,英文中不得不产生一个新词:computer,但汉字用已有的电、子、计、算、机这五个单字就可很方便地组成一个全新的词,而且十分准确地示明这个新事物的本质:用电子技术来实现数学运算的计算工具。汉字构词力强的特长,使得掌握几千常用汉字的人,可以毫无障碍地掌握几倍、十几倍乃至更多于这个数目的词汇,在社会生活中应付自如。

从快速理解文字所表达的词意方面看,汉字也有"望文生义"的特长。小土为"尘",不正为"歪",词义一目了然。另外,汉字结构中独具一格的部首,更为人们系统地掌握成类汉字的意义提供了相当准确的标尺。以"禾"为偏旁的字,大都与农事有关,以"疒"为偏旁的字,多表示某种疾病。"木"旁多示乔木植物,"扌"旁多示人手动作,即便不会读认,也能对其意义估摸得八九不离十。

汉字不仅对以汉族为主体的中国文化的发展意义重大,而且对周边国家如日本、朝鲜、越南的社会生活也发生了深远的影响。公元9世纪以前,日本基本使用汉字作为交流的工具,9世纪以后,才自创字母文字。日文字母分片假名和平假名。片假名类似汉字的部首,平假名为汉字草书的简化。日本文字实际上是汉字和假名混合的文字。正因为如此,完全不懂日语的中国人,连猜带蒙,也能估摸出日文的大概意思。朝鲜地区长期流行汉字,15世纪时,出现字母文字,28个字母,形式接近汉字的偏旁部首。直到今天,朝鲜语中还有大量的汉语借词。汉字在汉代传入越南,作为越南的官方文字使用了千年之久。13世纪后,越南文"字喃"出现。字喃或直接借用汉字,或仿照汉字的会意、形声等结构形式新造,明显体现了与汉字的渊源关系。

五、不同质料的"书"

文字产生以后,人类运用它来记录思维的结晶,记录认识并改造自然、社会的经验与教训,于是便出现了书籍。书籍是人类文明的知识宝库,是社会发展的登进阶梯。在不同国度、不同时期,这种阶梯系由形形色色的物质材料所构筑。古印度人用过椰树叶,巴比伦人用过泥板,公元前的古希腊、罗马人用过蜡板,中世纪的欧洲人用过羊皮,那时的一部《圣经》,需花去300张羊皮,价格十分昂贵①。

在中国文化史上,曾作为文字载体、书籍质料而广泛应用的,有甲骨、青铜、石

① 沈福伟:《中西文化交流史》,上海人民出版社1985年版,第336页。

头、竹木、丝帛和纸张。

（一）甲骨的书

殷商时代，人们将文字刻在龟甲和兽骨（主要是牛骨，也有鹿骨、羊骨、猪骨和虎骨）上，形成甲骨的书，内容多为占卜的行为和言辞，也有史实记载，一般由祭师或史官书写或契刻下来。甲骨上的文字是先写后刻，还是不写就刻，抑或有写有刻，说法不一。已出土的甲骨文中，以上几种情况并存。从大多数甲骨文刀法娴熟（小字用单刀法，大字用双刀法，宽笔用复刀法）、字迹隽美看，从事刻写者，大约经过专门的训练。如果这一分析不错，那么刻与写的疑问便涣然冰释了：生手先写后刻，熟手则不写径刻。至于所用工具，写字使用毛笔和墨汁，甲骨文中有一聿字，清楚显示右手握笔的图形①。如此计算，毛笔已有3 000年以上的历史。刻字工具，一说为动物的尖齿或玉刀，一说为钢刀。根据模拟实验的推断，很可能是含锡量20% ~25%的青铜刀②。甲骨的书，为我们提供了极为珍贵的第一手上古史料。如藏于加拿大皇家博物馆的一块虎骨上，载22字，大意为：辛酉日，王帝辛出猎于鸡录，捕获了一只猛虎，三年十月祭于天③。

（二）青铜的书

殷商西周时期，中华先民已经熟练掌握了青铜的冶炼、铸造技术，他们不仅能制造出品类繁多、工艺精湛的礼器、乐器、兵器，还能在这些青铜器上铸出精美的文字，称“铭文”，形成青铜的书。清人阮元说：“古铜器有铭，铭之文为古人篆迹，非经文隶楷、缣楮传写之比，且其词为王侯大人贤者所为，其重与九经同之。”④青铜的书记载了祭典、训诂、征伐、宠赐册命、授土授民、盟誓契约等多方面的社会生活内容，是研究商周历史的重要文献依据。

（三）石头的书

就文字记录的材料性质而言，石头比甲骨、青铜更优越。其一，石料来源充足；其二，质量厚重，难以毁弃，便于存留。秦汉以后，石刻之书日见普遍，逐渐取代了青铜铭文的地位。

---

① 罗振玉：《殷墟书契后编》，1916 年影印本。

② 赵金全等：《甲骨文字契刻初探》，《考古》1982 年第 1 期。

③ White. Bone Culture of Ancient China. Toronto，1945：28，97.

④ 阮元《揅经室三集·商周铜器说》。

现存最古老的石头的书，是公元前七八世纪的秦国遗留下来的10块鼓形石，其高度45厘米至90厘米不等，横切面周长平均为210厘米，四周刻有文字，现存宋代拓本，尚存465字，内容为记述秦国国君游猎的10首四言古诗。石刻之书中最为壮观的巨作是“石经”，即儒学经典的石刻碑文。东汉灵帝时，“经籍去圣久远，文字多谬”①，为了准确、统一、恒久地保存儒学经典，蔡邕等人将《易》、《书》、《诗》、《仪礼》、《春秋》、《公羊传》和《论语》详加校订，刻成石碑，立于洛阳太学门前，供天下学子抄阅。此后，魏、唐、后蜀、北宋、南宋、清朝，亦有大规模刻制石经之举。其中不少珍贵残留，现存西安“碑林”。

（四）竹木的书

竹简和木牍，是纸张出现以前人们使用最为普遍的书写材料。竹简是经过刮平、烘烤除水处理的竹片。南宋文天祥的名句：“人生自古谁无死，留取丹心照汗青”，用“汗青”喻史册。“汗青”二字，便由青竹烘烤出“汗”而来。竹简长度从十余厘米到几十厘米不等，宽度多为一厘米左右，每片直行书写几字至几十字，用绳索或牛筋连接起来。我们现在以“册”为书籍的单位，这“册”字便是当初绳索或牛筋串联竹简的形象摹写。近年来，秦汉时代的竹简出土颇丰。1975年，湖北云梦睡虎地秦墓出土竹简1 100百余件（图5－6），其中的秦代律令是宝贵的法律史资料。1972年，山东临沂银雀山汉墓出土竹简近5 000件，内容多为兵书，其中有《孙子兵法》和《孙膑兵法》两种，解决了史学界争讼多年而未决的《孙子兵法》的作者问题。

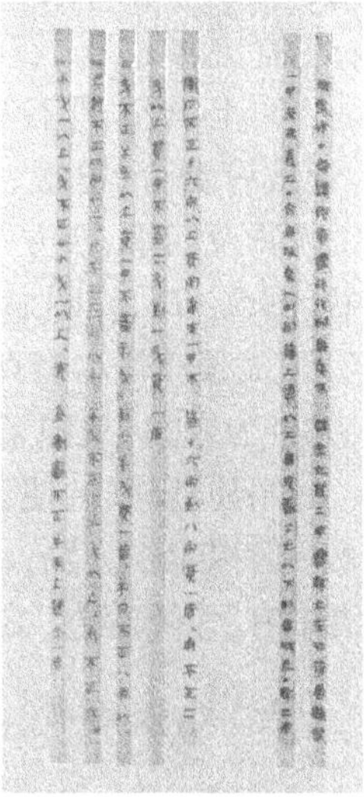

图5－6　睡虎地秦简

木牍，又称版牍，即在窄而长的木板上写字行文，常见于汉、晋时代。杨修《答临淄侯笺》所言“握牍持笔”，具体描画了当时人们的写作方式。直到今天，人们仍用“尺牍”代表书信之义，来源即在于此。1972年，甘肃武威旱滩坡东汉墓出土木牍92件，长约23厘米，宽窄不一，质地为松木和杨木，载有约100种药物名称，是迄今发现的东汉较完整的医学著作。

① 《后汉书·蔡邕传》。

(五)丝帛的书

中国古代的丝织业素称发达。殷商时代的甲骨文中,便有丝、帛等字出现。《晏子春秋》卷八中有“著之于帛”的记载,可见至迟在公元前五六世纪,人们已经使用丝帛作为书写材料。现存最早的帛书实物,1934 年出土于湖南长沙楚墓,通称“楚缯书”,长38.7厘米,宽47 厘米,上有毛笔书写文字千余个,记载有炎帝、祝融、帝俊等古代传说人物及四季、四方等名词。1973 年,长沙马王堆西汉墓出土了大批极珍贵的帛书(图 5 –7),计图书 10 余种,共 12 万字,为公元前 2 世纪或更早之物。其中:《老子道德经》写本有两种,上下篇次序与今本相反;《战国纵横家书》12 000 多字,大半为今本《战国策》所无。

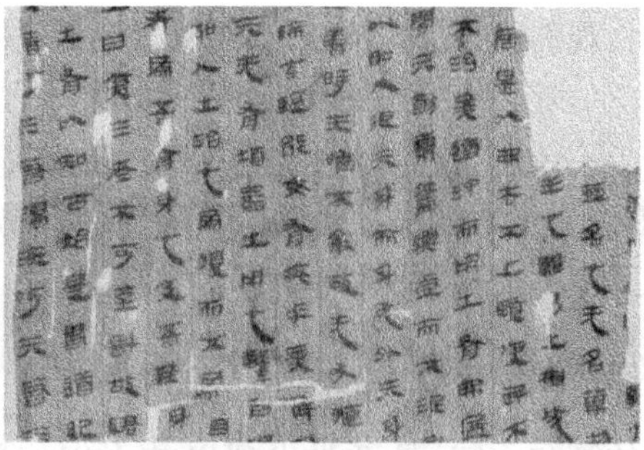

图 5 –7　马王堆帛书

丝帛质地轻软,便于携带保管,表面光滑洁白,便于书写,是优良的书写材料。帛书一般以木棍为轴,从左向右卷成一束,称为“卷轴书”。我们今天称书为“卷”,成语中有“手不释卷”之说,盖源于此。

(六)纸张的书

丝帛虽好,但价格昂贵;竹木虽贱,又过于笨重,西汉学者东方朔给汉武帝上一奏章,用去 3 000 支竹简,两个身强力壮的汉子好不容易才抬进宫去。史传东汉蔡伦发明纸张,取代丝帛、竹木,由此使图书事业乃至人类文明突飞猛进。

中国是纸的故乡。考古发掘证明,早在东汉蔡伦以前,已有纸张出现。1954 年,在新疆罗布泊发现公元前 1 世纪的麻纸。1957 年,陕西坝桥又出土了西汉古纸残片,最大者约 10 厘米见方。纸张始用于写字的确切年代已不可考。1942 年,内蒙古居延古烽火台废墟中出土一片字纸,上有 20 余字,字体为隶书,据考证,年代约与蔡伦同时,为公元 110 年前后。现存最珍贵的古代纸质文书,当推 20 世纪初发现于敦煌的纸卷,共达 3 万余卷,大多为写本,内容多半为佛经,亦有儒家与道家经典以及史籍、韵书、诗赋、小说及各种公私文件,除中文文书外,另有梵文、波斯文、回鹘文、藏文等文书,年代为公元 5 世纪至 10 世纪。除 9 800 余卷现藏北京图书馆外，其余分藏于伦敦英国图书馆、巴黎国立图书馆、圣彼得堡五洲民族研究所。

六、宏富的文化典籍

中国是世界四大文明古国之一，其重要标志，是它数千年积累、存留下来的极为宏富的文化典籍。无论是从典籍的数量，还是从典籍管理系统的科学水准看，中国文化都有足堪自豪的成就。

早在殷商时代，官府就藏有相当数量的书籍，故《尚书·多誓》有“惟殷先人，有典有册”之说。其时，巫史“掌官书以赞治”[①]，可见当时已有国家图书管理机构。春秋战国时代，诸子并起，百家争鸣，竞相著书立说，学术文化事业兴旺发达，图书数量因而剧增。据《左传·昭公十二年》载，当时即有“三坟、五典、八索、九丘”之称。这些书籍，早已亡佚，具体内容，亦多争议[②]，但西晋学者杜预注曰“皆古书名”，则无疑义。私人藏书，当时也已成风气。《庄子·天下》载，“惠施多方，其书五车”，后世遂以“学富五车”的成语来形容某人读书广博，学问精深。秦始皇统一中国，下令没收并焚毁《诗》、《书》、《百家语》及《秦纪》以外的史书，“故明堂石室，金匾玉版，图籍散乱”[③]，使当时的文化典籍遭受严重损失。

汉代是中国历史上的强盛王朝，文化事业出现空前繁荣景象。公元前124年，汉武帝下诏“广开献书之路”，“于是建藏书之策，置写书之官。下及诸子传说，皆充秘府”[④]。到公元前26年，“书积如丘山”，“天下遗文古事，靡不毕集”[⑤]。就在这一年，成帝又命陈农求遗书于天下，并诏光禄大夫刘向等人校定经传、诸子、诗赋、数术、方技等各类典籍。刘向每校完一书，便写成《叙录》一篇，介绍该书作者生平行事、思想内容、学术源流及校勘经过。他将各书《叙录》汇编成册，别行于世，称之《别录》。刘向死后，其子刘歆在《别录》基础上删繁就简，编成我国第一部综合性图书分类目录《七略》。《七略》依书的内容性质分类为六：一为六艺略；二为诸子略；三为诗赋略；四为兵书略；五为数术略；六为方技略。加上总序性质的辑略，是为《七略》。《七略》今已不存，但其大致风貌，可从班固所修《汉书·艺文志》中得以窥见。班固赞赏“刘向司籍，九流以别”，“因《七略》之辞”，“删其要以备篇

---

① 《周礼·天官》。

② 据东汉贾逵解释，“《三坟》，三王之书；《五典》，五帝之典；《八索》，八王之法；《九丘》，九州亡国之戒”（《左传解诂》）。

③ 《史记·太史公自序》。

④ 《汉书·艺文志》。

⑤ 刘歆：《七略》。

籍”[①]。他取消辑略，保留其余6略38种的分类体系，又增加刘向、扬雄、杜林三家著作，共收录典籍596家，13 269卷。

西晋时，荀勖著《晋中经簿》，创甲、乙、丙、丁四部图书分类法。甲部收六艺及小学之书，乙部收诸子、兵书、数术之书，丙部收史学之书，丁部收诗赋、图赞，共录书目1 885部，20 935卷。

唐太宗贞观年间，魏征监修《隋书》。《隋书·经籍志》著录存书3 127部，36 708卷，佚书1 064部，12 759卷，按经、史、子、集四部（分别相当于《晋中经簿》的甲、乙、丙、丁四部）40类排列，奠定了我国古籍目录分类法的经典形式。魏征强调典籍的社会政治、文化功能：“夫经籍也者，机神之妙旨，圣哲之能事，所以经天地，纬阴阳，正纲纪，弘道德，显仁足以利物，藏用足以独善，学之者，将殖焉，不学者，将落焉。大业崇之，则成钦明之德，匹夫克愈，则有王公之重。其王者之所以树风声，流显号，美教化，移风俗，何莫由乎斯道？”[②]这表达了古代士人的深刻认识，也是中国古代典籍丰厚且保存完好的重要原因。

在世界范围内，就图书管理专门学问——目录学的早熟与发达而言，中国居于遥遥领先的地位。当相当严密成熟的经、史、子、集四部分类法诞生之时，西方还鲜有这方面的成果可言。欧洲第一部图书分类表，迟至公元1545年才在德国出现，晚于《隋书·经籍志》900余年。而刘向父子编纂分类目录的时间，更比号称“俄罗斯目录学之父”的索比可夫早出1 800余年。

东汉造纸技术的成熟，隋、唐雕版印刷术，尤其是宋代活字印刷术的发明、运用，给源远流长的中国图书事业插上了腾飞的双翼。降及明、清，图书事业臻于鼎盛，世界文化史上罕有其匹的巨型类书、丛书相继问世，充分展示了中华典籍之宏富、文化之昌明。

类书是一种广泛采择古今图书中的语词、诗文、人物、典故等各种资料，分类编排，汇辑成册，供人检阅翻查的工具书。中国最早的类书当推三国时魏文帝曹丕令王象、桓范等人编纂的《皇览》。《皇览》分40余部，每部有数十篇，共800余万字，可惜今已亡佚。此后类书代有巨制。唐代著名者如《北堂书钞》、《艺文类聚》、《初学记》、《白氏六帖》，均流传甚广。宋代编类书风气更甚，《太平广记》、《太平御览》、《册府元龟》、《文苑英华》四大类书先后问世，至今仍为文史学者经常查阅。

明代永乐年间，诞生了中国文化史上规模最大的百科全书式类书——《永乐大典》（图5－8）。《永乐大典》由姚广孝、郑赐、解缙监修，参与编校者达2 169人。

---

① 《汉书·叙传》。

② 《隋书·经籍志》。

图 5-8 《永乐大典》残卷

全书正文 22 877 卷，凡例和目录 60 卷，共装成 11 095 册，字数高达 3.7 亿字，约为世界闻名的 18 世纪法国启蒙思想家狄德罗等人主编的《百科全书》的 12 倍。《永乐大典》收入典籍七八千种，包括经、史、子、集、释藏、道经、戏曲、平话、医方、技艺等各类著作，均据原书整部、整篇、整段收入，“直取原文，未尝擅改片语”①，宋元以前许多佚书、珍本赖以完整保存。令人遗憾的是，《永乐大典》仅正本、副本两部，正本明亡时悉数毁弃，副本亦陆续佚散，至清乾隆年间已残缺 2 422 卷。20 世纪初，八国联军入侵北京，对《永乐大典》焚毁、劫掠，甚至用来铺垫马槽，使之损失殆尽，至今仅残留 810 卷，只是原本的 1/30。

现存规模最大、体例最完善的类书，是清康熙四十五年(1706 年)成书、雍正四年 (1726 年)印行的《古今图书集成》。全书 1 万卷，1.6 亿字，分历象、方舆、明伦、博物、理学、经济 6 篇 32 典，6 109 部，每部又有汇考、总论、图表、列传、艺文、选句、纪事、杂录、外编等项目，它所辑录的古籍，均保留原貌，并详注书名、篇目和作者，以利读者检索原书。乾隆皇帝赞其为“书城巨观，人间罕觏”②，确非溢美之虚言。

类书之外，又有丛书，即将多种著作整部地编印在一起，并冠以总书名。在成批地完整保存典籍方面，丛书功用尤其显著。我国最早的丛书为南宋嘉泰二年(1202 年)俞鼎孙、俞经田的《儒学警语》，收入宋人著作 6 部 41 卷。另外，宋人左圭辑的《百川学海》、元人陶宗仪辑的《说郛》、明人胡文焕辑的《格致丛书》，都是丛

① 全祖望:《钞〈永乐大典〉记》。

② 《四库全书总目》卷首，圣谕。

书中的拔萃之作。

在历代编纂的丛书中，以清中叶乾隆年间面世的《四库全书》规模最为浩繁，令人叹为观止。《四库全书》的编纂由皇帝亲自主持，集中硕学鸿儒、书工写匠4 000余人，历时15年方告完成。《四库全书》共收录图书3 503种，79 600余卷，仅存书名而未录其书者就达6 766种，93 000余卷，总字数约9.97亿字。这是中华文化史乃至世界文化史上最宏伟的图书工程。《四库全书》先后誊抄了7部，分别藏于北京故宫文渊阁、圆明园文源阁、奉天文溯阁、热河文津阁及镇江文宗阁、扬州文汇阁、杭州文澜阁。第二次鸦片战争中，英法联军火烧圆明园，文源阁所藏毁之一炬。今仅存文渊、文溯、文津、文澜四部，统收归国家图书馆珍藏。

煌煌中华，"有典有册"，现存古籍数量，雄踞世界首位。特别应该指出，除了我们今天得见的珍贵古书以外，在漫长的历史长河中，因自然灾害、兵燹战祸以及人为毁弃的古代典籍，更不知凡几！近人陈登原归纳典籍亡佚的四大原因，分别为"受厄"于独夫之专断、人事之不臧、兵匪之扰乱、藏弆者之鲜克有终①，确为史据凿凿的痛心疾首之言。像秦始皇那样明令焚书的专横之举自不待言，即便是在乾隆皇帝下令编纂《四库全书》的过程中，大批被认为不利于清朝统治的珍贵古籍同样经历了一场浩劫。据不完全统计，其间全毁、抽毁书籍近3 000种，焚书24次，共毁书13 862部，未详者尚不在内②。

图5－9 《天工开物》中的插图

从数量看，中国典籍之宏富，称冠于世界各国。但从门类分布来看，却有重大缺陷。现存古籍的压倒多数，均为文史类著作，相对而言，科学技术类著作数量极微。追溯缘由，主要是因为汉代以后，儒学渐居文化主流地位，伦理型文化范式日趋强固，社会普遍心理认为关于道德伦理的经、史、文学之作是学问的大端，而关乎自然科学、工艺技术的研究不过是学术末流，甚至被视

① 陈登原：《古今典籍聚散考》，上海书店出版社1983年版，第16，19页。
② 陈登原：《古今典籍聚散考》，上海书店出版社1983年版，第16，19页。

为雕虫小技，这方面的著作因此多受冷遇。像明末宋应星所著的《天工开物》（图5-9），影响远及欧洲，但在中国却失传300年，直至20世纪初，才从国外返归故土。我们在为祖国丰厚的文化遗产而骄傲的同时，也应正视历史留下的遗憾，并从中吸取珍贵的教益。

思考题：

1. 为什么说汉字是一种富有生命力的文字系统？
2. 为什么古代中国能遗承如此宏富的文化典籍？

第六章 智慧哲理 思辨神灵

辨章学术，考镜源流。

——章学诚：《校雠通义序》

思想（尤其是哲学与宗教）是文化园地里绚丽多姿的精神花朵。在中华民族源远流长的文化演生史上，圣哲先贤如旦暮更替、周行不息的日月星辰，以睿智的光芒，照耀着炎黄子孙崇德求善、顺天应人的永恒行程。

一、中国哲学之源——《周易》

《周易》是周人的伟大创造，是中国哲学、中国智慧的源头。

周人的文化继承于殷，但又有重要的发展。在宗教形式方面，殷人笃信龟卜，周人却多用占筮。从观龟甲到计筮数，显然有所进步。其一，钻龟取象，裂纹是自然形成，而卦象是计算蓍草之数，按照一定变化法则推演而得。前者单依自然，后者却重人为。其二，龟象一旦形成，据其纹路，马上可断吉凶；而卦象形成后，须经分析推理，逻辑判断，方可得出结论，较之龟卜，有更大的灵活性和思想性，在对神意的揣摩中，更能体现人的主观力量。王夫之认为，龟卜乃“鬼谋”，而占筮乃“人谋”①。正因为这种“人谋”与“鬼谋”之别，龟卜之术逐渐被人们抛弃，而占筮之术所暗含的人类抽象思维意向及主观能动精神却不断发展，推演出博大精深的《周易》哲学体系。

周人占筮的方法，“一曰连山，二曰归藏，三曰周易”②。连山、归藏两法早已失传，我们今天所知的，只有《周易》所记录的“八卦”之法。关于八卦的起源，说法很多，但既然八卦占筮的基本办法是计算蓍草之数，那么，卦象与蓍草之间必有某种

① 王夫之：《周易外传·系辞上传》。

② 《周礼·春官·宗伯》。

联系，才于情理可通。

巫史们积累的大量筮辞，经过筛选、整理、编排，形成了流传至今的《周易》。《周易》由卦象、卦辞和爻辞三部分组成。卦辞是对卦象的解说，爻辞是对爻象的解说。朱熹说："易本为卜筮而作"[①]，验证于《左传》、《国语》，例子不胜枚举。这在《周易》的卦爻辞中，也不乏内证。[②] "蒙，亨。匪我求童蒙，童蒙求我。初筮告，再三渎，渎则不告，利贞。"[③]筮者，这里用的是第一人称，分明是问筮的记录。因此，从原本意义上讲，《周易》只是一部关于占筮的典籍，而非哲学或文学著作。

但是，《周易》的价值又绝非仅此。

周人占筮的内容极广，"以八卦占筮之八故，以视吉凶"。所谓"八故"，一曰征（战事），二曰象（风云灾变），三曰与（与人以物），四曰谋（策划谋议），五曰果（事成与否），六曰至（来到与否），七曰雨（降雨与否），八曰瘳（病愈与否）。我们从《周易》中，可以窥见周代丰富的社会生活内容。卦辞、爻辞本身，又直接反映了周人朝乾夕惕、居安思危的精神风貌，矛盾转化、否极泰来的辩证思想，以及尚德贵敬的文化心理。因此，《周易》成为文化史、思想史、哲学史、社会史研究的热门对象。

更为重要的是，巫史们运用卦象这种高度概括、浓缩的信息符号，论证宇宙万物运行演变过程，表现出高度的抽象思维和逻辑推论能力，为后世贤人智者赞叹不已。经过悠悠岁月的淘汰，人们对《周易》的兴趣，逐渐从关注它的神学主旨（推断吉凶）和表现形式（卦象、卦辞），转移到体悟它观察世界的辩证思维方式和宏观把握事物的能力上来。在《周易》的基础上，历代思想家、哲学家清理批判，逐渐形成一套完整严密、有鲜明民族特色、阴阳变易的逻辑理论体系，深刻影响了中华民族的思维方式和文化进程。荀子所谓"善为易者不占"[④]，正说明《周易》在人们心目中已由卜筮之书转变成分析矛盾、解释世界、指导生活的哲理宝典。

朱熹曾说，《周易》有两条基本原则，一是"流行"，二是"对待"。"流行"者，过程也；"对待"者，矛盾之对立统一也。整个宇宙，无非过程的推进，矛盾的演化。有了如此简明、透彻的总体观照，那么对万事万物，当然就举重若轻，游刃有余而从容不迫了。

冯友兰认为："周易哲学可以称为宇宙代数学。代数学是算学中的一个部门，但是其中没有数目字，它只是一些公式。这些公式用一些符号表示出来。对于数

---

① 《朱子语类》第六十六。

② 《周礼·春官》。

③ 《周易·蒙卦卦辞》。

④ 《荀子·大略》。

目字说，这些公式只是些空套子。正是因为它们是空套子，所以任何数目字都可以套进去。……《周易》本身并不讲具体的天地万物，而只是讲一些空套子，但是任何事物都可以套进去，这就叫‘神无方而易无体’。”①正是因为《周易》这种无所包而又无所不包的特质，郭沫若称它为“神秘的殿堂”，“古老的科学宝库”。古往今来的人们从这座殿堂和宝库里，不断地吸取养料，不断地有所发明，有所发现，有所创造，有所前进。明白了这个道理，我们就能在当下自吹自擂掌握了《周易》“秘籍”、能掐会算的“大师”们面前保持清醒的头脑，真正从理性的层面理解《周易》的学理价值和科学意义。

二、春秋战国时代的“百家争鸣”

春秋战国时代，以激烈的社会变迁为背景，学术思想界出现了诸子并起，学派林立，相互驳难，“百家争鸣”的空前繁荣的文化气象。司马迁的父亲司马谈曾将“诸子”划分为阴阳、儒、墨、名、法、道六家，区别“所从言之异路”，予以评论。他认为：阴阳家“使人拘而多所畏，然其序四时之大顺，不可失也”；儒家“博而寡要”，“然其序君臣父子之礼，列夫妇长幼之别，不可易也”；墨家“俭而难遵”，“然其强本节用，不可废也”；法家“严而少思，然其正君臣上下之分，不可改矣”。司马谈对道家评价最高，称“道家使人精神专一，动合无形，赡足万物”，“与时迁移，应物变化，立俗施事，无所不宜，指约而易操，事少而功多”②。

诸子学说中，在当时并称显学的，是儒家和墨家，对后世中华文化的流变产生重要而深刻影响的，则是儒家、道家和法家。③

图 6－1　孔子像

(一)孔子及儒家学说

儒家的创始人是孔子（图 6－1）。孔子名丘，字仲尼，是春秋末期的思想家、教育家，鲁国陬邑（今山东曲阜）人。他创

① 冯友兰：《中国古典哲学的意义》，《中国哲学史研究》1985 年第 2 期。

② 《史记·太史公自序》。

③ 秦汉以后，中国政治的表现形态是阳儒阴法，中国士人的人格特征则是儒道互补。

立的儒家学说，以重血亲人伦、重现世功业、重实用理性、重道德修养的醇厚之风，在诸子百家中独树一帜。儒家继承血缘宗法时代的原始民主和原始人道遗风，切合当时谋求安定生活的普通社会心理，并为之设计了简便易行的实践手段，因而成为时代的“显学”。

1. 孔子的“隆礼”之说。孔子认为，春秋时代的社会争乱，根本原因在于欲穷乎物，物屈于欲，人欲横流，名分紊乱。要纠正这种时弊，唯一可靠的途径就是重建作为社会行为规范的周代之“礼” 的权威，用周礼来约束人们的一切行为：“非礼勿视，非礼勿听，非礼勿言，非礼勿动。”①他非常强调“正名”，即辨正礼制等级的名分，严格遵守“君君、臣臣、父父、子子” 的等级秩序，使人人都明白自己在社会之网中所处的位置，控制自己的“欲”，不超出名分规定的范围，从而消弭社会动乱。

在孔儒之学里，“礼”的内涵丰富。举凡社交礼仪、生活标准、政治秩序、风俗习惯，无不囊括在内。换言之，即完整的社会系统从各个侧面、各个层次、各个角度，细致入微地限定了每个社会成员的地位、责任、义务。从积极方面看，它承认每个个体的基本生存权利，认为每一个社会成员在获得一份生活资料的同时，又要承担一定的社会责任，从而为整个社会的和谐运作，预设下一个个安定的“细胞”。从消极方面看，它又限制了人的主观能动精神和创造欲望，在严格的社会名分的重压下，剥夺了人的自由意志和人格尊严。这种两重性作用于孔子以后的悠悠岁月，造成中华民族崇奉公德、压抑私欲、强调义务、蔑视权利以及安贫乐道、因循保守等社会文化心理。

2. 孔子的“贵仁”思想。如果说“隆礼”是孔儒之学的表层结构，那么“贵仁”才是它的思想核心。“人而不仁，如礼何?”②孔子正是以“仁”释“礼”，力图将社会外在规范化为个体的内在自觉，从而铺垫了中华民族文化心理的根基。

在仅万余字的《论语》中，“仁”出现百次之多。孔子解释，仁者“爱人”③，“孝弟也者，其为仁之本与!”④参以孟子“亲亲，仁也”⑤，“仁之实，事亲是也”⑥等阐述，可以得知，强调血亲人伦关系是“仁”的理论重心所在。这决定了儒家思想区别于其他各家的最根本特征。仁是人的本性的表现，是人的美德的最高概括，“仁者，人

① 《论语·颜渊》。
② 《论语·八佾》。
③ 《论语·颜渊》。
④ 《论语·学而》。
⑤ 《孟子·尽心》。
⑥ 《孟子·离娄》

也”①。因此，“志士仁人，无求生以害仁，有杀身以成仁”②。“仁”有丰富的、多层次的伦理体现，如先难而后获；己所不欲，勿施于人；居处恭，执事敬，与人忠；刚、毅、木、讷；等等。

孔儒之学以仁为思想核心的本质意义，在于把外在的社会等级制度、历史传统，转化为内在的道德伦理的自觉要求，从整顿人际关系中最基本的家庭关系入手，讲求父义、母慈、兄友、弟恭、子孝，并以家国同构精神推而广之，讲求“父子有亲，君臣有义，夫妇有别，长幼有叙，朋友有信”③。这种由血统而政统而道统的致思路径，深刻启发了后世儒者，从而创造出一整套正心诚意、修身齐家、治国平天下的理论。先由社会政治收缩为家庭人伦，再由家庭人伦发散到社会政治，完成这样一次往返之后，孔儒之学便因其植根于亿万人心深处最亲近、最难以摆脱的血亲观念之上，获得胜于其他学派的巩固地位，从而构筑起中国传统文化伦理—社会—政治学说的理论基础。

3. 儒家“义”的思想。如何确定人的行为是否符合“礼”的规范、“仁”的精神，儒家提出必须以“义”为价值准绳。孔子说：“君子喻于义”④，“君子义以为上”⑤；孟子也说：“义，人之正路也”⑥。孔子一生不问某事之有利无利，“子罕言利”⑦，只问合义不合义。合于义，即是真、善、美；不合于义，即是假、恶、丑。到了孟子，尚义更趋极端，“非礼之礼，非义之义，大人弗为”。“大人者，言不必信，行不必果，惟义所在。”他甚至将“君子犯义”与“小人犯刑”相提并论⑧，正如刑是国家对于人民的法律制裁一样，义也是个人对于自己的道德裁判。因此，“舍生取义”也就是人生价值的最高实现。

本来，在孔子那里，义作为价值准绳，并不是与物欲（利）绝对对立的，二者之间不存在二律背反的关系。不过，孔子之言“义”，毕竟与人们的直接物质利益脱钩，而过分与抽象的伦理原则相联系，这就为“尚义”滑向极端预留了通道，如，西汉董仲舒说：“仁人者，正其道不谋其利，修其理不急其功。”⑨

---

① 《礼记·中庸》。
② 《论语·卫灵公》。
③ 《孟子·滕文公》。
④ 《论语·里仁》。
⑤ 《论语·阳货》。
⑥ 《孟子·离娄》。
⑦ 《论语·子罕》。
⑧ 《孟子·离娄》。
⑨ 《春秋繁露·对胶西王越大夫不得为仁》。

孔子强调以知(智)为认识手段,诱导社会成员知仁、循礼、行义。他承认人的先天素质有差异,“唯上智与下愚不移”,但毕竟任何人都有“知”的可能条件,这正是社会意义上“为仁由己”①的前提。

值得注意的是,孔子虽然一般地称赞“生而知之者上也”,但他从未肯定任何人就是这种“生而知之者”。孔子更关注的是“学而知之”的理论与方法。他强调:“好仁不好学,其蔽也愚。”②学必须与思结合起来:“学而不思则罔,思而不学则殆。”③学还必须与习结合起来:“学而时习之,不亦说乎?”④学是知的起源,思是知的途径,习是知的应用。勤奋的学、思、行的一致,既是求学之道,更是为人之道。

孔子非常重视对人民进行“教化”。这种教化寓于日常生活之中。荀子诠释曰:“君子之学也,入乎耳,著乎心,布乎四体,形乎动静,端而言,蠕而动,一可以为法则。”“君子之学也以美其身。”⑤一切从自己开始,从身边做起,不需要到彼岸世界的冥冥之中去搜寻,也不需要脱离世俗生活的苦行修炼,在平凡自然的人生中,就可实现思想的净化和行动的自如。

应该说,这种充满理性实践精神的问学、施教之道,是孔儒之学体系中最具科学意义的组成部分,它对于中华民族以入世思想为社会主导心理,避免全民族陷入宗教迷狂,起到了良好的导向作用。

(二)墨家学说

墨家的创始人是墨子。在百家争鸣中,墨家是儒家最大的反对派,“孔子是古代文化的辩护者,辩护它是合理的、正当的,墨子则是它的批判者。孔子是文雅的君子,墨子是战斗的传教士。”⑥

墨子及其门徒出身于游侠,“其言必信,其行必果,已诺必诚,不爱其躯,赴士之厄困”。⑦ 他们共同组成的学派,有严密的组织,严格的纪律。“墨子服役者百八十人,皆可使赴火蹈刃,死不旋踵。”⑧在生活作风上,墨家提倡简朴、实用,反对儒家

① 《论语·颜渊》。
② 《论语·阳货》。
③ 《论语·为政》。
④ 《论语·学而》。
⑤ 《荀子·劝学》。
⑥ 冯友兰:《中国哲学简史》,北京大学出版社1985年版,第62页。
⑦ 《史记·游侠列传》。
⑧ 《淮南子·泰族训》。

"繁饰礼乐以淫人,久丧伪哀以谩亲,立命缓贫而高浩居,倍本弃事而安怠傲"①。

1. 墨家的"天志"观。与孔子不语"怪、力、乱、神"相对,墨家有自己严密的"天志"观。"我有天志,譬若轮人之有规,匠人之有矩。"他们以天志作为衡量万事万物的"天下之明法","上将以度天下之王公大人为刑政也,下将以量天下之万民为文学出言谈也……立此以为仪,将以量度天下王公大人卿大夫之仁与不仁,譬之犹分黑白也。"②墨家全部的社会、政治、伦理学说,都是建立在这个"天志"观基础之上的。特别要指出的是,墨家的"天",是经过改造的下层劳动者理想之"天",因而,他们所讲的"天志",也不再是传统意义上神秘的天命,而是社会民众利益与愿望神圣的"外化"。墨家借助"天志"权威而申明的尚贤、尚同、节用、节葬、非乐、兼爱、非攻等诸多社会政治主张,无一不反映了春秋战国时期社会民众的强烈意愿。正因为如此,后世农民斗争所提出的纲领、口号,每每与墨家思想息息相通。中国农民战争的口号应溯源于战国末年墨侠一派之下层宗教团体所提出的一条公法,即《吕氏春秋》所载:"杀人者死,伤人者刑,墨者之法也。"

2. 墨家知识论的实证特色。由于切近民事劳作,墨家的知识论以实证为特色。墨家认为,人的认识来源于"耳目之实",即来源于人体感官所感受的客观世界。即便是圣人,也不过是"能使人之耳目,助己视听"。③ 所以,作为认识成果的"名",必须以认识对象的"实"为依据,这就是"取实予名"。据此,墨子提出关于真理标准的"三表"说。何谓"三表"?墨子解释:"有本之者,有原之者,有用之者。"④建立一种学说的依据,或者说判断这一学说的标准,一要本之于前人的间接经验;二要观察于今人的直接经验;三要看它在实施过程中,是否真正对国家、百姓有利。

墨家信徒多为劳动群众,墨子本人精于机械制作。墨家信徒注重亲知,讲求逻辑,强调归纳,又有实践经验。因此,《墨经》不同于儒道诸家,它记录了许多古代科学思想和工艺应用知识。例如,数学、几何方面的部分与整体问题、有穷与无穷问题、方圆问题、极限问题;物理学方面的时间与空间问题、运动与静止问题、物质不灭问题;工艺制造技术方面的杠杆、斜面、滑车原理的应用等。这些都是十分珍贵的科学遗产。

(三)道家学说

先秦诸子中,以"道"为学说核心内容的学派,被称为"道家"。道家的创始人

---

① 《墨子·非儒》。
② 《墨子·天志》。
③ 《墨子·尚同》。
④ 《墨子·非命》。

和主要代表人物是老子和庄子。老子姓李名耳，字伯阳，一说字聃，楚国苦县(今河南鹿邑)人(图6－2)。相传孔子曾向他问礼。庄子名周，宋国蒙(今河南商丘)人。道家在基本人生态度和政治理想方面，与儒家相悖。老子认为，道、德在仁、义、礼之上，所谓“失道而后德，失德而后仁，失仁而后义，失义而后礼。夫礼者，忠信之薄而乱之首”①。庄子也主张弃仁背义，废礼毁智，这恰与儒家隆礼贵仁、尚义主智的学说相反。

图6－2　福建泉州老子像

老子给“道”下的定义是：“有物混成，先天地生，寂兮寥兮，独立不改，周行而不殆，可以为天下母，吾不知其名，字之曰道。”②

道是世界万物的本源，同时又是宇宙运行的总规律。作为前者，道生万物；作为后者，“道法自然”③。老子和庄子都把“道”看做流贯宇宙、社会、人生的总规律。规律的表现形态，是自然地运行，既然是自然运行，当然无需人为操作，也即“无为”。自然无为，便是道家心目中的“德”。如果有人故意去有所作为，那便违背了道与德，必致天下大乱。道家认为，儒家大讲特讲的仁、义、礼、智，正是人为的产物，所以老子主张：“绝圣弃智，民利百倍；绝仁弃义，民复孝慈；绝巧弃利，盗贼无有。”④庄子则说：“闻在宥天下，不闻治天下也。”⑤意为听其自然，不治而治，无为而为。

老子超然于自然、社会领域诸多矛盾的绝对对立之上，看出矛盾双方的相互依存关系，“有无相生，难易相成，长短相形，高下相倾，音声相合，前后相随”⑥。他又指出，事物矛盾着的两方面，遵循“物极必反”的法则，相互转化，此即“反者道之动”⑦，于是便有“祸兮，福之所倚；福兮，祸之所伏”⑧。矛盾双方的转化，亦即“道”的自然运行。

---

①《老子·三十八章》。
②《老子·二十五章》。
③《老子·二十五章》。
④《老子·十九章》。
⑤《庄子·在宥》。
⑥《老子·二章》。
⑦《老子·四十章》。
⑧《老子·五十八章》。

老子的朴素辩证观忽视矛盾转化的前提条件,这一思想为庄子所继承,发展为相对主义。庄子泯灭矛盾双方的本质规定性,“是亦彼也,彼亦是也,彼亦一是非,此亦一是非”①。在庄子看来,是非、生死、可与不可,其性质、差异都是相对的,以“道”观之,这一切都处在循环无穷的圆圈运动之中,“道通为一”,所以他得出万物齐一的结论。

在先秦诸子中,老子第一个说明人在自然界中的重要地位。“道大,天大,地大,人亦大,域中有四大,而人居其一焉。”②庄子又进一步从人的本性的意义上突出个体的尊严与价值。庄子认为,三代以下,人的自然本性被名、利、家族、事业等外在的物所掩盖、扭曲、损害。只有超越这些外在之物的束缚,复归“耕而食,织而衣,无有相害之心”③的人的自然本性,方“可以保身,可以全生,可以养亲,可以尽年”④。这才是人的价值的真正实现。

但是,社会发展不可逆转,复归原始时代的人的本性无法实现,于是庄子便逃离现实物质世界的藩篱,到纯粹的精神世界去寻求自由。只要摒除情欲,虚静端坐,彻底忘掉尘世的一切,让精神离开肉体的躯壳,无拘无束地游弋于无功、无名、无己的绝对的自由境界。庄子称这种境界为“吾丧我”⑤。在他人视之,“形如槁木”、“心如死灰”,而在“吾”看来,却是获得了真正的幸福。

与儒家汲汲于仁义礼智,修齐治平的“游方之内者”不同,道家是视这一切为秕糠、粪土的“游方之外者”。人们通常称前者为“入世”,后者为“出世”。老子身体力行,“莫知其所终”⑥,为后人树立了“出世”的楷模。庄子将这一思想丰富发展为超世、顺世和游世三种境界,以便于立足“出世”人生哲学基点的芸芸众生获得不同层次的心理满足。

庄子极端厌恶黑暗现实,表现出超然世外的孤傲独行。但是,一味地愤世嫉俗,丝毫不能改变社会的黑暗。更可悲的是,“超世”之士往往在现实生活中处处碰壁,于是“超世”便转化为“顺世”。“适来,夫子时也;适去,夫子顺也,安时而处顺,哀乐不能入也”。⑦ 顺世主义,在中国后来几乎成了人们自我解脱的精神法宝。在“超世”、“顺世”的基础之上,庄子又提出“游世”的最高境界:“人能虚己以游世,

---

① 《庄子·齐物论》。
② 《老子·二十五章》。
③ 《庄子·盗跖》。
④ 《庄子·养生主》。
⑤ 《庄子·齐物论》。
⑥ 《史记·老子韩非列传》。
⑦ 《庄子·养生主》。

其孰能害之!”[1]相传,老子在回答孔子问道时也说:“古之圣人,假道于仁,托宿于义,以游逍遥之虚。”[2]孔子也主张“天下有道则见,无道则隐。”[3]如此看来,道家的出世又与儒家的入世在宇宙人生的最高规律——“道”——的照耀之下走向一致:寓身仁义,仍能游心于尘世之外;位居高官,也可以不为世俗所累。正因如此,后世士大夫们在志得意满之时,无不以治国平天下为己任;而在心灰意冷之日,又可以皈依老、庄,隐入山林。他们仕途上的进退自如,正是以心理上的儒道互补为思想基础的。

(四)法家学说

春秋战国时代的法家学派,对于现实政治有着独特的深刻理解。“用现代的术语说,法家所讲的是组织和领导的理论和方法”[4],是理智、冷静的政治学。

法家分析社会世象的一个基本观点是:“民道弊而所重易也,世事变而行道异也。”[5]“民道”为何而“弊”,儒、墨、道家多归结为道德沦丧的精神原因,而法家虽然也承认古人淳朴有德,但认为那是因为当时“人民少而财有余,故民不争”。至于当下,“人民众而货财寡,事劳力而供养薄,故民争”[6]。从人口繁衍与物质供给的矛盾关系而非抽象的仁义准则去理解“世风日下”、“人心不古”,显然更切近问题的本质。

法家用发展的观点观照历史:“上世亲亲而爱私,中世尚贤而悦仁,下世贵贵而尊官”[7],“上古竞于道德,中世逐于智谋,当今争于气力”[8]。既然古今情势不一,法家强调“因时变法”的重要性。“世异则事异,事异则备变”,“是以圣人不期修古,不法常可,论世之事,因为之备”。[9] 落实到现实政治问题的解决,“法与时转则治,治与世宜则有功”[10]。法家进化的历史观,以冷静的历史—社会—政治分析为依据,昂扬着革故鼎新的思想力量,体现了新兴地主阶级的蓬勃朝气和开拓精神,其“法后王”的主张成为历代改革家革除弊端、力行新政常用常新的有力武器。

---

① 《庄子·山木》。
② 《庄子·天运》。
③ 《论语·泰伯》。
④ 冯友兰:《中国哲学简史》,北京大学出版社 1985 年版,第 186 页。
⑤ 《商君书·开塞》。
⑥ 《韩非子·五蠹》。
⑦ 《商君书·开塞》。
⑧ 《韩非子·五蠹》。
⑨ 《韩非子·五蠹》。
⑩ 《韩非子·心度》。

冷静的世事分析和进化的历史观,并不等于强有力的行政力量,它们还不能直接驾驭政治机器的有效运转。法家设计出一种不同于儒、墨、道家的政治权力学说,来达到这一目的。

韩非依据"当今争于气力"的现实,推出"仁义用于古而不用于今"的结论。他以"严家无捍虏,而慈母有败子"为喻,证明"威势之可以禁暴,而德厚之不足以止乱也"①。他赤裸裸地鼓吹暴力专制主义的强权政治,"夫圣人之治国,不恃人之为吾善也,而用其不得为非也"。② 韩非总结前代法家人物慎到、申不害、商鞅等人的思想,经过综合改造,提出了以"法"为本,法、术、势三要素统一的政治统治学说。

"法"的思想,首倡于商鞅。商鞅主张政治应"一任于法",他在秦国率先推行法治,获得巨大成功。但韩非认为商鞅只讲"法"而不讲"术","无术以知奸,则以其富强也资人臣而已矣"③,结果自己却落得个身首异处的可悲下场。

"术"的思想,源于申不害。申不害告诉君主要藏权术于心中,防止臣下"蔽君之明,塞君之听,夺之政而专其令"④。韩非批评他只讲权术,不知立法,"不一其宪令,则奸多"⑤。

"势"的思想,发明权在慎到。慎到认为,"贤不足以服不肖,而势位足以屈贤"⑥,国君凭借威势,才能"南面而王"。韩非补充道,慎到所论之"势",还只是"自然之势",它还不能保证天下之治,必须代之以"人为之势",运用赏善罚恶的手段来抱法处势,才能一匡天下。

总之,韩非集前代法家思想之大成,将法(政令)、术(策略)、势(权势)三者有机地结合起来,构成诸子百家中最为切实有效的政治学说。他说:"法者,宪令着于官府,赏罚必于民心,赏存乎慎法,而罚加乎奸令者也。""术者,因任而授官,循名而责实,操杀生之柄,课群臣之能者也。"⑦"夫势者,名一而变无数者也。……抱法处势则治,背法去势则乱。"⑧韩非强调,法、术、势三者"皆帝王之具也"⑨。区区几字,可谓道出法家政治学说的全部实质。

---

① 《韩非子·显学》。
② 《韩非子·显学》。
③ 《韩非子·定法》。
④ 《群书治要·大体》。
⑤ 《韩非子·定法》。
⑥ 《慎子·威德》。
⑦ 《韩非子·定法》。
⑧ 《韩非子·外储说右下》。
⑨ 《韩非子·定法》。

三、儒学独尊地位的确立与两汉今古文经学之争

先秦诸子，学说各异，但它们的理论目标又相当一致，即都是为了论证治国安邦之道。“周秦之际，士之治方术者多矣，百家之学，众持异说，各有所出，皆有所长，时有所用。虽然，阴阳、儒、法、刑名、兵、农之于治道，辟犹橑之于盖，辐之于轮也。”①地处关中的秦国，实行法家路线，富国强兵。公元前221年，秦王嬴政统一中国，自称始皇帝。秦始皇父子急功近利，将法家学说严刑峻法的一面推衍到极致，结果二世而亡。汉初统治者吸收秦亡教训，拨乱反正，改行以道家学说为基础的“黄老之学”②，“无为而治”，扫除烦苛，经过60年的休养生息，天下太平，人给家足。

（一）独尊儒术

公元前140年，汉武帝刘彻即位。如日中天的汉家王朝，新换一位意气风发的少年天子，清静寡欲的黄老之学开始衰微了。武帝对繁文隆礼、讲求事功的儒学大感兴趣，一反先祖故训，变寡欲政治为多欲政治，尊儒兴学，制度教化，开辟轰轰烈烈的新事业。

武帝令群臣荐举“直言极谏之士”参与重定国策。专治《春秋公羊传》的董仲舒（图6－3）脱颖而出，援引“春秋大一统”之精义，鼓吹黜百家，尊儒术。他向武帝建策：“诸不在六艺之科，孔子之术者，皆绝其道，勿使并进。邪辟之学灭息，然后统纪可一而法度可明，民知所从矣。”③

图6－3　董仲舒像

董仲舒独尊儒术的主张，正满足了汉武帝在先辈奠定的雄厚经济基础上，王霸并用，振武开疆，扩张皇权的理论需求，因此得以全面推行。

董仲舒对儒术的独尊，本质上是对先秦儒学理论的再创造。

董仲舒首先肯定“天”是宇宙、人世的最高主宰。天有意志，春、夏、秋、冬就是它爱、乐、严、哀的表情。他继承殷商以来盛行的天人相通观，并使之

① 刘文典：《吕氏春秋集释·序》，中国书店1985年版。

② 黄老之学，尊传说中的黄帝和老子为创始人。其学以道家为主，也吸收儒、法等家思想。

③ 《汉书·董仲舒传》。

理论化:第一,“王权天授”,王者为天之子,受命于天,治理人世。第二,“天人感应”,君王顺天而行,修饬德政,就会得到天的庇佑,否则,天将降下灾祸,以示谴责。第三,“屈民伸君,屈君伸天”,民众必须服从君王,君王则必须服从天意。

这些有关天人关系的思想因子,多见于先秦典籍。董仲舒的新贡献就在于他把这一切巧妙地纳入天一人阴阳五行的宇宙图式之中,使之具备缜密的逻辑力量。他提出,“天”是由天、地、人、阴、阳、金、木、水、火、土“十端”构成。“十端”又组合成四时、五行。君王必须依循五行相生、四时相继的规律来施政。因为天有阴阳之刑德,所以君王治天下亦需王霸并用,宽猛相济;又因为天之春、夏、秋三时主德,仅冬一时主刑,所以君王行政应以仁政为主,刑罚为辅。董仲舒将儒学倡导的君臣、父子、夫妻三伦,提到阴阳形而上学的理论高度,称之为“三纲”:“君为阳,臣为阴;父为阳,子为阴;夫为阳,妻为阴。……王道之三纲,可求于天。”[①]他又把儒学坚持的仁、义、礼、智、信“五常”,与东木、西金、南火、北水、中土一一配合,给它们涂上天道五行宇宙论的神圣油彩。

董仲舒是汉代最有影响的思想家,在当时就享有“群儒之首”的声誉。他以治《春秋公羊传》起家。《公羊传》开篇第一句,就讲“大一统”。董仲舒学说的基点,正是维护专制王朝的大一统,但它的文化史意义,又绝不仅限于此。董仲舒自觉地用儒家精神改造阴阳五行说,建构起天人一统的宇宙论系统图式,创造性地完成了自战国末期以来,随着人们认识、改造世界能力的大提高而产生的对宇宙、社会、人生作出统一的规律性解释的精神追求。这种系统图式,将宇宙间的万事万物统统组织进一个整齐划一、“以数为五”的先验模式之中,这并不单纯是意识形态领域方面的成就。从更广阔的文化演进大趋势看,将零碎、分散的种种经验组织起来,以数字来整理、解释宇宙发展,是人类文化进步到一定阶段必然出现的现象,如在古希腊,就有毕达哥拉斯学派及其理论的产生。

汉武帝与董仲舒的尊儒,2 000 年来已成定论。但若因此便将“罢黜百家”的文化专制主义罪名强加给他们,却有违史实,亦欠公道。“罢黜百家”首见于《汉书·武帝纪赞》,是班固的评论之辞,而武帝和董仲舒本人,并没有此类极端言论。他们的独尊儒术,无非是突出儒学的主流地位,避免因“师异道,人异论,百家殊方,指意不同”而妨碍了汉家王朝的一统。儒家的独尊,并非儒学的独存。实际上,有汉一代,“诸子传说,皆充秘府”,在尊奉儒学的同时,“博开艺能之路,悉延百端之学”[②]。刘向、刘歆父子集校群书,在《七略·诸子略》中评论各家短长,正是“百端

① 《春秋繁露·基义》。
② 《史记·龟策列传》。

之学"存而不废、续而不绝的史证。

武帝以后，儒学取得"定于一尊"的显赫地位，成为汉代文化的主流。其表现形式，是儒学的经学化。

"经"的本义，是指纺织品的纵向纤维。"盖经之义，取象治丝。纵丝为经，横丝为纬；引申之则为组织之义。……后世以降，以六经为先王之旧典也，乃训经为'法'，又以六经为尽人所共习也，乃训经为'常'。"①古代典籍由熟牛皮绳贯穿竹简而成，形制颇似纵横交织的纺织品。战国时代，不仅儒家典籍，其他各派的著作，都称作"经"，如《墨经》、《道经》、《法经》。武帝以后，儒学地位超乎各派之上，儒家典籍成为治国之"法"，人伦之"常"，"经"便从此成为儒家典籍的特称。②

历代解释和阐发儒家经典的学问，便是经学。它的起源可以追溯到孔门高足子夏。"孔子弟子，唯子夏于诸经独有书。虽传记杂言未可尽信，然要为与他人不同矣。"③汉代经学的大兴，得力于武帝的支持。"经学"一词的出现，便与他有关。《汉书·兒宽传》记载："（宽）见上，语经学。上从之。"故清人皮锡瑞称"经学至汉武始昌明，而汉武时之经学为最纯正"。④ 汉武帝废秦代所立之其他各家博士，专立儒学五经博士。士子想做官，只有攻经独门路径可走。儒家经学因此弥漫于朝野上下。朝廷诏令及群臣奏议，皆援引经义以为依据。

（二）今古文经学之争

武帝以后，政治、思想、文化领域成为儒家经学的一统天下。但是，一统天下之内并不平静。经学内部，因学术派别不一，爆发出今古文之争，并演衍而成千年不息的笔墨官司。

武帝独尊儒术，但其时历经战乱，先秦儒家典籍的原本多已亡佚，只是在民间通过师徒父子之间口授方式相传。朝廷为了弘扬经学，下令搜集流散民间、口头流传的儒家著作，用当时流行的文字隶书记录整理，写为定本，作为传述的依据。这便是所谓"今文经"。

---

① 刘师培：《刘申叔遗书·经学教科书》，江苏古籍出版社 1997 年版。

② "经"的内容，起初只限于孔子删定的"六经"，即《诗经》、《书经》、《易经》、《礼经》、《乐经》和《春秋经》。到武帝时代，《乐经》失传，所以国家只立五经博士。东汉之时，又增加《孝经》和《论语》，合称"七经"。到唐代，《礼经》一分为三，成《仪礼》、《周礼》、《礼记》，三部解释《春秋经》的"传"——《左传》、《公羊传》、《穀梁传》也升格为"经"，与原有的《诗经》、《书经》、《易经》合称"九经"。宋代以后，"九经"加上《论语》、《孝经》、《孟子》、《尔雅》，合称"十三经"。

③ 洪迈：《容斋随笔·子夏经学》。

④ 皮锡瑞：《经学历史》，商务印书馆 1924 年版。

武帝末年，有人从孔子旧宅的墙壁中发现了先秦时期《尚书》、《周礼》、《论语》等著作的原本，均系古籀文写成。其中的《尚书》与当时流行的“今文”《尚书》比较，不仅文字迥异，而且内容也多出16篇。这便是所谓“古文经”。

今文经与古文经，不仅所据典籍版本的文字不同，更重要的是，研究今文经、古文经的两派学者在学术观点以及学术研究的原则、方法方面，也存在重大分歧。

其一，对孔子和六经的看法不同。今文经学家以孔子为政治家、教育家，尊孔子为“素王”，即不在位之帝王。他们认为，六经的“微言大义”寄托了孔子的政治理想，乃治国之道。古文经学家却以孔子为史学家，尊其为先师。在他们眼里，六经只是孔子记录的历史资料。

其二，因为以上分歧，所以今文经学家以专讲“微言大义”的《春秋公羊传》为学说的核心，而古文经学家则以记载古代礼仪的《周礼》为学说的核心。

其三，在学术源流上，今文经学家讲求“师法”。他们斥责古文家不溯学术之源，古文经传均为刘歆伪造。古文经学家则讲求“家法”，他们批评今文经学家抱守秦火之残缺。

其四，在学风上，今文经学家迎合统治者的好尚，大讲阴阳五行、符瑞灾异，学风易于空疏；古文经学家注重名物训诂，学风较为朴实平易，但往往失于烦琐。

从武帝时代直到西汉末，今文经学占据“官学”地位，对古文经学呈压倒优势。在今文诸经中，《春秋公羊传》尤为重要。这是因为武帝需要利用它来阐发孔子“大一统”之精义，为自己的专制集权政治扫除思想障碍。

图6-4　郑玄像

古文经学的崛起，始于西汉末年。其时，刘歆向哀帝建议，将处于“在野”地位的古文经《左氏春秋》、《毛诗》、《古文尚书》等列于学官，但遭到今文经学博士们的强烈反对。于是，刘歆作著名的《移让太常博士书》，反击今文经学家们“党同妒真”，抱残守缺的做法。到平帝时，立五名古文经学博士，与今文经学分庭抗礼。王莽夺汉而立“新朝”，刘歆以“国师”身份辅政，古文经学一时气焰万丈。可惜好景不长，刘秀光复汉室，建立东汉，今文经学复为官学正宗。古文经学失宠，但势力不倒，大师辈出。贾逵、服虔、马融、许慎、郑玄，尤为其中的佼佼者。郑玄站在古文经学的立场，又吸收今文经学派的某些观点，遍注群经，成为有汉一代隆盛经学的总结式人物（图6-4）。东汉末年，郑学可谓一枝独秀。今文经学大师何休感叹：“康成（郑玄字康成）入我室，操我戈，可乎！”[1]今文经学地位下降。

四、佛教的传入及其中国化

中国文化史上，严格意义上的成熟的宗教，出现于两汉。其表现为佛教的传入与道教的形成。佛教和道教不同于一般的迷信观念、神灵崇拜之处，在于它们都有自圆其说的哲理、系统的神谱、完整的仪式和严密的组织。

（一）佛教的传入

佛教何时传入中华本土，说法不一。比较可靠的时间记载见《魏书·释老志》：“（西汉）哀帝元寿元年（公元前2年——引注），博士弟子秦景宪，受大月氏王使伊存口授浮屠经。”

公元前6世纪至公元前5世纪，北印度迦毗罗卫国（今尼泊尔南部）净饭王之子释迦牟尼创立了佛教。公元前3世纪以后，佛教分两路北传，一路经中亚细亚（即秦汉时代所称“西域”）传入中国内地；一路传入我国西藏地区，形成藏传佛教。此外，佛教还进入斯里兰卡，经过东南亚传入我国西南傣族等少数民族聚居区。

公元前2世纪至公元前1世纪，西域大月氏、安息、康居、龟兹等地，佛教已广为流行。而此时，连接西域与中国内地的著名的“丝绸之路”上，使臣、商旅的驼队，正风尘仆仆，往来不绝。在这种文化背景下，大月氏来华的使臣中有伊存这样的佛学经师，便是很自然的事情。

佛教传入中国，首先表现为西域各国的高僧携来并翻译了大批佛经。民间流传颇富诗情画意的“白马驮经”的传说，并称这便是今天河南洛阳白马寺的由来（图6－5）。东汉桓帝建和二年（148年），安世高从安息来到洛阳，“宣译要经，改梵为汉”[2]，20年间，译出《安般守意经》等佛典95部，115卷。此外，来自大月氏的支娄迦谶、来自天竺的竺佛朔、来自安息的安玄，也各有译经传世。

佛经的传译并不等同于佛教的流行。某人携带并翻译某部宗教经典，可能是出于信仰、爱好等个人原因，但是一种宗教要赢得群众，流行开来，必须有一定的社会条件。

东汉初年，佛经虽已传入，但仅被社会上层少数人视为神仙方术之一加以信奉，影响并不广泛。东汉末年的社会境况，为佛教的初步传播提供了适宜的条件。和帝以后，外戚、宦官交替专权，政治腐败达于极点，加之天灾连绵，瘟疫流行，揭竿

① 《春秋公羊解诂》。
② 释慧皎：《高僧传·安世高传》。

图6-5 洛阳白马寺

而起的黄巾大起义又在豪强地主的血腥镇压下归于失败，于是，痛感人生悲苦、渴求安宁生活成为普遍的社会心理，而佛教教义正是以人生之苦为最基本的命题。“宗教里的苦难既是现实的苦难的表现，又是对这种现实的苦难的抗议。”①生苦、老苦、病苦、死苦、怨憎会苦、爱别离苦、求不得苦、五取蕴苦的“八苦”之说，正对应了社会民众的心境；而“十二因缘说”、“业报轮回说”等宿命理论，又为他们提供了在苦难中挣扎的精神慰藉。于是，佛教便开始由上层社会走向民间，渐次传播开来。

两汉之际，佛教传入中国，但它的大流行，却开始于东晋南北朝。进入隋唐，更趋大盛。

东晋南北朝政权林立，战乱不已，社会各阶层普遍产生“人生若尘露”的“忧生之嗟”，纷纷寻求安身立命的处所。玄学的时兴，为相当一部分士人开辟了逃避忧患的玄妙之境；道教的发展，使社会民众在对“神仙乐园”的向往中得到心灵的慰藉；而东来的佛教，又为人们另辟了一番精神解脱的新天地。

首先，佛教树立起观世音、弥勒佛、阿弥陀佛等大慈大悲、法力无边的“救世主”形象，宣扬“若有无量百千万亿众生诸苦恼，闻是观世音菩萨，一心称名，观世音菩萨即时观其音声，皆得解脱”。② 这对于苦难民众不啻黑暗中的光明。

其次，佛教的“轮回”说为人们提供了解除生命忧患的希望通道。“轮回”说以为，人虽必死，但其神魂不灭：“身譬如五谷之根叶，魂神如五谷之种实。根叶生必

① 马克思：《<黑格尔法哲学批判>导言》，《马克思恩格斯选集》第1卷，人民出版社1972年版，第2页。

② 《法华经·观世音菩萨普门品》。

当死，种实岂有终亡。”①人死以后，灵魂将在天、人、畜生、饿鬼、地狱中轮回，“随复受形”，转脱来生。来生的命运则受“善恶报应”原则支配，“此生行善，来生受报”，“此生作恶，来生必受殃”。与玄学、道教相比，“轮回”说更具理论吸引力。玄学讲究精神超越世俗的牵累，但并没有切实回答生命存在的实际问题。道教对人们最大的诱惑是长生不死，得道成仙，可这又绝无可能。“轮回”说却不同，它承认人的肉体必灭，但“散之必聚”，轮回之后，又将复生，这便使得人们对现世的死亡不再极度恐惧。“善恶报应”理论，则驱使人们一方面对今生的苦痛采取“认命”的消极态度，另一方面又积极地为来世的好运做“积善”的努力，从而使骚动情绪大为缓解。

南北朝时期，佛教大行。“王公大人，观生死报应之际，莫不矍然自失”②，纷纷“竭财以趣僧，破产以趋佛”。北魏帝王多信佛，都城洛阳佛寺多达1 300余座。南朝梁武帝原信道教，即位后舍道归佛，将佛教抬到国教的地位，几次舍身入寺，由群臣花巨金奉赎回宫。由于统治阶层的尊奉，佛经的传译以更大规模展开，众多佛教教派如涅槃、成实、毗昙、楞伽等先后确立，佛教艺术也跟随佛法弘扬之旅，在甘肃敦煌、山西云冈、河南龙门等处觅得立足之地，形成辉煌的石窟雕塑艺术。

当然，作为一种源于异邦文化背景的意识形态系统，佛教在流传过程中也受到中国本土文化的顽强排拒。随着佛教势力的壮大，双方矛盾日益激烈，甚至以血腥暴力形式出现。

佛教与中国本土文化的冲突，集中在伦理纲常这一焦点问题上。

强调“君为臣纲”、“父为子纲”的伦理纲常，是以儒学为主流的中国文化的精神内核。然而，佛教教义却“无君无父”，与儒家忠孝观根本背离。在儒家看来，“百善孝为先”，“孝者，德之本也”③，孝的根本原则是“善事父母”，因此，子女必须珍惜自己的发肤，“身体发肤受之父母，不敢毁伤，孝之始也”④。为了继承香火，子女必须婚育，“不孝有三，无后为大”。⑤ 但是，佛教徒出家首先就要剃除须发，又受“不邪淫”之戒，不得婚配。如此教规，当然为儒家文化所难容。在儒学观念中，“忠”与“孝”不可分离，“以孝事君则忠”⑥。但是，佛教却有“不敬王者”的传统。东晋僧人慧远著《沙门不敬王者论》，论证出家者既为“方外之宾”，当然不受世俗

---

① 牟融：《理惑论》。
② 袁宏：《后汉纪》卷十。
③ 《孝经》。
④ 《孝经》。
⑤ 《孟子·离娄上》。
⑥ 《孝经》。

礼法约束，理应置身王法之外。这更激起中国专制君主的强烈敌视。北周武帝灭佛，明确宣称："帝王即是如来，宜停丈六；王公即是菩萨，省事文殊"①，根本否定了佛教的"不敬王者"论。

在中国本土文化与佛教的冲突中，儒学当仁不让地担负起捍卫传统的主力军角色，而道教则给予儒学以强有力的支持。道教拒佛，除了因文化根基不同而产生的不相容性外，更有在宗教领域里排斥对方、争取信徒的强烈动因。道教编造老子西游化胡成佛的故事，称佛祖为道教弟子。佛教徒以牙还牙，也伪造经典，称佛遣三弟子震旦化教，儒童菩萨为孔丘，净光菩萨为颜回，摩诃迦叶为老子，将儒、道宗师一起贬为佛门之后。双方针锋相对，甚至演成流血冲突。北魏太武帝拓跋焘杀戮沙门，扬道灭佛；北周武帝宇文邕下令僧人还俗，毁灭佛教；唐武宗李炎没收寺院土地，拆毁寺庙 4 600 所，给佛教以沉重打击。"三武灭佛"当然有其复杂、深刻的社会政治、经济动机，但从文化根本上检讨原因，无不与儒、道、佛之间的势力相互消长直接相关。

(二)佛教的中国化

在中国本土文化的强力排拒面前，佛教体现出灵活的调适性，改变自身面貌，以适应新的文化生态环境。

佛教的自我调适从传入中国之初便已开始。两汉之际，来华的西域僧人对中国内地盛行的神仙方术多有钻研。魏晋玄学兴起，佛学译经家遂以佛理附会"三玄"，甚至在生活上也模仿名士风度，一改"乞胡"习性，"神风清潇"。在传教形式上，也注意依从中国民间习俗。六朝经师倡导佛经时，针对听众的不同身份，采用不同形式："若为出家五众，则须切语而常，若陈忏悔；若为君王长者，则须兼引俗典，绮综成辞；若为悠悠凡俗，则须指事造形，直谈闻见；若为山民野处，则须近局言辞，陈斥罪目。"②

更重要的调适，体现在修订经义的内容上。为了与中国本土根深蒂固的孝亲意识相接近，佛学家们改造出许多与"孝"有关的经典，如《佛说父母恩重难报经》、《佛说孝子经》等，其中不少内容便直接取材于中国古代典籍。

经过四五个世纪的调整、适应，进入隋唐，佛教呈兴盛发达局面。这不仅体现为信徒人数的增加、寺院规模扩大，更体现在中国化的佛教宗派纷纷创立，其代表是天台宗、华严宗和禅宗。

---

① 释道宣：《广弘明集》卷七。
② 释慧皎：《高僧传·唱导编》。

天台宗形成于隋代。因其创始人智颛居天台山（今浙江天台）而得名；又因此宗教教义以《法华经》为依据，亦称法华宗。天台宗认为，一切事相都是法性真如的体现，一切佛经都是方便圆通以利众生成佛的手段。它以方便法门为辞，融通印度佛教与中国儒道思想，将神仙迷信，道教的丹田、炼气说等纳入自己的学说之中，甚至将佛教止观法门与儒家穷理尽性的理论与实践调和起来。其经典主要有《摩诃止观》、《法华玄义》和《法华文句》，统称“天台三大部”。

华严宗建立于唐武则天时期，创始人为法藏，以《华严经》为宗经而得名；又因宣传“法界缘起”，亦称“法界宗”。华严宗区分世界各现象为“理”、“事”二“法界”，理为体，事为用。华严宗重视发挥中国佛学家的独到思想，理体事用之说便是竺道生“理不可分”命题的展开。至于李通玄以《周易》解释《华严》，宗密以《周易》的元、亨、利、贞“四德”配佛身的常、乐、我、净，以“五常”配不杀生、不偷盗、不邪淫、不妄语、不饮酒的“五戒”，更是华严宗融会儒家思想的极好表征。

与天台宗、华严宗相比，禅宗的中国化特色更为鲜明。禅宗由南朝宋末菩提达摩由天竺来华传授禅法而立，经过慧可、僧璨、道信，至第五世弘忍而分为北宗神秀、南宗慧能两支，时称“南能北秀”。北宗教传后即衰微，南宗遂成禅宗正统。禅宗公开向所有印度佛教经典权威挑战，自奉慧能的说法语录为《六祖坛经》，认为心性本净，佛性本有，觉悟不假外求。在领悟佛理的致思路径上，禅宗排斥甚至否定语言文字的作用，一秉中国传统注意直觉、顿悟的思维定式，主张直指人心，见性成佛，自称“顿门”，即顿悟法门。由于禅宗推行“一悟即至佛地”①的简易修持方法，因而逐渐取代了其他佛教宗派的烦琐义学，成为中国化佛教的主流。禅宗否定偶像崇拜，追寻个人清净本心的内在理性，沉思冥想、活参妙解的思维方式以及幽深清远、适意淡泊的审美情趣，深刻影响了唐代以后千余年间中国文化的发展，特别是给士大夫阶层的心理性格、价值观念、行为方式，打上了难以销蚀的烙印。

五、道教的创立

除佛教以外，中国还流行过伊斯兰教、基督教、袄教等多种宗教，但它们都是从异邦移植的意识形态之花。真正土生土长的中国本土宗教，唯有道教。

东汉末年，外戚、宦官争权，“贪淫放纵，僭凌横恣”，经济崩溃，“农桑失所”，“贫穷转死于沟壑”②。在精神和道德方面，儒学日益脱离人生日用，其末流谶纬神学更将“天人感应论”对统治集团的劝惩功用抛弃殆尽，成为赤裸裸的为黑暗政治

① 释慧能：《六祖坛经·般若品》。
② 仲长统：《昌言》。

服务的工具。当社会无法忍受政治、经济的全面动乱，同时又苦于找不到现成的精神避难所的时候，道教的产生，便成为社会成员、尤其是社会下层民众的急需。正如马克思所言，“宗教是被压迫生灵的叹息”，原始道教的第一批信徒主要来自社会最下层的受苦受难而又富于反抗精神的人们。黄巾军便是聚集在原始道教之一派——太平道的杏黄旗下，高呼“苍天已死，黄天当立，岁在甲子，天下大吉”，把东汉王朝送进了坟墓。

道教的思想渊源，杂而多端。其一，是远古以来流行于民间的巫术。迷信盛行的古代社会，巫作为人与神的中介，发挥着降神、释梦、预言、祈天、医病等多种职能。先民以为疾病是鬼魂附体，自然灾害是上天震怒，这些都要靠巫术来祛除祸灾。道教的道术和医术，便起源于原始巫术。其二，是神仙传说和成仙方术。先秦时代，燕、齐等地多有鼓吹长生之术的方士。齐威、燕昭、秦皇、汉武等帝王汲汲觅求成仙不死之药，极大地助长了仙术的泛滥。这些神仙信仰，都为道教所承袭，方士也成为道士的前身。其三，是阴阳五行的谶纬之学。道教的“天地人三合一致太平”的思想，明显地吸收了阴阳五行宇宙论图式的因子。《太平经》大讲特讲阴阳灾异，道教效法谶纬之学神化孔子的办法，神化老子，将其奉为教主。其四，先秦道家及其后衍黄老之学。道教以老子的《道德经》为主要经典，规定教徒必须习诵。东汉以后，“无为自化，清净自正”的黄老之学转向祀祠求神，与神仙家结合。道家的“清静无为”与神仙家的“肉体成仙”互为补充，更令艰难时世中人心向往之。在黄老学说中并尊的黄帝、老子，地位也发生微妙变化，黄帝地位下降，老子被独奉为神明，成为道教的始祖——“太上老君”。

道教信奉多神崇拜，认为宇宙万事万物乃至人的各种器官，均有神灵。上居天穹的有大明、夜明之神，五星五行之神，下居地面的有五岳四海之神，管日用的有土地神、灶君、门神、财神。就连人体各器官，也各有神灵镇守：脑神精根、眼神明上、鼻神玉垄、耳神空闲。众神之上，最高神有三，即居于玉清境清微天的元始天尊（天宝君），居于上清境禹余天的灵宝天尊（太上道君），居于太清境大赤天的道德天尊（太上老君）。

道教追求双重的理想境界：其一，在现实世界上建立没有灾荒、没有战争、没有疾病，“高者抑之，下者举之，有余者损之，不足者补之”①的平等社会。这种理想表达了社会下层民众对黑暗现实的否定和对安居乐业、宁静生活的向往。其二，追求超凡脱俗、不为物累的“仙境”世界。道教津津乐道的三十六洞天、七十二福地，并非存在于冥冥上天，而就在自然界的美妙山水之间。人们经过修炼，便能长生不

① 《道德经·七十七章》。

死，既可与凡夫俗子为伍，也可逍遥于仙山琼阁。在道教的发展进程中，前一种理想曾经鼓舞被压迫民众一次次高举义旗，向统治者讨还生存的基本权利，而后一种理想则推动人们为争取延年益寿而孜孜不倦地探求生命的奥秘。

道教乐生、重生、贵术。世界上形形色色的宗教几乎全都关心“人死之后如何”的问题，而道教却独树一帜，热衷于“人如何不死”的问题。许多宗教都认为人生充满罪恶与痛苦，而将希望寄托于天国，幻想死后灵魂得到安宁。道教却认为，生活是乐事，死亡最痛苦。道教秘典《老子想尔注》改《老子五千文》中的“天大、地大、王亦大”为“天大、地大、生大”。《道藏》首经的《元始无量度人经》，也鼓吹“仙道贵生”。以乐生、重生为宗旨，当然就重视研究长生的方法，这就是“贵术”。人欲长生不死，必须安神固形，性命双修，既追求精神的超越，又讲究肉体的健康。为此，需修炼诸种养生之功，如外丹、内丹、服气、胎息、吐纳、服饵等等。社会上流行的种种养生之术，科学的、迷信的，甚至有害无益的，统统被道教加以吸收和发挥。

作为华夏之地土生土长的本土宗教，道教以其鲜明的“中国特色”，长久作用于民族文化心理、风俗习惯、科学技术以及社会政治、经济生活的方方面面。正因为如此，鲁迅才说：“中国根抵全在道教”，“以此读史，有多种问题可迎刃而解”。[①]

六、援老入儒而趋于佛的魏晋玄学

魏晋南北朝时期，社会动荡，政权分裂，兵燹连绵达 4 个世纪。动乱时世带来经济的衰败和民众的苦痛，但在中国文化史上，它“却是精神上极自由、极解放，最富于智慧、最浓于热情的一个时代”[②]。其首要标志，便是援引道家思想解释儒家经籍，并逐渐与佛学趋于合流的玄学独领风骚。

“玄”，出自《老子》的“玄之又玄，众妙之门”。魏晋时人奉《周易》、《老子》、《庄子》为“三玄”，故有“玄学”之称。魏晋时玄学又称“玄远”之学。其要义在超越世俗名教和具体事物之上，专注于“本末有无”等形而上学的本体论问题。为什么在社会动乱，急需大治的时代条件下，这种以虚无玄妙相标榜的“清谈”之学却能蔚然成风？这需从社会文化的大环境，尤其是学术发展本身的规律中去寻求原因。

汉武帝、董仲舒之时，儒学独尊，但是其内部已潜伏着危机因子。董仲舒的“天人感应”宇宙论，从理论上论证了大一统帝国统治秩序的神圣不可动摇。但是，这一理论体系中的阴阳五行、“天人感应”等观念却在今文经学家手中被推衍为谶纬

① 《鲁迅全集》，第 9 卷，人民文学出版社 1958 年版，第 285 页。

② 宗白华：《美学散步》，上海人民出版社 1981 年版，第 177 页。

神学,并由此导致西汉末年以后神秘主义大流行。从经学内部崛起的古文经学派,一反今文经学着意阐扬“微言大义”的学风,专注于名物训诂的缜密考证,但又在相当程度上陷于烦琐、支离。这些日趋严重的弊端,使得一度光辉夺目的汉代儒学到东汉末年已颇为黯淡。接踵而起的社会大动乱,更明确宣告等级名分之类的儒家说教“不周世用”①。在世人的心目中,儒学的“独尊”地位受到严重的质疑。

儒学危机的深化,社会苦难之中芸芸众生对人生意义的思索,把魏晋思想引向玄学。这一时期大规模发展起来的门阀世族庄园经济,也为这一文化动向提供了物质根基。庄园经济具有分散的、自成一统的特性,因此,世家大族所关注的不是社会、国家的总体利益,而是独立个体的生存与发展。这更推动了魏晋士人热衷用注重个体价值与精神自由的老庄学说来改造儒家思想。

玄学思潮经历了渐进发展的过程。魏正始年间,何晏、王弼祖述老、庄,创“贵无”论,认为“天地万物皆以无为本”。② 与此同时,阮籍、嵇康等主张“法自然而为化”③,“越名教而任自然”④。西晋元康年间,裴頠反对“以无为本”,提出“始生者,自生也”,“济有者皆有”的“崇有”论。郭象又“述而广之”,认为无不能生有,万物乃“块然而自生”,提出兼容“贵无”与“崇有”的“独化”说。降及东晋,张湛一方面继承王弼的“以无为本”,另一方面又吸收裴頠的“崇有”论,认为“群有以至虚为宗,万品以终灭为验”⑤,论证“万有”以“无”为本。这一思想与魏晋时期流行的佛教般若学十分接近。般若学分宇宙为色(物质)与心(精神)两部分,认为两者皆空。至此,玄学与佛学趋于合流,名士与名僧心心相印,名士以“三玄”来阐扬玄学,名僧也以“三玄”来解释佛理。

魏晋玄学是动乱时世的产物。天下大乱,使既成认识的矛盾性与相对性暴露无遗。“名则有所分,形则有所止”⑥,于是,意在以不变应万变,超越变动不居的现实事物而直接诉诸本体,追求无限的“玄远”之学应运而生。这种“玄远”之学,显然不能依靠纯经验的观察,更无法仰赖烦琐的考证,而必须运用抽象的哲理思辨。因此,玄学自诞生之日起,便具有浓烈的“纯”哲学意味。玄学家们大不同于喜好连事比类的两汉儒者,他们专注于辨析名理,以清新俊逸的论证来反对沉滞烦琐的注疏,以天马行空般的抽象思辨来取代支离破碎的章句之学。名士们超然物外,口

① 《魏书·杜恕传》。
② 《魏书·杜恕传》。
③ 阮籍:《通老论》。
④ 嵇康:《释私论》。
⑤ 《列子注·序》。
⑥ 王弼:《老子道德经注》。

若悬河，剖玄析微，“注而不竭”。他们相互之间的论辩不仅义理深邃奥衍，而且“辞采丰蔚，甚足以动心骇听”[1]，充分显示出思维活动的理性美与智慧美。

玄学思辨深刻影响了魏晋时期的学人。文学批评家刘勰的《文心雕龙》、钟嵘的《诗品》，都具有前代少见的理论系统建构和深刻的美学内涵。数学家刘徽在《九章算术注》中以“析理”的自觉去“总算术之根源”，提出“情推”、“贵约”等数学研究原则，也是极富思辨色彩的创造。

七、“三教归一”的宋明理学

进入宋、元、明时代，理学渐居学坛主流地位。理学亦称“道学”或“新儒学”。所以称为理学，是因为宋代学人所创建的这一思想体系以“理”为宇宙最高本体和哲学思辨的最高范畴；所以称为道学，是因为理学家们自诩承继尧、舜、禹、汤、文、武、周公、孔子的道统，以“明道”为学问的终极目标；所以称为新儒学，是因为理学虽以儒家礼法、伦理思想为核心，但其张扬的孔、孟之学已在融合佛、道思想精粹中被加以改造，具有大不同于先秦原始儒学的新面貌。

从学术流变的脉络方面辨析，宋明理学的最大特点是儒、佛、道“三教归一”，其实质是一种以儒学为主体，吸收、改造释、道哲学而形成的精致的伦理本体论。它是儒、释、道三家思想在几个世纪中互难互补、融会贯通的结晶。

东汉以后，佛教传入，道教建立，在意识形态领域内渐次扩大影响。虽然在整体实力上，二者尚不足以与传统儒学分庭抗礼，但其不少思想因子亦被儒学所吸纳。儒、佛、道三家互摄共进，谁也吃不掉谁。早在东汉末年，牟子便“锐志于佛道，并研《老子》五千文，玩《五经》为琴簧”[2]，开创了儒、佛、道三教调和的先声。南朝宋人宗炳称：“孔、老、如来虽三训殊路，而习善共辙。”[3]梁武帝萧衍“少时学周礼”，“中复观道书”，“晚年开释卷”，得出的结论是“穷源无二圣，测善非三英”[4]。道士张融临死时，遗命入殓“左手执《孝经》、《老子》，右手执《小品》、《法华经》”[5]，更是南北朝时期“三教调和”思潮的典型征象。唐武则天时编《三教珠英》，集儒、释、道经典于一册。唐、五代时完成的四川大足石刻造像中，将三教造像同处一龛窟之中，可见在当时世人心目中，三家地位并无轩轾之分。降及两宋，一代鸿儒周敦颐、朱熹等人承继前贤，从学理上兼综儒、佛、道三家精华，建构起“为天地立心，为生民

---

① 刘义庆：《世说新语·文学》。
② 《弁子理惑》。
③ 释僧祐：《弘明集》卷二。
④ 《述三教诗》。
⑤ 《南齐书·张融传》。

立命，为往圣继绝学，为万世开太平”的博大理学体系，使之成为中国古代社会后期的文化主流与社会统治思想。

宋明理学的发展可分为宋元、明及清初两大阶段。

（一）宋元时期理学的发展

北宋周敦颐、邵雍是理学的开端人物。周敦颐常居道州营道（今湖南道县）濂溪，人称濂溪先生，其学亦称“濂学”。周敦颐沿“出入于释老”而“反求诸六经”的治学路径，构制《太极图说》，建立起“无极”—“太极”—“阴阳”—“五行”—“男女”—“万物”的宇宙生成图式，从中推导出“圣人定之以中正仁义而主静”的结论，为理学的发展奠定了基础，规划了方向。他在《易通》中，依据《周易》与《中庸》，论证“诚”为最高道德伦理境界，进一步将《太极图说》中的宇宙图式与“诚”—“践”—“德”的伦理范畴沟通起来，显示了理学援引释、道两家的宇宙论、认识论成果以构造伦理哲学的基本趋向。

邵雍长于象数学，后世亦有人将他视为占卜宗师。邵雍提出“以物观物，性也；以我观物，情也。性公而明，情偏而暗”①。此说开启了日后理学的“天理”、“人欲”对立论。

周、邵以后，张载与程颢、程颐兄弟为理学奠定了根基。张载祖籍陕西关中郿县横渠镇，世称横渠先生，其学又称“关学”。张载以“气”为本体，解说宇宙万物的形成变化、动静聚散，进而探讨“天”（宇宙）与“人”（伦理）的合一关系。他论证“诚”是“大性”的本质，而且“天人异用，不足以言诚”②，从而通过天、地、人三位一体的结构，将本体论与道德论、认识论浑通为一。

二程兄弟是周敦颐的学生，祖籍河南洛阳，其学又称“洛学”。他们最重要的理论贡献，是阐发“天理”的伦理本体性质与至高无上地位。二程认为，“万物皆只是一个天理”，“在天为命，在义为理，在人为性，主于身与心，其实一也”③。天理不仅是天下之至理，而且是社会等级秩序与道德规范的总称，“穷理、尽性、至命，只是一事”④。从学理渊源上看，二程的“天理”说明显然取鉴于佛教禅宗的真如佛性和华严宗的“理事”说，其人性论的“才禀于气，气有清浊”，亦与唐末道士杜光庭鼓吹的“得清明冲朗之气，为圣为贤；得浊滞烦昧之气，为愚为贱”⑤之论，如出一辙。

---

① 《观物外篇》。
② 《正蒙·诚明篇》。
③ 《河南程氏遗书》卷六，卷十八。
④ 《河南程氏遗书》卷六，卷十八。
⑤ 《墉成集仙录》。

图 6－6　朱熹像

南宋朱熹（图 6－6）是理学的集大成者。朱熹长期寓居并讲学于福建建阳，其学又称“闽学”。朱熹自述：“某年十五六时，亦尝留心于禅”①，“熹于释氏之说，盖尝师其人，尊其道，求之亦切至矣”。② 对于道教，他也下过一番研读工夫，曾托名“空同道士邹䜣”为《参同契》作注，自谓“清夜眠斋宇，终朝读道书”。正是在“集诸儒之大成”并充分吸取释、道哲理的基础上，朱熹对理学进行了系统的、创造性的总结。

朱熹建构起以“理”（太极）为最高范畴的哲理思辨体系。“理”借“气”而存在，“气”派生万物，“理”即随气进入“物”中。“物”中之“理”经过“格物穷理”的环节，破除“物”与“理”的障碍，向自身复归，从而最终形成“理—气—物—理”的逻辑行程。“理”是宇宙万事万物的本体存在，“宇宙之间，一理而已，天得之而为天，地得之而为地，而凡生于天地之间者，又各得之以为性”。③ “理”并非玄妙莫测，它具象化为人世间的伦理纲常：“天理流行，触处皆是：暑往寒来，川流山峙，父子有亲，君臣有义之类，无非这理。”“天理，只是仁义礼智之总名，仁义礼智便是天理之件数。”④宇宙论与伦理学的贯通，使得纲常道德成为一种理性本体，主宰社会的每一个成员。

朱熹还高度强调人对“天理”的自觉意识：“若讲得道理明时，自是事亲不得不孝，事兄不得不悌，交友不得不信。”⑤为指明自觉领悟天理的途径，朱熹改造儒学经典《大学》，突出“正心”、“诚意”的“修身”功夫，“自天子以至于庶人，一是皆以修身为本”，修身必先正心，正心必先诚意，诚意必先致知，致知在格物。“格物是物物上穷其至理，致知是吾心无所不知”⑥，从“格物”到“致知”，实质上是体验外在的规范“天理”并转化为内在的主动欲求，亦即伦理学上的“自律”。只有基于这种“自律”，方可正心、诚意、修身、齐家，成就治国、平天下的伟业。

元代统一南北，偏于东南一隅的朱熹之学经赵复、刘因、许衡等人的著述，传入北方。从仁宗延祐年间开始，朱熹所撰《四书集注》成为科举圭臬，理学地位愈益

---

① 《朱子语类》卷一〇四。
② 《朱子文集》卷三十。
③ 《朱子文集》卷七十。
④ 《朱子语类》卷四十。
⑤ 《朱子语类》卷九。
⑥ 《朱子语类》卷十五。

不可动摇。

进入明代，王阳明“心学”的崛起，朱熹之学退居次要，理学也由此开始渐入衰境。

（二）王阳明的“心学”

王阳明是朱熹以后宋明理学史上的界碑式人物。朱熹集理学大成，王阳明则造成理学的瓦解，其武器便是他承接南宋陆九渊而发展起来的“心学”。陆九渊，自号象山居士，是与朱熹同时代的又一位理学大师。其学主“心即理”说，以“心”为宇宙本体，曾与以“理”为宇宙本体的朱熹之学相互驳难，为理学的分裂潜伏下种子。王阳明上承陆九渊，高扬“心学”旗帜，与朱熹“理学”相对抗。

王阳明“心学”的枢纽有三：一曰“心即理”、“心外无理”。他认为，“人者，天地万物之心也；心者，天地万物之主也。心即天，言心则天地万物皆举之矣”。[①] “吾心”不仅化生天地万物、纲常伦理，而且六经学术，亦在“吾心”之中。二曰“知行合一”，“知行原是两个字说一个工夫”[②]，“知是行之始，行是知之成”[③]，知与行合一并进。三曰“致良知”，“致”有推极、恢复之意，“良知” 即天理。“致吾心良知之天理于事事物物，则事事物物皆得其理矣”[④]。

王阳明心学从人的主体地位及主观能动性基点上立论，否定以外在之“理”来禁“心”锢“欲”，形成对于僵化滞锢的朱熹之学的反动，有其促动思想界“震霆启寐，烈耀破迷”[⑤]的积极一面，但它片面强调“心”的绝对意志，又有严重的认识缺陷。

王阳明以后，其弟子王艮创泰州学派，发挥“心学”中“非名教之所能羁络”[⑥]的异端因子，赋予“心”以自然本质，对抗仁义道德的“天理”决定论，因此屡遭朝廷禁毁，“心学”一蹶不振。明末清初，出现《圣学宗传》、《宋元学案》、《明儒学案》等批判总结理学之作，而这一时期早期启蒙思想的出现，更昭示着理学的颓势已不可挽回。

宋明理学给予古代社会后期的中国文化以多方面的深刻影响。

理学在新的哲学基础上重建传统礼治秩序。理学家们将“礼”诠释为“理”的

① 《阳明全书》卷六，《答季明德》。
② 《阳明全书》卷六，《答友人问》。
③ 《阳明全书》卷一，《传习录》。
④ 《阳明全书》卷二二，《答顾东桥书》。
⑤ 黄宗羲：《明儒学案·师说》。
⑥ 黄宗羲：《明儒学案·泰州学派》。

外在程序，“礼者，天理之节文，人事之仪则也”①，使“礼”的权威性在“理”的最高本体性层次上得到确认，从而使汉魏六朝以后因社会动乱而产生的礼法观念薄弱状态为之一变。理学家们以“天理”为依据，强制性地规定人伦关系的尊卑名分，“父子君臣，天下之定理，无所逃乎天地之间”②，彻底泯灭正当“人欲”，从而给中华民族尤其是广大妇女，套上了沉重的精神枷锁。

理学将传统儒学的“经世”路线由“外王”扭向“内圣”的方向。经世，即治世，是儒学的基本理论方向。在先秦原始孔儒之学中，它既包括追求客观功业的“外王”之学，又包括讲究主观修养的“内圣”之学。孔子以后，“内圣”、“外王”之学发生歧异。荀子强调“外王”，追求“天下宾服”的事功之业；孟子则强调“内圣”，知礼识仁，先修其身，然后才是治国平天下。自两汉至宋初，“外王”经世路线得到充分实践，并获得巨大成功。宋代理学家们意识到，单讲“外王”，尚不足以服天下人心，并不利于专制政治的长治久安，唯有重视“内圣”之学，来教化黎民百姓乃至王公君主，实现全社会意义上的“正其心养其性”，方可从根本上“破心中贼”，保证“外王”之业的千秋永固。宋明理学将“正心诚意修身齐家”提到空前的本体论高度，以“内圣”控驭“外王”，从而造就出一个政治全然从属于道德的中国式政教合一的统治系统。

八、研讨科学、关注民生的清代实学

清代实学是对宋明理学末流的反拨。它摒弃理学末流空谈心性、不究实务的弊端，主张学问以经世济民为宗旨，极力讲求“实行”、“实功”、“实政”、“实事”。实学家们批评弊政，研讨科学，关注民生，开辟出中国学术史、思想史上的一番新局面。

1644 年，曾经煊赫的明帝国一朝覆亡。知识界探讨明亡的深层原因，认为空谈心性，不究实务的理学末流特别是心学末流，难辞其咎。李塨尖锐指责“虚文”：“宋明虚文日多，实学日衰，以诵读为高级，以政事为粗豪。……至于明末，万卷经史，满腹文词，不能发一策，弯一弓，甘心败北，肝脑涂地，而宗社墟、生民燔矣，祸尚忍言哉！”③顾炎武则严厉批评“清谈”：“昔之清谈谈老、庄，今之清谈谈孔、孟。未得其精而已遗其粗，未究其本而先辞其末，不习六艺之文，不考百王之典，不综当代之务，举夫子论学论政之大端一切不问，而曰一贯，曰无言，以明心见性之空言代修

① 朱熹：《论语集注》卷一。
② 《二程遗书》卷五。
③ 李塨：《平书订》卷二。

己治人之实学。股肱惰而万事荒，爪牙亡而四国乱，神州荡覆，宗社丘墟。”①

（一）傅山与清初实学

傅山，字青主，是明末清初实学的先导性人物。他经历了故国覆亡的苦痛，积极投身于反清斗争。傅山认为，“文章为实用，世界忌名高”②，不切实际的学问，只是糟粕，算不上“聪明知识”。傅山学识渊博，多才多艺。他不仅博通文史，精究佛道，长于考据训诂，工于书法篆刻，而且医术高明。作为医学家的傅山，更以“不发空言，见诸实效”为济世救民的宗旨。他推进了道家的养生说，强调“身是命之所依”，主张健身养精为主，药物治疗为辅，“精气原是最胜大药”。傅山擅长妇科，他以为“妇科一门，最属难治。不难于用方，难于辨证也。”③平衡阴阳是维系生命的枢密所在，“阴盛则引阳，阳盛则引阴。阴阳相引为欠，故人将死则欠也”。④

（二）明末清初的三大启蒙思想家

黄宗羲、顾炎武、王夫之并称明末清初三大启蒙思想家。而实学主张，正是启蒙思想的重要组成部分。黄宗羲指出，学问应关心国计民生，传统经学的实际价值在于“经世”。他认为，性命之学不是不可以谈，而是要立足于人们社会实践的考量，以历史的经验作为依据，这就是章学诚在《文史通义·浙东学术》中肯定的“言性命者必究于史”。黄宗羲一生治学博通，但成就最大者当在史学。他的《明儒学案》开创了学术史研究的全新体裁，后人赞曰“言行并载，支派各分，摘精语详，钩玄提要，一代学术源流，瞭如指掌”。⑤ 梁启超推尊黄宗羲为清代“史学之祖”，绝非过誉之辞。

顾炎武幼承庭训，“士当求实学，凡天文、地理、兵农、水火及一代典章之故，不可不熟究”。⑥ 他识见渊博，在经、史、地理方志、金石考古、音韵训诂等领域均卓有建树，著作数十种。代表作《日知录》虽为短制编成，但荟萃了其毕生治学精华，“平生之志与业皆在其中”⑦，学术价值极高。顾炎武一生亟亟于“国家治乱之源，

① 顾炎武：《日知录》卷七。
② 傅山：《霜红龛集》卷九。
③ 傅山：《傅青主女科》上卷。
④ 傅山：《霜红龛集》卷三七。
⑤ 莫晋：《重刻明儒学案序》。
⑥ 《亭林余集·三朝纪事阙文序》。
⑦ 《亭林文集》卷三，《与友人论门人书》。

生民根本之计”①。明亡之后，他极力图谋匡复，“今日者，拯斯人于涂炭，为万世开太平，此吾辈之任也”。顾炎武明确区别“亡国”与“亡天下”：“易姓改号谓之亡国；仁义而至于率兽食人，人将相食，谓之亡天下。……是故知保天下，然后知保其国。保国者，其君其臣肉食者谋之；保天下者，匹夫之贱与有责焉耳矣。”②这种“天下兴亡，匹夫有责”的政治担当意识，无疑是民族精神的珍贵遗产。顾炎武力推崇实致用的学风，摒弃“明心见性之空言”，而讲求“修己治人之实学”③。他提倡在切磋问难中学习，在社会实践中学习，“人之为学，不日进则日退。独学无友，则孤陋而难成；久处一方，则习染而不自觉。不幸而在穷僻之域，无车马之资，犹当博学审问，古人与稽，以求是非之所在，庶几可得十之五六。若既不出户，又不读书，则是面墙之士，虽子羔、原宪之贤，终无济于天下”。④ 顾炎武强调，“文须有益于天下”；“君子之为学，以明道也，以救世也。徒以诗文而已，所谓‘雕虫篆刻’，亦何益哉”。⑤

王夫之起兵抗清，失败后辗转流离，晚年隐居于衡阳石船山下，人称船山先生。他不仅指责阳明之学“废实学，崇空疏，蔑规模，恣狂荡，以无善无恶尽心意知之用，而趋入于无忌惮之域”⑥，而且系统批判了中国思想史上诸种言“空”言“无”的哲学派别，建立起以“太虚一实”为基础的哲学思想体系⑦。王夫之认为，任何理论都应当有所依据，都必须建立在客观事实的基础之上，“言天者征于人，言心者征于事，言古者征于今”⑧。察古是为了知今，求知的根本目的是为了践行。知与行的关系是“并进而有功”：“盖云知行者，致知、力行之谓也。唯其为致知、力行，故功可得而分。功可得而分，则可立先后之序。可立先后之序，而先后又互相为成，则由知而知所行，由行而行则知之，亦可云并进而有功。”⑨

（三）复兴汉学的乾嘉学派

论及清代实学，乾嘉学派乃巍然重镇。经史考证，其向为宋儒所鄙薄，而乾嘉学人反其道而行之，复兴汉学，以实事求是的精神整理古代典籍遗产，无微不至，精

---

① 《亭林佚文辑补》，《与黄太冲书》。
② 顾炎武：《日知录》卷一三，《正始》。
③ 顾炎武：《日知录》卷七，《夫子之言性与天道》。
④ 《亭林文集》卷四，《与人书一》。
⑤ 《亭林文集》卷四，《与人书二十五》。
⑥ 王夫之：《礼记章句》卷四二。
⑦ 陈鼓应等：《明清实学思潮史》中卷，齐鲁书社 1989 年版，第 1172 页。
⑧ 《张子正蒙注·有德篇》。
⑨ 王夫之：《读四书大全说·论语·为政》。

详缜密，定千年积案，开一代学风。1745 年（乾隆九年），惠栋的《易汉学》完成，这是乾嘉学派登上历史舞台的标志。“惠栋故世，戴震崛起，以乾隆三十八年戴震奉召入京预修《四库全书》为一新起点，汉学得清廷优容，大张其军，如日中天。……朝野官绅，‘竞尊汉儒之学，排击宋儒，几乎南北皆是矣’。至此，经史考证之学确立主盟地位，乾嘉学派遂臻于鼎盛。”①戴震治经的思路是：“经之至者道也，所以明道者其词也，所以成词者字也。由字以通其词，由词以通其道，必有渐。”②他的《孟子字义疏证》辨析理气、理事、理欲关系，谴责程朱理学“害于道”、“害于政”、“害于事”、“祸斯民”，提出“气在理先”、“理存乎欲”、“理在事中”、“就事求理”、“履而后知”的基本观点。章学诚以 30 年劳作，完成《文史通义》一书。他自述心志：“读书著文，耻为无实空言，所述《通义》，虽以文史标题，而于世教民彝，人心风俗，未尝不三致意焉。”③作为浙东史学派的总结式人物，章学诚有自觉而明确的学术宗旨。在《浙东学术》一文中，他申明：“天人性命之学，不可以空言讲也。故司马迁本董氏天人性命之说，而为经世之书。儒者欲尊德性，而空言义理以为功，此宋学之所以见讥于大雅也。夫子曰：‘我欲托之空言，不如见诸行事之深切著明也。’此《春秋》之所以经世也。圣如孔子，言为天铎，犹且不以空言制胜，况他人乎？故善言天人性命，未有不切于人事者也。三代学术，知有史而不知有经，切人事也。后人贵经术，以其即三代之史耳。近儒谈经，似于人事之外，别有所谓义理矣。浙东学术，言性命必究于史，此其所以卓也。”④据此，他提出著名的“六经皆史”说，质疑传统经学的至尊地位。

（四）晚清经世之学

道光、咸丰年间的经世之学，是清代实学的终极形态。此时，清王朝的“太平盛世”已成明日黄花。鸦片战争后，内忧日剧，外患日迫。龚自珍、魏源、包世臣等人在危机四伏的时局中，勉力鼓吹，“慷慨论天下事”，是这一时期经世致用之学的主要代表。龚自珍赋诗明志：“一事平生无齮龁，但开风气不为师。”⑤时人也明确肯定他的先驱之功：“近数十年，士大夫诵史鉴，考掌故，慷慨论天下事，其风气实定公（龚自珍字定庵——引注）开之。”⑥至于魏源，其思想的近代色彩较之龚自珍更为

---

① 陈祖武等：《乾嘉学派研究》，河北人民出版社 2005 年版，第 258 页。

② 《戴震集》，上海古籍出版社 1980 年版，第 183 页。

③ 《章氏遗书》卷二九，《上尹楚珍阁学书》。

④ 章学诚：《文史通义》内篇五。

⑤ 龚自珍：《己亥杂诗》。

⑥ 程秉钊语，也有人说是张维屏语，见《定庵文集》卷下。

鲜明。当龚氏“何敢自矜医国手,药方只贩古时丹”之际,魏源已特别留心研究那些素为中国士人所鄙薄、贬斥的“外夷”之学,振聋发聩地提出“师夷长技”,公开主张向西方学习,以使“风气日开,智慧日出,方见东海之民,犹西海之民”。[①] 道光、咸丰年间经世之学的主要内容是:其一,讥切时政,倡言变法。包世臣、管同等人对于朝廷增捐加赋、权贵夺民之利、官僚骄奢淫逸提出严厉批评,力图“振起而补救”,提出种种改革方案。其二,研讨漕运、盐法、河工、农事等“大政”。经世学者们建议痛下猛剂,以杜绝漕运、河工领域内的贪官中饱私囊。陶澍、魏源等还力主以海运取代河运。包世臣在《筹河四略》中提出筑坝、清淤并举的治河方法。李祖陶研究东南水患问题。龚自珍建议调集内地无田之民到西域垦荒,就地解决兵、粮问题,消解社会不安定因素。其三,研究边疆史地,“谈瀛海故实”,以图巩固边防,抵御列强侵略。龚自珍首倡“天地东西南北之学”,揭露沙俄侵略阴谋,建议西域设行省,以利边防。魏源的《海国图志》和徐继畬的《瀛环志略》广泛介绍各国的历史、地理、风俗、物产以及内政、外交,帮助国人“开眼看世界”。其四,撰修当代史以激励国人。魏源的《圣武记》试图以清初以来的强盛武功鼓舞国人抵御英夷。《南京条约》墨迹未干,他又完成《道光洋艘征抚记》,记录中国军民英勇抗敌的事迹,揭露投降派的可耻行径。

道光、咸丰年间的经世之学本质上归属于中国传统文化,带有古代学术的品格,但它又是近代新学赖以产生的最直接的民族文化土壤。“光绪间所谓新学家者,大率人人皆经过崇拜龚氏之一时期。”[②]龚自珍、魏源等人的“更法改图”思想,对于冯桂芬、王韬、郑观应以降的新学家有直接启迪。经世派一扫“儒者不言利”的故训,高张“兴利”、“致富强”的旗帜,为洋务派的“求强”、“求富”事业开辟了道路。经世派青睐的今文经学,成为康有为、梁启超等人维新变法的思想武器。更重要的是,经世派学人觅新知于异域的开放精神,启发 19 世纪中叶以后的一代又一代仁人志士,摆脱传统的束缚,向西方寻求救国的真理。

思考题:

1.《周易》是一部什么性质的典籍?

2. 怎样理解儒家思想与道家思想的互补关系?

3. 佛教的传入对中国文化的发展有何影响?

4. 怎样理解清代实学的学术史地位?

---

① 魏源:《海国图志》卷二。

② 梁启超:《清代学术概论》。

第七章 教化百姓 科举人才

玉不琢，不成器；人不学，不知道。

——《礼记·学记》

教育是传授知识、培养技能、熏陶品质、塑造人格的社会活动，是人类文化得以传承的主要途径。《礼记·学记》将教育的功能简明地概括为“化民成俗，其必由学”、“建国君民，教学为先”。概而言之，中国古代教育的基本内容是“尊德性而道问学”，培养方向是“学而优则仕”。

中国传统的“文化”一词的基本含义，是“以文教化”，即以蕴涵道德伦理的诗书礼乐教化世人。而人文教化之法，正如《礼记·中庸》所说“君子尊德性而道问学，致广大而尽精微，极高明而道中庸，温故而知新，敦厚而崇礼”，以“尊德性”和“道问学”两事为用力之要，两者本应互补互进，相辅相成。但中国传统文化的伦理型特征，决定了问学求知终究是手段，德性圆满才是目的，也就确立了以道德养成为目标的中国传统的教育方针，教育有着鲜明的伦理色彩。

开发智慧，激励德行，本是世界各民族共同追求的教育目标，而中国传统文化在“求学”与“修行”、“从政”之间架起直通的桥梁，其规范化、制度化的体现，便是教育制度与选举制、官僚制的合一。孔子的弟子子夏用十分精练的语言将这种合一关系表述为“学而优则仕”①。“学而优则仕”，一方面规范了中国古代教育的模式，读书就是为了从政做官，求学成功的标志是金榜题名，乌纱上顶，得官则得志、得意，失官则失志、失意，学问本身在读书人心目中的地位，反倒退居次位了。另一方面，“学而优则仕”又从制度上保证了社会必需的行政官员队伍拥有稳定的人才补充之源。虽然古代官场之中迂腐的冬烘与昏贪的墨吏史不绝书，但治国安邦、经世济民的英隽之才亦代不乏人。

① 《论语·子张》。

一、虞庠之学与古代学校的萌生

远古时代的先民就开始了教育活动，而作为一种自觉的制度化的教育，却是在一定的社会发展阶段产生的。据汉代董仲舒《春秋繁露》记载，远在五帝时代，已有“成钧之学”。其教育内容以乐教为主，施教者为文化素养较高的专职或半专职乐师，受业者为脱离生产实践的贵胄子弟，已具专门化倾向。有关成钧之学的细节，尚待进一步研究，但可以基本断定，它已是学校的萌芽。

历史演进到传说中的有虞时代，虞庠之学诞生。虞，指有虞氏。庠，本义为食羊者所居之处。古代羊为佳肴，供氏族长老享用，故而庠是氏族敬老、养老的地方。老一辈自觉地以向后人传授生产、生活经验为职志，所以庠渐渐演变成教育机关，敬老和孝的教育也就成为虞庠之学的首要内容。氏族社会末期，社会不平等已显端倪，虞庠因之也有上庠与下庠的等级之分。从学校的发展趋势看，上庠近似国学的前身，下庠则近似乡学的前身。

夏代以后，学校已成定制，尽管各代名称不一，“夏曰校，殷曰序，周曰庠”，但教学内容与目的却并无二致，“学则三代共之，皆所以明人伦也”。① 这是对成钧、虞庠之学的继承，体现了中国文化的伦理型特征。

二、官学与私学

（一）西周的官学

西周的学校教育制度已相当完备，学校分国学和乡学两类。国学为中央官学，分大学、小学两级，名称为“辟雍”（周天子的国学）或“泮宫”（诸侯的国学），设在王城和诸侯国都里；乡学为地方官学，名称叫“庠”、“序”、“校”、“塾”，分设在乡、州、党、闾等各级地方行政区划中。国学的学生通过考核后可以授予官职，乡学的优秀学生经选拔可以升入国学。西周的国学，因为“学在官府”，学校都是官办的，所有的典章文物、图书资料和场所器具都属国家专管，学校的教师由各级官吏担任，政教不分，官师合一。国学学生都是贵族子弟，学习的年限大致为七到九年，学习内容是以礼、乐、射、御、书、数为主体的“六艺”。其中礼是等级伦理教育，包含道德观念、行为规范等内容；乐即综合艺术教育，包含音乐、舞蹈、诗歌等内容；射、御是军事训练，学习射箭、驾驭战车的技术；书、数是基础文化知识教育，诸如识字、学习算术和天文历法。“六艺”教育的特点是文武并重，知能兼求，因材施教。

① 《孟子·滕文公上》。

（二）春秋战国时期私学的兴起

春秋时期的社会大动荡，冲破了西周宗法等级制的僵化社会模式，也从根本上改变了贵族垄断文化事业、“学在官府”的局面，“天子失官，学在四夷”[①]已是大势所趋。随着周天子权力旁落，公室衰败，许多原依附于王公贵族、诸侯大夫门下的士人，不得不流落四方。与此同时，原先深藏于宫廷密室的图书典籍也散落民间，成为一般平民的读物。文化下移现象使民间拥有多种学术人才，又有了供教育所用的多种典籍，这为私学的产生和发展提供了条件。而春秋战国时代士阶层的崛起，“百家争鸣”局面的出现，与私学的兴起相互促进，有力地助长了私学的发展。当时的各学派思想家，为宣传自己的理论主张，纷纷聚徒讲学，推波助澜，倡导新潮，开创出一片私学兴旺景象。章太炎曾下一断语：“老聃仲尼而上，学皆在官，老聃仲尼而下，学皆在家人。”[②]这句话点明官私之学交替的枢纽，正当此时。

私学的兴盛也得力于统治阶级的扶植。各国诸侯为了招揽人才，允许私学师生自由流动，而各学派也奉行合则留、不合则去的原则，政治与学术的互相选择，促进了双方的共同发展。例如，齐桓公在国都临淄（今山东省淄博市临淄区）稷门附近开设的稷下学宫，既弘扬了西周官学的办学形式，又综合发展了春秋战国私学的长处，荟萃道、法、儒、名、兵、农、阴阳诸家，著书立说，论辩讲学。高潮时期，稷下先生与学士多达 1 000 余人，其中最为著名且可考见者就有淳于髡、孟子、田骈、慎到、环渊、荀子、鲁仲连、邹衍等 19 人。李斯、韩非、公孙龙、屈原等也曾来稷下游学。稷下学宫作为战国时代“百家争鸣”的文化中心，历桓、威、宣、闵、襄五代君王而不衰，存在 150 年之久，在中国教育、学术和思想史上留下了辉煌的一页。

春秋战国时期私学的创立，打破了贵族对文化教育的垄断，扩大了教育对象，促进了中国古代教育发展。孔子主张“有教无类”，“自行束脩以上，吾未尝无诲焉”[③]，使包括庶民在内的更多的社会成员接受教育。相传他有弟子三千，贤者七十二，其中就有穷居陋巷的颜渊，“三年不举火，十年不制衣”的曾参，居“上漏下湿”之室的原宪，还有“卞之野人”子路。南郭惠子曾问子贡：“夫子之门，何其杂也？”其实，学生成分之“杂”，并非“夫子之门”一家如此，而是这一时期各家私学的共同特征。孟子周游列国“后车数十乘，从者数百人”[④]；田骈在齐“资养千钟，徒百

① 《左传·昭公十七年》。
② 章太炎：《国故论衡》。
③ 《论语·述而》。
④ 《孟子·滕文公下》。

人”①，他们办学的规模都相当可观。在办学方针、教学内容等方面，各家私学自有侧重。儒家认为教育的核心是道德教育，目的在于施行“仁政”或“礼治”，因而重视政治思想、道德规范的灌输，“子以四教，文、行、忠、信”②。墨家培养的目标为“兼士”，重视生产实践，讲求科学、逻辑学知识。法家则主张培养“耕战之士”，故“以法为教”，“以吏为师”③。这一时期各派的教育观念和教育实践对后来中国古代教育的发展产生了很大的影响，其中尤以儒家的教育思想最为系统和丰富，对后世教育的影响也最大。

（三）春秋战国之后的历代官学

春秋战国时代官学向私学的转移，并非意味着官学从此消亡。事实上，秦汉以后，随着君主专制政治体制的逐渐强化，国家政权控制教育的格局也日趋完善，不仅确立了儒学的社会独尊地位，而且隶属于中央各部门及地方各级官府管辖的各类学校成龙配套，形成了完整严密的官学体系。官学体系作为中国传统社会最重要的教育组织形态，在教化伦理道德、传授知识技能、传播学术文化等方面发挥了重要的作用。另一方面，在广大乡村城镇，由儒生塾师收徒讲学、传道授业解惑的私学，仍然普遍存在，它是学校教育制度的重要组成部分，对传授儒家经学，保留儒家以外的各家学派，进行启蒙教育和科技教育，发挥过极大的作用。两者之间，一般说来，官学讲授的内容多为高深典雅的经传典籍，比较专业化、学术化，而私学讲授的内容多为启蒙性质的识字、计数，也包括道德伦理方面的初步熏陶。从学习内容的递进与学生输送两方面讲，私学都是官学的基础。

在历代官学体系中，最高学府或为国子学，或为太学，或二者并设。国子学和太学，教学内容同一，二者并设时，其区别仅在于国子学对于学生出身有更高的品级限制。太学，即大学，西周时已有其名，《大戴礼记·保傅》便有“帝入太学，承师问道”的记载。汉武帝时，董仲舒建议“立大学以教于国，设庠序以化于邑，渐民以仁，摩民以谊，节民以礼”。他称“太学者，贤士之所关也，教化之所本原也”，“愿陛下兴太学，置明师，以养天下之士，数考问以尽其材，则英俊宜可得矣”。④ 武帝欣然应允，罢黜秦朝所立之各家博士，专立儒家的《诗》、《书》、《易》、《礼》、《春秋》五经博士，“把始皇时的博士之业《诗》、《书》和‘百家之言’分开了。这是一个急剧的

---

① 《战国策·齐策》。
② 《论语·述而》。
③ 《韩非子·五蠹》。
④ 《汉书·董仲舒传》。

转变,使得此后博士的执掌不为'通古今'而为'作经师'。换句话说,学术的道路从此限定只有经学一条了"。[①] 汉武帝又令丞相公孙弘等制定设立太学的具体方案,规定五经博士教授的学生,每经10人,全国共50人,择年18以上仪状端正者充之。有汉一代,太学规模不断扩大,昭帝时翻了一番,至百人;宣帝时再翻一番,至200人;元帝好儒,又增至300人。到了成帝时代,仿孔子弟子三千的故事,更将博士弟子员额增至3 000之众。随着学生的增加,太学校舍也不断扩建。顺帝于131年(永建六年)建太学校舍240房,1 850室。东汉光武帝时,太学讲堂长十丈,广三丈,可容纳学生数百人。

太学的学生称为"博士弟子",也称"太学生"。其来源除由太常选送的正式生,还有由地方选送的"好文学,敬长上,肃政教,顺乡里,出入不悖"[②]的特别生。正式生有官俸,特别生则全靠自费求学。太学生一般师从某一博士,研习某经或某经之某一学派,但也有博习诸经而不守章句者。如东汉著名学者王充,受业太学,"好博览而不守章句。家贫无书,常游洛阳市肆,阅所卖书,一见辄能诵忆,遂博通众流百家之言"。[③] 太学生中也有研习天文、数学的。张衡"入京师,观太学,遂通五经,贯六艺……尤致思于天文、阴阳、历算等"[④],发明浑天仪和地动仪,成为名垂青史的大科学家。

(四)遍布城乡的私学

京师太学是官学的代表,而遍布城乡的蒙学,则是私学的主体。蒙学,又称小学、乡校、村学,或是由宗族设立的义学,或是富豪乡绅的家塾。历朝历代均有蒙学,地处东南西北,数量成千上万,规模、形式、教学内容及方法,不可能整齐划一。这里介绍元初程端礼所订的《程氏家塾读书分年日程》,以求管中窥豹之功。

《程氏家塾读书分年日程》规定,孩童八岁入家塾,先读《小学》正文,十五岁以前读完《大学》、《论语》、《孟子》、《中庸》正文;十五岁后读《易》、《书》、《诗》、《仪礼》和《礼记》、《周礼》、《春秋经》,并读《通鉴》、韩(愈)文、楚辞,熟悉科考制度。关于学习方法,程端礼强调,一是读书应专一,"日止读一书,自幼至长皆然";二是读书应烂熟于胸,"每细段必看读百遍,倍读百遍,又通倍读二三十遍";三要注重写字基本功,四日内以一日专习写字,"他日写多,运笔自如,永不走样";四是注意

---

① 顾颉刚:《秦汉的方士与儒生》,上海古籍出版社1978年版,第64页。

② 《史记·儒林外传》。

③ 《后汉书·王充传》。

④ 《后汉书·张衡传》。

复习，教师翌日应讲昨日已讲之书，学生更应反复倍读玩索已读经书，以求温故而知新。

蒙学每日的基本功课是讲书、背书、习字与作文，同时也注重培养学生的道德观念和行为习惯。所用教材除前列儒家经籍外，还有专门为培养孩童识字明理而编写的教本。这类教本历朝均有，到两宋时期，以《三字经》、《百家姓》、《千字文》流传最为广泛。蒙学教育和蒙学教材编写非常重视少儿的心理特点，融识字、知识、道德教育于一体，内容上生动有趣，方法上灵活多样。例如，《三字经》相传为宋末大学者王应麟所作，全书语言简练，娓娓道来："人之初，性本善，性相近，习相远。苟不教，性乃迁，教之道，贵以专。"此书由教育的重要性开篇，次及伦理道德、名物知识、历史典故，内容丰富，朗朗上口。其浅显易懂，便于儿童理解、记忆等优长，值得今人借鉴。

三、民间特色的书院讲习

书院是中国古代社会富有创造性的一种教育组织形式。从渊源上看，它是春秋战国以来私人讲学传统的遗存。书院的开办者多为私人，也有私人设立官府资助的。与政府控制的各级官学与遍及城乡的种种蒙学、家塾不同，书院倡导自由研究的学术风气，追求身心修养的道德目标。一般说来，书院虽不完全反对科举，但大多不重视科举。从政治上看，书院又是统治阶级在野派的学术基地，历代抨击朝政的"清议"之声，多出自此。

书院之名始于唐代，不过那时的书院是官方藏书和校书的地方。真正具有学校讲学性质的书院，起源于南唐昇元年间（937～942 年）创立的庐山国学，它是著名的白鹿洞书院的前身。宋代书院进一步发展，成为集教育、教学和学术研究于一身的文化机构。从社会环境看，书院的出现与山林讲学、习业的风气大有关系。从魏晋南北朝至唐、五代，硕学鸿儒择深谷幽林聚徒授学蔚然成风。如南朝大经师雷次宗"开馆于鸡笼山，聚徒教授，置生百余人"①。唐代学者卢鸿、元德秀也在嵩山收徒授业。此风沿袭至宋，学者往往"依山林，即间旷，以讲授"②，书院因此而蓬勃发展。有人统计，宋代书院达 229 所（一说 397 所）③，其中最为著名者为江西庐山白鹿洞书院（图 7－1）、湖南衡山石鼓书院、湖南长沙岳麓书院（图 7－2）、河南登封嵩阳书院、河南商丘应天府书院和江苏江宁茅山书院。

---

① 《宋书·雷次宗传》。

② 吕祖谦：《白鹿洞书院记》。

③ 见陈元晖等：《中国古代的书院制度》，上海教育出版社 1981 年版，第 30 页。

图7－1　白鹿洞书院

图7－2　岳麓书院

书院大兴，是对科举功名利禄之风弥漫学林的一种反动。南宋理学家朱熹就曾尖锐批评官学“但为声利之场”，他在《白鹿洞书院揭示》中称：“熹窃观古昔圣贤所以教人为学之意，莫非使之讲明义理，以修其身，然后推以及人，非徒欲其务记览、为辞章，以钓声名，取利禄而已也。今人之为学者，则既反是矣。然圣贤所以教人之法，具存于经，有志之士，固当熟读深思而问辨之。”正由于书院的办学宗旨超然于仕途登进的现实功利目的之上，而以“讲求经旨，明理躬行”为目标，故而对于社会的黑暗、朝政的腐败，每每口诛笔伐，突出者如明代的东林书院，致力于讽议朝政，裁量人物，成为当时思想舆论和政治活动的中心。也正是因为如此，书院又往往成为朝廷禁毁的目标。明代权臣张居正以“群聚党徒”、“空谈废业”、“摇撼朝廷”为由，先后废毁应天府等书院64处。以魏忠贤为首的阉党则“拆毁天下书院，首及东林”①。

从五代肇始到清末改书院为学堂，书院延续近1 000年之久，在教育教学方面逐渐形成一套严密的制度，具有独特的风格。在组织管理上，书院的主持人称山长（有的称洞主、堂长等），还有副山长、助教和讲书等。书院多定有“学规”或“学则”，内容包括办学宗旨、治学方法、求学守则，等等。朱熹制定的《白鹿洞书院学规》，是第一个比较完整的书院学规，可视做这类文献的范本。在学规中，朱熹申明办学的根本目标是阐明“义理”，“父子有亲，君臣有义，夫妇有别，朋友有信”，“学者，学此而已”。他又提出，为学之序有五，即“博学之，审问之，慎思之，明辨之，笃行之”。对学生如何修身、处事、接物，也有明确要求。修身之要，在“言忠信，行笃敬，惩忿窒欲，迁善改过”；处事之要，在“正其谊，不谋其利；明其道，不计其功”；接物之要，在“己所不欲，勿施于人；行有不得，反求诸己”。这个学规继承了儒家传统的教育思想，充分体现了儒学注重伦理道德、讲求精神修养的思想精髓，故为历

① 《明史·选举志》。

代书院所仿效，并被一般的官学所吸纳采用。

在教学形式、方法上，书院不同于一般学校呆板的、被动的灌输式教学，而倡导学生自学为主，先生指导为辅，独立钻研与共同切磋相结合，形成一种较为生动活泼的学术氛围。书院讲学，形式多样，盛行学术论辩之风，其表现形式主要是讲会。讲会即师生共聚一堂，切磋琢磨，学术上观点一致者相互启发，分歧者相互辩难。不唯学生之间讨论热烈，师生意见不同，亦尽可各抒己见。而且，书院主持与应邀来院讲学者之间，也往往激烈争鸣。这种自由、生动的风气，不仅深化了日常教学内容，同时也极大地推动了学术观点的交流与传播。朱熹、陆九渊是南宋理学两大派别的代表人物，曾于1175年（淳熙二年）在江西鹅湖公开辩论。1181年（淳熙八年），朱熹又邀请陆九渊到白鹿洞书院讲学。陆九渊讲解"君子喻于义，小人喻于利"，言辞恳切，语言生动，切中学生内心世界，不少学生被感动得泪流满面。朱熹也十分赞赏，特意将陆九渊的讲义刻石立于院门。书院的这些传统和经验，是我国古代教育史上的珍贵遗产，对今天的教育仍有一定的借鉴意义。

四、选举与科举

如何公平、有效地选拔、任用治国安邦的各级行政管理人才，有关政治稳定、经济发展与社会进步，是任何一个文明社会都必须要解决的重要问题。在中国历史上，这类选拔、任用方式，经历了若干变化。

夏、商、周时代，贵族统治集团按照血缘关系的亲疏分封自己的亲属，中央和地方的各级行政权力，都掌握在贵族手中，世代相传。这种纯粹"血统"论的"世卿世禄"选官制度，是宗法社会的必然产物。

春秋战国时代"礼崩乐坏"的社会巨变，松动了宗法制度的坚硬地表，也为非贵族出身的政治人才破土而出创造了条件。《周礼·地官·司徒》所载"使民兴贤，出使长之；使民兴能，入使治之"，就是说把庶人中的"贤者"、"能者"选拔出来担任一定职务。这方面的典型人物，如平民出身的苏秦，主持合纵（联合燕、赵、韩、魏、齐、楚）攻秦，一人佩六国相印，成为当时政治舞台上的风云人物。这一时期，各国君主开始通过新的途径来选拔人才。有的招募大批贤士于门下，以备任用，多者竟达千人以上；有的则从兼并战争中立有军功的将士中选贤任能。思想家们也纷纷论证打破等级身份限制选任官员的合理性、必要性。孔子倡导"举贤才"，他培养的学生中，就有不少出身微贱而长于政事者，如子路"片言可以折狱"①；子贡能

① 《论语·颜渊》。

耐更大,传说“故子贡一出,存鲁、乱齐、破吴、强晋而霸越”①。墨子也提出“官无常贵,而民无终贱”,“虽在农与工肆之人,有能则举之。高予之爵,重予之禄,任之以事,断予之令”。②

(一)选举制度

据史籍记载,较大规模的、正式的选举制度,始于汉代。汉代君王常下诏举贤,名目繁多,有“贤良方正能直言极谏者”、“明当世之务习先圣之术者”、“文学高第者”、“孝弟有行义闻于乡里者”、“茂才异等者”等等。具体方式有两种:一为“察举”,即由州、郡等地方长官在行政辖区内访查,推荐给中央,经考核后委以官职;二为“征辟”,即由皇帝或地方官直接聘任。察举和征辟虽然拓宽了人才来源,但由于缺乏严密的评审标准,往往产生“选举不实,邪佞未去,权门请托,残吏放手”等弊端,甚至形成“举秀才,不知书;察孝廉,父别居;寒素清白浊如泥,高第良将怯如鸡”③的颇具讽刺意味的局面。

魏晋时期,九品中正制取代了察举和征辟。九品中正制又称九品官人法,即在各州、郡设立中正官,或由祖籍该地、“德充才盛”的中央官员兼任,或由该地“贤有识鉴”的地方官担任。中正官的职责是负责探访将本地区的人才,将其分为上上、上中、上下、中上、中中、中下、下上、下中、下下九品,由政府按品录用。九品之中,前三品限于士族,称为上品;后六品为下品,由寒门选出。下品不能升入上品,因而形成“上品无寒门,下品无世族”的格局。东晋以后,高门世族政治势力膨胀,把持了各级中正官职位,九品中正制在相当程度上转化为一种特权制度,成为世族门阀操纵政权、垄断选举的工具,失去了其初期在广开人才之路方面的积极意义。

(二)科举制度

隋统一中国,为了扩大政权基础,以分科举人制取代九品中正制。587年(开皇七年),隋文帝以志行修谨、清平干济二科举人,可视为科举制的滥觞。606年(大业二年)隋炀帝开设进士科,后又设明经科,以“试策”即书面考试的方式选拔官吏,揭开了中国科举制度的序幕。唐朝建立后,科举制度逐渐完备,形成定制。在科举制产生以前,培养人才和选拔人才基本是脱节的,而科举制的诞生将育才与取士紧密结合在一起。学校培养的学生,经过科举考试取得官职,学校则根据科举

① 《史记·仲尼弟子列传》。
② 《墨子·尚贤》。
③ 葛洪:《抱朴子·审举》。

考试的要求组织教学活动。科举制的推行，不仅对隋唐的教育，而且对唐代文化乃至以后的整个中国文化的发展都产生了极为重要的影响。

唐代科举分常科与制科两大类。常科每年举行，科目分为明经、进士、秀才、俊士、明法、明算等50余种，而以明经、进士两科最为重要。制科则由皇帝根据需要，临时颁诏设置。常科考生来源有二，一是国子监、弘文馆、崇文馆及各州县学学生经过考试合格而选送的，称为生徒；二是不在学校学习而学业有成者，向州县"投牒自举"，经考试合格而选送的。这些人随各州进贡物品解送，所以称为乡贡。唐代常科考试初分两级，先经州县考试，合格者中举人，参加省试；省试由礼部组织。后来武则天时代又增加了殿试，并在常科、制科之外又设武举，由兵部主持，考试马射、步射、负重等。制科考试通常由皇帝亲自主持，考试及格即可授官。

唐以后历朝，科举制度科目、内容及方法多有演变，其总趋势是日渐精密。973年（开宝六年），宋太祖赵匡胤怀疑主持省试的翰林学士李昉徇私舞弊，下诏从已录与未录的考生中选出195人，于讲武殿复试，由自己亲自主持。从此，殿试成为科举制度的最高一级考试，乡试—会试—殿试的三级考试制度确立。为了防止主考官"徇情取舍"，宋代科考还实行一系列保密措施：一曰锁院，即考选期间将主考官与外界隔离；二曰糊名，即将考卷上的姓名、籍贯等项密封起来，又称封弥；三曰誊录，即令人将考卷另行抄写，使阅卷官无从辨认考生的字迹。

明代以前，学校只是科举考生的来源之一。到了明代，进学校成为科举的必由之路。1370年（洪武三年），朱元璋诏告天下，"中外文臣皆由科举而进，非科举者，毋得与官"①，教育与选官制从此完全合一。明初规定了各级学校的员额：府学40人，州学30人，县学20人，以后又陆续增加。各校学生都必须参加岁考和科考，按成绩的优劣分六等。只有科考列名一、二等者，才有参加乡试的资格，这就将天下士人都逼上读书做官的独木桥。

清承明制，学校仍为科举必由之路。府、州、县学的学生称为生员。未入府、州、县学者，无论幼稚童子或耄耋老翁，统称童生，童生必须经过童试（包括县试、府试和院试），合格者方取得生员资格，俗称秀才，可以参加乡试。与生员同样可参加乡试者，还有贡生和监生。贡生和监生同为国子监的学生，不同之处在于：贡生本属府、州、县学，作为人才贡献皇帝，入国子监就读者，又分岁贡、恩贡、拔贡、优贡、副贡、例贡诸种；而监生则是因种种优惠条件，或者捐纳若干钱财而取得国子监学生资格，但不一定在监读书者，又分恩监、荫监、优监、例监等名目。

在科举考试中，通过童试者为生员，亦称秀才；通过乡试者为举人，第一名称解

---

① 《明史》卷七十，《选举志》二。

元;通过会试者为贡士,第一名称会元;通过殿试者为进士。进士名次分一甲、二甲、三甲,一甲仅三人,依次称状元、榜眼、探花,均赐进士及第;二甲若干人,赐进士出身;三甲若干人,赐同进士出身。解元、会元、状元,合称"三元",若有幸连中三元,便是读书人无上的荣耀。科举考试程序如图 7-3 所示。①

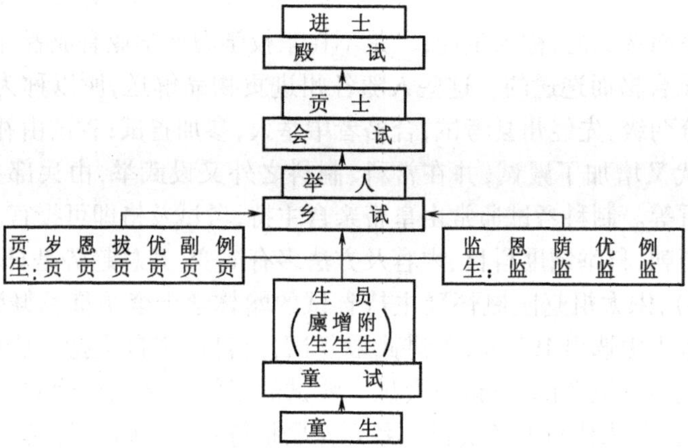

图 7-3　科举考试程序图

从 606 年(大业六年)隋炀帝开科取士至 1905 年(光绪三十一年)清廷"谕立停科举以广学校",科举制实行长达 1 300 年之久,给予中国社会生活的诸多方面以深刻影响(图 7-4 是江南贡院历史陈列馆,它见证了科举制度当年的盛况)。从积极的一面看,它扩大了国家政权的社会基础,保证了行政机构拥有稳固的人才来源,保证了社会机体的有效运转;从消极方面看,它又成为专制君王控驭士人的工具。唯其如此,当唐太宗李世民看见新进士诚惶诚恐、服服帖帖地从端门列队而出时,才得意洋洋地说:"天下英雄尽入吾彀中矣!"②另外,科举制还严重禁锢了知识阶层的思维空间,窒息了文化、学术事业自由发展的蓬勃生机,在相当程度上阻碍了自然科学的进步。当然,仅就选拔人才的标准化、程序化、系统化而言,科举制坚持"在成绩面前人人平等",自有它相对合理的一面,因此,它才得以在中国延续千年,并得到启蒙时代的欧洲哲人莱布尼茨、伏尔泰等人的赞誉。

① 王道成:《科举史话》,中华书局 1988 年版,第 187 页。

② 王定保:《唐摭言》卷一。弓箭射程之内,称彀中。

图 7－4　江南贡院历史陈列馆

江南贡院初建于南宋乾道四年（1168 年），至清同治年间形成占地 30 余万平方米，考生号舍 20 644间的中国最大科举考场。1989 年，在其原址上建立了江南贡院历史陈列馆。

五、八股取士及科举制的衰败

八股文，是明、清两代科举考试的一种特殊文体。这种文体，专取四书、五经命题，行文格式有极严格的限制。它的形式，经历了由微而显的发展过程。

科举考试的内容，主要是儒家经典。各科考试的形式，历代又有不同。以唐代最为士人重视的进士、明经两科为例，进士试诗赋，明经试帖经、墨义。帖经，又称帖括，“以所习之经，掩其两端，中间惟开一行”①，类似今天的填充题。墨义，“直书其义，不假文言”②，其只要求默写经文及注疏，不需阐明经义，故而当时就有人批评为“只念经疏，何异鹦鹉能言”③！

1071 年（熙宁四年），王安石变法，对科举考试也进行改革。停开明经科，进士科也不试诗赋、帖经、墨义，规定参加考试者各在《易》、《诗》、《书》、《周礼》、《礼记》中选治一经，兼试《论语》、《孟子》，注重通解经义，并规定一定的行文格式，“试义者，须通经，有文采，乃为中格”④。变法失败后，王安石推行的新法都被废除，但科举考试的新文体却被保留下来。就要求考生以一定文体格式答题这一点看，王

① 马端临：《文献通考·选举二》。

② 《唐会要》卷十五。

③ 王溥：《册府元龟》卷四十六，《帝王部》，《智识》。

④ 《宋史》卷一五五，《选举志》一。

安石之举实开明、清两代以八股取士的先河，所不同处在限制较宽松，而且比较讲究经义的阐发，不像明、清八股文那样死板、僵化。降及南宋，经文的格式渐趋严密，出现冒子、官题的段落区分。冒子之下又分破题、接题、小讲、缴结，官题之下又分原题、大讲、余意、原经、结尾等诸多名目，八股文的雏形已现。

元代推行民族歧视政策，科举考试也分蒙古、色目与汉人、南人两类分别进行。前者要求较宽，后者较严，内容均为《大学》、《论语》、《孟子》、《中庸》，并以朱熹的《四书章句集注》为答题标准。又试五经，《诗》以朱熹《集传》为准，《尚书》以蔡沈《传》为准，《周易》以程颐《传》及朱熹《本义》为准，《春秋》、《礼记》用古注疏。行文格式，亦分冒题、原题、讲题、结题四段，字数也有限制。

进入明代，八股文终于形成定制。1487年(成化二十三年)，会试试题为《乐天者保天下》，要求考生起讲先提三句，即讲“乐天”四股，中间用四句过渡，复讲“保天下”四股，再收四句，最后为大结。1496年(弘治九年)，会试试题为《责难于君谓之恭》，要求仿前例，即分“责难于君”四股和“谓之恭”四股，八股文至此完备。

八股文由破题、承题、起讲、领题、起股、中股、后股、束股等部分组成。

破题：八股文开始的两句，称破题，其作用是简明扼要揭示题目主旨要义，又分暗破、顺破、分破、对破几种类型。

承题：破题之后的三四句，称承题，承是承接之义，即将破题句中的关键字词加以说明。其规则与破题紧密相关，如明破则暗承，暗破则明承；顺破则逆承，逆破则顺承；等等。

起讲：承题以后，用三四句(明代)或十句左右(清代)概括全篇内容，称起讲。起讲是议论的开始，写法有起、承、转、合或反、正、开、合诸种。因为八股文的要旨是“代圣人立言”，所以作者在议论之始，通常以“意谓”、“若曰”、“尝思”等开头。

领题：起讲后，用一两句或三四句引入本题，称领题。领题为文章主要内容的入手处，所以亦称入手。入手以后，才是文章的主要部分。

八股文的主要部分，是起股、中股、后股、束股四段，每段又各有两股，字句声调要求两两相对成文，总共八股，这便是八股文名称的由来。

起股：又称起比。比，对偶之意，五、六、七、八句不等。起股的主要作用在于提纲挈领，所以又称提比。

中股：起股后用几句点题，点题后为中股，又称中比。中股长短不定，内容为从正反两面发挥题义。

后股：中股之后为后股，又称后比，进一步阐发论题主旨，长短依中股而定，中长则后短，中短则后长。

束股：如果前六股意犹未尽，再用两股加以收束，称束股，要求是宜短不宜长。

如前六股已完成全文,则不用束股亦可。

八股文对字数也有硬性规定。如1645年(清顺治二年)规定每篇限550字,1681年(康熙二十年)增为650字,1704年(乾隆四十三年)又增至700字,违者不予录取。

文章写作讲究格式,规范篇幅,无可厚非,但像八股文这样要求考生将题目千差万别的写作内容硬塞进八股的死板框架之中,不允许丝毫出格,实在有悖于思维及其表达的本来规律。加之八股文出题局限于四书五经的范围,为了出其不意,考官挖空心思,出所谓"截答题"刁难考生,"强截句读,破碎经义,于所不连而连,不当断而断"①。如《中庸》中有"及其广大,草木生之"句,考官上去"及其广"三字,下去"木生之"三字,仅以"大草"二字为题,令人不知所云。面对这类割裂义理的试题,再加上八股的格式枷锁,考生们当然只好牵强附会地胡乱敷衍成篇,甚至写出"天地乃宇宙之乾坤,吾心实中怀之在抱。久矣乎,千百年来已非一日矣"②之类的连篇废话。

尤其严重的是,八股文出现于君主专制主义登峰造极的明、清两代,或者说,它本身就是极端专制主义的文化表征。它不仅意味着文体的衰败,也不仅意味着科举制走向穷途末路,而且从一个侧面昭示着根本性的社会危机的降临——八股文章无法衡量人的真实才学,科举制度因此而失去其相对公平地选拔人才的效用,转化成为禁锢思想、摧残文化、压抑人才的工具。加之明、清两朝专制君主为钳制异端,迭兴文字冤狱,对知识阶层恫吓其胆魄,扭曲其灵魂,有意强化科举制消极的一面,"非不知八股为无用,而牢笼志士,驱策英才,其术莫善于此"③,这就更加速了八股、科举乃至整个社会的败落。

由于以上原因,明、清直至近代,八股文及科举制,一直受到有识之士的尖锐抨击。清人顾炎武指斥"八股之害,等于焚书,而败坏人才,有甚于咸阳之郊"。④ 吴敬梓的《儒林外史》,对于科举制进行了生动而辛辣的讽刺。《红楼梦》里,曹雪芹借贾宝玉之口,一针见血地指出八股文"原非圣贤之制撰,焉能阐发圣贤之奥,不过是后人饵名钓禄之阶"。而与曹雪芹同时代的徐灵胎的一首《道情》,更是对八股及科举做了痛快淋漓的批判:

读书人,最不济。背时文,烂如泥。国家本为求才计,谁知道变作了欺人

① 邱浚:《大学衍义补》。

② 梁绍壬:《两般秋雨盦随笔》卷三,《墨派滥调》。

③ 乾隆朝大臣鄂尔泰语,见《满清稗史》第三十七节。

④ 顾炎武:《日知录》卷十六,《拟题》。

技。三句承题，两句破题，摆尾摇头，便知是圣门高弟。可知道“三通”、“四史”，是何等文章？汉祖、唐宗，是哪一朝皇帝？案头放高头讲章，店里买新科利器。读得来肩背高低，口角嘘唏，甘蔗渣儿嚼了又嚼，有何滋味！辜负光阴，白白昏迷一世。就教他骗得高官，也算是百姓朝廷的晦气。①

历史演进到20世纪，八股及科举再也无法继续了。在朝野上下的强烈呼声下，1901年(光绪二十七年)，清廷宣布废除八股，改试策论。4年之后，又下令废止科举，广学育才。至此，延续了1 300年的科举制终于寿终正寝，新式学堂如雨后春笋般破土而出，中国教育开始进入一个新的历史阶段。

中国历来视教育为民族生存的命脉，灿烂辉煌的中国文化由此得以薪火相传、继往开来。中国教育在其漫长的发展历程中，形成了独特的民族特点和优良传统，积淀为中国文化的重要组成部分。这一部分珍贵遗产，是当代中国发展教育事业的重要思想资源。

思考题：

1. 中国传统书院教育的特点是什么？
2. 怎样正确评价科举制的历史功过？

① 袁枚：《随园诗话》卷十二。

第八章 辞赋风骚 诗文光彩

诗者，志之所之也。在心为志，发言为诗，情动于中而形于言。

——《毛诗序》

辞赋诗文是中国文化园地中的异卉奇葩。它来源于劳动，来源于社会生活。鲁迅曾浅显而又生动地说明了文学与劳动的关系：

> 我们的祖先的原始人，原是连话也不会说的，为了共同劳作，必须发表意见，才渐渐的练出复杂的声音来，假如那时大家抬木头，都觉得吃力了，却想不到发表，其中有一个叫道："杭育杭育"，那么，这就是创作；大家也要佩服，应用的，这就等于出版；倘若用什么记号留存了下来，这就是文学；他当然就是作家，也是文学家，是"杭育杭育派"①。

文学与民族的劳动方式、生活习俗、社会风貌息息相关，有着深刻的民族烙印。另一方面，文学又不是劳动、生活的简单复写，而是经过加工、抽象、提炼、发挥，具有更精美的形式，更完善的技巧，更丰富的内涵，更感人心魄的魅力，因而给人类精神生活以美的享受。

中国文学源远流长，体裁丰茂。数千年间，佳作迭现，名家辈出。尤其引人注目的是，在某一历史阶段内，以某一种体裁的高度繁荣来体现文学的时代风貌，成为中国文学的规律性特征。上古神话，先秦诗歌、散文，汉赋，唐诗，宋词，元杂剧，明清小说，先后相继，各领风骚，恰如大河奔流，时现潮头，山脉连绵，代有高峰，构成中国文学不朽的壮丽长卷。

---

① 《鲁迅全集》第6卷，人民文学出版社1958年版，第75页。

一、瑰丽的上古神话

上古神话产生于氏族社会,由口头流传的最原始形态,现已不可知。但是,从《山海经》、《庄子》、《吕氏春秋》、《淮南子》、《列子》等典籍中留存的记载看,上古神话以其反映的丰富社会生活内容、曲折故事情节、生动人—神形象,揭开了中国文学史的最早篇章。

马克思曾经精辟地指出,神话是"通过人民的幻想,用一种经过不自觉的艺术方式加工过的自然和社会形式本身"①。中华先民生活在艰难困苦的环境之中,"要战胜这些困难,所以他们一再用激情而奋振的调子唱出关于劳动和劳动英雄的颂歌。他们歌颂了用斧子开天辟地的盘古,创造人类和熬炼五色石子补天的女娲,钻木取火的燧人,发现药草的神农,驯养动物的王亥,教导人民种庄稼的后稷,治理洪水的鲧和禹……这些征服自然、改善人类生活的劳动英雄,受到人们最大的崇敬。他们是神,也是人,正如高尔基所说,他们'是某种手艺的能手,人们底教师和同事'。"②

与西方和印度神话充满对自然界诸神伟力的敬畏之情相比,中国上古神话更倾向于对人类主观奋斗精神的褒扬。著名的"女娲补天"传说称:"往古之时,四极废,九州裂,天不兼复,地不周载。"③伟大的女娲"炼五色石以补苍天,断鳌足以立四极",靠自己的力量拯救了人类。又如"后羿射日","尧之时,十日并出,焦禾稼,杀草木"④,英雄后羿发明弓箭,射杀九日,仅留一日,供给人类光明与温暖。再如"大禹治水",其时洪水滔天,人或为鱼鳖,禹的父亲鲧窃取天帝的"息壤"堵塞洪水,被天帝怒杀。禹继承父业,胼手胝足,三过家门而不入,终于疏通河道,平治了水害。补天、射日、治水的传说,共同讴歌的是人类改造自然的气魄与智慧。

中国神话的另一个特点是不像西方及印度神话那样"神性"十足,而是充满世俗情味,神话中的主角被"历史化"、"祖先化"。上面提到的女娲、后羿、鲧、禹,以及"尝百草,播百谷"的神农,筑屋的有巢,钻木取火的燧人,平定蚩尤作乱的黄帝,留下"禅让"佳话的尧、舜,身份均介于神、人之间,既是神话英雄,又是民族祖先。这种"人神同格"的特征,不仅使中国上古神话更多地成为历史学家、社会学家注目的材料宝库,而且早早地导引了中国文学的人文品性和世俗主题。

---

① 《马克思恩格斯选集》第2卷,人民出版社1972年版,第113页。

② 袁珂:《中国古代神话》,中华书局1960年版,第14页。

③ 《淮南子·览冥训》。

④ 《淮南子·本经训》。

从对后世文学的影响看，上古神话穷天极地的视野，瑰丽奇诡的构思，出神入化的想象，也成为中国文学浪漫主义精神的滥觞。后世浪漫主义的文学大师如庄周、屈原、李白，无论其作品题材、艺术风格，都从上古神话中吸取了丰富的营养。

中国上古神话流传至今，多为零星片段，散见于古籍之中，“尚无集录为专书者”。其中的缘由，鲁迅当年曾论列了三条：其一，中华先民“颇乏天惠，其生也勤，故重实际而黜玄想，不更能集古传以成大文”；其二，以孔子为代表的儒家，“以修身齐家治国平天下等实用为教，不欲言鬼神，太古荒唐之说，俱为儒者所不道，故其后不特无所光大，而又有散亡”；特别是其三，中国神话神鬼不分，“天神地祇人鬼，古者虽若有辨，而人鬼亦得为神祇。人神淆杂，则原始信仰无由蜕尽；原始信仰存则类于传说之言日出而不已，而旧有者于是僵死，新出者亦更无光焰也”。[①] 鲁迅所论，大致是符合历史实际的。

二、古朴的先秦诗歌、散文

（一）先秦诗歌

1.《诗经》。诗歌是各民族文学中历史古老的体裁之一。在中国，最早的诗歌总集是成书于春秋时代的《诗经》。《诗经》共收公元前 11 世纪至前 6 世纪约 500 年间的诗歌 305 篇，都可合乐吟唱。以所合之乐，又分为《风》、《雅》、《颂》三部分。《风》是各国的地方音乐，故又称《国风》，共 160 篇；《雅》是周代王畿之地的音乐，又分为《大雅》31 篇和《小雅》74 篇，类似于后世的大曲、小曲之别；《颂》包括《周颂》31 篇、《商颂》5 篇和《鲁颂》4 篇，都是祭祀时的赞美歌。孔子的时代，《诗经》是贵族人士学习的经典。虽经秦火之劫，《诗经》在汉代依然广泛流传。其时齐人辕固生，鲁人申培，燕人韩婴，赵人毛亨、毛苌四家分别传授《诗经》，简称齐诗、鲁诗、韩诗、毛诗。东汉以后，齐诗、鲁诗、韩诗逐渐衰落，南宋后完全失传，今天人们所读到的《诗经》，是毛诗一派的传本。

《诗经》所收作品，既有民间歌谣，也有公卿列士的献诗，作者的成分很复杂，产生的地域也很宽广。从内容看，《诗经》反映了周代社会生活的方方面面，具有宽泛的文化内涵和宝贵的史料价值。像《周南》、《豳风》等篇反映了文王、周公秉政时期“乐而不淫”的繁华世态和“勤而不怨”的民众心理。而《板》、《荡》等篇则传递出厉王暴虐统治之下社会普遍的哀怨愤怒之情。《诗经》中不少作品还直接揭露、谴责了统治阶级的剥削压榨，发出人民大众的反抗之声。像《豳风·七月》

① 《鲁迅全集》第 8 卷，人民文学出版社 1957 年版，第 16 页。

描写农民终年劳作，不得歇息，到头来却“无衣无褐，何以卒岁”；诗中“女心伤悲，殆及公子同归”，揭示了贵族子弟的荒淫无耻和劳动妇女的悲哀。著名的《魏风·伐檀》，通过一群河边伐木者的嬉笑怒骂，谴责剥削者的不劳而获：“不稼不穑，胡取禾三百廛兮？不狩不猎，胡瞻尔庭有悬貆兮？彼君子兮，不素餐兮！”《硕鼠》一诗还将剥削者讽为白吃饭的大老鼠，表达了劳动大众向往自由幸福的生活，“逝将去汝，适彼乐土”的强烈愿望。

《诗经》中还收录了大量感情真挚浓烈的爱情诗篇。《邶风·静女》描写一对情人幽会城隅，当“我”到来时，“静女”藏而不见，“我”急得“搔首踟蹰”；这时，“静女”突然闪出，并情深意切地赠我以“彤管”（意为红嫩的草儿）。诗歌将热恋中的情人心态和约会场景描绘得惟妙惟肖，趣味盎然。《谷风》和《氓》以深沉细腻的叙事笔法，描写两个被遗弃妇女对以往美满婚姻家庭的痛苦回忆，哀怨惆怅，令人唏嘘不已。

在艺术表现方式上，《诗经》大量运用了比、兴的手法，取得了强烈的艺术效果，对后世文学产生了积极的影响。“比”是譬喻和比拟，朱熹解释为“以彼物比此物”，即将诗人要表达的事物和情感，转化为具体鲜活的形象。如《小雅·鹤鸣》以“他山之石，可以攻玉”比用贤治国，《魏风·硕鼠》将剥削者比作贪婪的大老鼠，《卫风·氓》用桑树由繁茂到凋落比喻夫妻爱情的变化，都是精彩的例证。“兴”是起兴发感，朱熹解释为“先言他物以引起所咏之词”，多用在一首诗的发端。“先言他物”与“所咏之词”之间，有的是意义相关，如《周南·关雎》以水鸟和鸣引起“窈窕淑女，君子好逑”；有的是情调相关，如《周南·桃夭》以“桃之夭夭，灼灼其华”的浓艳气氛引起下文的结婚喜庆；还有的仅是用字的声韵相关，如《秦风·黄鸟》中的“交交黄鸟止于棘”、“止于桑”、“止于楚”，棘与瘠音近，桑与丧同音，楚又有痛楚之意，因而引起下文“三良”殉葬的忧伤之情。

比、兴是诗歌创作形象思维的重要手段，后代的民歌和文人诗作都继承了《诗经》这方面的宝贵遗产。直到 20 世纪 60 年代，毛泽东在给陈毅谈诗的信中还十分强调“诗要用形象思维”，“所以比、兴两法是不能不用的”①。

2. 楚辞。先秦诗歌的另一辉煌成就是楚辞。“楚辞”的本义，泛指楚地的歌辞，后来特指战国之时以楚人屈原的创作为代表的新诗体。楚辞承袭了楚地民间“巫歌”的风格特征，“皆书楚语，作楚声，纪楚地，名楚物”②，具有非常鲜明的南国地方色彩。楚辞突破《诗经》以四言为主的格律，代之以参差错落、更为灵活自由

① 《给陈毅同志谈诗的一封信》，1965 年 7 月 21 日。载《诗刊》1978 年第 1 期。

② 黄伯思：《东观余论》。

的长短句式。有别于《诗经》现实主义的艺术倾向，楚辞以其想象的丰富、情感的炽烈、语言的瑰丽，开辟出中国古典文学浪漫主义的广袤天地，大大推进了《诗经》以后中国古代诗歌的发展。

屈原是楚辞创作的艺术高峰，也是中国文学史上第一位留下姓名的伟大诗人（图8-1）。他的作品《离骚》，共373句，2 490字，是我国古代最长的抒情诗。“离骚”，其意为“离别的忧愁”。长诗的前半部分，叙述了诗人的家世及个人经历，特别是政治上遭遇奸佞攻击陷害之后的苦闷心情以及恪守个人高洁人格的坚定信念。长诗的后半部分，诗人驾飞龙，乘瑶车，在想象的世界中纵横驰骋，上下求索。在确认既无力拯救祖国，也无力解脱自己的悲剧性命运后，诗人的唯一选择便是以死来殉自己的理想。“已矣哉！国无人莫我知兮，又何怀乎故都！既莫足与为美政兮，吾将从彭咸之所居！”全诗在低回悲怆的意绪中结束，却更加有力地凸显了作品高昂的理想主义、浪漫主义的光辉。此外，屈原还创作了《九章》、《九歌》、《天问》等优秀作品。屈原的作品吸取楚地民歌的营养，创发出一种全新的诗歌样式——骚体。骚体具有独特的文学魅力，正如刘勰所高度评价的，“其叙情怨则郁伊而易感，述离居则怆怏而难怀，论山水则循声而得貌，言节候则披文而见时。……其衣被词人，非一代也。”①

图8-1　屈原像

比屈原稍晚的另一位楚辞大家宋玉，著有《九辩》、《招魂》等传世名篇。宋玉承接屈原以精炼文字写出幽远意境的艺术手法，以细致的笔触展开铺陈，刻画入微，进一步提升了楚辞的艺术表现力。宋玉在文学史上的另一贡献是，从骚体中衍生出一种新的文学体裁——赋。他的《风赋》、《高唐赋》、《神女赋》对后世司马相如等人的创作有重要影响。

① 刘勰：《文心雕龙·辨骚》。

(二)先秦散文

散文是先秦时代与诗歌并称发达的文体。散文没有韵律、对仗等方面的束缚，以更为活泼生动的方式叙事状物、抒情咏怀。先秦历史散文和诸子散文是中国文学史上这方面的最早典范。

1. 历史散文。历史散文以《左传》和《战国策》为代表。《左传》作者传为与孔子同时代的盲人史家左丘明，他的写作本意是将言简意赅的编年史《春秋》扩充得更翔实、生动。左丘明的顽强意志和卓越才能使得《左传》在历史叙事、文学表现两方面都取得了巨大成功。《左传》叙事一波三折，引人入胜。如写晋公子重耳逃亡及返国经过，别隗、过卫、醉遣、窥浴等段落，情节跌宕起伏，充满戏剧性，其中寺人披告密、竖头须请见等突发事件的渲染，更令读者兴味盎然，欲罢不能。《左传》善写战争，作者准确把握诸侯国间众多争战的不同性质、特色，精练、生动地勾勒战争全貌，并揭示双方胜负的原因。如记载晋、楚邲之战，楚军大举进攻，晋军统帅桓子惊慌失措，“不知所为”，军士争船渡河，“舟中之指可掬也”。晋军一路溃逃，战车互相掣碍，楚军士兵竟然指点他们拔去车上的横木、旌旗等物件，以利速退。巧妙的情节选择，传神地表现出晋军的狼狈之状与楚军的得意之情。《左传》还善于通过语言和行动来表现人物的性格。郩之战，晋国俘虏了秦国三帅，但晋襄公听了太夫人文嬴的话，将他们全部释放。晋国元帅先轸闻讯，对襄公大怒曰：“武夫力而拘诸原，妇人暂而免诸国。堕军实而长寇仇，亡无日矣。”说罢，头也不回，唾地而去。寥寥数语，先轸的忧国之虑与暴烈性情跃然纸上。后世文论家赞誉《左传》为“圣文之羽翮，记籍之冠冕”。[①] 确非溢美之词。

与《左传》相比，《战国策》的史实性稍逊，而文学性更强。《战国策》汇编了战国时代的作品33篇，作者已不可考。全书内容以策士“合纵”、“连横”的游说活动为中心。语言细腻轻灵、明快流畅，人物刻画曲折生动，是各篇的共同特点，如《荆轲刺秦王》、《邹忌讽齐王纳谏》等名篇，脍炙人口，传诵千年。

2. 诸子散文。先秦诸子散文以论理为主旨，但亦注重文句的表达。其上乘之作，结构精巧，辞藻丰盛，比喻传神，声调铿锵，意味隽永。如《荀子·劝学》：“不积跬步，无以至千里；不积小流，无以成江海。”“锲而舍之，朽木不折；锲而不舍，金石可镂”。这些已成传诵千古的名篇佳句。从总体文学价值衡量，诸子散文中以《孟子》、《庄子》、《韩非子》成就最高。

《孟子》7篇，为大儒孟轲及其门徒所作，其特点是大气磅礴，情感灼热，鼓动性

① 刘勰：《文心雕龙·史传》。

强。无论是游说诸侯，辩驳论敌，还是探讨学术，都善于抓住要害，层层进逼，在修辞手法上多用排比句式，辅之以形象比喻，如“五十步笑百步”、“缘木求鱼”、“揠苗助长”等等，逻辑力量、情感力量交相推引，雄辩而不蛮横，透彻而不散漫。

《庄子》现存33篇，其中“内篇”为庄周自撰，“外篇”、“杂篇”出于其门人、后学之手。《庄子》行文汪洋恣肆，诡奇变幻，通篇洋溢着浪漫色彩和浓郁的诗情画意，援寓言故事入文，更是其独擅手法。如《逍遥游》起首一段：“北冥有鱼，其名为鲲，鲲之大，不知其几千里也。化而为鸟，其名为鹏，鹏之背不知其几千里也。怒而飞，其翼若垂天之云。……水击三千里，抟扶摇而上者九万里。”以天地之广大，任鲲鹏遨游，来寄寓精神逍遥于尘世物欲之外的开阔意境，想象奇特，韵味深远。《秋水》写黄河秋季水涨，河伯“顺流而东行，至于北海”，一望海天相连，浩渺无际，由此领悟宇宙之“道”难以穷尽，方知孔子之学识、伯夷之节义均不足为训。这段文字以抒情笔法表达与儒家相对立的道家哲理，毫无学派论争的枯涩乏味，给人以清新明快的精神享受。

《韩非子》共55篇，是先秦法家的集大成之作。它十分冷峻地论证了专制集权主义的必要性及其实施法则。学理方面见仁见智的分歧，不妨碍人们对其论说文写作技巧的一致肯定。《韩非子》各篇逻辑严密，条理清晰，论断明快，文风峻峭，干脆利落。因此，在论辩的力量方面，较之《荀子》、《庄子》，更胜一筹。

三、丰满厚重的汉赋

两汉时代，新兴地主阶级生气勃勃，雄姿英发。由统治阶级积极进取的精神状态和丰饶富足经济基础决定的社会文化心态，也处于一种开拓、创新的亢奋之中。“赋”这一新文学样式的成熟，可谓瓜熟蒂落，水到渠成。“赋也者，受命于诗人，拓宇于楚辞者也。”[①]屈原创造的骚体楚辞，经由宋玉等人的推进，在新的时代条件和社会需求之下，演变为一种“不歌而诵”、“苞括宇宙，总览人物”、“铺采摛文”、“夸丽风骇”的成熟文体——汉赋。

汉赋源于楚辞，两者的区别是：楚辞“虽有散文化的因素，但仍旧是一种感情热烈的抒情诗；而典型的汉赋，已经演变为一种介于诗文之间的、以夸张铺陈为特征、以状物为主要功能的特殊文体。”[②]贾谊的《吊屈原赋》、《鹏鸟赋》是体现楚辞向汉赋过渡的代表性作品。

枚乘的《七发》是汉赋的奠基之作。《七发》的旨意在规劝太子改变声色犬马

① 刘勰：《文心雕龙·诠赋》。

② 章培恒等：《中国文学史》上卷，复旦大学出版社1996年版，第186页。

的腐朽生活。在艺术特色上，其细腻铺张的文辞，规范了汉赋的总体风格。其中观涛一段，尤为精彩："其始起也，洪淋淋焉，若白鹭之下翔；其少进也，浩浩溰溰，如素车白马帷盖之张；其波涌而云乱，扰扰焉如三军之腾装；其旁作而奔起也，飘飘焉如轻车之勒兵。"

在"润色鸿业"现实政治需求的刺激之下，汉武帝时代，汉赋空前隆盛。武帝本人好辞赋，他周围的"言语侍从之臣"，纷纷进献邀宠。汉赋大家司马相如应时而生。"（相如）制作虽甚迟缓，而不师故辙，自摅妙才，广博宏丽，卓绝汉代。"①其代表作《子虚赋》、《上林赋》，假托子虚、乌有先生，亡是公等人的对话，铺排苑囿之盛、云梦之美及天子游猎之乐，其内容之富博，文辞之华美，气势之宏丽，将汉赋艺术推向高峰，汉赋的体制规模，因此得以最终确立。相传李白正是为司马相如的文笔所吸引，而来云梦故地（今湖北安陆）隐居。西汉后期，扬雄、刘向、刘歆、班婕妤等人的赋体作品，在歌功颂德之外，或抒情怀，或发宫怨，进一步拓展了题材的范围，促进了汉赋的发展。

东汉著名赋体作品，有班固的《两都赋》和张衡的《二京赋》。《两都赋》分《西都赋》和《东都赋》两篇，前者叙长安之形势险要，物产丰饶，宫廷华丽；后者谓洛阳之盛况，更远胜长安。《二京赋》为张衡"精思博会，十年乃成"②。他不满意《两都赋》，"薄而陋之"。《二京赋》比《两都赋》体制更为宏大，除描绘东西南北景象，还铺陈民情风俗，如商贾游侠的活动及角抵百戏的演出实况等。

汉赋以其汪洋恣肆的文辞和叠沓煊烨的意象展示外在的丰饶世界，江山的宏伟、城市的繁盛、商业的发达、物产的丰饶、宫殿的巍峨、服饰的奢侈、鸟兽的奇异、人物的气派、狩猎的惊险、歌舞的欢快……在赋中无不刻意描写，着意夸张，盛大帝国政治的煊赫态势和社会心理的闳阔风貌，在最合适的文学体裁中得到淋漓尽致的展露。

四、辉煌的唐诗

在中国，诗歌是起源最早、影响最广的文学样式。中国诗歌的辉煌巅峰，出现在空前强盛的李唐王朝。诗人闻一多论道："一般人爱说唐诗，我却要讲'诗唐'。诗唐者，诗的唐朝也。"③一言九鼎，精辟之至。

唐朝是中华民族诗情郁勃的时代。清人所编《全唐诗》，收录唐人诗作 48 900

① 《鲁迅全集》第 8 卷，人民文学出版社 1957 年版，第 306 页。
② 《后汉书·张衡传》。
③ 闻一多：《说唐诗》。

余首,诗人2 300多家。可以想见,在这个庞大阵容之外,因年代久远而湮没无闻的诗家诗作,更不知凡几!唐代近300年间,不仅王维、李白、杜甫、白居易、李贺、李商隐等诗坛巨星横空出世,放射出耀眼光芒,而且在民间,能诗善吟者也遍及街巷里间、山隅村野。《全唐诗》所录的诗人,既有帝王卿相、文人雅士,又有农人樵夫、士卒商贾,还有僧道乞丐、游侠歌妓。他们中有六龄童孺,也有百岁老翁。白居易说,诗歌"为今时俗所重"①,正道出唐代诗歌创作冠绝千古的社会文化及心理基础。

唐诗继承了汉魏六朝诗歌的多方面成就。李白赞赏"蓬莱文章建安骨,中间小谢又清发"②,前句指汉魏时期曹操父子及"建安七子"③诗作的情辞慷慨、刚健遒劲,后句指谢朓代表的南朝齐梁永明体诗歌的形式精美、华丽清新。唐诗正是兼综汉魏诗的"质胜文"与齐梁诗的"文胜质",互补而成唐诗的"文质彬彬";兼综汉魏诗的抒情见长与齐梁诗的写景取胜,汇合而成唐诗的"情景交融"。在诗歌体裁方面,汉魏齐梁时代确立的五言、七言诗体在唐代臻于完善,五言及七言古体、律诗、绝句,均有大家专擅,名篇传世。王维的五绝《相思》情意缠绵:"红豆生南国,春来发几枝。愿君多采撷,此物最相思。"孟浩然的五古《夏日南亭怀辛大》含蓄蕴藉:"山光忽西落,池月渐东上。散发乘夜凉,开轩卧闲敞。荷风送香气,竹露滴清响。欲取鸣琴弹,恨无知音赏。感此怀故人,终宵劳梦想。"王勃的五律《送杜少府之任蜀州》壮健旷达:"城阙辅三秦,风烟望五津。与君离别意,同是宦游人。海内存知己,天涯若比邻。无为在歧路,儿女共沾巾。"在七言诗方面,王昌龄的七绝《出塞》悲凉豪迈:"秦时明月汉时关,万里长征人未还。但使龙城飞将在,不教胡马度阴山。"岑参的七古《走马川行奉送出师西征》景真情切:"……轮台九月风夜吼,一川碎石大如斗,随风满地石乱走。匈奴草黄马正肥,金山西见烟尘飞,汉家大将西出师。……"这些体裁、风格各异而意境均达炉火纯青的美妙篇章,共同奏出唐代诗歌的华彩交响。

闻一多盛赞的"诗唐",由卢照邻、骆宾王、王勃、杨炯拉开序幕,他们被称为"初唐四杰"。"四杰"均属天资聪颖的少年诗才。不拘陈法,情思壮阔,个性张扬,是其共同特点。他们的作品,无论创作内容、表现手法还是精神境界,都较此前的六朝绮靡艳丽诗坛,别开一番新生面。杜甫的《戏为六绝句》称:"王杨卢骆当时体,轻薄为文哂未休。尔曹身与名俱灭,不废江河万古流。"杜甫批评了鄙夷"四

---

① 白居易:《与元九书》。

② 李白:《宣州谢朓楼饯别校书叔云》。

③ "建安七子"为汉末建安时期作家孔融、陈琳、王粲、徐干、阮瑀、应玚和刘桢。

杰”成就的“轻薄”之辈，肯定了“四杰”承上启下的诗学贡献。

李白、杜甫是唐代诗坛珠联璧合、交相辉映的双子星座。正如韩愈所称羡：“李杜文章在，光焰万丈长。”李白是浪漫主义的诗歌大师（图8－2）。他以“想落天外”的奇思异构，一泻千里的奔放激情和明净华美的语言风格，创作出数千首诗歌。“长风破浪会有时，直挂云帆济沧海”，展露了他“济苍生”、“安黎元”的远大抱负；“安能摧眉折腰事权贵，使我不得开心颜”，显示了他蔑视权贵的高洁品格；“明月出天山，苍茫云海间，长风几万里，吹渡玉门关”，高唱出祖国山河的壮美；“流血涂野草，豺狼尽冠缨”，“白骨成丘山，苍生竟何罪”，痛吟出生灵涂炭的哀伤；“床前明月光，疑是地上霜。举头望明月，低头思故乡”，抒发了游子思乡的无穷愁绪；“故人西辞黄鹤楼，烟花三月下扬州。孤帆远影碧空尽，惟见长江天际流”，倾吐了朋辈友谊的一往情深。李白广为借鉴前辈诗人的语言技巧，吸取民间乐府诗歌生动、自然的艺术风格，将神话、幻想和夸张等手法创造性地结合起来，达到了一般诗家难以企及的浪漫主义诗歌的巅峰。

图8－2　李白像

与李白诗歌形成鲜明对比，杜甫诗歌以深沉凝重的现实主义风格为主要创作特色（图8－3）。在“沉郁顿挫”风格的基调上，杜诗呈现出多种多样的风采，或雄浑，或悲壮，或奔放，或瑰丽，或质朴，或轻灵，“尽得古今体势”，无不达于出神入化之境。杜诗创作的铧犁，深深切入社会生活的沃土。著名组诗“三吏”、“三别”以史书笔法记载了“安史之乱”给人民带来的深重苦难，而“朱门酒肉臭，路有冻死骨”的名句，更以强烈的对比刻画出社会的不平，产生了震烁千古的心灵回响。杜甫以赤子之心，顾念着国家民族的安危兴衰。“国破山河在，城春草木深。感时花溅泪，恨别鸟惊心。烽火连三月，家书抵万金。白头搔更短，浑欲不胜簪。”他将个人凄苦情感与社会离乱现状直接贯通；而一旦祖国破碎的山河出现复整的气象，

图8－3　杜甫像

诗人又马上弹奏出春天圆舞曲般的欢快乐章:“剑外忽传收蓟北,初闻涕泪满衣裳。却看妻子愁何在,漫卷读书喜欲狂。白日放歌须纵酒,青春作伴好还乡。即从巴峡穿巫峡,便下襄阳向洛阳。”杜甫苦心追求锤意炼字,刻意攀登诗歌艺术的顶峰。“星垂平野阔,月涌大江流”,以“垂”显“阔”,以“涌”映“流”,辞警意丰,令人拍案称绝。他“语不惊人死不休”的自警之言和自励之行,树立了诗歌创作精益求精的典范。

李、杜以外,唐代的杰出诗人还有白居易、刘禹锡、李贺、杜牧、李商隐等。

白居易的诗,流畅易诵。他自称:“士庶、僧徒、孀妇、处女之口,每每有咏仆诗者。”①以题材分,白诗大致可分讽喻、闲适、感伤三大类。最著名的讽喻诗《卖炭翁》,揭露宫市制度的巧取豪夺和贫苦民众的悲惨境遇,千百年来,脍炙人口。闲适诗《归田三首》描写农村景致,朴素而真挚。感伤诗是白诗中成就最高、影响最巨者。《长恨歌》前半篇对唐玄宗的荒淫和杨贵妃的骄宠有所批评,后半篇则对二人的爱情悲剧极表同情。全诗故事完整,情节跌宕,情思绵绵。《琵琶行》更是白诗的扛鼎之作。全诗借一个身世飘零的弹琵琶女子的一生经历来抒发自己怀才不遇、仕途坎坷的牢骚,“同是天涯沦落人,相逢何必曾相识”。诗中以“大珠小珠落玉盘”,“间关莺语”,“幽咽泉流”,“银瓶乍破水浆迸,铁骑突出刀枪鸣”来形容琵琶弹奏之声,构思奇特,比喻贴切。

刘禹锡吸收了民歌清新的情调和明快的节奏感。“杨柳青青江水平,闻郎江上唱歌声。东边日出西边雨,道是无情却有情。”此诗平易诙谐,在民间广泛流传。而他的怀古诗则深沉苍凉,又是一番气象:“王浚楼船下益州,金陵王气黯然收。千寻铁锁沉江底,一片降幡出石头。人世几回伤往事,山形依旧枕寒流。从今四海为家日,故垒萧萧芦荻秋。”

李贺本皇家宗室之后,但一生困窘。因避家讳,他不得应进士考。在抑郁愤懑之中,他只活了27岁便辞世而去。与此经历、心境相关,李贺的诗作意境怪诞,变幻莫测,凄恻艳丽。“衰兰送客咸阳道,天若有情天亦老”,“黑云压城城欲摧,甲光向日金鳞开”,“我有迷魂招不得,雄鸡一声天下白”等,都是撼人心魄的传世佳句。

杜牧的咏史诗启人神智,引人遐思:“折戟沉沙铁未销,自将磨洗认前朝。东风不与周郎便,铜雀春深锁二乔。”其抒情诗则色彩明丽,兴味盎然:“远上寒山石径斜,白云生处有人家。停车坐爱枫林晚,霜叶红于二月花。”

李商隐擅长用典,诗作风格典雅华丽,尤其出色的是他的《无题》诗:“相见时难别亦难,东风无力百花残。春蚕到死丝方尽,蜡炬成灰泪始干。晓镜但愁云鬓

---

① 白居易:《与元九书》。

改，夜吟应觉月光寒。蓬山此去无多路，青鸟殷勤为探看。”“昨夜星辰昨夜风，画楼西畔桂堂东。身无彩凤双飞翼，心有灵犀一点通。隔座送钩春酒暖，分曹射覆蜡灯红。嗟余听鼓应官去，走马兰台类转蓬。”都是感情真挚、意象生动的名作。

五、豪放与婉约并重的宋词

在中国文学史的巍峨群峰中，宋词与唐诗齐肩而立。关于词的起源，《旧唐书·乐志》称其本为“胡夷、里巷之曲”，认为词来源于胡乐(西域音乐)和民间小调。隋唐之时，西域音乐传入中原，与本土传统乐调相融合，形成了“新声”，即所谓“宴乐”。配合“宴乐”的多种曲调，都市里以演唱为生的乐工歌女创作出长短不一的歌词①。作为一种文体，词最初是为适应乐曲歌唱的需要而产生，所以其创作方式为“倚声填词”。曲调或铿锵激越，或柔曼舒缓，词的句子也随之长短不一，故词又被称为“长短句”。词起源于乐工歌女的创作，又经过文人雅士的精致加工，逐渐定型。南朝时沈约等作《江南弄》，可视为词体的萌芽。到中、晚唐及五代时期，经过温庭筠、李煜等人的努力，词终于形成既适于歌唱又具有独立艺术价值的文体，并在音节和句型的长短方面都形成若干固定的格律，其具体体现，便是词牌，如“忆秦娥”、“清平乐”、“水调歌头”等等。在词的起始阶段，词牌与词的内容是一致的，词牌名也就是词的题目。宋代以后，情况发生了很大的变化。除极少数作品外，词牌只是作为文字、音韵结构的定式(段数、句数、韵数、字数和平仄)，而与词的内容没有必然联系，因此，词牌之外，需另拟题目。词的篇章有长有短，最短的只有十几个字，最长的可达两百字以上，一般分为小令(58 字以内)、中调(59 字至 90 字)和长调(90 字以上)。

宋初国力强盛，经济繁荣，都市生活安逸舒适，士大夫阶层沉溺于风花雪月之中，而唐、五代遗留下来的词风正是以摹写浓艳香情为特长。另一方面，宋代理学大兴，影响到诗歌创作，“言理不言情”成为诗人创作的准则，因而抒发爱恋、幽情、闲适、伤感、哀怨种种情怀的文学任务自然大部由词来承担。由于以上诸多因素，词的发展，于宋代达于极盛。

宋代第一个专业词人是柳永。满腹诗书的柳永科举屡试不第，心灰意冷，转而对功名富贵采取狂傲态度，“忍把浮名，换了浅斟低唱”！他以“白衣卿相”自居，盘桓于秦楼楚馆，依红偎翠，在沦落风尘的歌妓中寻求知音，因此，其不少作品反映了歌妓们向往幸福生活的心声，如“万里丹霄，何妨携手同归去！永弃却烟花伴侣！免教人见妾，朝云暮雨”，便是名句。柳永一生漂泊，写下不少以羁旅行役为主题的

① 参见褚斌杰：《中国古代文体概论》，北京大学出版社 1984 年版，第 250 页。

词作。著名的《八声甘州》写自己于暮雨秋风之中:“不忍登高临远,望故乡渺邈,归思难收。叹年来踪迹,何事苦淹留？想佳人妆楼颙望,误几回天际识归舟？争知我,倚阑干处,正恁凝愁!”此词感伤悲凉,将天涯游子的内心酸楚凄然托出。柳永的词作铺叙有序,情景交融,缠绵悱恻而又晓畅易诵。宋人叶梦得称,甚至在西夏偏远之地,“凡有井水处即能歌柳词”①,足见其传播之广。

才华横溢的苏轼,是宋词当之无愧的挂帅人物(图8－4)。“词至东坡,倾荡磊落,如诗,如文,如天地奇观。”②苏轼大胆创新,引诗及散文笔法入词,极大地扩充了词的表现能力,又拓展词作题材,突破前人局限于花前月下、闺香艳情的狭隘藩篱,咏史、怀亲、议政、纪游,将词作导向广阔的社会人生。在风格上,他一反传统的阴柔婉约,创立了阳刚雄健的豪放词派,“指出向上一路,新天下耳目”。③ 这种崭新风格的奠基之作是广为传诵的《水调歌头》和《念奴娇》。前一首写中秋佳节怀念弟弟苏辙,由“明月几时有,把酒问青天”起兴,感发出“人有悲欢离合,月有阴晴圆缺,此事古难全。但愿人长久,千里共婵娟”的人生叹喟。后一首吟咏历史如“大江东去,浪淘尽、千古风流人物”,“雄姿英发”、“羽扇纶巾”的周瑜早已作古,唯有山河依旧,大江长流。面对悠远的历史和有限的人生,苏轼只能用“人间如梦,一樽还酹江月”来聊自慰藉。这两首词意境壮阔,气势如虹,天上人间,古往今来,浑然一体,抒情、写景和议论熔为一炉,尽管词中不无伤感与无奈,但通篇洋溢的蓬勃基调,千百年来给一代又一代的读者以激情澎湃的心灵鼓舞。

图8－4　苏轼像

苏轼以后的又一豪放派词作大家是抗金名将辛弃疾。山河破碎的民族危机和金戈铁马的军旅生涯,培育了辛词的爱国主题、英雄本色和悲壮情调。这些特征集中体现在如下作品中:“醉里挑灯看剑,梦回吹角连营,八百里分麾下炙,五十弦翻塞外声,沙场秋点兵。马作的卢飞快,弓如霹雳弦惊。了却君王天下事,赢得生前身后名,可怜白发生!”辛弃疾雄才大略,忠心耿耿,但久不得朝廷信用,壮志未酬、

① 叶梦得:《避暑录话》。

② 刘辰翁:《辛稼轩词序》。

③ 王灼:《碧鸡漫志》卷二。

报国无门的忧愤倾注于词作之中，平添几重深沉惆怅："长安故人问我，道愁肠殢酒只依然"，"浮云来去，枉了冲冠发"。个人委屈与家国忧患血脉相通，令人读来不觉颓伤，而思绪昂扬！辛词情采纷呈，在慷慨纵横的另一面，也有不少清新、幽远之作。如："茅檐低小，溪上青青草。醉里吴音相媚好，白发谁家翁媪？""众里寻他千百度，蓦然回首，那人却在，灯火阑珊处。"这些都是难得的巧辞佳句。

豪放派之外，宋代词坛，也是名家辈出。晏殊写寂寞惆怅："一曲新词酒一杯，去年天气旧亭台，夕阳西下几时回？无可奈何花落去，似曾相识燕归来。小园香径独徘徊。"可谓荡气回肠。秦观写男女之爱："柔情似水，佳期如梦，忍顾鹊桥归路？两情若是久长时，又岂在朝朝暮暮。"文辞纯洁真挚。贺铸写个人闲愁："试问闲愁都几许？一川烟草，满城风絮，梅子黄时雨。"其中幽怨可掬。张孝祥写湖光夜色："洞庭青草，近中秋，更无一点风色。玉界琼田三万顷，著我扁舟一叶。素月分辉，银河共影，表里俱澄澈。"通篇晶莹剔透，赏心悦目。李清照写离思别绪更是巧思传神："东篱把酒黄昏后，有暗香盈袖。莫道不消魂，帘卷西风，人比黄花瘦。"以上诸家，奇葩竞放，争香斗艳，渲染出宋代词坛的万紫千红。

六、异军突起的元杂剧

元代文坛，杂剧异军突起，独领风骚。杂剧是北方地方戏院本和宋金时代说唱艺术诸宫调的综合产物。杂剧唱词配合只曲，节奏、韵律富于变化而又有规范要求。只曲按一定规则排列而成套曲，每一套曲内的只曲要押同一韵脚。剧本通常由四套曲组成。杂剧的角色，分旦、末、净、外、杂五大类，各大类下又分若干小类，以便于推进剧情，刻画人物。作为新兴文学样式，杂剧是具有完备的剧本、规范的表演形式、丰富的社会生活内容的成熟戏剧。元代城市商业经济的繁华，为杂剧提供了适合的社会条件；元蒙统治集团对歌舞、戏曲的爱好，也促进了杂剧的兴盛。杂剧作家多为平民知识分子，他们的作品较多地反映了社会下层民众的生活境遇、思想情感。从中国文学史的总体历程看，元杂剧是重要转折的标志。在此以前，抒情的诗词散文为文学主流；在此以后，以叙事为主的戏曲、小说蔚为大观。

关汉卿长期生活于瓦肆勾栏，与艺人亲密过从，是元代杂剧创作的杰出代表性作家。《感天动地窦娥冤》是他的最重要作品。窦娥出身贫苦，丈夫早死，与婆婆相依为命。流氓地痞张驴儿无耻纠缠，窦娥坚贞不从。张驴儿投毒，误杀自己的父亲，反诬窦娥，逼迫她顺从。为使婆婆免受酷刑，窦娥屈打成招，被判处死。在绑赴刑场的途中，窦娥大声疾呼："地也，你不分好歹何为地！天也，你错勘贤愚枉做天！"表达了对黑暗社会的强烈控诉。窦娥的冤屈感动了上苍，阴霾密布，悲风怒号，六月的刑场，大雪飞扬，雪花掩埋了窦娥纯洁的躯体。大地三年不雨，草木尽萎。关汉卿在窦娥身上,倾注了自己对于贫苦民众,特别是善良妇女的深切同情,而对于代表社会恶势力的张驴儿、草菅人命的昏庸太守,则表示出极端憎恶和愤怒谴责。全剧人物形象鲜明,语言充满个性特征,特别是后半部分浪漫主义手法的精彩运用,使《窦娥冤》成为关汉卿乃至全部元代杂剧创作中最为成功的作品。

关汉卿一生创作了60余个剧本,题材广泛,风格多样。《救风尘》凸现妓女赵盼儿搭救同伴宋引章,使其摆脱纨绔子弟周舍欺凌的侠肝义胆;《望江亭》描写谭记儿装扮渔妇,巧言骗取杨衙内的金牌、文书,保护丈夫,捍卫幸福婚姻的聪明伶俐;《单刀会》歌颂关羽不畏危难,深入虎穴,单刀赴会的大智大勇。这些剧目情调健康,引人入胜,在戏曲舞台上长演不衰。

元杂剧的另一重要作品是王实甫的《西厢记》,这是一部带有明显反礼教色彩的爱情喜剧。正直、诚恳而书呆子气十足的张生与温柔美丽的相国小姐崔莺莺一见钟情,遭到门第观念顽固的老夫人的阻碍、破坏。身份低微而善良聪颖的侍女红娘从中斡旋,多方协助,使有情人终成眷属。王实甫大胆创新杂剧体裁,突破一本四折(四套曲)的惯例,将《西厢记》写成五本二十一折,以适应故事曲折、饱满的内容。在人物形象刻画上,主要角色个个栩栩如生,莺莺、红娘、张生和老夫人,都是经得起时光检验的杰出艺术典型。在文辞方面,全剧清丽优雅,诗意盎然。这些因素的综合,使《西厢记》成为元杂剧中当之无愧的经典之作。

元杂剧的名家名作,还有白朴的《墙头马上》、马致远的《汉宫秋》、郑光祖的《倩女离魂》。三剧均写爱情,或刚烈,或哀怨,或奇幻,各有千秋,自成佳境。

七、极摹人情世态的明清小说

明、清两朝,商品经济发展,市井繁华,市民阶层兴起。反映这种生活变迁,“极摹人情世态之歧”,形式活泼自由,结构灵活多变,语言通俗浅近的新的文学样式——小说,蓬勃兴旺起来。在文体渊源上,小说与上古神话、唐代传奇故事和宋元说书艺人的话本有千丝万缕的联系。明清时代,小说无论在篇幅容量、艺术结构、思想寓意、语言技巧方面,都达到空前的高峰。

(一)“三大奇书”

罗贯中的历史小说《三国演义》,施耐庵、罗贯中的英雄小说《水浒传》,吴承恩的神魔小说《西游记》,并称为明代的“三大奇书”。《三国演义》纵横捭阖地展示蜀、吴、魏间错综复杂的政治、军事斗争,塑造了睿智孔明、仁厚刘备、忠义关羽、鲁莽张飞、奸诈曹操等数以十计的精彩艺术典型。《三国演义》尤其擅长描绘战争,统帅运筹帷幄,谋臣钩心斗角,将士浴血搏杀,不仅场面惊心动魄,而且于刀光剑影中显现各色人物的鲜明性格。《水浒传》取材于宋代梁山泊农民起义的史实，热情刻画以宋江为首的众英雄的生动群像。《水浒传》善于通过具体的行动来表现人物的精神面貌和性格特征。林冲夜奔梁山，武松景阳冈打虎，鲁智深大闹野猪林，杨志失陷生辰纲，宋江浔阳楼吟诗，既有精彩场面，更有传神的人物描绘；故事自成段落又环环紧扣；语言丰富生动又突出个性化特征。这些均显示了作者高超的艺术才能。《西游记》以孙悟空一路降妖伏魔保护唐僧去西天取经为主线展开故事，表达正义终将战胜邪恶的创作旨意。《西游记》想象迷幻，构思奇巧，结构宏伟，风格诙谐，以强烈的浪漫主义手法塑造了神通广大的孙悟空、愚笨憨厚的猪八戒、虔诚软弱的唐僧以及形形色色的妖魔鬼怪等众多艺术形象。大闹天宫、三打白骨精、智过火焰山等故事，更是脍炙人口，家喻户晓。

（二）"三言"、"二拍"与《金瓶梅》

以上"三大奇书"均为鸿篇巨制，而冯梦龙的"三言"——《警世通言》、《喻世明言》、《醒世恒言》，凌濛初的"二拍"——《初刻拍案惊奇》、《二刻拍案惊奇》，则是短篇小说的集萃。"三言"、"二拍"以城市下层民众为描绘对象，表达了卖油郎、歌妓、工匠、酒店老板、账房先生等芸芸众生的悲欢离合、喜怒哀乐，反映了资本主义萌芽给社会经济、道德观念、礼仪习俗带来的微妙而深刻的变化。这些短篇故事曲折生动，描绘细腻，注重人物内心世界的揭示，语言朴素而精炼。其选本《今古奇观》流传极广。

论及明代小说，《金瓶梅》是不可忽视的重要作品。尽管关于它的作者，长期争议纷纭，难有定论，但学界一般认定，《金瓶梅》是中国第一部由文人独立创作的长篇小说。与《三国演义》、《水浒传》和《西游记》不同，《金瓶梅》不是以英雄传奇性为人物故事的精髓，而是以直接描写平民日常生活、揭示人性的弱点和丑行为意旨之所在。鲁迅将其归为"描摹世态，见其炎凉"的"世情书"，可谓点明了《金瓶梅》迥异于以往传奇小说的"社会小说"的本质特点。小说以西门庆、潘金莲为中心，描绘了上至宦官、太师、达官贵人，下至柔弱女子、地痞、帮闲，林林总总的众生相。在结构规模、情节组织、人物性格刻画方面，都取得了相当的成功。小说在性描写方面的尺度把握失当，历来为人诟病，这也是需要特别指出的。

（三）《聊斋志异》与《儒林外史》

清代小说艺术成就较高者，当推蒲松龄的《聊斋志异》和吴敬梓的《儒林外史》。

《聊斋志异》由480余篇短小精悍的文言作品组成，它继承魏晋志怪小说、唐人传奇的章法，又加以发展，形成自己特殊的风格。《聊斋志异》中的爱情故事，多写狐鬼精灵与人恋爱，变幻莫测，奇特别致地反映了作者反对礼教的进步婚恋观。另一些作品，则揭露腐败的科举制度，抨击黑暗时政，嬉笑怒骂，皆成妙章。郭沫若评论其"写鬼写妖高人一等，刺贪刺虐入骨三分"，可谓言简意赅。

《儒林外史》是中国小说史上第一部长篇白话讽刺小说。吴敬梓以犀利的笔锋，勾画出君主专制社会末期知识阶层各色人等的灵魂。作者颂扬了王冕、杜少卿等人的"出污泥而不染"，"品行文章，当今第一"，但更多的是揭发、讽刺俗儒热衷科举，醉心功名，趋炎附势，媚上傲下的百般丑态，以此谴责八股取士的腐败、纲常名教的虚伪和官僚政治的黑暗。书中写道：范进一生穷困潦倒，而一旦中举，竟然高兴得发疯；满口礼义廉耻的杜慎卿评价女色津津乐道；王惠官为太守，上任第一件事竟是询问捞钱的窍门。鲁迅称《儒林外史》"秉持公心，指摘时弊，机锋所向，尤在士林；其文又戚而能谐，婉而多讽"。[①] 此话正点明它的主旨锋芒和艺术特色。

（四）《红楼梦》

18 世纪中叶，中国文学史上里程碑式的伟大作品《红楼梦》横空出世，并迅速传播开来。

曹雪芹著、高鹗续的鸿篇巨制《红楼梦》，不仅是明、清小说艺术成就的集大成者，而且是整个中国古典文学现实主义的辉煌顶峰。《红楼梦》原名《石头记》，以贾、史、薛、王四大家族为背景，以贾宝玉、林黛玉的爱情悲剧为主线，通过贾家荣、宁二府由盛而衰的过程描写，深刻展示出专制政治统治秩序及其"正统"意识形态无可挽回地走向全面败亡的历史趋势。作品穿透宝玉、黛玉、宝钗间爱情、婚姻纠葛的三棱镜，折射出五光十色的广阔社会生活场景，结构精巧，规模宏大，人物众多，形象丰满，情节转换自然流畅，宛若天成，语言运用洗练精巧，出神入化，成为中国古典文学艺术的最高典范。

《红楼梦》以爱情为主线，但绝不能简单地将其视为言情小说。贾宝玉的身上的确有曹雪芹本人早年遭际的印迹，但小说绝不能简单地视为"影射"之作。作者喻作有"补天"之质的"通灵宝玉"的贾宝玉这一头号艺术形象，其本质意义并非天生的"情种"，而是与社会、家族的通行法则格格不入的"叛逆"和"废物"。"那个时代社会体制中一切公认有价值的东西，都遭到他的蔑视和抛弃，因而，他就既成为社会政治结构的'废物'，也成为他的'诗礼簪缨之族'的废物。"[②]小说全部矛盾关

① 《鲁迅全集》第 8 卷，人民文学出版社 1957 年版，第 181 页。

② 章培恒等：《中国文学史》下卷，复旦大学出版社 1996 年版，第 549 页。

系的主线，便是以此为中心而展开。概而言之，《红楼梦》是一部具有深刻的历史内涵和社会批判意义的爱情小说。它颠覆了传统的价值观念，“把人的情感生活的满足放到了最高的地位上，用受社会污染较少、较富于人性之美的青年女性来否定作为社会中坚力量的士大夫阶层，从而表现出对自由的生活的渴望。从而，它也前所未有地描绘出美丽聪慧、活泼动人的女性群像。虽然《红楼梦》始终笼罩着一种宿命的伤感和悲凉，但也始终未曾放弃对美的理想的追求。在引导人性毁弃丑恶、趋向完美的意义上，它是有着不朽价值的”。①

曹雪芹为《红楼梦》的创作倾注了毕生心血。“满纸荒唐言，一把辛酸泪。都云作者痴，谁解其中味？”《红楼梦》面世后，其大气磅礴的思想艺术力量，震动了社会。伤感者为宝、黛的真挚爱情感动得“呜咽失声，中夜常为隐泣”；文雅者则对其绝妙手笔“爱玩鼓掌”，“读而艳之”；冲动者甚至因品评书中人物意见相左而“遂相龃龉，几挥老拳”。几百年来，为了探索《红楼梦》的奥秘，文史研究家与一般的业余爱好者共同努力，形成一门博大精深的专门学问——“红学”。这种文学史上的奇特现象本身，就体现了《红楼梦》恒久而卓绝的艺术魅力。

思考题：

1. 怎样理解、评价“在某一历史时期内某一体裁的高度繁荣代表了文学的时代风貌”这一中国文学的规律性特征？

2. 俗话说：“老不读《三国》，少不读《西游》，男不读《水浒》，女不读《红楼》。”你同意这样的说法吗？谈谈你的理由。

3. 根据个人爱好，选读中国古代文学名著，并交流阅读心得。

① 章培恒等：《中国文学史》下卷，复旦大学出版社1996年版，第557至558页。

第九章 开物成务　巧夺天工

天有时，地有气，材有美，工有巧，合此四者，然后可以为良。

——《周礼·冬官考工记》

物质财富的创造，是人类全部文化活动的基础。在长期的探索与实践过程中，中华先民认识自然，利用自然，改造自然，以迥异于一般动物被动地从属于自然界的主动创造精神，巧夺天工，开物成务，点石成金，化朽为奇，创造出光华灿烂的物质文明，在很长的历史时段里，代表了人类科学技术的先进水平。

一、发达的农业科技

由于特定的地理环境与自然条件，中华民族以农立国，辅以林、牧、渔业，与古印度并列为人类农耕文明的两大典范。人称中国为"文明古国"，其发达"文明"的程度，在相当意义上，由其独步世界的先进农业科学技术水平作为标志。

在绝对年代方面，中国农耕种植业的历史固然晚于古埃及和巴比伦，但就农业发展的后续力而言，中华民族又超乎其上，在16世纪以前的数千年间，无论农业规模或耕作水平，均处于世界领先水平。

大约5 000年前，中国便有了较为成熟、系统的农事耕作。《周易·系辞》所载："神农氏作，斫木为耜，揉木为耒。""神农"之"神"，其意为"治理"。文献学家张舜徽因此将"神农"解释为"治田"①。大规模的开垦田地，首先需以燃烧之法除去杂草等物，所以"神农氏"又称"烈山氏"，《孟子·梁惠王上》记载的"烈山泽而焚之"，说的就是开垦荒地的头一个技术环节。接下来的松土环节，中华先民已经使用了木制的工具。"斫木为耜，揉木为耒"中的"耜"，指尖锐状的木铲，"耒"则是木铲上端便于掌握的木把。金属的硬度远胜于木器。当人们学会使用铜、铁以后，将

① 张舜徽：《中国古代劳动人民创物志》，华中工学院出版社1984年版，第1页。

其运用到农具上，木制的“耜”便成了金属制的“铫”。《管子·海王》所载“耕者必有一耒，一耜，一铫”，从工具的角度反映了当时农业生产的技术水平。秦汉以后，将耕地与播种两道工序一并完成的高效率工具“耧车”出现（图9－1）。耧车有牛牵引，车上既装备了耕地的犁，又装备了盛种子的漏斗。随着耧车的前进，土地翻动，种子从漏斗中滑落入土。这种先进的耕作技术，不仅在中原地区普遍可见，而且还传播到西北地区。《三国志》记载，皇甫隆任敦煌太守，“教作耧犁，其所省庸力过半，得谷加五”①。

图9－1　耧车

从总体上看，中国古代农业科学技术的特点是循环利用，低能消耗；以种植业为主，多种经营，综合发展；用养结合，使地力常新；集约耕作，提高土地利用率。在培养农作物及家畜家禽良种、改良农具、兴修水利工程等方面，都取得了领先世界的成就。

中国农业以精耕细作为主要特色。土地为种植业之本，中华先民很早就注意到“土宜”对丰产的关键意义。成书于战国的《禹贡》，便区分各地土质为“黄壤”、“涂泥”、“海滨广斥”等诸种类型。《管子》更将九州土壤依肥沃程度定为上、中、下三级十八种，因土制宜，分别种植各类作物。区别土质，目的在改良土壤。汉代的《氾胜之书》便记述了“弱土弱之”、“强土强之”的方法。对于盐碱不毛之地，战国时代的人们已发明引水灌溉、洗去盐碱的改土良方。相传一个叫史起的地方官，指导农民用这个方法将邺郡大片荒地辟为沃土，以致民歌称颂：“邺有圣令，时为史公，决漳水，灌邺旁，终古斥卤，生之稻粱”。②

科学地使用土壤，充分发挥“地力”的效能，使其“常新壮”而不衰，是中华先民的杰出创造。早期恢复地力的方法是实行弃耕制。春秋时，人们便区分土质，或作“不易之地”（连续耕作），或作“一易之地”（耕一闲一），或作“再易之地”（耕一闲二）。到了汉代，为了提高土地利用效率，赵过发明“代田法”，即田亩的垄沟与垄背每年互换位置，既充分发挥了地力，又使其获得周期性的恢复。此外，北魏贾思勰的《齐民要术》还记载了不少换茬、轮作、复种等充分利用地力的行之有效的方法。

精细的田间管理，是农业丰产的保证。中华先民在以下方面均有上佳创造：

① 《三国志·魏志·仓慈传》注引《魏略》。

② 《吕氏春秋·乐成篇》。

"锄不厌数",既除草,又保墒;水稻"烤田",促使稻根向纵深发展;棉花整枝打杈,阻其疯长,以增加棉铃数量;合理施肥,"用粪如用药";等等。

水利是农业的命脉。中华先民很早就掌握了兴建大规模水利工程的科学原理和施工技术。公元前3世纪,李冰父子主持兴修岷江流域的都江堰工程(图9－2),"遇弯裁角,逢正抽心",构思精巧,设计合理,一举而收灌溉、航运、防洪、减淤等多重功效。李冰还制定"深掏滩,浅作堰"的岁修原则,使这一工程经久不衰地造福于人民。

图9－2　都江堰

与农业关系密切的蚕桑丝绸业在中国起源很早。相传,养蚕织丝是黄帝之妻嫘祖的发明,证之以考古发掘,至迟在四五千年以前的新石器时代,蚕、丝业已在黄河、长江中下游地区萌生。《诗经·豳风·七月》生动描绘了妇女采桑的情景:"春日载阳,有鸣仓庚,女执懿筐,遵彼微行,爰求柔桑。"春秋至秦汉,丝绸生产已遍及全国,丝织品种类繁多,有绢、绨、纱、罗、绮、锦、绫、绸、缎等,织法各异,精彩纷呈。公元前2世纪的西汉时期,质地精美的中国丝绸通过著名的"丝绸之路"传入西亚和欧洲各国。古希腊、罗马称中国为Seres,意为丝绸。显而易见,Seres这个词正是从中国语言中"丝"的读音转化而来。轻柔华美的丝绸,引起西方人极度的欣羡之情。据说罗马帝国统治者恺撒有一次穿着中国丝绸袍去看戏,顿时轰动整个剧场,达官贵人个个引颈观望,欣羡不已,以致无心看戏。

中国是世界上最早种茶、制茶和饮茶的国家。现在世界上的各产茶地,最初都是从我国引进茶树或茶籽的。作为其有力佐证,英语单词tea和法语单词the,都源于中国福建方言中对茶的称呼te。俄语单词yau则是中国北方语言中"茶"(chɑ)的直接音译。茶,在中国古代又称荼、茗。公元前1世纪王褒的《僮约》中就有"烹荼尽具,酺已盖藏"的记载。相传4 000年前,中华先民便开始采摘天然茶叶用以治病。人工栽培茶树,也至少有2 000多年历史。秦汉以后,饮茶之风逐渐传开,唐朝陆羽编著了世界上第一部茶叶专著《茶经》,详载茶的历史、种植加工技术及饮茶风俗,陆羽因而被后人尊为"茶神"。中国茶叶品质优良,名品不胜枚举,大致可分为绿茶、红茶、花茶三大类。绿茶为不发酵茶,经杀青、揉捻和干燥等工艺制成,保持天然色泽和清香。红茶为发酵茶,经萎凋、揉捻、发酵而成,汤色红亮,滋味醇厚。将绿茶加入各种鲜花熏制,便得花茶。花茶溶花香于茶液之中,品味隽长。中华先民很早就发现饮茶对增进健康大有裨益,《神农本草经》称"茶能令人少眠、有力、悦志”，明代顾云庆《茶谱》记载：“人饮真茶能止渴、消食、除痰、少眠、利尿道、明目益思、除烦去腻，人固不可一日无茶。”因此，茶叶传至国外，立即受到各国人民的珍爱，与咖啡、可可一起并称世界三大饮料。

园艺是中国农业科技的重要方面，蔬菜及果树栽培都有悠久历史。早在新石器时代，人们便开始种植蔬菜，西安半坡遗址出土的陶罐内便保存有菜籽。中国蔬菜品种丰富，总数约为160种，常见品种也在100种左右。其中不少先后传至世界各地，如小白菜和大白菜，古称“菘”，因其原产于中国，所以学名分别叫 Brassica Chinensis 和 Brassica Pekinesis，即在芸薹属后面加上中国和北京的字样。芥，是中国特产蔬菜品种，籽味辛辣，初仅作调味及药用，经过劳动人民长期培育，产生出专食用其叶、茎、根的许多变种，如食叶的雪里蕻，食茎的榨菜，食根的大头菜等，深受人们喜爱。在蔬菜栽培技术方面，中华民族也有诸多创造。秦始皇时，人们利用骊山温泉的热能在冬季培育出喜温的瓜类。元代王祯的《农书》记载了菜农运用阳畦技术种植韭菜的情形：“又有就阳畦内，冬月以马粪覆之，于迎风处随畦以蜀黍篱障之，用遮北风，至春其芽早出，长可二三寸。”用软化栽培法生产黄化蔬菜的技术，至迟在宋代已经成熟。用这种方法生产的豆芽、韭黄等，鲜嫩可口，千百年来一直是人们的盘中佳肴。

中国是世界上最大、最早的果树原产地之一，北方的桃、李、柿、枣，南方的柑橘、荔枝等，都是传统名产。桃在我国已有3 000年栽培历史，《诗经》中便有“桃之夭夭，灼灼其华”的诗句，描绘桃树的繁茂。大约在汉代，桃由我国西北经中亚传入伊朗，继而传到欧洲各国。19世纪后半期，日本、美国又从我国引种水蜜桃和蟠桃。柑橘类果树有许多种类，以甜橙、橘、柚和柠檬最重要。除柠檬外，其他三种均原产于我国。柑橘在我国生产历史十分久远，屈原的一曲《橘颂》，表明春秋战国时代柑橘已成为人们生活中常见的水果佳品。而《周礼·考工记》序目所称“橘逾淮而北为枳”，更说明当时人们对柑橘生产土壤、气候等方面的特殊要求已有足够的了解。

二、灵巧的手工业技艺

在长期的文化创造进程中，中华先民掌握了精良的手工业技艺，在陶器、瓷器、青铜器、漆器的制作方面，取得了骄人的业绩。

（一）陶瓷制作

距今5 000年前，中华先民已经能够烧制图案精美、色彩艳丽的陶器。在仰韶文化遗址中，多有陶器实物出土。其后的龙山文化时期，制陶技术更加进步，当时制作的黑陶器皿表面光亮，有的壁厚仅一两毫米，被称为蛋壳陶。在河南郑州二里冈、安阳小屯及江西清江县吴城村等地的商代遗址中，考古工作者发现了珍贵的青釉陶器，这些陶器系采用高岭土制坯，经1 200度高温烧制而成，质地坚硬，其胎质及釉的化学成分与瓷器十分接近。

在制陶技术的基础上，中华先民又发明了制瓷技术。制瓷工艺非常繁复，需经取土、炼泥、镀匣、修模、洗料、做坯、印坯、镞坯、画坯、荡沏、满窑、开窑、彩器、烧炉等十数道工序，专业性极强，每一件产品的制成，需经几十人之手。东汉末至六朝时期，瓷器生产的技艺已相当普及、成熟。到唐代，瓷器益臻精美，杜甫在《又于韦处乞大邑瓷碗》一诗中写道："大邑烧瓷轻且坚，扣如哀玉锦城传。君家白碗胜霜雪，急送茅斋也可怜。"诗中所写的瓷碗，本为民间所用，但亦堪称工艺精品。宋代制瓷技艺炉火纯青，有定窑（河北定州）、汝窑（河南临汝）、官窑（开封及杭州）、哥窑（浙江龙泉）、钧窑（河南禹县）（图9－3）五大名窑，其制品在釉色及图案设计方面各有独特风格。江西景德镇，原名新平，此地汉代便出产陶器，南朝陈时开始制瓷。宋景德年间，这里烧制的瓷器因质地精美而成为进呈皇室的贡品，"景德窑"因此名满天下，新平镇也更名为景德镇，沿袭至今，成为誉满全球的"瓷都"。宋元时期，中国瓷器大量运销国外，制瓷技术遂为各国仿效。直至今天，英语中的"China"一词仍兼有"中国"与"陶瓷"双重意义，正表明了中国作为"世界瓷国"的历史地位。

图9－3　元代钧窑天蓝釉葵花式花盆

（二）青铜冶炼

古代中国在金属冶炼方面也有突出成就。距今4 000多年前，中华先民就学会了冶炼红铜的技术。考古工作者在河北唐山大城山龙山文化遗址中发现了红铜制作的器皿。殷商之时，人们已熟练掌握了比红铜物理性质更优越的青铜的冶铸技术。《周礼·考工记》"金有六齐"的记载，反映出当时的工匠已明了铜、锡配方比例直接影响青铜器硬度与韧度的规律。《荀子·强国》中"刑范正，金锡美，工冶巧，火齐得"的文句，给人们留下青铜工艺的珍贵记录。河南偃师二里头出土的商代早期青铜器，已采用了多合范的铸造工艺。商代晚期制造的后母戊方鼎（图9－4），重达875千克，足以证明当时青铜器制作的规模和水平。此外，中国还是世界最早冶炼金属锌、铜锌合金、铜镍合金和铁合金的国家。

图9－4 后母戊方鼎

（三）漆器制作

漆被英国李约瑟博士认为“可能是人类所认识的最古老的工业塑料”，而中国人正是漆的最早使用者。在距今6 000多年的浙江余姚河姆渡遗址第三文化层中，人们发现了一件木胎漆碗，碗壁内外均有薄层朱红色涂料，色泽鲜艳，微有光泽。经专家试验分析，确认其成分为生漆。这是目前中国人使用漆器最早的实物证据。周代之时，漆树的种植已成规模，有的漆林由官府经营，并设专职的管理人员。据《史记》记载，著名的大哲人庄周，“尝为蒙漆园吏”①，早年曾在家乡蒙县担任过管理漆园的下级官吏。漆器的使用范围，最初是饮食之器，后来推及祭祀用品、舟车、家具、乐器、兵器等，广泛进入人们的生活。汉代漆器制造工艺精致，分工细密，有素工、髹工、上工、黄涂工、画工、清工、造工等工种。漆器制作的一般程序是先有一木胎，然后在木胎上用漆树的汁液髹饰加工。如果在髹饰加工之后将内胎取出，则是所谓脱胎漆器，其工艺尤其复杂。脱胎漆器的做法是：“先预备好一个木或土做成的模子；把薄绸或绢盖在模子上；然后涂上漆料；干好后，再将模子取出来，留在绸里漆面的器物，就成为轻巧的脱胎器。模子的造型越复杂，脱胎取模也就越困难，不具有高度技术水平，是不容易制成一件东西的。这种技艺，在我国开始甚早，从新疆罗布淖尔的考古发掘中，我们已看到西汉时以麻布为胎的类似脱胎器。六朝以后，大小佛像多采用这种制法，当时叫做‘夹纻’。”②

三、精良的工程技术

中华民族历来不乏能工巧匠。他们精巧的劳作成果，令今人叹为观止，由衷地钦佩与赞赏。

---

① 《史记·老子韩非列传》。

② 张舜徽：《中国古代劳动人民创物志》，华中工学院出版社1984年版，第126页。

（一）机械制造

在机械制造方面，公元前4世纪，中国已发明了双动式活塞风箱，《老子》中“天地之间，其犹橐籥，虚而不屈，动而愈出”的字句，描绘了它的连续动作。在公元13世纪的《演禽斗数三世相书》中，人们可以看到这种风箱的图示；而欧洲直到1916年才将此双动式原理运用于水泵制造。公元前1世纪，中国人已发现可以用传动带将动力从一个轮子传到另一个轮子，纺车是这一发现的实用性成果；而欧洲最早使用传动带技术的旋转石磨，1430年才出现。公元4世纪，道教学者葛洪已论及直升机的水平旋翼，其机械原型是一种叫“竹片蜻蜓”的玩具。虽然古代中国未能制造出实用型飞行器，但旋翼的发现启迪了现代航空之父乔治·克莱，推进了飞机螺旋桨的研究。公元5世纪，桨轮船出现于刘宋王朝的水军之中，祖冲之制造的“千里船”代表了这一时期桨轮船的最高水平。宋代抗金名将岳飞之孙岳珂所撰《金佗续编》，称这种由叶片桨轮驱动的战船能载士兵两三百人，“船行如龙，观者以为神异”。李约瑟博士相信，这种桨轮船已达50马力，时速约为3.5～4海里。公元10世纪，张思训受龙骨水车原理启发，改进传动带，首次运用链式传动装置来输送动力。11世纪，苏颂将这一技术用于大型机械天文钟“水运仪象台”的制作中。“水运仪象台”高近12米，将动力机械和传动装置组合成一个整体，利用齿轮、链条系统使机轮运动变慢，并保持在一个恒定的速度，使之既能演示天象，又具计时功能。这一成就领先于欧洲约两个世纪。

（二）道路交通建设

道路交通是社会生活运转的必要条件。在这方面，中华先民创造了辉煌的业绩。《诗经·小雅》记载：“周道如砥，其直如矢”，可见，当时已有又平又直的道路方便人们出行。《国语·周语》记载：“列树以表道，立鄙食以守路”，反映出周代末年，已有了规范的道路养护制度。战国时代，各国车辆形制有异，道路宽窄不同，加之关隘林立，严重阻碍了交通。秦始皇统一全国，规定车宽以六尺为制，一车可通行全国。公元前220年，他又下令以首都咸阳为中心，修筑“驰道”，“东穷燕齐，南极吴楚，江湖之上，濒海之观毕至”。[①]“驰道”的设计十分壮观，“道广五十步，三丈而树，厚筑其外，隐以金锥，树以青松”。[②] 两年后，又劈山填谷，修筑咸阳到九原（今内蒙古包头西北）的“直道”，全长900多公里。除此之外，还在偏远的云贵地

---

① 《汉书·贾山传》。
② 《汉书·贾山传》。

区修“五尺道”，在五岭山地开辟“新道”。依凭完善的道路交通系统，秦汉之时，全国已经建立起便捷的邮传制度，规定五里一邮，十里一亭，三十里置一驿和传①。据《汉书·百官公卿表》的数据，西汉共有亭29 635个，这从一个侧面反映了当时道路交通的发达程度。

（三）运河设计与开凿

古代中国运河开凿的设计与施工水平长期雄踞世界前列。公元前5世纪，吴王夫差掘邗沟，沟通江淮水道。公元前3世纪，秦始皇令史禄领导开凿出世界上第一条连接流向相逆的湘水、漓水的等高线运河——灵渠。公元6世纪，隋炀帝决定开凿以洛阳为中心，向东北至今天津，向东南至今杭州的大运河。运河沟通海河、黄河、淮河、长江、钱塘江五大水系，全长2 700公里。元代以后，河道裁弯取直，形成现在的京杭大运河，全长1 794公里。直到17世纪法国开凿四条运河以前，西方没有可与大运河相提并论的水利工程，而即便是法国的运河，也没有一条超过250公里。为了克服水位落差对运河行船的阻碍，984年北宋乔维岳发明船闸，“创二斗门于西河第三堰，二门相距逾五十步，覆以厦屋，设悬门，积水俟潮平，乃泄之”，“自是弊尽革而运舟往来无滞矣”。② 这一技术领先欧洲约400年。

（四）桥梁建造技术

图9-5　赵州桥

古代中国的桥梁技术也令世界瞩目。公元6世纪，隋代工匠李春于今河北赵州市洨河上修建安济桥，又称赵州桥（图9-5），创先采用坦拱和敞肩拱新工艺，是世界桥梁史上的经典之作。桥长50.82米，桥面宽约10米，主拱跨径37.02米，拱圈矢高7.23米，坡度平缓。尤其令人称绝的是，拱圈左右两端共设四个小拱，既减省材料，降低对基础的压力，又便于排洪，削弱洪水对桥身的冲击，还使桥形更为轻灵美观。这种敞肩拱桥迟至14世纪晚期才在欧洲出现，直到今天，仍被世界各国的建筑师们广泛采用。

---

① 张舜徽：《中国古代劳动人民创物志》，华中工学院出版社1984年版，第130页。

② 《宋史》卷三〇七。

四、科学原理的探索

在探索自然科学原理的道路上，中华先民也多有创获。

（一）天文历法

在天文历法方面，大约在公元前 4 世纪，中国人已开始观察太阳黑子。《汉书·五行志》中永光元年（公元前 43 年）四月“日黑居厌，大如弹丸”及河平元年（公元前 28 年）三月己未日“日出黄，有黑气大如钱，居日中央”的叙述，是现今世界公认的最早的太阳黑子记载。早于《汉书》的《淮南子》中所记“日中有踆鸟”，其实也是对太阳黑子的形象描状。而在欧洲，迟至公元 807 年 8 月 19 日才有第一次太阳黑子记录，并且还被误认为是水星凌日。《春秋》中晋文公十四年（即公元前 613 年）秋七月“有星孛入于北斗”，是世界上最早一次关于著名的哈雷彗星的记录。《晋书》中“凡彗星晨出则西指，夕出则东指，乃常也”的归纳，表明中国天文学家此时已发现“太阳风”作用于彗尾，以致形成彗尾总是背离着太阳的规律。从商代开始，中国便有了独特的干支记日法，用十天干和十二地支互相配合，组成六十甲子，周而复始，循环无穷。据史载，这种记日法从春秋时代鲁隐公三年（公元前 720 年）起，直到清朝宣统三年（1911 年）止，沿用2 600多年，从未中断，更未发生错乱。公元前 5 世纪的春秋末期，中华先民已使用四分历法，取回归年长度三百六十五又四分之一日，并采用 19 年置 7 闰的办法来调节回归年与朔望月之间的时间匹配问题。这一回归年数值较之实际回归年长度仅多 11 分钟，是当时世界上最先进的历法。西汉初年，天文学家落下闳等人制定了更完善的《太初历》，规定一回归年为 365.250 2 日，一朔望月为 29.530 6 日，以正月为岁首。《太初历》首次采用了服务农时的 24 节气，计算出 135 个月的日食周期，即约 11 年中发生 23 次日食，同时对金、木、水、火、土五大行星会合周期的计算精度，也有了明显的提高。

（二）地学

在地学方面，中国是世界上最早利用仪器测量地震的国家。西汉科学家张衡于公元 132 年制成候风地动仪，青铜铸造，高八尺，形似酒樽，外壁上装八条青龙，龙嘴中各含一枚铜珠，龙头下各蹲一昂首张口铜蛤蟆。如果龙嘴里的铜珠落下，正好落入蛤蟆之口。公元 138 年（汉永和三年）二月初三，西北方向龙嘴里的铜珠落下。几日后，陇西地震的消息传到洛阳，印证了候风地动仪的测量是准确的。这是人类有史以来的第一次地震测量。唐代的著名学者僧一行于公元 724 年，进行了人类第一次的子午线（即地球的经度线）测量。在地学中，地磁场强度矢量所在的垂直平面与地理子午面之间存在的夹角，被称为磁偏角。最早发现磁偏角的也是中国人。宋人沈括在《梦溪笔谈》中明确记载："方家以磁石磨针锋，则能指南，然常偏东，不全南也。"《古今图书集成》卷655所收王伋诗"虚危之间针路明，南方张度上三乘，坎离正位人难识，差却毫厘断不灵"，也点明了磁偏角的存在。李约瑟认为，在这方面，欧洲落后于中国约6个世纪。

（三）声学

在声学方面，中国人对于音色、音阶、音调、音律及声音传递的研究早于世界任何国家。公元前6世纪，中国已制造出精密的定音钟，公元前2世纪又制成兽皮定音鼓。音律学在西周时代便已确立，春秋时形成"三分损益法"，即在弦上欲求一已知音的上方五度音，可就发出该音的弦长减去三分之一，欲求其下方四度音，则加上三分之一。明代朱载堉又发现十二律中相邻两律间的频率差都相等的"十二平均律"，并在1584年完成等比级数的十二平均律计算，为现代键盘乐器的制造奠定了理论基础。建于明代的北京天坛的回音壁，是古代中国声学成就的纪念碑。回音壁为圆形围墙，高约6米，半径约32米，整面墙体具有优良的声音反射功能，所以只要沿墙而立，距离再远也可以小声对话，这在古今中外建筑物中是极为罕见的。

（四）生命科学

在生命科学方面，中国在公元前二三世纪便已获得了若干重要发现。《黄帝内经·灵枢》论证了"血"、"气"双循环理论，"夫血脉营卫，周流不休，上应星宿，下应经数"。同一著作中的《素问》篇还叙述了人体内部昼夜节律的"生物钟"现象，而相传此前战国名医扁鹊，已提出根据季节和日期不同的周日循环规律来选择针灸穴位，治疗各种疾病。这一时期的中国医生还掌握了从人的尿液中分离出性激素和垂体激素以治疗生殖系统的各类疾患的手段，西汉淮南王刘安首先采用"秋石"这一名称来表示人工获得的激素结晶体。在西方，直到1927年才有了同一认识，晚于中国2 200余年。战国末年，《吕氏春秋·尽数》注意到甲状腺肿大的水土环境病因，"轻水所，多秃与瘿人"。唐代甄权首先采用了阉羊甲状腺激素来治疗甲状腺疾病，早于西方千年以上。公元10世纪的宋代，道教炼丹家们已经掌握天花痘苗接种技术，揭开了人类免疫学的新篇章。其时丞相王旦之子死于天花，为其家人不致染疾，他请来各地医、巫、术士，其中有一峨嵋山道士带来痘苗接种术，并很快在京城推广。17世纪，这一方法传入土耳其，又过了一个世纪，才在欧洲普及开来。

(五)数学

在数学方面,中华先民表现出极高的解析智慧和计算能力。在殷商时代的甲骨文和金文中,便有了十进位制数法的记录。当时的人们已经使用一、二、三、四、五、六、七、八、九、十、百、千、万等字的合文来记10万以内的自然数。巴比伦、古埃及、古希腊、罗马虽然都发明了各自的记数法,但均非位值制。现有文献表明,中国是世界上最早科学地使用十进位值记数法的国家。春秋时期,中国人就掌握了九九乘法口诀。《周礼》、《管子》、《荀子》等典籍中都有时人诵读"九九歌"的记录。在圆周率的计算领域,中国长期处于世界领先水平。魏晋之际的刘徽发明"割圆术",其内容是,圆内接正多边形的边数无限增加时,它的周长的极限是圆周长,它的面积的极限是圆面积。"割之弥细,所失弥少。割之又割,以至于不可割,则与圆合体而无所失矣。"①刘徽计算了圆内接正3 072边形的面积,得出圆周率值为3.141 6。刘徽的工作为圆周率的研究奠定了理论基础。其后,南北朝时杰出的数学家祖冲之继续推进,确定了圆周率的不足近似值为3.141 592 6,过剩近似值为3.141 592 7。这一成就,领先于西方和阿拉伯世界的数学家1 000年。

中国古代数学的成就集中体现在《九章算术》这部科学巨著中。《九章算术》系统总结了战国至秦汉间的数学成就,经过多次增补,到公元1世纪时,已形成现传本的面貌。全书分列方田(分数四则算法和面积算法)、粟米(粮食交易算法)、衰分(比例分配算法)、少广(开平方与开立方算法)、商功(体积算法)、均输(粮食运输算法)、盈不足(盈亏问题算法)、方程(一次方程组解法)、勾股(勾股定理及其应用)等九章。其中负数、分数的计算和联立一次方程的解法,在世界数学史上有开创意义。有研究者指出:"以《九章算术》为杰出代表的中国传统数学与以《几何原本》为代表的古希腊数学迥然不同,它们分别代表了中西古代数学文明的杰出成果。如果说《几何原本》是一种'贵族'数学的话,那么《九章算术》无论从思想方法还是成果以及成果的表达形式和成果利用上都带有浓厚的大众色彩。可以说,我国古代数学以解决实际问题为最终目标,一切从实际问题出发,形成算法,寓理于算,并进一步应用于解决各种实际问题;同时,数学的内容、思想和方法的发展不受理论框架的限制,注重实际效果,并且在内容的表达形式上以归纳体系为主。"②那种简单贬低《九章算术》,甚至认为它不是数学著作的观点,是不正确的。

---

① 《九章算术注》。

② 刘兼:《大众数学势在必行》,《21世纪中国数学教育展望》第一辑,北京师范大学出版社1993年版,第40页。

五、嘉惠人类的四大发明

造纸术、印刷术、火药和指南针，是中华民族奉献给世界并改变了整个人类历史进程的伟大技术成果，集中反映了我国古代工艺的灿烂辉煌。

（一）造纸术

纸，作为一种质轻价廉的书写材料，在古代社会的文化生活中扮演着举足轻重的角色。纸的出现及其制造技术的完善，是中华先民的一项卓越创造。纸张出现以前，人们使用过多种书写材料，如甲骨、牛羊皮、金石、竹简木牍、缣帛等等，但甲骨不易多得，金石过于笨重，牛羊皮、缣帛价值昂贵，竹简木牍体积太大，作为常用书写材料，都不理想。西汉时期，出现了由大麻、苎麻制造的植物纤维纸和丝絮制成的絮纸，这是造纸术的开端。公元2世纪初，蔡伦总结前人经验，反复试验，制造出以树皮、麻头、破布、渔网等废弃物为原料的纤维纸，大大扩充了造纸所需原料来源，降低了成本，使之成为便于推广使用的常用书写材料。蔡伦造纸的方法，虽无文献详录，但据后人模拟，大致如下：先将树皮、麻头等浸泡发胀，然后切碎、洗涤，加以草木灰水浸透蒸煮，除去胶质、油脂、色素，用清水漂洗、舂捣，再将短细纤维配成纸浆，取漏水平面筛捞取纸浆，最后经脱水、干燥，制得纸张。汉代以后，造纸术继续进步，榕皮纸、藤纸、檀皮纸、稻麦秆纸和竹纸先后问世，总结造纸技术的著作也不断出现，如宋代的《纸谱》、元代的《纸笺谱》等。尤其是明代宋应星所著的《天工开物》，在《杀青》卷中载有制造竹纸和楮皮纸的工艺全程，并附有“斩竹漂塘”、“煮楻足火”、“荡料入帘”、“覆帘压纸”、“透火焙干”五幅图示，是当时世界上有关造纸术的最详细文献记录。

公元6世纪开始，中国造纸术传往朝鲜、越南和日本。8世纪后，又经中亚细亚传至阿拉伯及欧洲地区。1150年，欧洲第一家造纸工厂在西班牙出现。16世纪，纸张方流行欧洲。纸的大规模生产，为文艺复兴时代欧洲蓬勃发展的政治、商业贸易、文化教育事业插上了腾飞的翅膀，因此，西方人赞誉“纸对后来西方文明整个进程的影响无论怎样估计都不过分”，“世界受蔡侯的恩惠要比许多更知名人的恩惠更大”①。

① 德克·卜德：《中国物品西传考》，转引自《中国文化研究辑刊》第二辑，复旦大学出版社1985年版，第358页。

（二）印刷术

印刷术的发明，极大地推动了文化传播与交流向远距离、大规模、高效率方向拓展，是中华民族对人类文明进步的又一巨大贡献。

印刷术分雕版印刷与活字印刷两种。雕版印刷是在古代印章与石刻的经验启示下产生的，方法是先将所刻文字、图画描在透明纸上，反向贴于枣木或梨木版面，用刀刻出字形、图样，然后刷上墨汁，将纸覆盖其上，均匀揩拭后揭下，即成印刷书页。隋代初年，雕版印刷开始用于翻印佛像、佛经，唐代以后，雕版印刷的农书、历书、医书已广泛流播民间。1900 年，敦煌千佛洞发现一卷唐代印刷的《金刚经》，长约 5 米，由 7 个印张粘接而成，卷首为释迦牟尼说法图，卷尾题有“咸通九年（即 868 年——引注）四月十五日王玠为二亲敬造善施”字样。全卷雕刻精美，刀法纯熟，墨色均匀清晰，是目前世界上最早的有明确日期记载的印刷品。欧洲现存最早的印刷品，为德国南部的《圣克利斯托菲尔》画像，日期是 1423 年，晚于前述《金刚经》约 600 年。在长期实践的基础上，中国工匠精益求精，使雕版印刷术更臻完美。宋代以后，出现铜版印刷技术，用以印制线条纤细、图案复杂的画面。元代以后，又发明彩色套印，运用一图多版、各刷一色、精密吻合的技术，印刷出色彩缤纷、层次鲜明的文书和图画。

雕版印刷虽较之手工抄写效率成百倍提高，但仍存在费工、费时、费料的弊端。公元 11 世纪中期（宋仁宗庆历年间），毕昇首创活字印刷术。他的方法是用胶泥刻成单字字模，入火烧硬备用。印刷时取一铁板，铺垫松香、蜡、纸灰，围以铁框，将胶泥单字顺序排列于框内，置于火上加热，待松香等熔化后用平板将字模压平，上墨印刷。印完后拆下单字，可供另行排印他种书籍。这一发明大幅度提高了印刷效率，降低了费用，引发了印刷史上的一场革命。在现代激光照排技术出现以前的近千年间，印刷技术的基本原理一直沿袭着毕昇的伟大发明。毕昇以后，元代王祯又发明木质活字及转轮式排字架，使活字印刷术更加完善。

公元 8 世纪，中国雕版印刷术传至日本，12 世纪后又传入埃及、波斯等地。著名历史学家拉希德·丁在其 1310 年完成的《世界史》中，专门介绍了中国雕版术。14 世纪，朝鲜人民学习我国活字印刷技术，并在世界上最早创制了铜质活字。元代中西交通活跃，不少欧洲旅行家、商人远涉中国，将中国的印刷技术带回故乡。1450 年前后，德国人用铅、锡、锑制成合金活字。1466 年，意大利出现印刷工厂。印刷术在欧洲的普及，将学术、教育从基督教廷控制下解放出来。恩格斯指出：“印刷业的发明以及商业发展的迫切需要，不仅改变了只有僧侣才能读书写字的状况，而且也改变了只有僧侣才能受较高级的教育的状况①。”从此，欧洲的学术中心由修道院转移到各所大学。印刷术为当时欧洲的宗教改革运动和反封建斗争提供了有力的技术手段，对于资本主义意识形态的传播起到了巨大作用。

（三）火药

火药是硝酸钾、硫黄、木炭的粉状混合物，具有猛烈的燃烧性和爆炸性。它的发明及其应用，是中华民族古代科技的重要成就。早在殷商、春秋战国时期，人们便开始运用木炭烧火，硝石、硫黄治病，对它们的性质有所了解。秦汉时代，方士在炼丹以制取“仙药”的过程中，发明了控制硫黄药性，使之缓和的“伏火法”，以及使用硝石改变其他药品性质的技术，这都为火药的发明准备了条件。到了唐代，人们认识到点燃硝石、硫黄和木炭的混合物，会发生猛烈的燃烧。这一时期的《诸家神品丹法》、《铅汞甲庚至宝集成》等著作中均有此类记载，孙思邈的《丹经》也明确提出了火药的配方。唐末宋初，火药开始运用于军事，火炮、火箭逞威于战场，带来武器发展史上的划时代进步。起步阶段的火器主要利用火药的燃烧性能，其后过渡到利用其爆炸性能，大大提高了杀伤力。北宋末年出现的“霹雳炮”、“震天雷”，在抗金斗争中发挥了巨大威力，《金史》称其“火药发作，声如雷震”，“人与牛皮皆碎迸无迹，甲铁皆透”。南宋初年陈规发明了管形火器“突火枪”（图9－6），是为近代枪炮制造术的滥觞。

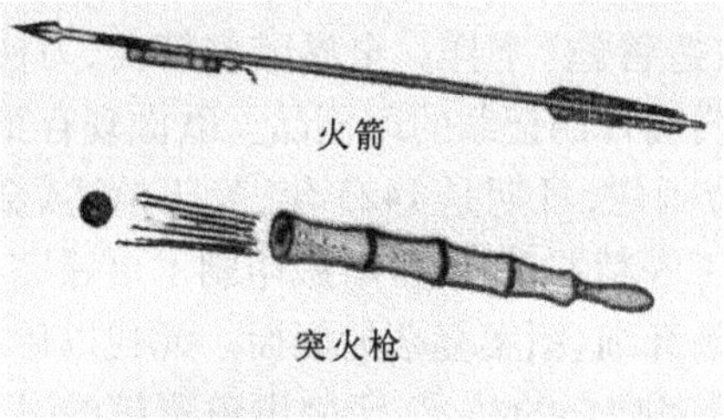

图9－6　宋代火器

在唐代，中国与阿拉伯、波斯、印度交往频繁，随着医药炼丹术的西传，硝石遂为各国人民所熟知，阿拉伯人称其为“中国雪”，波斯人称其为“中国盐”。13世纪，火药经印度传入阿拉伯地区，其后又传至欧洲，对欧洲各民族的历史进程发生了重大影响。正如恩格斯所论：“火器一开始就是城市和以城市为依靠的新兴君主政体反对封建贵族的武器。以前一直攻不破的贵族城堡的石墙抵不住市民的大炮；市民的枪弹射穿了骑士的盔甲，贵族的统治跟身披铠盔甲的贵族骑兵队同归于尽了。”②火药武器的使用，在新兴资产阶级的反封建斗争中发挥了极大的威力。

---

① 《马克思恩格斯全集》第7卷，人民出版社1959年版，第391页。

② 《马克思恩格斯选集》第3卷，人民出版社1972年版，第207页。

（四）指南针

指南针的发明，为交通运输业的进步，特别是征服大海、远洋航行提供了基本条件。早在春秋战国时代，中华先民已经发现了天然磁石吸铁和指示南北方向的性能。公元前3世纪时，出现了磁指南仪器——司南，即将天然磁石磨成勺状，置于方位盘中央，利用磁石指极性指示方向。王充《论衡·是应篇》称为“司南之杓，投之于地，其柢指南”。公元3世纪时，能工巧匠发明了指南车，从三国开始，历代史书多有关于它的记载。指南车为双轮独辕车，车上立一木人，车轮行进时，利用齿轮传动功能，使木人的手臂恒定地指向南方，《宋史》中十分详细地介绍了它的齿轮系统构造。11世纪初，人们又发明了利用地球磁场使铁片磁化法，将磁化铁片装于木鱼腹中，浮于水面之上，指示方向，称“指南鱼”。与此同时，铁针与磁石摩擦磁化而制成的指南针也投入使用，磁针与方位盘组合一体，成为最便捷的指南仪器“磁针罗盘”。北宋末年（公元12世纪初），朱彧在《萍州可谈》中提到，他在广州看见“舟师”“夜则观星，昼则观日，阴晦则观指南针”以确定航向。这是世界航海史上使用指南针的最早记录。由于有了准确的方向指示器，宋代中国商船远航南洋、印度，西至波斯湾，极为活跃。海上交往使得波斯、阿拉伯船员很快从中国人这里学会了指南针导航技术，并将它传至欧洲。

磁针罗盘的应用，为人类跨越海洋，环球航行创造了不可缺少的条件。十五六世纪葡萄牙人达·伽马绕过非洲抵达印度的探险，哥伦布“发现”美洲大陆的远航，麦哲伦环行全球的壮举，若是没有磁针罗盘导向，成功是不可想象的。新航路的开辟，殖民地的建立，推动了世界市场的形成，极大地刺激了欧洲的近代工业化，而这一切又促进了新兴资产阶级的成长壮大和封建制度的衰亡。

中国古代四大文明的文化价值历来为世界所公认。美国学者德克·海德说：“倘使没有纸和印刷术，我们将仍然生活在中世纪。如果没有火药，世界也许会少受点痛苦，但另一方面，中世纪欧洲那些穿戴盔甲的骑士们可能仍然在他们有护城河围绕的城堡里称王称霸，不可一世，而我们的社会可能仍然在封建制度的奴役之下。最后，如果没有指南针，地理大发现的时代可能永远不会到来，而正是这个地理大发现的时代刺激了欧洲的物质文化生活，把知识带给了当时人们还不了解的世界，包括我们美国。”①

---

① 德克·卜德：《中国物品西传考》，转引自《中国文化研究辑刊》第二辑，复旦大学出版社1985年版，第364—365页。

中华民族长于宏观把握、综合概括的思维特征曾促成古代科技的一系列优长，如科学与哲学在“天人合一”的总体观照下相互融通，阴阳辩证的哲学观点成为自然科学、生命科学的立足基点，综合的、抽象的定性把握和定义域十分宽泛的术语运用成为科学研究的一般模式，在这些方面，中国古代的宇宙学与人体医学是成功的典范。但是另一方面，中华民族思维特征在微观考察、定量分析、原理探究方面的欠缺，又严重限制了科学技术的近代化演进。明代《本草纲目》、《农政全书》、《天工开物》是中国古代医药学、农学、工艺三大领域的全面总结，但基本上都只限于记录、归纳具体的实践经验。中国古代学术以解决实际应用问题为主要目的。如《九章算术》，“非官曹民事所必需者，虽九章古法，亦所屏弃。撰书者竟以编歌括为算学捷径，其算术之合理与否，则概不讨论”①。社会日常生活的实用需要，固然是科技生长的基点，但是过于偏重实用，忽略理论升华的价值取向又严重限制了科学技术向更高的层次进步，难以建构起完整的理论体系。反观近代西方科技的革命性进步，恰恰是分析方法的胜利。化学向元素、化学键、分子结构与性能关系方向发展，物理学深入到基本粒子、层子夸克领域，生物学和医学挺进到细胞、染色体和脱氧核糖核酸的深度。

人们一般将人类科技史划分为原始综合时代（古代）、分析时代（近代）和高级综合时代（现代及将来）。在第一个时代，中华民族思维方式的特长得到充分发挥，因而科学技术领先于世界；在第二个时代，中华民族思维方式相比于南欧、西欧、北美各民族，在精细分析方面相形见绌，因而在百舸争流的科技大潮中渐渐落伍；在现在和将来的第三个时代，只要中华民族正视现实，冷静反思，扬长避短，自我更新，实现分析与综合的高层次统一，则一定能够在科技领域迎头赶上世界先进水平，重振雄风。

思考题：

1. 有人认为，中国古代只有“技术”，没有“科学”。你同意这种说法吗？说明你的理由。

2. 为什么说四大发明是中华民族对人类文明的重要贡献？

① 钱宝琮：《中国算学史》，中央研究院历史语言研究所集刊，1932 年，第 162 页。

第十章 翰墨遒劲 丝竹悠扬

德者，性之端也；乐者，德之华也；金石丝竹，乐之器也。诗，言其志也；歌，咏其声也；舞，动其容也。三者本于心，然后乐器从之。是故情深而文明，气盛而化神，和顺积中而英华发外，唯乐不可以为伪。

——《礼记·乐记》

艺术是人类社会文化的重要门类，它来源于劳动，来源于社会生活，因而必然地与特定民族的特定劳动方式、生活习俗、社会风貌产生直接联系，打上深刻的民族烙印。另一方面，艺术又不是劳动、生活的简单复写，而是经过浓缩、抽象、精炼、发挥，具有更精美的形式，更完善的技巧，更丰富的内涵，更感人心魄的魅力，因而给人类以精神生活的美的享受。中国艺术源远流长，有丰富的实践和非凡的成就，并形成了自己独特的民族风格、传统和精神，各种艺术形式如绘画、雕塑、音乐、舞蹈、建筑等，奇葩异卉，斗艳争辉，为中华民族增添了光彩，也为世界文明作出了巨大贡献。

一、砚池墨塘并蒂莲：书法与绘画

（一）中国书法

中国是纸的故乡。中国传统的书写工具也独具一格。古埃及人用苇笔，巴比伦人用角笔，欧洲人用鹅管笔，中国人则用毛笔。毛笔制作非常讲究，原料有鬃毛、狼毫、羊毫、兔毫、鸡毫，软硬有差。为调和软硬以适应运笔要求，又取几种毫毛，按不同比例混合制笔，称作“兼毫”。古人赞誉毛笔有四大美德：一曰尖，纤毫毕显，描画细微；二曰齐，展毫纸上，负荷雷霆万钧之力；三曰圆，回转收纵，流畅无碍；四曰健，富有弹性，提顿扬抑，挥洒自如。毛笔丰富的表现力，在中国古代书法与绘画两大艺术领域内得到酣畅淋漓、尽善尽美的发挥。顺、逆、疾、涩，点、掠、勾、勒，烘、染、皴、泼,辅以墨色丹青,描摹宇宙,抒发情怀,出神入化,气象万千。正如美学家宗白华所说:“中国人这支笔,开始于一画,界破了虚空,留下了笔迹,既流出人心之美,也流出万象之美。”①

如果说毛笔是中国书法艺术得心应手的独特工具,那么汉字的方块结构和象形特征则是书法艺术产生的学理根基。汉字的方块结构使每个单字都如同严整的建筑,平衡、均匀、稳固;而笔画交错,又使其组织缜密且富于变化。这就为书法艺术奠定了创造建筑美的前提。汉字上下、左右、内外的不同组合规则,又为线条粗细、结构、疏密的变化转换,提供了旋律美的广阔天地。以形象为特色的汉字“肇于自然”,“博采众美,合而为字”,如“山”形同峰峦,“水”恰似流波,这更直接导致书法艺术的图画美特征。②

元人刘因在《荆川裨编》中论道:“字画之工拙,先秦不以为事。……魏晋以来,其学始盛”,“遂为专门之学”。但在魏晋之前,成就卓绝的书法家,已代有其人。

秦相李斯,是留名最早的书法大家。他专论用笔之法,“先急回,后疾下,如鹰望鹏逝,信之自然,不得重改。送脚,若游鱼得水;舞笔,如景山兴云。或卷或舒,乍轻乍重,善深思之,理当自见矣”。③ 李斯善书篆体,后人称其“画如铁石,字若飞动”,“骨气丰匀,方圆绝妙”。④

汉人张芝,勤奋过人,相传他临池学书,池水尽黑。他的草书精劲绝伦,一气呵成,“偶有不连,而血脉不断”⑤,后人赞曰“草圣”。汉代隶书居书坛主流地位,蔡邕是其代表。他的隶书“骨气通达,爽爽有神”⑥。灵帝熹平年间,他书“六经”于碑,使工镌刻,立于太学门外,一时观摩者众,途为之塞。刘德升草创行书,风流婉约,独步一时,给后世书坛以极大影响。

魏晋南北朝是我国书法艺术史上的鼎盛时期,专业书法家出现,流派师承关系明朗,书法自此形成专门学问。女书法家卫铄撰《笔阵图》,论述运笔准则和各种笔画的不同艺术要求,是最早的成熟书法理论著作。这一时期,诞生了艺震古今中外的大书法家钟繇和王羲之、王献之父子。钟繇酷爱书艺,见韦诞藏有蔡邕《笔法》,苦求不得,难过得呕血。韦诞死,以《笔法》殉葬,钟繇竟然“盗发其冢”,由此

① 宗白华:《美学散步》,上海人民出版社 1981 年版,第 143 页。
② 汉字的不同字体,也对书法艺术风格的多样化发展产生了重大影响。
③ 韩愈:《送高闲上人序》。
④⑤ 张怀瓘:《书断》卷上。
⑥ 袁昂:《书评》。

图 10－1　兰亭序(模本)

得《笔法》“多力丰筋者圣，无力无筋者病”[1]的真髓，书艺大进。他兼善各体，尤精隶、楷，其书“如云鹄游天，飞鸿戏海”，唐人张怀瓘赞许他“真(楷)书绝妙”，“幽深无际，古雅有余，秦汉以来，一人而已”。[2]

王羲之生于东晋，官至右军将军，故人称“王右军”。他 7 岁学书，师从卫铄，后学张芝、钟繇，博采众长，推陈出新，一反汉、魏质朴书风，开创妍美流畅的新体。其楷书字势雄强刚健，草书“飘若浮云，矫若惊龙”，尤其是他的行书，已臻超凡入圣之化境，一纸《兰亭序》(图 10－1)，清新端秀，宛然天成，唐太宗得此真迹视为至宝，下令以之陪葬，千古瑰宝，遂藏幽宅。王羲之第七子王献之，幼学于父，后取法张芝，进一步扭转古拙书风，有“破体”之称。他的作品较其父更为俊美飘逸，而骨力稍逊。行书《鸭头丸帖》、楷书《洛神赋》是其著名作品。

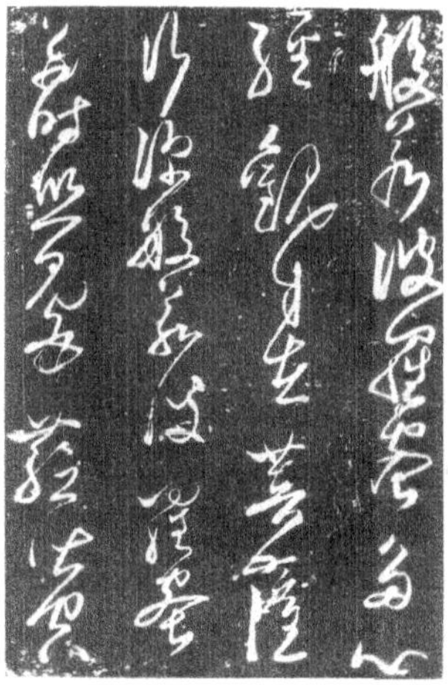

图 10－2　张旭的草书

唐代文化昌盛，唐太宗李世民本人不仅酷嗜书法艺术，而且颇有心得。他令诸王子临摹王羲之父子名帖，每过 500 遍。历代书法艺术的积淀，加之统治集团的推扬，唐代书法名家如云，蔚为大观，其卓超拔众者，为张旭、颜真卿、怀素、柳公权。

张旭以“狂草”、“颠草”闻名于唐代书坛(图 10－2)。他嗜酒如命，每大醉，于癫狂状中，笔走龙蛇，一派飞动，“迅疾骇人”，甚至以长发濡墨而书，故世呼“张颠”。张旭的草书虽狂放不羁，但自有深厚的楷法基础。韩愈品评张旭：“喜怒窘穷，忧悲愉快；怨恨思慕，酣醉无聊，不平有动于心，必草书焉发之。……故旭之书，变动犹鬼神，不可端倪。”[3]他的草书在当时与李白的诗、裴旻的剑舞同以狂放纵逸

① 卫铄：《笔阵图》。
② 张怀瓘：《书断》卷上。
③ 韩愈：《送高闲上人序》。

并称“三绝”。颜真卿书法初学褚遂良，后师从张旭，以楷书见长，横画细瘦，竖笔肥壮，正而不拘，庄而不俗，于从容法度之中，自得娴雅逸趣。其字称“颜体”，传世久远。怀素幼年出家，于寺院植芭蕉万株，取叶习字，其草书气势腾跃，有“惊蛇走虺，骤雨旋风”之势。柳公权官至太子少师，一日唐穆宗询问用笔之法，他回答：“用笔在心，心正则笔正”，穆宗闻之肃然，“悟其以笔谏也”。柳公权学颜真卿而又有所革新，楷书横竖大体均匀，瘦硬劲媚，自成“柳体”，其《玄秘塔碑》尤享盛名。

在书法理论方面，唐人张怀瓘《十体书断》论各体艺术特点，又归纳“用笔十法”，多有新见。孙过庭的《书谱》，主张学书途径当由平正而趋险绝，由险绝而返平正；又谓书法创新，“贵能古不乖时，今不同弊”，实为不刊之论。

宋代书法，帖学盛行，趋逐时贵之风弥漫，因而整体成就远逊于唐，但亦有苏轼、黄庭坚、米芾、蔡襄四大家。

苏轼不仅是词人，而且书、画俱佳。其书豪气横溢，肉丰骨劲，藏巧于拙，后人赞为“坡翁奇气本超伦，挥洒纵横欲绝尘”①。黄庭坚字如其诗，瘦硬奇倔，所书《头陀赞》、《楞严经》等为后世所珍。米芾遍学名家，临摹尤精，其书每出新意于法度之中，奇纵变幻，雄劲清新。蔡襄之书少务刚劲，晚归于婉媚，又以散笔作草书，谓之散草，又曰飞草，独具一格。四大家之外，宋徽宗赵佶虽然皇帝当得窝囊透顶，但是于书法却颇有心得建树，所创“瘦金体”，清瘦劲道，别有风韵。

元人赵孟頫，为一代书宗，《元史》载其“篆、籀、分、隶、真、行、草书，无不冠绝古今”。他广泛吸取前辈书家精华，又思创新，尤长于小楷，圆转妍丽。所书名满天下，人称“赵体”，历来备受推崇。

明代书家以祝允明、文徵明、董其昌领袖群伦。祝允明楷、行具擅，又以狂草名重于世。晚年书《太湖诗卷》，天真纵逸，云烟变幻，尤称极品。文徵明小楷师法钟（繇）、王（羲之），年九十犹作蝇头书，精美冠绝一时。董其昌兼师颜真卿、柳公权，后以为唐书不如魏晋，遂仿钟、王，其书圆劲苍秀，结构森然，分行布白，疏宕俊逸，大字草书《琵琶行》，有如“龙蛇云物，飞动指腕间”，久负盛名。

清代书道中兴，尤在隶、篆两体，名家有郑燮、邓石如等。郑燮，号板桥，为画史上有名的“扬州八怪”之一。他用隶体参濡行、楷，自称“六分半书”；又取画法入书，于波磔之中，每有石文兰叶之韵，古秀独绝。相比而言，篆书在历代书法中最不景气，清代却出现了大名鼎鼎的邓石如，与秦李斯、唐李阳冰遥相呼应。其书沉雄朴厚，笔意纵横，卓然成家。其篆刻得力于此，尤称劲绝。在书法理论方面，刘熙载作《书概》，对书法源流、技巧、名家品评，都有精辟见解。他论“用笔”：“书重用笔，用之

① 王文治：《论书绝句三十首》第十八首。

存乎其人;故善书者用笔,不善书者为笔所用”,实为至理。

(二)中国绘画

中国艺术素有“书画同源”之说,上述历代著名书家,不少亦为画坛大师,尤其宋、元、明、清诸朝,苏轼、赵孟頫、文徵明、董其昌、郑燮等,均以丹青名世。究其原因,盖在书法绘画,技艺相通,同为墨砚生涯,翰管功夫。形象地说,二者有如并蒂荷莲,幽香弥久,摇曳多姿。

中国绘画源远流长。早在纸张问世以前,中华先民便已在岩石、室壁、丝帛等多种材料上留下精美的图案,以表达他们对宇宙、社会、人生的理解。1979 年,在江苏连云港锦屏山马耳峰南麓将军崖发现新石器时代的大型石刻岩画,长 22 米,宽 15 米,人像、农作物、鸟兽、日月星云共绘一幅,意在祈求上天护佑以获丰年。

20 世纪 70 年代,咸阳秦宫遗址发现了大批壁画。“壁画五彩缤纷,鲜艳夺目,规整而又多样化,风格雄健,具有相当高的造诣,显示了秦文化的艺术特色。壁画颜色有黑、储、黄、大红、朱红、石青、石绿等。”①壁画线条流畅,内容丰富。亭台楼榭、植物花卉、车马冠盖、乐舞宴饮,尽入画图之中。

汉代装饰性壁画盛行,多见于宫廷、邸舍、神庙、陵墓,其题材“图画天地,品类群生,杂物奇怪,山神海灵”②。洛阳卜千秋墓壁画,作于西汉昭宣之世。它将伏羲女娲、方士仙女、朱雀白虎、彩云金凤与男女墓主的形象汇集于画面之中,形态逼真而自然。此外,汉代画像石、画像砖也是独特的艺术作品。

汉代绘画的另一类珍品是帛画。1972 年,长沙马王堆汉墓出土的“T”形帛画,长 2 米,上宽 0.92 米,下宽 0.48 米。内容分三部分:上部描绘天界,以人首蛇身的女娲为中心,右日左月,日中有金乌,月中有蟾蜍。女娲足下,双龙竞舞,扶桑树上,八日争辉,仙鹤仰首,鸿雁展翅。中部描绘人间,雍容华贵的贵妇,拄杖款款而行,前有两个小吏举案跪迎,后有三个侍女恭谨相随,还有蛟龙神兽环绕在她周围。下部绘出两条交尾的大鱼,其上屹立的巨人,一说是治水的鲧,一说是水神禺疆。画面恢宏,构思奇伟。

东汉纸的改良、普及,对中国绘画的发展产生了革命性影响。特别是唐代以后,安徽宣城泾县等地所产、以青檀树皮为主制成的优质“宣纸”问世,更令画师们奉为至宝。宣纸根据制作程序不同,有生熟之分,根据配料不同,又有棉料、皮料、净料三类,单宣、夹贡宣、罗纹宣等 20 多个品种。宣纸质地细密,柔韧性好,耐老

① 《秦都咸阳第一号宫殿建筑遗址简报》,《文物》1976 年第 11 期。
② 王延寿:《鲁灵光殿赋》。

化，不易变色，纸性纯熟光润，水墨丹青落纸，如雨入沙，浸润自然。中国画的技法，因毛笔、宣纸性能的神妙契合而成天下一绝，或以墨代色，写意抒情，或工笔重彩，铺陈尽致；强调“外师造化，中得心源”，追求意存笔先，形神兼备。南朝谢赫在《古画品录》中提出中国画“六法”：气韵生动，骨法用笔，应物象形，随类赋彩，经营位置，传移模写。清人称赞其“所言六法，画家宗之，至今千载不易也”。① 由于这些鲜明特征，中国画得以在世界美术艺廊中自成体系，独放异彩。

根据题材的不同，中国画可以分为人物画、山水画、花鸟画三大类。

图 10－3 《韩熙载夜宴图》（局部）

东晋大画家顾恺之，于人物画实践与理论上多有建树。他博学多才，工诗赋、书法、绘画，人称“才绝、画绝、痴绝”。他描绘人物，不仅求形似，更着意求神似，以深刻表现其心理状态和思想活动。相传他画嵇康、阮籍肖像，数年不点睛，人问其由，答曰：“传神写照，正在阿堵中”②（阿堵，即“这里”之意）。这表明他精辟认识到画眼为传神的成败关键，故反复琢磨，不肯轻易下笔。所传《女史箴图》，线条如春蚕吐丝，流水行地，女子形象端庄柔顺，栩栩如生。唐代阎立本亦以人物画见长。他的传世名作《步辇图》描绘唐太宗接见松赞干布派来迎娶文成公主的使臣禄东赞的情景，禄东赞的谦恭诚挚及太宗的喜悦赞许，表现得生动而自然。稍晚于阎立本的“画圣”吴道子，尤擅宗教人物画，所绘天女“启眸欲语”，舍利佛“转目视人”；《地狱变相》阴惨森罗，令观者“腋汗毛耸，不寒而栗”③。他首创用状如兰叶或莼菜条式的笔法表现衣褶，飘举奔放，人称“吴带当风”。南唐画家顾闳中的《韩熙载夜宴图》（图 10－3），是古代人物画的杰作。它以连续画面表现失意官僚韩熙载的夜生活，主人公形象逼真，“毛根出肉，力健有余”，身处乐宴而神态抑郁，隐现其内心的苦闷。宋代张择端的《清明上河图》（图 10－4），更是人物画的煌煌巨制。作品长 528 厘米，宽 25 厘米，描绘北宋都城汴梁

① 永瑢、纪昀等：《四库全书总目提要》。
② 刘义庆：《世说新语》。
③ 黄伯思：《东观余记》。

的繁华景象，店铺鳞次栉比，街上车水马龙。尤其令人称绝的是，画面中的人物数以百计，士、农、工、商、医、卜、僧、道，各色人等，熙熙攘攘，芸芸众生之相，活灵活现。

图 10－4　《清明上河图》（局部）

魏晋以后，山水画渐成画坛主流，这在相当大的程度上与中国士人的文化心理有关。魏晋名士，淡于功利，寄情山林，后代文人，循此秉性，亦着意追求雅趣，正如宋代画家郭熙所说："尘嚣缰锁，此人情所常厌也；烟霞仙圣，此人情所常愿而不得见也。"在这种情形下，"不下堂筵，坐穷泉壑，猿声鸟啼，依约在耳，山光水色，滉漾夺目"①的山水题材绘画，便成为他们在尘世喧哗中寄托性灵情感的极好方式。

唐代李思训、王维是山水画的引领人物。李思训所画"山水树石，笔格遒劲，湍濑潺缓，云霞缥缈，时睹神仙之事，窅然岩岭之幽"②。他多取泥金、石青、石绿等色入画，开"金碧山水"一派，对后世影响极大。王维诗画俱佳，诗中有画，画中有诗，都以山水田园为主题，抒发性情为宗旨。他倡导"水墨山水"，不施颜彩，专以墨色浓淡变化渲染山川云霞，情调淡雅，意境幽远。两宋时期，山水画艺术发展到高峰。北宋画家多作全景式扫描，视野开阔，内涵丰满，山重水复，气势宏大。郭熙长于宏观构图，常于"高堂素壁"纵笔挥洒，将"长松巨木，回溪断崖，岩岫巉绝，峰峦秀起，云烟变灭晻霭之间"的千态万状揽于一幅。王希孟的《千里江山图》，长达 11 米多，尤称长卷精品。相形之下，南宋画家则喜作特写小品。马远画山，多摄一角，人称"马一角"；夏圭绘水，每取半边，人称"夏半边"。在这种风气下，柳溪归牧、寒江

① 郭熙：《林泉高致·山水训》。
② 张彦远：《历代名画记》。

独钓、秋江暝泊、云关雪栈之类，成为南宋画师们的热衷主题，这一类作品较之全景扫描更精致、细腻，寓意也更曲折委婉，“状难言之景列于目前，含不尽之意溢出画面”①。

花鸟形象的艺术再现，始于远古陶饰、壁画，唐、五代以后，演衍扩展为中国画的一大分支。南唐画家徐熙，专取寻常花木禽鱼入画，手法简练，风格清新，首创“落墨法”。“落墨以写其枝、叶、蕊、萼，然后傅色，故骨气风神，为古今之绝笔。”②后蜀画家黄筌，多绘异卉珍禽，艳丽工巧，“妙在傅色，用笔极精细，几不见墨迹，但以五彩布成，谓之写生”③。后人品评徐、黄风格，称“黄家富贵，徐熙野逸”。两种风格，均代有传人，因此而形成此后近千年间花鸟画的两大流派。宋代花鸟画别开生面。文同、苏轼画竹，赵孟坚、郑思肖画兰，杨元咎画梅，各有绝技。宋徽宗赵佶的工笔花鸟，也达相当造诣。明代画坛“四大家”沈周、文徵明、唐寅、仇英，俱擅花鸟。沈周以浅色淡墨作写意花卉，纯熟别致。文徵明“以风意写兰，以雨意写竹”，动感摇曳。此外，徐渭又创“大写意”花鸟画派，笔意纵横，水墨淋漓，甚至泼墨于纸，信笔点染，于大气磅礴中活显自然界的蓬勃生机。清代“扬州画派”继承他的风格，构图简洁，造型突兀，笔法刚健，将清高奇倔的品性寄情于瘦竹傲梅、孤雁哀鸿之中，使传统的花鸟画蕴涵着深刻的人生意义，凸现了中国画的抒情优长。

二、情动于衷的音乐、歌舞、戏曲

人是高级情感动物。社会生活中的喜怒哀乐，每从衷来，情不自禁，人们便诉诸回旋起伏的声音变化和婀娜多姿的形体动作。中华先民很早就认识到人类区别于一般动物的这一特长。荀子论道：“夫乐者，乐也，人情之所必不免也，故人不能无乐。乐则必发于声音，形于动静，而人之道，声音动静、性术之变尽是矣④。”关于歌与舞的内在联系，《礼记·乐记》之论尤为生动：“歌之为言也，长言之也。……长言之不足，故嗟叹之；嗟叹之不足，故不知手之舞之足之蹈之也。”

早在草莽开辟的石器时代，中华先民便创造了原始歌舞，他们用形象的语言、富于韵律变化的曲调，配合节奏感强烈的动作来表现劳动的愉快，收获的喜悦，节日的欢乐，祈祷的虔诚和灾病的忧伤。关于这方面的典籍记载有：“帝俊有子八人，

① 欧阳修：《六一诗话》。
② 佚名：《宣和画谱》。
③ 沈括：《梦溪笔谈·书画》。
④ 《荀子·乐论》。

是始为歌舞”①,“击石拊石,百兽率舞”②。“击石拊石”,意谓当时已有简单的乐器伴奏。与之相印证,浙江河姆渡遗址出土的陶埙和骨哨是最早的吹奏乐器,河南庙底沟遗址发现的陶钟是最早的敲击乐器。尤其珍贵的是,我们从青海大通县上孙家寨出土的新石器时代彩陶盆壁纹饰中,可以看到先民舞蹈的形象摹绘:他们五人一列,身着兽尾装饰,手拉着手,翩翩起舞。

春秋战国时期,百家争鸣。儒家强调音乐的教化功能,孔子本人就曾“学鼓琴于师襄”,“讲诵弦歌不衰”③,他迷恋音乐,“在齐闻韶,三月不知肉味”④。他还将《诗经》305 篇“皆弦歌之,以求合韶、武、雅、颂之音,礼乐自此可得而述”⑤。荀子则称“乐者,圣人之所乐也,而可以善民心。其感人深,其移风易俗易。故先王导之以礼乐而民和睦”⑥。这些主张虽然不是从艺术本身立论,但它在客观上促进了音乐歌舞的发展。宫廷乐舞当时已蔚为壮观。周王室拥有“八佾”64 人的舞蹈队,演出“六舞”,其中《云门》、《咸池》、《大磬》、《大夏》为“文舞”,用以祭祀天地日月山川;《大护》、《大武》为“武舞”,用以颂扬武功。乐器性能也达到极高水准。湖北随州战国初期曾侯乙墓出土的铜铸编钟,共 65 枚,上中下三层排列,总音域达五个八度,可奏出完整的五声、六声或七声音阶的乐曲,令今人叹为观止!在民间,优秀歌手技艺卓绝。相传韩娥过齐都临淄,卖唱求食,歌声优美而婉转,“余音绕梁欐,三日不绝”⑦。秦青送别自负的学生薛谭,分手之际,“抚节悲歌,声振林木,响遏行云”⑧,令薛谭自愧弗如,深感艺无止境。《淮南子》分析韩娥、秦青的成功秘诀:“愤于志,积于内,盈而发音,则莫不比于律而和于人心。”

秦建立大一统中央帝国,国家设立专门的音乐官署乐府。汉承秦制,乐府的规模和职权范围扩大,掌管朝会、祭祖、宴飨的乐舞,兼采民间歌曲,整理加工,使臻精美。汉代著名音乐家李延年曾任乐府协律都尉,为《汉郊祀歌》十九章配乐,又仿西域《摩诃兜曲》,作威武雄壮之“新声”二十八解,用为军阵之乐。汉代民歌,以“丝竹更相和,执节者歌”的“相和歌”为著名。“相和歌”与舞蹈、器乐演奏相结合,又产生“相和大曲”,其传世作品《陌上桑》,又名《艳歌罗敷行》,载歌载舞,塑造了

---

① 《山海经·海内经》。
② 《尚书·益稷》。
③ 《史记·孔子世家》。
④ 《论语·述而》。
⑤ 《史记·孔子世家》。
⑥ 《荀子·乐论》。
⑦ 《列子·汤问》。
⑧ 《列子·汤问》。

罗敷这样一位机智、坚贞的平民女子形象，鞭挞了达官贵人的厚颜无耻。琴曲创作，亦有精湛佳作问世，并流传久远。《广陵散》哀怨凄恻，怫郁慷慨，动人心弦。汉末蔡文姬根据自己为匈奴所掠、身居异乡12年的悲惨遭遇，作《胡笳十八拍》，素材简练，结构宏大，曲调深沉哀婉，曲折有致，以圆熟的艺术手法，表现了苦恋桑梓的情思、母子别离的酸楚和回归故国的万千感慨。

唐代国势强盛，文化昌明，音乐歌舞以蓬勃、热烈为主调。唐太宗李世民令人整理《秦王破阵乐》，又亲制《秦王破阵乐舞图》，由128人披甲执戟而舞，音乐在汉族清商乐基础上吸收西域龟兹乐的富丽、雄健风格，“发扬蹈厉，声韵慷慨”地颂扬了自己征伐四方的赫赫武功。开元、天宝年间，经玄宗李隆基亲自润色，《霓裳羽衣曲》风行宫廷，轻歌曼舞，伴之以“磬箫筝笛递相搀，击擫弹吹声逦迤”①，使人恍惚如入仙境。唐代又行独舞，公孙大娘着军装舞剑器，神奇豪迈，惊心动魄，杜甫曾以诗颂其飒爽英姿：“昔有佳人公孙氏，一舞剑器动四方。观者如山色沮丧，天地为之久低昂。耀如羿射九日落，矫如群帝骖龙翔。来如雷霆收震怒，罢如江海凝清光②。”乐舞在民间也十分普及，顾况诗《听山鹧鸪》云：“夜宿桃花村，踏歌接天晓”，诗中“踏歌”一语，便是指手拉手、以脚踏地载歌载舞的群众艺术形式。此外，带有情节、人物的歌舞戏、参军戏也在唐代出现，这是中国戏剧的萌芽。

宋、元时期，城市经济繁华，市民阶层壮大，适应他们的文化审美趣味，形式多样的说唱艺术如鼓子词、唱赚、诸宫调大兴。在汴梁（开封）、临安（杭州）等城市，出现了固定的演出场所——瓦舍。每一瓦舍又划分多块场地，称为“勾栏”，同时上演各具特色的节目，如杂剧、评话、皮影、角抵、花鼓等等，令人眼花缭乱。这一时期文艺园地的重要变化是戏曲逐渐取代歌舞，成为具有最广泛群众基础的娱乐形式。宋元戏曲，北方以杂剧为代表，七声音阶，风格慷慨刚劲；南方以南戏为代表，五声音阶，风格流利婉转。关于杂剧艺术在前一章已有叙述，此处不赘述。南戏演唱方式多样，有独唱、对唱、轮唱、合唱诸种，配以不同曲调，演绎民间传说，歌颂纯真爱情，抒发百姓疾苦，抨击贪官污吏，具有浓厚的生活气息。

明清两朝，说唱艺术继续发展，北方的小曲、大鼓以唱为主，杂以道白。南方的弹词以琵琶、三弦、月琴伴奏，演员自弹自唱。专门的器乐演奏，在明清两代也出现不少名家名作。明代汤应曾，人称“汤琵琶”，他弹奏琵琶曲《楚汉》，以单一乐器表现古代楚汉垓下决战的宏大场面，精彩绝伦。此曲至清代发展为《十面埋伏》，全

① 白居易：《霓裳羽衣歌和微之》。
② 杜甫：《观公孙大娘弟子舞剑器行》。

曲以灵活多变的指法，生动表现点将列阵、埋伏伺机、浴血搏杀、全胜庆功的不同氛围，是中国传统弦乐的经典之作。尤其值得在中国艺术史上大书一笔的是，清代乾隆、嘉庆、道光年间，安徽的徽调与湖北的汉调传入北京，以它们为基础，又融合京腔、昆曲、梆子腔等音乐、表演技法，逐渐形成具有独特民族风格的重要戏曲剧种——京剧。京剧唱腔以西皮、二黄为主，伴奏乐器以京胡最重要，辅以二胡、月琴、三弦、皮鼓、锣、铙钹。角色分生、旦、净、丑四大行，讲究唱、做、念、打并重，多用虚拟动作，注重声情并茂，形成一整套经过艺术提炼的规范性、程式化的表演体系。京剧是中国古代声乐、器乐、舞蹈、戏曲优秀遗产的综合结晶，是中华民族引以为骄傲的艺术瑰宝。

三、凝固的诗篇：雕塑、建筑、园林

（一）雕塑

诗，是中国文艺抒情传统的典型样式。从特定的角度看，绘画是色彩的诗，舞蹈是形体的诗，音乐是流动的诗，而雕塑、建筑、园林，则是凝固的诗。正如"诗言志"，雕塑、建筑、园林则是以物化立体组合形式，对民族文化精神作出无声的表达。威武的秦兵马俑、雄伟的乐山大佛、庄严的故宫、秀丽的颐和园……默默无声地向世人展示着中华民族的历史风采。

中华先民最初的劳动创造，以石块、木头、泥土为对象。打磨、雕刻、捏搓等工艺手段的不断熟练，不仅提高了劳动效率，而且为先民们以非物质功利为目的，改变石块、木头、泥土的形状以表达思想意愿的艺术活动铺垫了基础。辽宁红山文化牛河梁神殿、东山咀祭坛遗址发掘出精美的泥塑妇女群像，臀部丰满，乳房硕大，形态逼真，准确生动地表现出新石器时期人们的女性生殖崇拜意识。

从艺术发展的阶段性看，中国雕塑的滥觞在原始社会时期，成熟则在秦汉隋唐。1974 年以后，在陕西临潼秦始皇陵东侧 1.5 公里处发现了举世震惊的秦代陶制兵马俑坑，总面积约两万平方米，共有武士俑 7 000 余个，陶马 500 匹，战车 13 乘。这些武士俑平均高度 1.8 米，陶马与真马个头相当，取写实手法，形体、结构、比例、质感均以严格的解剖学理论为基础，并加以艺术夸张。兵士浓眉大眼，宽口阔腮，神态坚毅刚强。战马双耳尖耸，鼻翼翕张，四肢矫健，跃跃欲试。整齐的军阵，威严浩大，活现出天下一统时代中华民族开疆拓土、顽强进取的昂扬精神。汉代雕塑技艺更以寓意深远著称。青年将军霍去病墓前的"马踏匈奴"石雕，气宇轩昂的战马与其铁蹄之下狼狈挣扎的匈奴士兵形成鲜明对比而又浑然一体，虽未直接出现墓主人形象，但已使人十分自然地领悟到"匈奴未灭，何以家为"的壮士情怀。与此相映成趣的是，甘肃武威东汉墓出土的“马踏飞燕”青铜雕塑，骏马三足腾起，风驰电掣，一足踏于飞燕，燕作惊恐回首状。作品以飞燕衬托天马行空的凌云气势，构思奇巧，制作精湛，令人赞叹不已。与人们生活息息相关的马，似乎格外为传统雕塑艺术家们所垂青。陕西礼泉唐太宗李世民陵前的“昭陵六骏”，确为巧夺天工的传世珍宝。作品为石刻浮雕，系李世民为纪念他在建立唐王朝过程中战功赫赫的六匹骏马而立。它们用6块高1.7米、宽2米的石灰石雕成，分别表现“拳毛䯄”、“飒露紫”、“什伐赤”、“特勒骠”（图10－5）、“青骓”（图10－6）、“白蹄乌”立、行、奔、驰、腾、跃的生动姿态，既注重体现战马劲健英俊的气势，又讲究雕琢技法的精巧，线条流畅华丽，达到了古代石雕艺术的高峰。

图10－5　昭陵六骏之特勒骠

图10－6　昭陵六骏之青骓

魏晋南北朝至唐末宋初，佛教流行，由此带来佛像雕塑艺术的空前繁荣，其分布地域之广，数量之多，规模之大，技艺之精，足以与古希腊神像雕塑东西并峙，交相辉映。甘肃敦煌莫高窟、天水麦积山石窟（图10－7）、河南洛阳龙门石窟、山西大同云冈石窟（图10－8），荟萃了佛像雕塑的主要精华。莫高窟现存2 000多尊雕像，大者高30余米，小者仅十几厘米。他们的表情或端庄，或恭谨，或勇武，或妩媚，或虔诚，千姿百态，栩栩如生，眉宇之间，传递出浓重的人情味、亲切感，十分强烈地体现出中国佛教有别于印度佛教的世俗化倾向，体现出中国文化的人文精神。

（二）建筑

建筑，首先起源于人类的居住生存需要。中国上古传说中的“有巢氏”之所以受到长久景仰，正因为他是人们为抗御风雨寒热而制造最初居室的代表。随着人类文化的进步，工艺水平的发展，建筑的艺术追求成为古代设计师和能工巧匠们致力的方向。而不同自然条件、物质材料、生活习惯、审美态度的差异，又使得各民族的建筑体现出大相异趣的风格。大致说来，中国古代建筑以土木结构为主，辅以石料，总体布局厚重庄严，气势宏大，局部构件轻灵奇巧，变化多致，尤以宫室建筑艺术成就最高。

图 10－7　麦积山石窟造像

图 10－8　云冈石窟造像

先秦宫室，今已无翔实文献材料可证，但从考古遗址中，已发现长百余米的夯土基台，可见当时建筑规模之大。从《诗经》中“作庙翼翼”、“如翚斯飞”之类的描写，也可推断其时建筑四宇飞扬的气象。秦统一中国，“六王华，四海一，蜀山兀，阿房出”。阿房宫，是古文献中最早详细描绘的美轮美奂的宫殿建筑群。它“覆压三百余里，隔离天日”①，仅前殿便“上可坐万人，下可建五丈旗”②。宫殿群内，“五步一楼，十步一阁。廊腰缦回，檐牙高啄。各抱地势，钩心斗角。盘盘焉，囷囷焉，蜂房水涡，矗不知乎几千万落”③。据此可知，中国古代宫室艺术不以单个、独立建筑为重心，而是以规模庞大、平面展开、有机连接、均衡统一而又富于变化的群体建筑为特征。沿袭这一传统，汉、唐、宋、元，历代王朝都建有方正规整、富丽堂皇的宫城。现今仍完整存留的明清故宫，更是巍峨宏大、精美奇巧的古代东方建筑艺术无可超越的典范。故宫殿庭，采用传统大木结构形式，立柱飞檐，端庄俊逸，而总体布局，以太和殿为核心，沿正南正北纵向轴线展开，层层递进。太和殿建筑面积 2 400 平方米，重檐庑殿顶，三层台基，精雕细刻。白座朱柱，红墙黄瓦，配以青绿为主的斗拱彩画，在蓝天白云的映衬下，色彩极为鲜亮庄重。大殿前一面积达 2.5 公顷的广

① 杜牧：《阿房宫赋》。
② 《史记·秦始皇本纪》。
③ 杜牧：《阿房宫赋》。

场，以低矮回廊环绕，正衬显出大殿的巍峨。英国科学家李约瑟博士称故宫建筑将“对自然谦恭的情调与崇高的诗意组合起来，形成一个任何文化都未能超越的有机图案”；另一位美国建筑师墨菲则感受到“一种压倒性的壮丽和令人呼吸为之屏息的美”①。

（三）园林艺术

中国古代建筑艺术的独特引申是园林艺术。北宋郭熙曾论道：“山水有可行者，有可望者，有可游者，有可居者，画凡至此，皆入妙品，但可行可望，不如可居可游之为得②。”“可居可游”，是园林的本质功能特征。从艺术上看，园林既收入水光山色的自然情趣，又凝集绘画雕刻的人工匠意，“虽由人造，宛自天成”。在建筑形式方面，宫殿、庙堂的严整肃然被亭、台、楼、阁、塔、榭、廊、轩的活泼多姿所取代。在布局方面，古建筑强调中轴对称的规则被突破，代之以依山就水、随径顺流的灵活定位。在处理建筑物与自然环境的关系时，强调“巧于因借”，使之相互映衬，融为一体。为此，大面积的实体围墙被摒弃，置换以空虚的栏杆、窗棂，甚至干脆以几根柱子支起一顶，便于游人观风望景。正如明人计成的《园冶》所论：“轩楹高爽，窗户邻虚，纳千顷之汪洋，收四时之烂漫。”

图 10－9　苏州网师园

中国古代园林可分为私家庭院与皇室苑圃两类。前者以苏州拙政园（图10－9）、网狮园、留园等为代表，小巧玲珑，“曲径通幽处，禅房花木深”是其特色。后者以圆明园、避暑山庄、颐和园为代表，范围广大，景点众多，游人置身其中，每有山重水复、柳暗花明、情景交融、美不胜收之感。北京的颐和园，是现存中国古代园林艺术的典范。颐和园位于北京西北，占地面积287公顷左右，1888年就清漪园改建而成，为慈禧太后避暑之所。颐和园内，万寿山青屏峙立，昆明湖碧波横陈，700余米的长廊以排云殿为中心，东西展开，曲折蜿蜒，襟山带湖，使二者浑然一体。万寿山上，佛香阁高楼拥翠，昆明湖中，十七孔桥长虹卧波，高低健媚，遥相呼应，湖光山色之间，又布置各式亭、舫、

① 转引自刘天华：《巧构奇筑》，辽宁教育出版社1990年版，第27，28页。
② 郭熙：《林泉高致·山水训》。

轩、榭，选点至为精巧。站在东堤上的知春亭内，游人可将万寿山前山各景、西堤岸柳、南湖岛影、十七孔桥等秀丽风光一览无余，而且近景、中景、远景层次分明，配合妥帖。颐和园的总体设计，将中国园林特有的“借景”手法发挥到极致，不仅考虑园内景点间的相互映衬，而且将数公里乃至数十公里以外的西山烟霞、玉泉塔影等名胜风景，都巧妙地组织进观赏者的视野之内，令人于遐思联翩之中最大限度地领略大自然的悠远与深邃。

四、意境、风骨与气韵

中国艺术，辉煌灿烂，蔚为壮观，在世界各民族艺术之林中独树一帜，正如一棵枝繁叶茂、根深树壮的参天大木。不同的水土、气温、日照条件制约了自然界百花园内的奇彩异香，世界各民族文化的不同品格，也决定了各自艺术大相异趣的风采。中国艺术历久弥新，其风采魅力来自于它的悠久传统与独特精神。中国文化“天人合一”的哲学主题，人文重于神文的世俗化倾向，长于抽象、综合的致思特征，文史哲不分的传统，都给中国艺术打下了深刻的烙印。诚如有学者所言，“中国艺术在历史的发展主流中，无论内涵和形式，在创作与生活的关系上，比较强调艺术家主体的心灵感受和生命意兴的表达”。[①] 这也使中国艺术的各种门类能够互相影响、融为一体，礼乐一体，书画同源，诗画一家，书法、绘画、雕刻、建筑、园林等艺术精神多有相通之处，相互渗透，进而在语言文字系统中形成别具一格的概念、范畴、命题。千百年来，艺术家、理论家们在这些方面研精覃思，成就颇丰，今撮其要义，归纳为三：一曰意境悠远，二曰风骨劲健，三曰气韵生动。

（一）意境悠远

意境，是从中国古代文学艺术实践中提炼出的重要美学范畴，它既是客观景物的真实再现，又是艺术家思想情感的充分抒发，它是审美主、客体相互联系，并在情景交融之中得以升华的完美体现。作为一个明晰的概念，“意境”孕育于魏晋南北朝时期，陆机的《文赋》为其理论渊源，刘勰的《文心雕龙》与钟嵘的《诗品》开其先河。《文赋》所论“恒患意不称物，文不逮意”，“遵四时以叹逝，瞻万物而思纷。悲落叶于劲秋，喜柔条于芳春。心懔懔以怀霜，志眇眇而临云”，已经涉及艺术创作中情与景的融通关系。《文心雕龙·神思》进一步提出“思理为妙，神与物游”，“登山则情满于山，观海则意溢于海，我才之多少，将与风云而并驱矣”。《诗品》则明确

① 李希凡语，引自全国干部培训教材编审指导委员会组织编写的《中国艺术》前言，人民出版社 2002 年版。

地将“思与景谐”,列为“诗家之所尚者”。唐代诗歌空前繁荣,诗家于意境创造,多有体味。王昌龄《诗格》品评诗作三境,“一曰物境”,“二曰情境”,“三曰意境”,唯后者“张之于意而思之于心,则得其真矣”,最为上品。刘禹锡更一针见血地指出,“境生于象外”,艺术家只有创造出“象外”悠远无际的艺术空间,方能收到“言有尽而意无穷”的神奇效果。“境生于象外”,不仅对诗是如此。“象”有语言文字之“象”,线条色彩之“象”,形体动作之“象”,因而“境生于象外”的“意境”创造,成为中国古代文学艺术各门类的共同追求。近人王国维的《人间词话》开篇第一句便是:“词以境界为最上。有境界,自成高格,自有名句。”唐人张彦远论画:“挥纤毫之笔,则万类由心”,“意存笔先,画尽意在①。”方士庶也说:“山川草木,造化自然,此实境也。因心造境,以手运心,此虚境也。虚而为实,是在笔墨有无之间,故古人笔墨具此山苍树秀,水活石润,于天地之外,别构一种灵奇。”②舞蹈艺术也是如此,并不以动作逼真秀美为高,而是旨在表达一种意绪,一种气概。公孙大娘“一舞剑气动四方”,竟至“天地为之久低昂”。③ 大画家吴道子请裴将军舞剑以助壮气,“庶因猛厉以通幽冥”④! 书法艺术亦不例外。明人解缙反省自己的学书经历,初“得古之断碑遗碣,效其布置形似,自以为至矣”,“及稍见古人之真迹,虽豪发运转,皆遒劲苍润,如画沙剖玉,使人心畅神怡,然后知用笔之法,书之精神,运动于形似布置之外,尤未可昧而少之也”⑤。这里解缙所说“书之精神,运动于形似布置之外”,正与刘禹锡“境生于象外”一脉相通。

意境生于“象外”,自以悠远为上。清人刘熙载评杜甫诗作之卓绝超凡,正在“吐弃到人所不能吐弃为高,含茹到人所不能含茹为大,曲折到人所不能曲折为深”⑥。高、大、深的意境蕴藏于数行诗句、咫尺画幅、丈余舞台之中,“观古今于须臾,抚四海于一瞬”,这需要特殊的表现手法。虚实相生,是为关键。中国书法讲究“布白”,一笔一画的空白处也是字的组成部分,空白分布适当与否,与笔画走向、形态具有同等的艺术价值,所以大书法家邓石如有“计白当黑”之说。“西洋传统的油画填没画底,不留空白,画面上动荡的光和气仍是物理的目睹的实质,而中国画上画家用心所在,正在无笔墨处,无笔墨处都是缥缈天倪,化工的境界。”⑦虚空

① 张彦远:《历代名画记》。
② 方士庶:《天慵庵随笔》。
③ 杜甫:《观公孙大娘弟子舞剑器行》。
④ 郭若虚:《图画见闻志》。
⑤ 转引自沈尹默:《书法论丛》,上海教育出版 1978 年版,第 20 页。
⑥ 刘熙载:《艺概·诗概》。
⑦ 宗白华:《美学散步》,上海人民出版社 1981 年版,第 72 页。

的画面，为人们体味实景之"象"外的意境，提供了思维驰骋的广阔天地。清代画家笪重光论道："空本难图，实景清而空景现。神无可绘，真境逼而神境生。位置相戾，有画处多属赘疣。虚实相生，无画处皆成妙境。"①虚实相生，在中国戏曲中更有绝妙运用。中国戏曲的布景、道具简而又简，一支桨既可表现平湖秋月，又可表现浪遏飞舟。一根鞭便是青骢赤兔，一杆旗便是万马千军，一圈方步，便是经过了万水千山。摆脱了实物、实景的自然主义和形式主义束缚，演员更能充分展示自己的艺术才能，"迁想妙得"，将观众带入情景交融、出神入化的境界。

（二）风骨劲健

风骨，本是六朝时品评人物的辞藻，引入文艺美学领域，意指文学艺术作品的内在力度。刘勰在《文心雕龙》中首先设专篇论及"风骨"的内涵与功用："结言端直，则文骨成焉；意气骏爽，则文风清焉"，"捶字坚而难移，结响凝而不滞，此风骨之力也"。风，指作品的感染力，"情之含风，犹形之包气"；骨，指作品的结构力，"辞之待骨，如体之树骸"。刘勰形象比喻道，有风无骨，如野鸡；有骨无风，如鹰隼；唯有风骨兼备，才是"藻耀而高翔"的"文笔之鸣凤"。

风骨既指作品的力度，当然以劲健为高，刘勰称之为"风清骨峻，篇体光华"。以此标尺衡量，在中国文学众多流派中，以曹操父子、孔融、陈琳等人为代表的"建安文学"占有突出地位。这一派作家人数不多，作品数量也十分有限，但由于情辞慷慨，格调刚健遒劲，被称为"建安风骨"，历来备受推崇。其名篇如曹操的"老骥伏枥，志在千里，烈士暮年，壮心不已"，更是传颂千古，脍炙人口。由于建安作家的杰出实践和刘勰的理论升华，"风骨"成为后世文学创作的重要圭臬。唐初陈子昂即以"兴寄"、"风骨"为旗帜，倡导诗歌革新，扭转齐、梁以降"采丽竞繁"、"逶迤颓靡"的诗风，为唐代诗歌的发展开辟了道路。他的《登幽州台歌》："前不见古人，后不见来者，念天地之悠悠，独怆然而涕下"，"骨气端翔，音情顿挫"，令人于吊古伤今的感怀中勃生愤然之气。

风骨劲健，是中国古代各艺术门类的共同追求。南朝齐画家谢赫的《古画品录》提出"画家宗之"、"千载不易"的"六法"论，其第二条便专论"骨法"，"骨法在于用笔"。董其昌批评《清明上河图》，也从"骨法"立论："笔法纤细……惜骨力乏耳②。"相对于西洋画，中国画更注重线条，这是画家们更多地研讨笔势、笔法、笔力的基本原因。中国书法，也十分讲究"风骨"之俊美。唐太宗李世民自称："临古人

---

① 笪重光：《画筌》。
② 董其昌：《画眼》。

之书，殊不学其形势，惟在求其骨力，而形势自生耳。"①张怀瓘在《评书药石论》中讥讽"若筋骨不任其脂肉者……在书为墨猪"。孙过庭的《书谱·序》称"众妙攸归，务存骨气"，骨气宁可过而不可不足，过则"体质存焉"，不足则根本无依。米芾也说"字要骨格，肉须裹筋，筋须藏肉"。历代书家对赵孟頫的字颇有微词，正是因为其柔媚有余而骨力不足。戏曲演唱，也与"风骨"有关。咬字是骨，即"结言端直"，行腔是风，即"意气骏爽"，字正腔圆，方能骨峻风清，感人肺腑。

（三）气韵生动

气韵，指文艺作品的活泼灵气、生命韵律。这种灵气、韵律，来自艺术家对于生活的真切体验和感受，又诉诸变化不居、出奇制胜的表现手法，最终实现为对自然、社会、人生风貌的鲜活传神的写照。清人方东树论道："凡诗、文、书、画，以精神为主。精神者，气之华也。"②这句话概括了"气韵"说对中国古代文学艺术的共同要求。中国最早的文化著作，曹丕的《典论·论文》在论述"文非一体，鲜能备善"的同时，提出统一的衡文标准："文以气为主，气之清浊有体，不可力强而致"，亦即于风骨劲健以外，还要有气韵生动的要求。钟嵘在《诗品·序》中进一步指明，气韵源于艺术家的形象思维与自然、社会的生生之"气"之间的相互感应，"气之动物，物之感人，故摇荡情性，形诸舞咏"。魏晋以后，气韵生动成为文学创作的艺术标尺。"文起八代之衰"的韩愈认为，"气盛则言之短长与声之高下者皆宜"③。清人章学诚也说："凡文不足以动人，所以动人者，气也"，"气积而文昌"④。后人极度推崇杜甫诗歌，关键的一条，是"杜子美诗，专以气胜"⑤，"大约飞扬峍兀之气，峥嵘飞动之势，一气喷薄，真味盎然，沈郁顿挫，苍凉悲壮，随意下笔而皆具元气，读之而无不感动心脾者，杜公也"⑥。

中国艺术的其他门类，同样讲究气韵。谢赫《古画品录》提出的"六法"论，第一条就是"气韵，生动是也"。"六法"最早是就人物画而论的，所以唐代张彦远的《历代名画记》补充曰："人物有生气之可状，须神韵而后全，若气韵不周，空陈形似，笔力未遒，空善赋形，谓非妙也。"宋、元以后，"气韵"说开始影响到山水、花鸟画，"天下之物，本气之所积而成，即如山水，自重岗复岭，以至一木一石，无不有生

① 李世民：《论书》。
② 方东树：《昭昧詹言》卷一。
③ 韩愈：《答李翊书》。
④ 章学诚：《文史通义·史德》。
⑤ 张戒：《岁寒堂诗话》。
⑥ 方东树：《昭昧詹言》卷八。

气贯乎其间”①，因而画家亦须把握其“生气”，融会意念，诉诸笔端，力图表现山水、花鸟的活泼灵性、曲折韵致，由状物而抒情，由形真而神契。书法也以气韵生动为高。宋代大书法家蔡襄论道：“书学之要，惟取神气为佳，若模象体势，虽形似而无精神，乃不知书者所为耳。”②历来对晋代书法评价极高，一言以蔽之，曰“韵胜”。后世临摹王羲之者不知凡几，单就笔势而论，不乏乱真之作，但得其“气韵”者绝少，原因就在“学书在法，而其妙在人。法可以人人而传，而妙必其胸中之所独得”③。

思考题：

1. 如何理解中国传统艺术中的书画同源？
2. 中国艺术精神包含哪些内容？

---

① 沈宗骞：《芥舟学画编·山水·取势》。

② 蔡襄：《蔡忠惠集》。

③ 晁补之：《鸡肋集》。

第十一章 百里异习 千里殊俗

入境而问禁，入国而问俗，入门而问讳。

——《礼记·曲礼上》

一方水土养一方人。由于自然条件与社会环境的差异，不同的国家或民族在长期的历史发展过程中，形成了不同的行为规范和生活方式，这就是人们常说的风俗习惯，也称为习俗、民俗。从文化史研究的角度看，民风民俗作为源远流长、相对稳定、影响广泛的社会习尚，是人类精神生活、物质创造和行为方式的重要表现形式，因而成为特定民族文化不可缺少的组成部分。文化的民族性、地域性、传承性特点，在民俗中均有生动的体现。我国古代很早就有关于民间风俗的记载。《晏子春秋》注意到"百里而异习，千里而殊俗"的社会世象；《荀子·强国》提醒人们"入境，观其风俗"，以避免在相互交往中发生不愉快的事件。古代圣贤区分"上之所化为风，下之所化为俗"，还提出"移风易俗，莫善于乐"[①]的主张。

中国历史悠久，地域广阔，民族众多，文化丰富，正所谓"百里不同风，千里不同俗"。要完整、全面、准确地认识和理解中国文化，必须对民间习俗有所了解。

一、喜庆欢快的岁时节日

世界各民族都有自己的历法，都有依据历法而定的岁时节日。以汉族为主体的中华民族岁时节日系统，自夏商周三代以来逐步形成，到汉代基本成型，其后继续丰富和发展。由于古代中国通行的历法为农历（又称阴历、夏历），所以岁时节日多以阴历的一年为周期，循环往复，周而复始。

① 《汉书·礼乐志》颜师古注："此《孝经》载孔子之言也。"

（一）春节

“爆竹声中一岁除，春风送暖入屠苏。”[①]春节是中国最盛大、最隆重、最热闹的节日，俗称“年节”、“过年”。自汉武帝太初元年始，以农历（阴历）正月初一为“岁首”（即“年”），年节的日期由此固定下来，并一直延续至今。[②]“过年”的庆祝活动，一般从头一年十二月（俗称腊月）的二十三日（或二十四日）小年节祭灶王爷开始，一直延续到新年的正月中旬元宵闹花灯。进入腊月，春耕夏种、秋收冬藏的一年农事活动全部结束，辛勤劳动的汗水化作满仓满园的丰收之果，物质与精神的双重满足，以及作息的闲暇，都为喜庆佳节准备了绝好的条件。人们开始“忙年”，打扫卫生，置办年货，节日气氛日益浓烈。一首北京民谣唱道：“二十三，糖瓜粘；二十四，扫房子；二十五，做豆腐；二十六，去割肉；二十七，去宰鸡；二十八，白面发；二十九，满香斗；三十日，黑夜坐一宵。”所有这些活动，有一个共同的主题，即“辞旧迎新”。人们欣喜地憧憬新年好运。大年三十，又称“除夕”，欢庆活动进入高潮，家家户户贴窗花，挂春联，燃爆竹，焚香烛，买年画（图 11－1、图 11－2），送玉皇上界，迎新灶君下界。夜幕降临，华灯初上，全家老少，团聚一堂，开启陈年佳酿，烹调荤素时鲜，举杯共庆人寿年丰，安康祥和，是为“吃年饭”。年饭已毕，父老笑语喧哗，给后辈压岁钱，孩童嬉戏打闹，通宵达旦，并不歇息，迎接新年的到来，谓之“守岁”。唐太宗李世民有《守岁》诗一首记其事：“暮景斜芳殿，年华丽绮宫。寒辞去冬雪，暖带入春风。阶馥舒梅素，盘花卷烛红。共欢新故岁，迎送一宵中。”除夕已尽，一年复始。从正月初一开始，阖家老幼，远亲近邻，亲朋好友，相互恭贺新禧，是为“拜年”。关于“拜年”的起源，相传远古时代有一种叫“年”的怪兽，每逢腊月三十晚上出来，觅食伤人，人们只得关门避祸。初一早晨，怪兽隐去，人们开门见面，相互祝贺未被“年”吃掉。此系传闻，查无真实的历史依据。后世“拜年”，也并无多少避祸的意味，更多的倒是互祝新年添丁发财，万事吉祥如意。拜年之风，古已有之，秦汉以后乃大盛。明清以后，家中拜年的次序是，首拜天地神祇，次拜祖先牌位，再拜高堂尊长，最后合家卑幼以次序互拜。礼毕，成年男子始出门拜姑舅岳太、亲朋好友，依亲疏关系顺序进行，数日至十数日乃毕。春节既然是中国人最热闹的节日，娱乐活动自然丰富多彩，舞龙灯、耍狮子、扭秧歌、踩高跷、跑旱船、逛庙会等，为新春佳节增添了浓郁的喜庆气氛。

---

① 王安石：《元日》。

② 春节古称“元旦”。1911 年辛亥革命以后，采用公历纪年，遂称公历 1 月 1 日为“元旦”，称阴历（农历）正月初一为“春节”。

图 11-1 传统年画

图 11-2 年画——门神

(二)元宵节

“金吾不禁夜,玉漏莫相催。”①正月十五元宵节,是辞旧迎新活动的最后一个高潮。因为节期是一年中第一个月(元)的十五日之夜(宵),故名“元宵节”。该日为“望”日,月亮正圆,象征着团圆、美满。又因元宵节的主要节俗活动是燃灯、观灯、赏灯,故又称“灯节”、“灯夕”。道教则称正月十五为“上元节”。元宵节燃放灯火之俗始于汉武帝祭祀太一神。佛教传入后,相传东汉明帝于是日在宫廷、寺院“燃灯表佛”,令士族庶民仿行,以后相沿成俗。至迟在隋代,元宵节就成为一个民众欢腾的盛大节日了。隋炀帝诗记其盛:“灯树千火照,花焰七枝开。”唐代苏味道在其《正月十五日夜》一诗中写道:“火树银花合,星桥铁锁开。暗尘随马去,明月逐人来。”此诗形象地描绘了唐代元宵之夜灯月交辉、游人如织、热闹非凡的场景。“东风夜放花千树,更吹落,花如雨。宝马雕车香满路。凤箫声动,玉壶光转,一夜鱼龙舞。”辛弃疾这首《青玉案》的上阕描绘的就是宋代元宵节的空前盛况。人们常说“闹元宵”,一个“闹”字,十分传神地概括出元宵节的欢快气氛。每逢元宵,城乡花炮烟火不断,锣鼓声震四野。人们吃元宵(汤圆),舞龙灯,看百戏社火,走街串巷,成群结队观花灯,猜灯谜,通宵达旦。

① 苏道味:《正月十五夜》。

（三）清明节

"佳节清明桃李笑，野田荒冢只生愁。"[①]清明节本来是中国二十四节气之一，节期大致在公历4月5日前后。它在一年季节变化中占有特殊的地位，《月令七十二候集解》云："物至此时，皆以洁齐而清明矣。"清明一到，气温升高，正是春耕春种的大好时节，故有"清明前后，种瓜种豆"、"植树造林，莫过清明"等俗谚。后来又把祭祖、寒食节并入其中，使得清明节由一个单纯的农业节气上升为一个全民性的重要节日。

中国人自古以来就崇拜祖先，尊敬长者。正月初一要在家中祭祀祖宗牌位，清明节则是另一次祭祀祖先的重要时刻。这一次是到祖先的墓地去祭祀、扫墓。寒食节相传是纪念春秋时期晋国的贤臣介子推。晋国公子重耳流亡国外，历经艰难19年，终于返国做了国君，是为晋文公。晋文公封赏功臣，恰恰遗忘了曾立下大功的介子推，介子推带着老母隐居绵山。晋文公后来知道了这件事，后悔不迭，立即派人请介子推，遭到拒绝。于是，晋文公听人建议下令烧山，目的是逼迫介子推出山，不料介子推却背着老母抱着一棵柳树，被活活烧死。悲痛的晋文公厚葬介子推母子，改绵山为介山，并规定每年的放火烧山这几天严禁烟火，只吃寒食。魏晋之时，始将寒食节定在清明前一二日。唐玄宗于开元二十年（732）正式下诏将寒食扫墓列入五礼之中。此后，寒食、清明祭扫坟墓的习俗就合二为一了。每年农历三月清明日，无论官员士庶、男女老幼，皆出郊扫墓上坟。宋代高翥的《清明》诗曰："南北山头多墓田，清明祭扫各纷然。纸灰飞作白蝴蝶，泪血染成红杜鹃。日暮狐狸眠冢上，夜归儿女笑灯前。人生有酒须当醉，一滴何曾到九泉。"中华民族尊亲敬祖、隆宗重嗣的传统习俗，在清明节表现得分外集中而动人。除最重要的扫墓外，清明节民间还有踏青郊游、插柳、荡秋千、放风筝等一系列的风俗活动。古来有三月上巳日（魏晋以后，节期固定为三月初三）祓禊、踏青习俗。因上巳日与清明日很近，诸多游乐活动贯串其间，演衍成清明前后的春游热潮。春和景明，草绿花红，人们扫墓之余，在郊外聚会游乐，或者采摘花草，或者洗浴春水，或者吟诗放歌，或者饮酒猜拳，或者开展蹴鞠、拔河、荡秋千、放风筝等体育活动，热烈奔放的游乐气氛与大自然的勃勃生机相融互感。蓬勃劲健的生命意识，积淀在清明节的风俗之中，代代流传。

---

① 黄庭坚：《清明》。

（四）端午节

“五月五日天晴明，杨花绕江啼晓莺。”①春夏之交的农事大忙告一段落，人们又迎来了端午节。端午节又称端阳节、重午节、端五节等，时在农历五月初五日。端，开端之意，午，同“五”，“端午”即五月第一个五日。关于端午节的起源，说法多歧，影响较大的有四种：一说源于纪念屈原。楚国诗人、三闾大夫屈原屡遭奸佞谗毁，于五月初五日自沉汨罗而死，楚人哀之，每至此日，划龙舟于江上，并以竹筒贮米投水祭奠，后来划龙舟演变为竞渡比赛（图 11－3），竹筒贮米则演变为粽子。一说源于纪念伍子胥。伍子胥忠心于吴王夫差，却被赐死，尸体装在皮革里于五月五日投入大江，化为潮神，江浙一带百姓便于此日逆涛而上，迎子胥归来。一说源于纪念孝女曹娥。曹娥是东汉上虞人，父亲溺于江中，数日不见尸体，当时孝女曹娥年仅十四岁，昼夜沿江号哭。过了 17 天，在五月五日投江，五日后抱出父尸。此外，还有恶月恶日驱避说，即古人认为该日是阴气开始旺盛的日子，这一天要举行送瘟除灾的活动。以上各说，均有其源。据闻一多等专家考证，端午的起源，原是中国古代南方吴越民族举行图腾祭的节日。但千百年来，屈原的爱国精神和感人诗辞，已广泛深入人心，因此，“节分端午自谁言，万古传闻为屈原”②，纪念屈原之说，影响最广最深，占据主流地位。在民俗文化领域，中国民众把端午节的龙舟竞渡和吃粽子等，都与纪念屈原联系在一起。此外，各地还有写符念咒，挂钟馗像，挂荷包和拴五色丝线，悬挂菖蒲、艾草，游百病，佩香囊，饮用雄黄酒等节俗活动，尽管细节有所差异，但祛灾求福的企望却是共同的。

图 11－3　端午赛龙舟

（五）七夕节

“天阶夜色凉如水，卧看牵牛织女星。”③七月初七日的七夕节，又名乞巧节、女儿节。《荆楚岁时记》云：“七月七日，为牵牛、织女聚会之夜。”该节与牛郎织女的

---

① 张建封：《竞渡歌》。

② 文秀：《端午》。

③ 杜牧：《秋夕》。

神话故事有关,因此七夕象征爱情与求偶。传说在七夕的夜晚,抬头可以看到牛郎织女的银河相会,或在瓜果架下可偷听到两人在天上相会时的脉脉情话。人们心中的织女是个美丽聪明、心灵手巧的天仙,凡间的妇女便在这一天晚上向她乞求智慧和巧艺,也少不了向她求赐美满姻缘和喜得贵子。晋代葛洪的《西京杂记》载:"汉彩女常以七月七日穿七孔针于开襟楼,俱以习之。"于是在七月夏夜的星光下,妇女们置香案,供瓜果,一面追忆牛郎织女的美妙传说,一面进行拜星乞巧游戏,如穿针等。袁景澜的《七夕乞巧词》记曰:"凉飙吹转商秋律,天街夜静银河直。……默祷织女与黄姑,但愿所求遂胸臆。所求不是为连理,所求不是为比翼。传闻天上有神仙,乞灵祈赐聪明质。金梭即遣堕侬前,蛛丝织就回纹式。更愿穿尽七孔针,刺绣群中推第一。"直到今日,七夕仍是一个富有浪漫色彩的传统节日,虽然不少习俗活动已弱化或消失,但是象征忠贞爱情的牛郎织女的传说,一直流传民间。

(六)中秋节

"海上生明月,天涯共此时。"①中秋节在八月十五日,时值三秋之中,故得名,又名仲秋节、团圆节、月节等。是夜,满月如盘,清光泻地,加之溽暑甫退,秋高气爽,正是赏月的好时光。中秋节起源于我国古代秋祀、拜月之俗。《礼记》中载有"天子春朝日,秋夕月。朝日以朝,夕月以夕。"这里的"夕月"就是拜月的意思。两汉时,中秋拜月已具雏形,到唐代,将中秋与嫦娥奔月、吴刚伐桂、玉兔捣药、唐明皇游月宫等神话故事结合起来,使之充满浪漫色彩,中秋拜月、祭月、供月、赏月蔚然成风。宋代,正式定八月十五为中秋节,此后一直盛传不衰。据南宋吴自牧的《梦粱录·中秋》记载:这一天,"王孙公子,富家巨室,莫不登危楼,临轩玩月,或开广榭,玳筵罗列,琴瑟铿锵,酌酒高歌,以卜竟夕之欢。至如铺席之家,亦登小小月台,安排家宴,团围子女,以酬佳节。虽陋巷贫窭之人,解衣市酒,勉强迎欢,不肯虚度。"月饼是中秋节的必备食品,其形圆味甜,象征合家团圆,幸福美满。它作为一种食品的名称并同中秋赏月联系在一起,始见于南宋的《武林旧事》。明代以来,有关中秋赏月吃月饼的记述就更多了。清富察敦崇的《燕京岁时记》云:"每届中秋,府第朱门皆以月饼果品相馈赠。至十五月圆时,陈瓜果于庭以供月,并祀以毛豆、鸡冠花。是时也,皓魄当空,彩云初散,传杯洗盏,儿女喧哗,真所谓佳节也。"团圆之夜,月圆、饼圆、瓜圆、果圆、家人团圆……人们仰望大空如玉如盘的朗朗明月,借助各种象征团圆的节物与活动,表达一个共同的心愿:祈愿家人团圆、生活美满。"明月几时有,把酒问青天。……人有悲欢离合,月有阴晴圆缺,此事古难全。但愿

① 张九龄:《望月怀远》。

人长久，千里共婵娟。”苏轼的这首《水调歌头》隽永地表达了这种眷眷情思，因而传颂千古。

（七）重阳节

“九月九日眺山川，归心归望积风烟。”①农历九月初九日，为传统的重阳节。《易经》中把“六”定为阴数，把“九”定为阳数，九月九日，日月并阳，两九相重，故而叫重阳，也叫重九。梁人吴均在他的《续齐谐记》中记载，东汉汝南人桓景拜仙人费长房为师，得费长房指点，知道九月九日有大灾，必率家人佩茱萸于臂，登山，饮菊花酒，方可避祸。桓景一一照办，方躲脱了一场灭门之灾。后来，人们就把重阳节登高的风俗看做是免灾避祸的活动，还在这一天观赏菊花、遍插茱萸、吃重阳糕（菊花糕）、饮菊花酒。九九重阳，因为与“久久”同音，九在数字中又是最大数，有长久长寿的含义，况且秋季也是一年收获的季节，重阳佳节，寓意深远。人们对此节历来有着特殊的感情，唐诗宋词中有不少贺重阳、咏菊花的诗词佳作，最有名的就是唐代诗人王维的《九月九日忆山东兄弟》：“独在异乡为异客，每逢佳节倍思亲，遥知兄弟登高处，遍插茱萸少一人。”今天的重阳节，被赋予了新的含义。1989年，我国把每年的重阳节定为老人节，传统与现代圆融地结合，成为尊老、敬老、爱老、助老的老年人的节日。

（八）腊八节

“腊日烟光薄，郊园晓望空。”②农历的十二月又称腊月，腊月最重大的节日是十二月初八，古代称为“腊日”，俗称“腊八节”。从先秦起，腊八节用来祭祀祖先和神灵，祈求丰收和吉祥。传说佛教创始人释迦牟尼的成道之日也在十二月初八，因此腊八也是佛教徒的节日，称为“佛成道节”。腊八这一天有吃腊八粥（俗称八宝粥）的习俗，最早开始于宋代，已有1 000多年历史。每逢这一天，不论是朝廷、官府、寺院还是黎民百姓家，都要做腊八粥。到了清朝，喝腊八粥的风俗更是盛行。在宫廷，皇帝、皇后、皇子等都要向文武大臣、侍从宫女赐腊八粥，并向各个寺院发放米、果等供僧侣食用。在民间，家家户户也要做腊八粥，祭祀祖先；同时，合家团聚在一起食用，并馈赠亲朋好友。据《燕京岁时记》载，腊八粥系用黄米、白米、红米、小米、菱角米、栗子、红新豆、去皮枣泥等合水煮熟，外用染红桃仁、杏仁、瓜子、花生、榛穰、松子及白糖、红糖、葡萄作点染。食腊八粥之俗，一说起源于释迦牟尼

---

① 卢照邻：《九月九日登玄武山》。

② 李先芳：《腊日》。

成佛前游历各地，于腊八日累饿昏倒，一牧女用一碗稀粥救他，释迦牟尼吃后感到无比的甘美，当日得道成佛。另一说起源于朱元璋年幼时家贫，曾掘鼠穴得五谷杂粮熬粥充饥，登基为帝后，于腊八日令御厨仿制，食后大悦，遂赐其名为“腊八粥”。再一说为神话人物共工氏之子死为疫鬼，独畏赤豆，人们便于粥中加入赤豆，食之以驱鬼避邪，食前还须先行“打鬼”仪式。不论以上何说为真，腊八粥制法简单，营养丰富，味道香甜，易于消化，成为一道深受人民喜爱的美食，因而广为流传，至今不衰。

腊月后半月，即到腊月二十三祭灶王爷之日，新的一轮辞旧迎新的年节活动又告开始。

检视一下我国的岁时节日系列，不难发现，首先，年复一年、周而复始的中国传统岁时节日，主要是农业文明的典型伴生物。具体而言，其节日日期的最初选择与确立，即是农业文明氛围中的中华先民依据天时、物候的周期性转换而约定俗成的，多与农事生产活动的节律相合拍。如我国古代农业社会用以安排生产生活的立春、清明、夏至、冬至等节气，与后来形成的有关节日关系至为密切，特别是“清明”，后来从节气演变为重要的传统节日“清明节”。其次，中国传统节俗素以团圆、团聚为重，充满了浓厚的伦理色彩和人情味。事实上，中国文化中贵人伦、重亲情、崇拜祖宗先贤的特点，在充满祥和、安宁、幸福氛围的传统节庆中，都得到了既合情合理又淋漓尽致的表达。当我们在纵情欢度传统节日时，会感受到传承至今的农业文明强劲有力的脉动，领略到凝聚其中的中华民族传统文化的精粹，更会为民族精神的生生不息、永不衰竭而惊叹。

二、隆重热烈的人生礼仪

人的一生，有如内容丰富、情节曲折的多场多幕剧。在场、幕起承转合的关口，各民族依其风俗，都要举行多种形式、隆重盛大的人生礼仪，主要包括诞生礼、成年礼、婚礼和葬礼。此外，标明进入重要年龄阶段的祝寿仪式和一年一次的生日庆贺活动，也是重要的人生庆典。

在西方基督教民族和阿拉伯伊斯兰教民族中，大凡人生礼仪都浸透宗教色彩，如婚礼在教堂内举行（基督教）、由阿訇给新生婴儿命名（伊斯兰教）等等，其意义均在祈求神主保佑一生平安。但在中国尤其在汉族风俗中，人生礼仪却充满世俗生活的盎然情趣，体现了亲朋好友的殷切期望与衷心祝福。

（一）诞生礼

添丁加口，是中国传统观念中的大喜之事。为了及早抱上娃娃，已婚妇女未孕前,民间有向神祈祷等种种企盼怀孕得子的习俗,而妇女怀孕便被称为“有喜”。为了使婴儿出生后健康成长,怀孕妇女的思想言行都必须遵从礼仪,“立而不破,坐而不差,笑而不喧,独处不倨,虽怒不骂”①,是谓“胎教”。各地还有许多颇有特色的催生习俗,一般在产期将至时,由娘家送一些婴儿出生后所需的衣食物品。

婴儿降生的第一声啼哭,是生命乐章的嘹亮序曲,隆重热烈的人生庆典由此揭幕。依汉族风俗,婴儿出生后一日或数日,女婿应去岳丈家报喜,具体做法各地稍有差异。有的用红纸包毛笔一枝,意为生男,如果另添手帕一方,则为生女;也有的携伞去岳丈家,伞置中堂桌上为生男,置大门背后为生女;还有的送去煮熟的红鸡蛋,生男孩则蛋数为双,生女婴则蛋数为单。岳丈家亦备礼物由女婿带回。产房门口或临街门口挂红布、桃枝等物,表示婴儿诞生,向乡邻报喜。这一习俗产生很早,《礼记》就有生男“设弧于门左”,生女“设帨于门右”的记载。

哺育婴儿,也有讲究。在给婴儿喂第一口奶之前,先让他尝尝醋、盐、黄连、勾藤和糖,意为人生一世将遍尝酸甜苦辣,是为“尝五味”。“尝五味”后,婴儿吃的第一口奶水不能来自母亲,男婴须换食一女婴之母乳,女婴则相反,这样做的含义在祝福儿女长大后婚姻顺利美满。

婴儿出生后第三天,有一次庆祝仪式,谓之“洗三”或“三朝”,即采集槐枝、艾叶草药煮水,为婴儿沐浴。宋代诗人梅尧臣58岁喜得幼子,“洗三”之日,欧阳修作《洗儿歌》以贺,诗云:“翁家洗儿众人喜,不惜金钱散闾里。宛陵他日见高门,车马煌煌梅氏子。”洗儿时,尊长、亲朋或撒银钗于浴盆之中,或以银钗搅水,是谓“添盆”、“搅盆”,含祝福及消毒之意。作为亲家,为祝贺婴儿出世,常在孩子出生10天左右“送祝米”,送去鸡蛋、挂面、红糖及被褥、衣帽等,上覆红布,以示喜庆。“送祝米”的习俗,直到今天仍十分流行。

到了一个月,母亲身体基本恢复,婴儿也适应了新的生存环境,所以在这天就可以邀请众多亲友来参加“满月”(又称“弥月”)的庆贺仪式。许多地方做满月时,还为婴儿第一次理发,称“剃胎发”。到婴儿满百日时,举行“百岁”庆贺仪式,给婴儿吃百家饭,穿百家衣,挂百家锁,含义都是祝福婴儿能够健康长寿。

孩子满周岁,可以看做婴儿诞生礼的最后一个高潮。除盛宴亲朋宾客外,还有一项别具特色的活动,即“抓周”,又称“试周”、“试儿”。“抓周”的本来意义,在检测幼儿性情、志趣,并以之预测将来的发展。北齐颜之推的《颜氏家训·风操》记载道:“江南风俗,儿生一期,为制新衣,盥浴装饰,男则用弓矢纸笔,女则刀尺针缕,并加饮食之物及珍宝服玩,置之儿前,观其发意所取,以验贪廉愚智,名之为试儿。”

① 贾谊:《新书·胎教》。

“抓周”是流行极广的民俗,《红楼梦》第二回便提及贾宝玉“抓周”的情景:“政老爷试他将来的志向,便将世上所有的东西摆了无数叫他抓。谁知他一概不取,伸手只把那些脂粉钗环抓来玩弄,那政老爷便不喜欢,说将来不过酒色之徒,因此不甚爱惜。”周岁幼儿的兴之所至,随意抓取,当然不足以决定他或她未来的事业和人生,令贾政日后伤心透顶的宝玉“不成器”,其实与他当年只抓“脂粉钗环”并无多大关系。不过,欣喜地观看幼儿摸爬玩耍的天真神态,不失为一大乐趣,所以“抓周”习俗沿袭至今,千年不衰。

(二)成年礼

儿女长大成人,要行成年礼,它是由上古氏族社会的成丁礼演化而来的,男子称“加冠”,女子称“加笄”。加冠的年龄因时因地而定,一般在15岁至20岁之间。周代贵族男子加冠的程序是先加缁布冠(黑麻布冠),表示从此有治人权;次加皮弁(白鹿皮制),表示从此要服役;最后加爵弁(赤黑色平顶帽),表示从此可参加祭祀。后世加冠,程序简省,仅加布冠。女子加笄,年龄在15岁。笄,即簪子,加笄即盘发插簪。加冠、加笄的同时,还要取字。古人有名有字,婴儿出生三月命名,成年时取字。名与字意义上有联系。如屈原名平,字原,《尔雅·释地》称“广平曰原”。孔子的弟子颜回,字子渊,《说文解字》释“渊,回水也”。加冠、加笄与取字是成年的标志,此后方可婚嫁。有的地区女子加笄在出嫁时进行,改变童年发式,结发髻于头顶,又称“结发”。“结发夫妻”之说即由此而来。

(三)婚礼

男大当婚,女大当嫁。结婚成家,是人生一大转折,因此,婚姻庆典是人生庆典中最为隆重热烈、喜庆祥和的一幕。

古代青年男女婚姻关系的建立,需经媒人介绍。这早在《诗经》中即有记载:“取妻如何?匪媒不得。”①由媒人穿针引线到最终成亲,需经六道仪式,叫做“六礼”。“六礼”之一为“纳彩”,即男方遣媒人向女方提亲,送礼求婚,礼物起初用雁,后渐加其他物品。之二为“问名”,即媒人到女家询问女方名字、生辰八字②,男方收到记有女方名字、生辰八字的庚帖后,通过占卜,预测这门亲事的吉凶。之三为“纳吉”,如果男方占卜获得吉兆,便立即向女方报喜,“复使使者往告,婚姻之事于

① 《诗经·豳风·伐柯》。

② 八字,中国古代算命方法之一,将某人出生的年、月、日、时各以天干、地支相配,每项用两个干支字代替,合为八字,据此八字,推算某人的命运。相传此法始于战国时代的鬼谷子。

是定"①。之四为"纳徵",即男方向女方送聘礼,从此婚约完全确立。周代士大夫以玄纁束帛俪皮为聘礼,天子加以穀圭,诸侯加以大璋。宋代以后,聘礼送金银绫绢,明代以后更趋节简。近代婚俗中的"送彩礼",即由此演变而来。之五为"请期",男方送聘礼,通过占卜择定完婚吉日,通告女家,征求同意。请期亦须备礼,《仪礼·士昏礼》称:"请期用雁,主人辞,宾许告期,如纳徵礼。""六礼"最后一项为"亲迎",即男方于择定成婚日往女家迎娶新娘。亲迎是"六礼"的最高潮,其形式各代、各地有异。"夏亲迎于庭,殷于堂,周制限男女之岁定婚姻之时,亲迎于户。"②周代新郎亲往女方迎娶,新娘父母于宗庙设宴迎接,女婿行叩拜礼,引新娘上车,然后自己先行回家。新娘到后,双方合卺成婚。古俗以一瓠分两瓢谓之卺,新郎新娘各执一瓢,用酒漱口,称为"合卺",意是两人自此合二为一,夫妻间有相同的地位,婚后相亲相爱,百事和谐。后来,才将容器更换成酒杯,即新人对饮交杯酒。亲迎一般用车、马或轿,南方亦用船。宋代以后,亲迎之礼更繁,有挂帐、催妆、踏席、跨鞍、牵红、撒帐、饮交杯酒、闹新房等俗,尤以闹新房欢快热烈,喜气盎然。闹新房的用意在增添喜庆气氛,同时为新人驱邪避凶。婚后三天之内,亲朋好友不分辈分高低,男女老少,均可于洞房内以新郎新娘为对象,欢笑逗乐,但亦常有恶作剧及非礼之举发生。降及近代,闹新房趋向文明,一般为新人介绍恋爱经过,表演节目,在亲朋监督下共咬糖块、水果等。

婚后三日,妻子在丈夫陪同下回娘家省亲,称"回门",这是婚事的最后一道礼仪,其内涵意义在女儿成家后不忘父母养育之恩及女婿感谢岳丈恩德,因此亦需厚备礼品,岳家则以母鸡回赠,"鸡"与"吉"谐音,取吉祥意。经过这一系列活动,双方的姻亲关系才算正式确立。

(四)生日庆典

中国习俗,每逢某人出生之日,亦有庆典。50岁以下为"做生日",尤以10岁、30岁为重。50岁以上,则称"做寿",一般以10岁整数庆贺,谓之"做整生",场面比较隆重,贺客众多。非整10岁而做的寿诞,称之为"做散生"。在祝寿的这天,亲朋好友都带着寿礼去拜贺。寿礼有寿桃、寿面、寿联、寿幛等,当然也有送钱物的。寿桃一般用米面粉制成,亦有用鲜桃的。以桃祝寿,起源很早,《神异经》载:"东方有树,高五十丈,名曰桃。其子径三尺二寸,和核美食之,令人益寿。"神话传说中的西王母做寿,便是在瑶池大开蟠桃盛会接待众仙。由此,后世祝寿均用桃。寿宴

---

① 《仪礼·士昏礼》郑玄注。
② 杜佑:《通典·礼典》。

上，宾主共饮寿酒，吃寿面。因常见食品中以面条最长，故吃寿面蕴涵延年益寿之意。而送寿联、寿幛，上面是贺者撰写的文字，褒扬寿星的事业、功绩，祝贺他身体健康，益寿延年。

（五）丧葬礼

无论人们祝福老人长寿的心愿多么真挚恳切，死亡终将到来，这是不可抗拒的生理规律。正因为如此，中国习俗将老人逝世也视为人生一喜，为与婚育等"红"喜事相区别，称之为"白"喜事，为死者举行隆重的丧葬典礼。

先秦时起，便将老人行将作古称做"属纩"。属，放置之意；纩，轻柔的新絮。将新絮放在临终者的口鼻上，察其是否断气。如确系死亡，由专司其职的"复者"或子嗣登上屋顶，手持寿衣三呼死者之名，招唤死者的灵魂回归，称"招魂"。同时为死者净身，布置灵堂、灵棚，赴亲友报丧，准备接受吊唁。亲友闻讯，携挽联、挽幛及若干钱币，登门哀悼，死者子嗣披麻戴孝以迎。参加吊唁的全体成员依与死者关系的亲疏，应穿着不同规格的丧服。丧服分五等，称"五服"。据《仪礼·丧服》所记，五服从重到轻依次为斩衰（极粗生麻布制成，不缝边）、齐衰（生麻布制成，缝边）、大功（熟麻布制成，缝边）、小功（较细熟麻布制成，比大功精细）、缌麻（最细熟麻布制成，或兼用丝麻）。子为父、父为长子、妻妾为夫都须服斩衰，以下血缘关系渐疏，至为族曾祖父母、族祖父母、族兄弟、外孙、外甥、岳父母等，则服缌麻。穿斩衰服丧三年，穿齐衰服丧一年，穿大功服丧九月，穿小功服丧五月，穿缌麻服丧三月。如此严格的丧服制度，在现实生活中虽不见得完全实行，但它所体现的重男轻女（如妻为夫服丧三年，而夫为妻服丧仅一年）、严分嫡庶（如庶子为嫡母服丧三年，嫡子仅为庶母服丧一年，或不服丧）等原则，却是历代丧葬制度所共同遵循的。民间实际上把"五服"的范围作为血缘亲属范围，即以本人为基准，上至高祖下至玄孙（或向上推衍长辈四代，向下推衍晚辈四代）的直系旁系血亲。

吊丧已毕，送死者灵柩下葬，称出殡。灵柩有棺、椁之分。椁为棺外套椁。一般死者仅用棺，富贵者方于棺外套椁。出殡时棺椁多由人抬，自 16 至 32 杠不等。其时，长子扛灵头幡，以孝带牵头杠，女儿怀抱领魂鸡随后，鼓乐送至墓地下葬。若灵柩用车装载，则送丧者手执牵引灵车的白布缓缓而行，称"执绋"。安葬方式，汉族多为土葬，少数民族中则有火葬、水葬、犬葬（即野葬）等不同种类。

灵柩下葬，丧仪仍未完结。民间盛行"七七"之礼，即人死后（或出殡后）每隔七日，设斋祭奠死者，至七七四十九天而止。其间请僧道做法事以超度亡灵，俗称"做道场"、"放焰口"，直到今天，不少农村、山区仍行此风习。

中国古代丧葬礼仪至为繁复，《礼记》记载有 40 余项，到北宋司马光作《书仪·丧礼》,仍有25项。其后日趋简朴,近代以后,佩黑纱、送花圈、开追悼会以寄托哀思,成为丧葬礼的基本模式。

三、肃穆庄严的祖先祭祀

重血缘宗法伦理,讲求“饮水思源,慎终追远”,是中国文化的突出特点之一。在民俗中,这一特点体现为肃穆庄严的祖先祭祀活动。

祖先祭祖源于上古时代的生殖—祖先崇拜。远古之时,先民不了解两性结合的生命意义,而直观地认为女性是生育的决定因素。为了人口繁衍,氏族兴旺,他们虔诚地奉行女阴崇拜。辽宁红山文化遗址发掘出女神像及泥塑妇女群像,臀部、乳房硕大,正是女性生殖崇拜的实证。随着父系社会的到来,男性祖先逐渐取代女性成为供奉、祭祀的对象。陕西华县早期龙山文化遗址出土的陶祖,便是这种转变的考古物证。汉字中的“祖”,由“示”与“且”组合而成,“示”表示祭祀,而“且”据考证,正是由男性生殖器的描状转化而来的祖宗牌位的象形。进入宗法社会以后,为故去的家族祖先举行祭祀,祈求先祖亡灵保佑子孙后代岁岁平安,更成为至关重要的民间习俗。

殷商时代,祭祖活动最为繁复,其方式有五,即彡、翌、祭、尝、劦。彡是伐鼓而祭,翌是舞羽而祭,此二者为以娱祭祖。祭是献酒肉而祭,尝是献黍稷而祭,此二者是以享祭祖。劦是联合他种祀典,合历代祖妣而祭之,为集体的、综合的祭典。上述五种祭祀,依次进行,周而复始。每一循环,称为一祀。

周代宗法社会,尤其注重血缘宗族系统的亲疏等级秩序,其祭祀活动也明显突出这一特征。周人将始祖以下的同族男子逐代先后相承地分为“昭”、“穆”两辈,即始祖以后一、三、五……代为昭辈,二、四、六……代为穆辈,隔代字辈相同。昭、穆的划分,体现在墓冢及宗庙内祖先牌位的排列上,始祖居中,昭辈位于其左,穆辈位于其右。祭祀祖先时,家族子孙亦按此规定列队行礼,丝毫不爽。正如《礼记·祭统》所载:“夫祭有昭穆,昭穆者,所以别父子、远近、长幼、亲疏之序而无乱也。”

祭祀祖先,是殷周以后中华先民一以贯之的庄严典礼。为表达后代对先祖亡灵的虔敬与祈祷,需备丰厚的祭物。“三牲之俎,八簋之实,美物备矣。”①三牲者,牛、羊、猪之谓也。将三牲供奉于墓冢或祖先牌位之前,然后献酒三巡,即初献爵、亚献爵、终献爵,此称“三献”。此习沿袭至清代,《红楼梦》第五十三回记宁国府除夕祭宗祠:“青衣乐奏,三献爵,拜兴华,焚帛奠酒,礼毕,乐止,退出”,扼要叙述了祭祖的过程。

---

① 《礼记·祭德》。

古人祭祀先祖，多集中在清明、中元（七月十五）、十月朔（十月初一；一说是十月十五下元节），合称“三冥节”。三冥节中，又以清明为祭祖的最重要节日。清明祭祖之风习，起源很早，唐代已普及各地，宋代更由朝廷规定，是日“官员士庶，俱出郭省坟，以尽思时之敬”①。清明祭祖扫墓主要有两项活动：一是为死者烧香、上供、烧冥币（纸钱）。冥币是一种特制的钱币，意思是送给死者在冥间使用。还流行一种压钱的习俗，即把冥币压在坟墓的四角、坟顶。然后，扫墓者在香火袅袅中向死者祭奠，晚辈一般要行跪拜大礼。二是修整坟墓，给坟墓培土、除草，故称“添坟”、“扫墓”。有的地方还流行插一竹竿或柳枝于墓前，上糊长条白纸，俗称“清明吊子”，以此表示已行祭祀。民间信仰认为，坟地是死者的世界，而墓穴就是死者的房屋，所以生者要为死者把房屋修好。更为重要的，祖先如果在坟墓里住得安稳，其后代子孙才会繁荣兴旺。祖先的墓地联结着后人的生命和情感，正因为这样，历代古人均十分重视祭祖扫墓。

四、规范入微的饮食起居

衣食住行不仅是物质文化与行为文化的综合体现，而且还受到思想观念的制约。中国素称礼仪之邦，以礼为行为基准的孔儒之学长期占据社会意识形态的主流地位，给社会生活的方方面面打下深刻的烙印。

饮食是人们生活的最基本需要。四时不同，饮食亦应有别。“春宜羔豚”，“夏宜腒鳙”，“秋宜犊麛”，“冬宜鲜羽”。“凡和，春多酸，夏多苦，秋多辛，冬多咸。”荤素搭配，也有定制：“牛宜稌，羊宜黍，豕宜稷，犬宜粱，雁宜麦，鱼宜苽”。② 菜肴摆放，亦有规定：“左殽右胾，食居人之左，羹居人之右。脍炙处外，醯酱处内，葱渿处末，酒浆处右。”进食姿态，更有要求：“毋抟饭，毋放饭，毋流歠，毋咤食，毋啮骨，毋反鱼肉，毋投与狗骨。”③以上是对平时饮食的规范。如遇亲友聚会，宴请宾客，则要求更为严格。

古人参加酒宴又称“赴筵”，或“坐筵席”。古文献记载，“筵”、“席”都是铺在地面的坐具。“筵长席短，筵铺陈于下，席在上，为人所坐笈。”④按当时礼制，筵之上加几层席，要依客人的身份而定。“天子之席五重，诸侯之席三重，大夫再重”⑤，一般平民，仅加一席。先秦时代，人们席地而坐，饮酒进食，所以“筵席”便成为酒

---

① 吴自牧：《梦粱录》。
② 《礼记·内则》。
③ 《礼记·曲礼上》。
④ 孙诒让：《周礼正义》。
⑤ 《礼记·祀器》。

馔的代称。东汉魏晋之时,坐榻与食案出现,榻有一人坐或两人坐的,矮而稳固,案比榻稍高,专供放置酒菜。《后汉书·梁鸿传》记梁鸿之妻"举案齐眉",便是举起这种食案向丈夫献食。唐代以后,桌、椅、凳等高脚家具出现,五代顾闳中的《韩熙载夜宴图》便展示了随之而来的酒宴形式的变迁。明、清时期,八仙桌、圆桌出现。家人环圆桌而坐,含合家团圆之意,所以备受一般民众欢迎。

酒宴座次,向有定制。一般以东向为尊,北向次之,南向又次之,西向为末。鸿门宴上,"项王、项伯东向坐,亚父南向坐,沛公北向坐,张良西向侍"①,正是循此例排列。八仙桌出现后,仍以坐西向东为首席,以下按宗法昭穆之制,昭左穆右,交替而下,最末坐西向。

座次以外,还有若干规则。体现性别之分的有"男女不同席",体现长幼之别的有"尊人共席饮,不问莫多言",等等。

日常起居行为,也不可随心所欲。"凡内外,鸡初鸣,咸盥洗,衣服,敛枕簟,洒扫室堂及庭,布席,各从其事。"②历代《家训》,多有"黎明即起,洒扫庭除"的要求。勿论少长,一言一行一举一动均须循规蹈矩。"毋侧听,毋嗷应,毋淫视,毋怠荒。游毋倨,立毋跛,坐毋箕,寝毋伏。"③

人际交往方面的习俗,更是品类繁多。"男不言内,女不言外,非祭非丧,不相授器。""内外不共井,不共湢浴,不通寝席"。"道路,男子由右,女子由左④"。男子之间相互致意,有九拜、三揖之礼。九拜,即跪拜动作的九种形式:稽首、顿首、空首、振动、吉拜、凶拜、奇拜、褒拜、肃拜。三揖,即拱手行礼三次。拱手时,双手合抱于胸前,轻轻上下晃动,身略前倾,若上下大划,谓之"长揖";屈身而行,谓之"打躬"。欢迎贵客,当拥篲(竹扫帚)迎门,表示已将道路、厅堂打扫干净,恭候光临。若向对方认错谢罪,轻则主动免冠,如平原君之于魏公子无忌⑤;重则负荆请罪,如廉颇之于蔺相如⑥。

凡此种种细致入微的行为规范,铸成中华民族温、良、恭、俭、让的传统精神风貌。其中过于琐碎的繁文缛节,也带来不少消极影响,特别是其中体现纲常关系的部分(如对妇女的歧视与苛求),更属糟粕,当予清除。

---

① 《史记·项羽本纪》。
② 《礼记·内则》。
③ 《礼记·曲礼》。
④ 《礼记·内则》。
⑤ 《史记·魏公子列传》:"平原君乃免冠谢,固留公子。"
⑥ 《史记·廉颇蔺相如列传》:"廉颇闻之,肉袒负荆,因宾客至蔺相如门谢罪。"

五、多彩多姿的民族风情

中华民族是汉族和诸多少数民族共同组成的大家庭。少数民族多彩多姿的社会风情，给中华习俗增添了绚丽的色彩和生动的韵致。以下仅择其要者言之。

清澈明媚的漓江水，滋润了壮乡儿女婉转而嘹亮的歌喉。每年夏历三月三，他们都要举行盛大的歌圩庆典。歌圩，相传为纪念壮族歌仙刘三姐而起源，所以又称“歌仙节”。每年的这一天，男女老幼均着盛装，带上五色糯米饭、红蛋、绣球，赶往约定地点，畅怀对歌，规模少则数百人，多至成千上万，热闹非凡。对歌又称赛歌，或在歌棚里，或在野外进行。歌手按村屯分为男队、女队，各自寻找别村异性对手，相互问难，唱答应和，通宵达旦，甚至连唱三天三夜。歌唱形式有独唱、齐唱，内容有“见面歌”、“问好歌”、“盘问歌”、“考察歌”、“爱慕歌”、“交情歌”、“送别歌”等等。对歌同时又是男女青年物色伴侣的好时机。通过对歌，表露心迹，如双方情投意合，便可从此建立恋爱关系，缔结婚姻。歌圩在壮语中称“窝坡”，意为“到野外去玩耍”。对歌之外，还举行抛绣球、碰红蛋、踢毽子、抢花炮等文娱活动。

清明前后，正值傣历新年。滇西南一带的傣、布朗、德昂、阿昌族群众迎来传统的“泼水节”。“泼水节”的由来，一说源于印度小乘佛教的“浴佛节”；一说古代有一恶魔，抢七女子为妻，七女用计将他杀死，其头落地会燃起大火，为避免祸及乡亲，七女子轮流抱恶魔之头，不使落地起火，一年一换。换人之际，人们纷纷给女子身上泼水，冲去身上的血污，消灾除邪。如是，沿袭而为节日。泼水节持续三到五天，人们用钵、盆、瓢、桶等各种容器盛满清水，相互泼洒，无论相识与否，逢人便泼。这是吉祥之水，祝福之水，所以尽管浑身湿透，但人人兴高采烈，欢声笑语充盈于街市村寨。入夜，各村寨燃放烟火，名为“高升”，即在竹筒根部装填火药，点燃引线，使其射入云天，喷放火花，将节日的夜空装扮得五彩缤纷。

每年藏历七月一日，藏族人民都要庆祝“雪顿节”。藏语“雪”指酸奶，“顿”为宴请，“雪顿节”意为“酸奶宴”，持续四五天。藏历五月中旬开始，高原气候转暖，各种昆虫活跃起来，黄教寺庙规定寺内喇嘛不许外出，以免无意之间伤害昆虫性命。直到六月三十日开禁，喇嘛们方可出寺活动。这时，农牧民们纷纷献上酸奶，答谢喇嘛们普度众生的善行。17 世纪以后，达赖、班禅等宗教领袖获清政府正式册封，“政教合一”的制度在西藏进一步强化，“雪顿节”成为有组织的、僧俗共庆的正式节日。届时，举行藏戏演出，布达拉宫、罗布林卡成为固定的欢庆活动的中心。

西南边陲的“雪顿节”落幕不久，北方大草原上的蒙古族群众又迎来了自己的盛会“那达慕”。“那达慕”的意思是“游戏”或“娱乐”，于每年夏秋之交牲畜肥壮的季节举行。传说汉代王昭君出塞，草原人民就以这种盛大庆典来迎接她。蓝天如洗，绿原万顷，五彩旗色艳丽，马头琴声悠扬。游移不居的牧民们携家带口，会聚一处，探访亲友，交换产品，欢庆丰收年景。那达慕大会上最引人注目的是赛马、射箭、摔跤三项竞技比赛，三者之中，又以摔跤最为激动人心（图 11－4）。蒙古式摔跤不同于中国式摔跤和日本相扑，不许抱腿，以膝盖以上任何部位着地为负。摔跤手们身着特制的短小皮质上衣和肥大布裤，颈套五色布条项圈“津格”，在观众的欢呼声中以雄鹰展翅式姿势跳跃出场，绕场一周，向观众致意。比赛以单淘汰制进行，不计时间，以摔倒对方为胜。那达慕大会的摔跤冠军，是草原的骄子，通常被授予重奖和种种荣誉称号，如“像狮子一样勇猛的摔跤手”、“草原雄鹰”，在人们心目中享有崇高的地位。年轻英俊的摔跤优胜者，更是姑娘们追慕的对象。夜幕降临，人们围坐篝火，翩翩起舞，纵情歌唱水草丰茂，牛羊肥壮，吉祥幸福。

图 11－4　那达慕大会上的摔跤比赛

思考题：

1. 为什么说民间风俗是中国传统文化的重要组成部分？
2. 根据个人体验，谈一谈参加民俗活动的感受。

第十二章 有容乃大 海纳百川

夫和实生物，同则不继。以他平他谓之和，故能丰长，而物归之；若以同裨同，尽乃弃矣。

——《国语·郑语》

人类文化是一个不断进行物质交换和信息交换的动态开放系统。不同文化群体之间不同形式、不同程度的物质、信息交往，是其保持生命活力的基本需要。一个民族或国度的文化系统只有在这种动态开放的生命运动中吸纳吞吐，不断实现自我保持与自我更新，求得延续与变异、稳定与发展的对立统一，方能生生不息，昌盛繁荣；反之，则将走向衰落甚至灭亡。

在古代，不同文化群体之间相互吸纳吞吐的范围、力度和成效，受到自然地理障碍的严重制约。一般说来，随着社会生产力水平的进步，交通、通讯手段的不断改善，文化的吸纳吞吐总是向着远距离、大范围、深层次、高成效的方向推进。纵观中国文化的发展历程，中华民族与世界各地区、各民族的相互交往，也经历了由近及远、由浅而深的演进过程。数千年来，中国文化与东亚诸文化以及印度文化、伊斯兰文化和西方文化互摄互融，吸纳吞吐，以自己的精神与物质文明成果，推动了全人类的进步，同时又从异域、异质文化中吸取丰富的营养，给自身肌体注入了新鲜血液，激发了蓬勃生机。

一、先秦时期对外文化交往的初启

受史料方面的限制，先秦时期对外文化交往的确切情况，我们知道得还不多。但可以肯定的是，居住在黄河流域的中华先民在远古的年代，已经开始向周边乃至更远的区域传播自己的文化成果。

考古发掘表明，存在于公元前 5 000 年至公元前 3 000 年的新石器时代的仰韶文化，不仅在今河南、陕西地区有充分的发育，而且向东、西两个方向传递自己的影响。在东方,它直接引发了山东龙山文化的衍生,而在西方,它又是马家窑文化的前身。20世纪五六十年代,考古工作者在甘肃渭源、临洮、平凉、天水、武山等地发现了大量马家窑文化叠压在仰韶文化之上的地层堆积。“目前已经清楚,从仰韶文化开始的中原彩陶文化,在中国境内曾广泛扩散,其西支由甘肃、宁夏西入新疆,上起公元前5 000年,下迄公元前1 000年,新疆西部的和阗、皮山、沙雅、伊犁河流域是现在所知道的中原彩陶文化西传的终端。考古资料已雄辩地证明,黄河中下游的中原地区是中国古代文化的发祥地,中原文化在它诞生以后,呈现出向周围扩散的趋势,在西部地区,表现出由东向西的传播方向。”①

进入商代,青铜文化繁盛,生产规模宏大,工艺技术高超。青铜制作的兵器、礼器、生产工具、生活器皿在社会生活中普遍、广泛的使用,表明了生产力发展的新水平。考古发现有迹象显示,商代的青铜文化曾向西传播到今新疆地区。“在巴里坤、吐鲁番、罗布淖尔、伊吾等地的遗址中发现的小件铜器已经暗示,新疆的居民通过横贯天山南北的草原和沙漠路,在草原游牧民族和农牧定居民族之间业已充当着一种新的文化传递者的角色。”②在遥远的北方,人们在外贝加尔湖地区的卡拉苏克文化遗址中,发现了与安阳发掘品极为相似的青铜小刀和两头弯曲中间平直的弓形器。凡此种种,可以推断,“商文化在北方的传播达到了叶尼塞河上游和阿勒泰地区,在外贝加尔湖地区,当地的青铜器和陶器都受到影响,而在叶尼塞河流域,则这种影响只限于青铜器的形制”。③

周代礼制完备,文物昌盛,对周边民族产生了很强的吸引力。周成王平定殷商遗民的叛乱后,远在中亚细亚的渠搜、康民及祁连山以北的禺氏等方国,纷纷派遣使节,携带礼物,前来祝贺。周穆王之时,犬戎势力强大,阻碍了周与西北诸方国的交往。于是,穆王西征,俘获犬戎诸王,将戎人迁至今甘肃镇原一带,打通了西北方向的外交孔道。这一段史事演义出了精彩的传说故事,如晋代汲冢出土的战国竹简《穆天子传》,就记载了周穆王向西巡狩,直至西王母之邦,受到西王母的盛情接待,“乐而忘归”。有学者考证,西王母之邦即《史记》和《山海经》都有记载的渠搜,远在葱岭以西五百里,北临锡尔河。《穆天子传》所述的内容,多难考证,但毕竟用夸张、生动的笔法,反映了周代与西北各方国、部落交往的情形。

先秦时期,中原文化一方面向周边区域传播先进的生产方式和生活方式,另一方面也注意向周边民族学习。典型的例子是赵武灵王的“胡服骑射”。公元前302

① 沈福伟:《中西文化交流史》,上海人民出版社1985年版,第6—7页。
② 沈福伟:《中西文化交流史》,上海人民出版社1985年版,第11页。
③ 沈福伟:《中西文化交流史》,上海人民出版社1985年版,第13页。

年，赵武灵王为了增强军事实力，适应兼并战争的需要，毅然决定仿效北方游牧民族，改“博衣大带”的华夏服饰为上衣下裤的“胡服”，废除传统的车战，改学骑射。改革遇到顽强的阻力。公子成反对道：中国有圣贤礼仪、诗、书、礼、乐的传统，“今王舍此而袭远方之服，变古之教，易古之道，逆人之心，而佛学者，离中国，故臣愿王图之也。”赵武灵王回答：“夫服者，所以便用也；礼者，所以便事也。圣人观乡而顺事，因事而制礼，所以利其民而厚其国也。……乡异而用变，事异而礼易。是以圣人果可以制其国，不一其用；果可以便其事，不同其礼。”①赵武灵王说服了反对派，“胡服骑射”的改革顺利推行，并取得显著成效：“北破林胡、楼烦，筑长城，自代并阴山下，至高阙为塞，而置云中、雁门、代郡。”②“胡服骑射”的深远意义在于，它促进了中原文化与北方文化、华夏文化与胡族文化、农耕文化与游牧文化的交流融合，中国文化因此而获得了蓬勃的生机。

二、秦汉隋唐时期全方位的文化交通

秦汉隋唐时期，中华文化正处蓬勃旺盛的上升阶段，对外交往方面，也从东、南、西三个方向与外部世界展开了多方面、多层次的广泛交流。

（一）与东亚、南亚各国的文化交通

在东方，中国与朝鲜唇齿相依。远在商周时代，双方便有密切交往。周武王灭商，封箕子于朝鲜。箕子教当地居民以田蚕礼仪，传播中国文化于朝鲜半岛。战国至秦汉，燕、齐、赵等地人民多避战乱于朝鲜，带去中国的文字、器皿、钱币。平壤地区曾出土大批西汉漆盘、铜钟、漆耳环。公元1世纪，《诗经》、《尚书》、《春秋》等儒家典籍便流行于朝鲜。东汉时，朝鲜半岛“三韩”（马韩、辰韩、弁韩）并峙，其中辰韩国的当权者自称秦亡人，他们的政治制度、风俗习惯均与秦朝相似，因此又被称为“秦韩”。

公元1世纪到7世纪，朝鲜半岛进入三国（高句丽、百济、新罗）时期。及至唐代，三国都积极地选派留学生到长安，学习中国文化。7世纪中叶，新罗统一朝鲜半岛，更以唐制为立国规范。中央仿唐尚书省设执事省，综理国政，下设位和府（掌人事）、仓郡（掌租税）、礼部（掌教育礼乐）、兵部（掌军事）、左右理方府（掌律令）、例作府（掌工程制造），一如唐之六部。在学制上，新罗仿唐置国学，讲授儒学和算学。儒学以《论语》、《孝经》为必修，《周易》、《尚书》、《毛诗》、《礼记》、《左传》和

① 《史记·赵世家》。
② 《史记·匈奴列传》。

《文选》为选修。算学以《九章算术》等为教材。唐玄宗曾赐新罗王诗："衣冠知奉礼，忠信识尊儒。"可见儒家思想对新罗文化的深入浸润。在民俗方面，真德女王采用中国章服之制，"自此以后，衣冠用于中国"①。644 年，"新罗遣人熊津学唐音乐。时唐军留镇熊津，中国声音器物多随以来，东方华风，自此益振"。② 新罗的姓氏制度与民间节日，都具有浓重的中国文化的痕迹。新罗时期的佛教，更受中国佛教的直接影响。

中国与日本是一衣带水的邻邦。中日文化交通源远流长，很早即有关于徐福东渡的传说。相传秦始皇寻长生不老药，遣齐人徐福率童男童女数千人入海访寻。徐福浮海东向，在熊野浦地方登上日本列岛，筚路蓝缕，创立日本文化的基业。日本昭和天皇之弟第三笠宫称"徐福是我们日本人的国父"，在日本文献中，也常将公元 3 世纪前移居日本列岛的居民称做"秦汉归化人"。东汉时，中日文化交流更加频繁，"建武中元二年，倭奴国奉贡来贺，使人自称大夫，倭国之极南界也。光武赐以印绶"。③ 这颗刻有"汉倭奴国王"的金印（图 12－1），已经在日本福冈的志贺岛出土。这一地区还发现过许多汉代铜镜、铜剑，表明这里当时是中日文化交流的重要口岸之一。

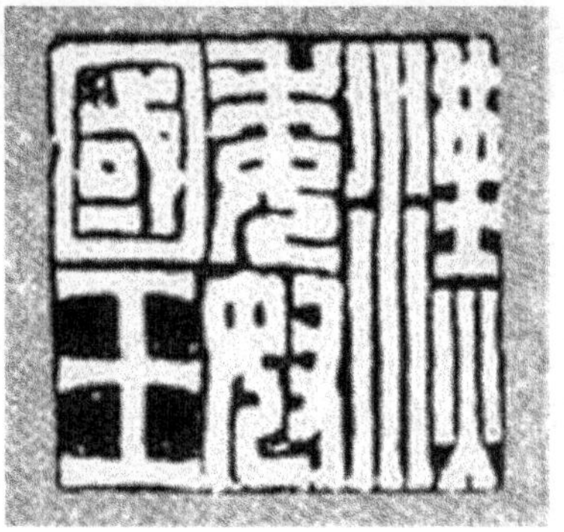

图 12－1　倭奴国王印印文

公元 4 世纪中叶，大和政权统一日本，与南朝交往频繁。5 世纪末，隋文帝统一中国，遣大军远征高句丽，日本国大受震动。600 年，日本派出第一次遣隋使，强盛的隋帝国和发达的中国文化给日本使节留下深刻印象。7 世纪初，圣德太子仿效中国制度，以儒家思想为指导，实行"推古朝改革"。608 年，日本国王接见隋朝使臣，声称"我闻海西有礼义之国，故遣朝贡。我夷人僻在海隅，不闻礼义……冀闻大国维新之化"④，以作建国楷模。

唐朝建立，制度的完备，军事的强盛，文化的昌明都达到空前高峰。日本国统治者对此敬慕万分。630 年，日本派出第一批遣唐使，此后 200 多年中，共派遣唐使

① 《三国史记》卷二十三，《杂志》第二。

② （朝鲜）林象德：《东史会纲》卷三。

③ 《后汉书・东夷传》。

④ 《隋书・倭国传》。

18 次，全面学习中国文化。在返日的留唐学生策动下，645 年，日本发生著名的“大化改新”，以“中华化”即唐化为目标。新政推行的班田制、租庸调制及中央集权制，均以唐制为蓝本。701 年，日本国皇都迁至奈良。奈良的城市建设，完全模仿唐长安城的规模、风格（图 12－2）。在奈良时期，遣唐使达于全盛，使团组织庞大，成员多至五六百人，除大使、副使等外交官员，还包括留学生、学问僧和各种技术人员，他们“虚至实归”，以空前的规模和热情将盛唐文化引入日本。日本文字片假名、平假名，便是根据汉字改造而来。各级学校以儒家经典为教科书，祭祀孔子的典礼也日益隆重。日本佛教以中国为母国，中国化佛教的各宗各派，在日本都有自己的传人。东渡日本的鉴真和尚被尊为“日本律宗太祖”，“日本文化的恩人”。唐朝制定的新历法，日本原封不动地采用。社会各阶层也深受唐文化熏染，唐诗、唐乐、唐绘、唐礼、唐服在日本广为流行。日本著名汉学家内藤湖南曾说：“日本民族未与中国文化接触以前是一锅豆浆，中国文化就像卤水一样，日本民族和中国文化一接触就成了豆腐。”①

图 12－2　日本奈良的塔

在南方，秦、汉、隋、唐诸朝均开疆辟航，将中国文化传播至南亚诸国，远及非洲。

中国与越南接壤，中国的铁制农具、牛耕技术以及文化典籍传入越南，越南的象牙、珍珠等土特产品进入中国。东汉末，中原地区战乱频仍，士人多南行交趾（今越南境内）避难。据《三国志》记载，桓华、薛综、许靖、程秉等在交趾著书授徒，受到当地居民的欢迎。

公元前 2 世纪或者更早，由今四川经云南至缅甸的陆路已经开通。蜀布、筇竹杖等物产经由此道转入身毒（古印度）、大夏（今阿富汗北部）等地。同时，从交州合浦郡（今广东徐闻）乘船去缅甸的海路也已开辟。位于今缅甸东部地区的掸国国王雍由调两次派使节来中国，“献乐及幻人”，东汉政府赐予印绶、金银和彩缯。

在汉代，中国与今印度尼西亚境内的叶调国也有友好往来。131 年，叶调国使

---

① 转引自朱勃：《比较教育史略》，广东高等教育出版社 1988 年版，第 25—26 页。

臣携礼品来洛阳,受赐金印、冠带而还。在爪哇、苏门答腊等地出土的汉代绿釉、黑釉陶器,就是双方文化交流的证据。

唐帝国以宏大气魄开辟了由南中国海经印度洋到非洲的“陶瓷之路”。沿着这条通道,精美的中国瓷器传至菲律宾、马来群岛、印度支那、暹罗、锡兰,有的还穿越印度洋,过波斯湾,抵达波斯、叙利亚和埃及。

(二)与中亚、西亚及欧洲国家的文化交通

在西方,中外文化交流以更大的规模、更壮丽的声势展开。

秦汉帝国版图以西的亚细亚大陆腹地,生息着众多的游牧及从事绿洲农业的部落和民族。这一地区在中国古籍中,被通称为“西域”。公元前138年(汉武帝建元三年),张骞出使西域,揭开了中西文化交往的绚丽篇章。

张骞出长安,走陇西(其间,被匈奴扣押10年之久,后终于逃脱),经楼兰、龟兹,翻越葱岭,经大宛、康居,到达今阿姆河上游地区的大月氏。大月氏国王拒绝与汉朝夹击匈奴,张骞出使任务未果,改走昆仑山北麓东归复命,归途中又被匈奴俘获。一年后,匈奴内乱,张骞才得以脱身,回到长安。公元前119年,张骞第二次出使西域。此时匈奴浑邪王已降汉,河西走廊畅通无阻。张骞率300余人,携大批丝绸礼品及上万头牛羊,浩浩荡荡,走武威,过酒泉,出玉门关,顺利到达乌孙国(今伊犁河和伊塞克湖一带)。张骞劝说乌孙国王与汉朝及西域各国联合对付匈奴,但未得应允。公元前115年,张骞遣其副使至康居、大宛、大夏,自己返回长安。张骞归来后,长安兴起出使西域的热潮。“天子为其绝远,非人所乐,听其言,予节。募吏民无问所从来,为具备人众遣之,以广其道。”①汉朝每年派出的使节,多者十余次,少亦有五六次,“使者相望于道”。73年(东汉永平十六年),班超出访西域,平定莎车、龟兹等地的叛乱,保护了交通的畅行无阻。班超的副使甘英还拟出使大秦(罗马),远涉波斯湾,临海而止。与此同时,大批的西域使臣、商人也风尘仆仆往来于祁连山麓、阳关古道。他们怀着仰慕之情而来,满载货物而归。在他们带回的众多中国物产中,数量最多的是丝绸制品。所以,中西交往的必经之道河西走廊,又被称为“丝绸之路”。

“丝绸之路”的开辟,在古代东西方之间架起了文化交往的桥梁。薄如蝉翼的丝绸、色彩斑斓的刺绣、晶莹洁白的陶瓷,向西方世界显示了中国文化的绚丽风采;而甘甜醇香的葡萄酒,英俊健美的汗血马、婀娜多姿的胡旋舞也在中国人民眼前展开一个新奇的世界。西汉都城长安成为当时中外文化的荟萃之地。“殊方异物,四

---

① 《汉书·张骞传》。

面而至”①,异国客人,络绎不绝。他们带来了核桃、蚕豆、胡萝卜,带来了大象、狮子、鸵鸟。充满躁动活性的新鲜血液,使中华血脉跳动得更加雄健有力。异域的音乐被吸收,汉朝音乐家李延年“因胡曲更造新声二十八解”②,“每为新声变曲,闻者莫不感动”。③ 异域的绘画风格也感染了中国画师,在汉代画像石上,出现了迥异于峨冠博带、长袖宽衣的中国风格,头顶毡帽、穿着紧身衣裤的“胡人”形象。汉桓帝年间,山东嘉祥武梁祠画像石刻上“那有翼的天使,可能就是希腊、罗马神话中爱神受了变化以后的形象”④。异国情调的习俗器用,也对汉民族的生活方式产生了影响。“灵帝好胡服。胡帐、胡床、胡坐、胡饭、胡箜篌、胡笛、胡舞,京都贵戚皆竞为之”⑤。时至今日,不少带“胡”字的瓜果蔬菜、器用杂物已成为中华民族生活习俗中不可缺少的组成部分。

特别应当强调的是,经过西域、“丝绸之路”传入中国的印度佛教,对于中国文化日后的发展产生了极重要的影响。这一影响不仅体现在意识形态领域,形成儒、道、佛三足鼎立的局面,给社会民众的文化心理打下深深的烙印,而且体现在文学艺术乃至日常用语等方方面面。佛经故事与社会上流行的神仙传说相杂交,产生出后代志怪小说的角色原型。宣讲佛经的俗讲、变文也成为中国弹词、评话的前身。随着佛教教义的流传,“阿弥陀佛”、“善恶报应”、“不二法门”等佛学语汇成为习见的书面和口头语言,丰富了汉语的表意能力。

降及唐代,“丝绸之路”仍然是沟通中外文化的最重要孔道。唐朝与中亚各国之间的人员往来、物产贸易、文化交流规模日益扩大。不少中亚侨民在长安等地定居,经商、从艺、传教(袄教、景教、摩尼教),有的还供职军队。这些人深受中国文物制度的感染,很多成了汉化“蕃胡”的一部分,他们用汉名,习汉文,不少人还与汉族女子通婚。中国的丝绸、绘画和建筑艺术风格也在中亚各国流行开来。

通过丝绸之路,唐朝发展了与阿拉伯世界的交往。唐人称阿拉伯帝国为“大食”。651 年,大食使者初抵长安,其后 150 年间,大食使臣访唐达 39 次之多。751 年,唐与大食在怛罗斯城(今哈萨克斯坦江布尔城)发生军事冲突,唐军大败,大批士兵被俘,其中有不少造纸、纺织行业的工匠,于是,中国的造纸与纺织术遂传入阿拉伯地区,并继之输往欧洲。与此同时,中国的炼丹术也形成西传浪潮,波及阿拉伯与欧洲。西方学者高度评价中国炼丹术的世界意义,他们认为:“中国炼丹术的

---

① 《汉书·西域传》。

② 崔豹:《古今注》。

③ 《汉书·外戚传》。

④ 翦伯赞:《秦汉史》,北京大学出版社 1983 年版,第 540 页。

⑤ 司马彪:《续汉书·五行志》。

基本思想,经印度、波斯、阿拉伯和伊斯兰教西班牙向西推进的结果,传遍了整个欧洲。葛洪的理论和方法,甚至他所用的术语,在他以后的几个世纪中,普遍地被这些国家的炼丹家所采用。……如果我们承认炼丹术是近代化学的先驱,那么中国炼丹术原有的理论,便可看做制药化学最早的规范。”①

(三)玄奘取经

唐代中外文化交流史上的另一辉煌篇章,是玄奘(图12-3)访印求法。627年8月,玄奘为深入探究佛学精蕴,冲破政府的禁令,艰苦卓绝,万里长征,沿“丝绸之路”,西出玉门关,取道伊吾、高昌,翻越葱岭,绕道迦毕试(今阿富汗喀布尔)、犍陀罗(今巴基斯坦白沙瓦),进入佛教发源地中印度。玄奘遍访释迦牟尼诞生处、成道菩提树等佛教六大圣地,然后入印度最高学府那烂陀寺研究佛经五年,又周游五印度,遍访名师。他主持那烂陀寺讲座,论述精微透彻,名声大振。642年12月,他又主讲曲女城无遮大会,以精辟议论折服数千听众,无人敢于驳难。次年春,玄奘载誉归国,唐太宗派员迎接。归国后,玄奘主持译场,翻译佛经75部,1 300余卷,又创唯识宗于中国。646年,由玄奘口述,弟子辩机记录整理,完成《大唐西域记》12卷,详录自己游历百余国的见闻。该书是后人研究中亚及印度古代历史地理、物产风俗、宗教信仰的宝贵资料。

图12-3 宋人绘玄奘像

三、宋元时期中外文化的交流

宋元时期,中国古代科技发展到高峰,先进的工艺技术、发明传至东亚广大地区。成吉思汗统一蒙古,其后裔更建立起地跨欧亚大陆的庞大蒙古汗国,进一步促进了中外文化在相激相荡中的交汇融通。

(一)两宋时期的中外文化交流

中华民族嘉惠于人类的“四大发明”中,有三项或出现、或完成、或投入实用于宋代,这就是指南针、印刷术和火药。这些科技成果的西传,具有十分重大的历史

① 《西巴论集》,转引自沈福伟:《中西文化交流史》,上海人民出版社1985年版,第203页。

意义。正如马克思所论:“火药、罗盘、印刷术——这是预兆资产阶级社会到来的三项伟大发明。火药把骑士阶层炸得粉碎,罗盘打开了世界市场并建立了殖民地,而印刷术却变成新教的工具,并且一般地说变成科学复兴的手段,变成创造精神发展的必要前提的最强大的推动力。”①

指南针用于航海的记录,首见于宋宣和年间朱彧的《萍洲可谈》:“舟师识地理,夜则观星,昼则观日,阴晦观指南针。”1123 年,徐兢在《宣和奉使高丽图经》也提到“是夜洋中不可住,惟视星斗前迈”,“若晦冥则用指南浮针以揆南北”。为方便使用,前人将指南针固定于圆盘内,圆盘四周标有 48 向刻度,是为罗盘,宋人曾三因在《因话录》中称之为“地螺”。中国水手使用的先进导航设备罗盘首先被阿拉伯航海家们所采纳,阿拉伯语、波斯语中表示罗盘方位的 Khann,就是闽南话中罗针的“针”字之音。12 世纪到 13 世纪,罗盘已经普遍安装在印度洋到地中海水域的各类船舶上,并逐渐为欧洲人所掌握。

北宋庆历年间,毕昇发明胶泥活字印刷术。其后,元代西域一带出现维吾尔文木刻活字,敦煌千佛洞曾多有发现。来往于元大都和欧洲之间的商人、旅行家和传教士,将活字带回故乡,启发了德、法等国工匠。1454 年,德国出现第一部采用活字拉丁字母印刷的《圣经》。

在中国,火药出现虽早,但火药兵器大规模装备部队用于战争,却始于宋代。火蒺藜、霹雳炮、震天雷、突火枪等逞威于战场,表现出远胜于刀矛剑戟等冷兵器的杀伤力。最先学会使用中国火药武器的是阿拉伯人。南宋时期,中国商船远航亚丁湾,为防御海盗,这些船舶上都装备有火器。据推测,阿拉伯人正是从这里学会了火药在军事上的运用。13 世纪,蒙古军队远征阿拉伯,将他们从与宋朝军队作战中学来的火药兵器知识传播到中亚、西亚的广大地区。13 世纪下半叶,伊斯兰文写成的《制敌燃烧火攻书》译成拉丁文,传入欧洲。在十字军东征等惨烈的军事冲突中,欧洲人从阿拉伯人那里领略到火药武器的厉害,开始引进、仿造。1326 年,意大利出现欧洲第一批金属管形火器。

由于罗盘导航的普遍采用和造船技术的发展,宋代航海贸易大盛。广州、泉州、明州(今浙江宁波)是当时的三大远洋港口。大批中国物产从这里远销至日本、朝鲜、东南亚、印度和阿拉伯各国。丝绸和瓷器是出口的大宗。宋朝政府鼓励丝绸出口,视其为“赡军足国之资”。南宋赵汝适所著《诸蕃志》记载,由泉州运出的丝绸制品远销至印尼三佛齐(今苏门答腊)、菲律宾三屿(今吕宋岛)、马来半岛单马锡(今新加坡)、印度南毗(今巴拉马尔海岸)等 20 余地,品种有绢伞、缬绢、建

① 马克思:《机器、自然力和科学的应用》,人民出版社 1978 年版,第 67 页。

阳锦、锦绫、五色绢、丝帛等。北宋以后，远洋船舶多用瓷器为理想的压舱物，航迹所至，中国瓷器遍及东亚、南亚及东非海岸，并且进入地中海和欧洲地区。不少阿拉伯、印度商人也大量采购中国瓷器，运回国内，赚取利润。广州是最大的瓷器输出港，宋代著名的越窑（浙江上虞）、龙泉窑（浙江龙泉）、景德镇窑（江西）、耀州窑（陕西铜川）、磁州窑（河北磁县）产品从这里登船，漂洋过海。瓷器成为东南亚各地居民的日常生活用具。而在非洲一些地区，中国瓷盘常被镶嵌在清真寺的大门和富豪的厅壁上，成为最时髦的华贵装饰。

（二）元代的中外文化交流

13 世纪蒙古的兴起，揭开了中西文化交流史上重要的一页。成吉思汗及其继承者建立了历史上前所未有的庞大帝国，从太平洋西岸直到黑海之滨，欧亚大陆的大部分都处于蒙古统治之下，从前的此疆彼界尽被扫除。在空前辽阔的帝国疆域内，元蒙统治者建立起完善的驿站系统，从元大都或中国其他城市到中亚、波斯、黑海和黑海之北的钦察草原以及俄罗斯和小亚细亚各地，都有驿道相通。忽必烈定都大都（今北京）后，大都城里聚集了来自亚、欧各地的贵胄、官吏、传教士、学者、建筑师、医生、工程技术人员，以及乐师、美工和舞蹈家。在空前开放的格局中，中华文化与外域文化的交流得以绚丽多彩地展开。

穆斯林入华，早从唐、宋之时便已开始，但规模十分有限。元帝国对欧亚大陆的征服，使中国西部的边界实际上处于开放状态，阿拉伯、波斯和中亚的穆斯林大规模向中国迁徙，造成“回回遍天下”①的态势。马可·波罗在他的游记中描述，当时中国各地均有穆斯林的足迹。据记述，时居杭州的穆斯林竟达全市人口的二十分之一②。从元代起，在中国逐渐形成了一个信仰伊斯兰教、使用汉语而又浸润阿拉伯和波斯文化传统的回回民族。中亚细亚、波斯和阿拉伯常用人名中的一些音节，如纳、丁、哈、撒、赛、闪、马、麻、穆、买、白、鲁、海等都成了回回族的姓氏称呼。

随着回回民族的形成，伊斯兰教也有了较大规模的发展。公元 11 世纪时，新疆伊斯兰教仅限于西南一隅，而至 14 世纪中叶，伊斯兰教已风靡天山南麓。在甘肃、宁夏，由于阿难答幼“皈依回教，信之颇笃”，他所率士卒 15 万人，信奉伊斯兰教者居其大半③。伊斯兰教日渐深入中国社会，必然带来自身中国化的改造。在宗教建筑上，中国内地大多数清真寺基本上摆脱阿拉伯和中亚的建筑模式，而采纳了

---

① 《明史·西域传》。

② 转引自许崇灏：《伊斯兰教志略》，商务印书馆 1944 年版。

③ 多桑：《多桑蒙古史》，第 3 卷，第 6 章，上海书店 2001 年版。

中国传统的建筑风格。清真寺门前左龙右虎，寺内大殿居中，大殿两侧厢堂比列，楼阁对起，碑亭逢峙，画栋雕梁，悬匾挂联，外表与僧道庙观无大差异。在宗教习俗上，中国穆斯林称穆斯林传统节日“古尔邦节”为“忠孝节”，并往往在穆斯林传统丧葬礼仪之外补充“重孝”之礼，如披麻戴孝、号啕大哭、抬棺出殡、为亡人念经祈祷等，这显示出中国传统文化对伦理亲情的格外注重。在宗教体制上，中国穆斯林推出教坊制。所谓教坊，即以一个清真寺为中心的穆斯林聚居区，它由该地区的全体教徒组成。教坊的教长或掌教，或者本身就是穆斯林地主，或者直接受到统治者的扶植。这种体制显然是伊斯兰教与中国君主专制制度相结合的产物。

元代中西交通的开辟，亦为基督教入华创造了有利的气候和土壤。元时入华的基督教被称为也里可温。也里可温有两大派别，其一为曾流行于唐代的景教，即基督教聂斯托里派；其二为罗马天主教。

景教初入中土，当在盛唐之初，其时“寺满百城，家殷景福”[①]，颇具规模。然而，公元9世纪，唐武宗在大规模毁佛时，对景教也加废除。自此，景教在中原地带的传播势头顿颓，仅在唐王朝政令所不及的西北边远地区继续存在。

蒙古铁骑对中原的征服，为景教卷土重来创造了条件。随着蒙古族入主中原，景教又在中原地区盛行起来，不仅北方的燕京、甘州、宁夏广设景教传道机构，就是南方的镇江、杭州、泉州、扬州、温州等地也遍设教寺。

罗马天主教的来华，最先萌发于罗马教廷与元帝国的外交往来。蒙古铁骑风暴般的西征，震惊了欧洲各国，为阻止蒙古汗国对基督教世界的进一步征伐，罗马教皇频频派出使节，责难蒙古人虐待基督教徒，并以上帝的名义提出警告。然而，教皇所得到的答复却是蒙古大汗态度强硬的谕降诏书。忽必烈登基后，蒙古汗国态度发生改变。忽必烈接见了来自欧洲的商人——马可·波罗的父亲尼柯罗和其弟马菲奥。接见时，忽必烈详细询问了欧洲情况，并决定派遣使节和他们一同出使罗马教廷。

1289年，罗马教皇派遣方济各会教士约翰·孟德高维诺出使东方。约翰抵达大都后，经朝廷允许，开展了一系列宗教活动。他在大都先后兴建了两座教堂，并学会蒙古语言文字，译出《新约》和祈祷诗篇，以教授信徒。几年中，他为6 000多人施行了洗礼，扩大了天主教的影响。1307年，罗马教廷任命他为大都和中国教区大主教，又派出若干教士来华协助，中国天主教的教务更为发达。传教区域渐从元大都向外地扩展，教徒亦发展到3万余人。

然而，元代基督教虽繁盛一时，却与中国本土文化若即若离。基督教自入中国

---

① 《大秦景教流行中国碑颂并序》，1625年出土于今西安郊外。碑制于781年（唐德宗建中二年）。

本土,便与传统的儒、道、释三教发生冲突。在这场思想抗衡中,基督教虽然也注意到使用中国人所熟悉的一些宗教语言、形式,但并未结合中国国情,像先行的南亚佛教和后来的中亚伊斯兰教那样实行根本性的中国化改造。在传播区域方面,基督教未能深入农村到广大农民中去寻求基础。元朝灭亡,后继的中国统治者改变了宗教宽容政策,而罗马教廷又在各方面的冲击下威势下降,基督教又一次基本绝迹于中国。

元蒙帝国打通亚欧大陆,为东方和西方旅行家们的远游提供了极大的方便。中国与欧洲的相互了解有了不同于以往任何时代的新发展。

最先向欧洲报告东方情形的是罗马教皇使节普兰诺·卡尔平尼和路易九世的使节卢布鲁克。他们从蒙古汗国回到欧洲,相继完成了记叙东方见闻的旅行报告书,使欧洲人对于蒙古的地理、民情和历史有了初步的了解。

1275—1291 年,中国大地上留下了欧洲伟大的旅行家马可·波罗(图 12-4)的足迹。这位威尼斯人跟随他的父、叔尼柯罗兄弟取道波斯,沿着古丝绸之路东行,翻越帕米尔高原,穿过河西走廊,于 1275 年抵达上都,完成了横贯欧亚大陆的旅行。忽必烈接见了马可·波罗叔侄,马可·波罗年轻聪明,被留在宫廷服务。他多次奉命出巡各地,远至云南和四川西部,又顺大运河南下,到过福建泉州等地。

1295 年,马可·波罗回到威尼斯。1298 年,由他口述,小说家鲁思梯切诺笔录的《马可·波罗游记》写成。这部书对中国赞美备至,称中华帝国拥有"连绵不断的城市和邑镇"以及"优美的葡萄圃、田野和花园"。帝国的首都"地面规划有如棋盘,其美善之极,未可言宣"。帝国的宫殿"壮丽富瞻,世人布置之良,诚无逾于此者"。他赞颂泉州为世界最大的港口,"在这个商埠,商品、宝石、珍珠的贸易之盛,的确是可惊的"。他又赞叹杭州,"人处其中,自信为置身天堂"。马可·波罗的热情为一些欧洲人所嘲弄,他们难以相信世界上竟有如此美好的国度。但是,也有不少欧洲人为马可·波罗所展示的中国盛况所倾倒,此种"东方热"在相当程度上刺激了 15—16 世纪欧洲航海家探密东方的激情。

图 12-4 马可·波罗像

马可·波罗去世后 20 年,被尊为"伊斯兰世界的旅行家"的伊本·贝图达经由海路来到中国。这位出生在摩洛哥丹吉尔的非洲旅行家高度推扬中国文化,认为中国的农业和灌溉工程极为发达,赞扬中国是世界上出产小麦最多的国家,他又称颂中国的瓷器首屈一指，中国人的绘画才能出类拔萃。

中国人对外部世界的了解也在元代有了新的拓展。旅行家汪大渊两次周航印度洋，他称颂地跨亚非的马克鲁克王朝，兵马强盛，居民富庶。中国景教徒苏马在1287—1288年充当伊利汗派往罗马和巴黎的大使，游历欧洲。归国后，苏马将他的见闻记入游记，意大利和法国的奇风异俗，在书中栩栩如生。

元代中国对外部世界的开放，使大批中亚波斯人、阿拉伯人迁居内地，其数量达200万人之多。他们之中，有不少科技人才，异邦的先进科技以他们为媒介，流入中国。

阿拉伯天文学十分发达。忽必烈登汗位以前，已广为征召回回天文学家。波斯人札马鲁丁因精于历算，应召入华。札马鲁丁精心编制了回回历——《万年历》，又在北京建立了观象台，制造了多种天文、地理仪器。波斯文、阿拉伯文的天文、历法、占星书籍也为元秘书监所收藏。元代天文学家郭守敬吸收阿拉伯天文学的精华，他所制作的《授时历》，参考了阿拉伯的回回历，他所设计的天文仪器也从马拉格天文台同类仪器中取得借鉴。

发达的阿拉伯数学在元代得到传播，阿拉伯数学渐入中国社会。欧几里得的《几何原理》经阿拉伯算学著作介绍，成了元代数学书中的命题和解算理论。阿拉伯的医药在中国也十分流行。东罗马人爱薛与他的妻子撒刺曾在京城创设阿拉伯式医院——京师医药院。元政府于1292—1322年间在太医院下专设回回药方院和回回药物局，专管大都和上都的宫廷医药。阿拉伯的建筑家在元代颇负盛名。阿拉伯人也黑迭儿和他的儿子马合马沙相继主持元政府工程部门，并直接领导了大都建设。北京宫城的布局、建筑、苑囿大多由也黑迭儿规划。“崇楼阿阁，缦庑飞檐”的宫廷建筑，也多由他亲自设计。

在大量汲取异域科技工艺的同时，中国文化也被广泛介绍到中亚、阿拉伯及欧洲地区。

成吉思汗占领撒马尔罕（今乌兹别克中部）以后，元蒙大臣、著名学者耶律楚材来到这里，与中亚科学家交流天文历算知识。阿拉伯天文学家、数学家阿尔·卡西精通中国历法，他主持撒马尔罕天文台的观测工作，于1437年编成《兀鲁伯星表》四卷，其中便论述了中国阴历的纪年置闰方法。

中国数学的成就对于中亚、阿拉伯地区也颇具吸引力。1世纪，中国数学著作《九章算术》中的“盈不足”问题出现在9世纪阿拉伯数学家阿尔·花剌子模的著作中。阿尔·卡西的《算术之钥》也载有来自中国的四则运算法则、“百鸡问题”及北宋数学家贾宪的“开方作法本原图”（即二项式定理系数表）。

中国的医药学深受阿拉伯人民的欢迎。唐代名医孙思邈的《千金要方》在元代被译成波斯文。1313 年,波斯文版的中国医学百科全书《伊利汗的中国科学宝藏》问世,书中论及中医脉学原理,并用图示脉经,又用八卦与昼夜相配,显示患者体温的变化。

中国艺术风格影响了穆斯林画师,他们学习水墨画,冲破伊斯兰教不允许画人物肖像的禁令,中国式的龙、凤、麒麟成为流行的装饰纹样。名闻世界的波斯毛毯上,开始出现中国式的行猎场景和云形图案。

四、明清时期的对外交往与西学输入

14 世纪以后,中国在君主专制、农耕经济的故道上缓步前行。地球的另一边,资本主义的新文化在欧洲萌生,并以强劲的生命力渐次向东方扩展其影响。以基督教传教士为媒介,“西学”——西方近代意识形态、科学知识输入日显停滞的中华帝国,在沉闷的学术思想界激起阵阵涟漪。另一方面,传统的中华文化遗产,尤其是先秦诸子的思想和著作也由传教士们介绍给欧洲,受到学术界人士,特别是启蒙思想家们的欣羡和阐扬。中学与西学、东方文化与西方文化在世界资本主义浪潮推动之下,交流融会。以此为契机,古老的中华民族跨越中古,迈向近代。

(一)郑和下西洋

1402 年,明成祖朱棣即位。他力图扩大帝国的世界影响,展示国力的强盛,扩大海外贸易,派遣郑和、王景弘七下西洋,创造了世界航海史上的空前壮举。

从 1402 年至 1433 年,郑和率领庞大的船队七下西洋,从南京下关出发,沿江、浙、闽、粤海岸南下,入南海,穿马六甲海峡向西,沿印度东海岸航行,过今斯里兰卡,横渡印度洋,抵达非洲东部、阿拉伯诸国,最远到达肯尼亚的蒙巴萨(图 12 – 5 是郑和航海图的局部)。船队访问了亚非两洲 30 多个国家和地区。1433 年,郑和在归国途中逝世于古里(今印度南部西海岸的科泽科德),船队由王景弘统领,返回南京。

郑和率领的船队体现了当时中国乃至世界最高的造船技术和航海水平。船队主体由 60 余艘大、中号宝船组成。大号宝船长近 147 米(44 丈),宽 60 米(18 丈),载重量约 1 500 吨,“体势巍然,巨无与敌,篷帆锚舵,非二三百人莫能举动”[①]。中号宝船长 123 米(37 丈),宽 50 米(15 丈)。加上辅助的小船,每次出行,船舶均多至百余艘。其中最多的是第一次下西洋,有 208 艘大小船舶,27 800余人,浩浩荡荡,声势空前。在航海技术方面,船队以“过洋牵星图”和“针经图式”为依据,将航

① 巩珍:《西洋番国志》自序,中华书局 1961 年版。

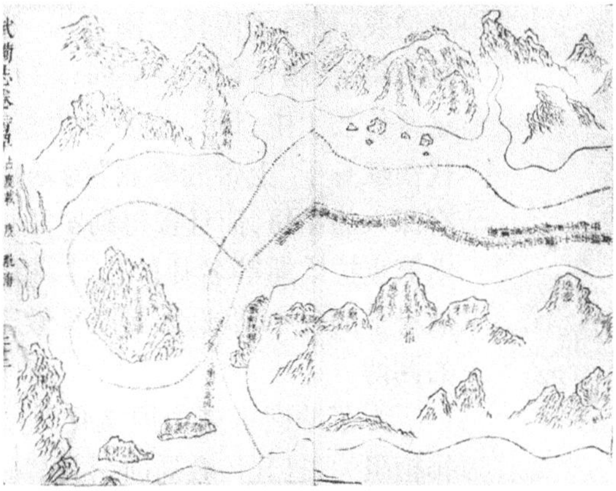

图 12－5　郑和航海图(局部)

海天文学与地文航海技术相结合,大大提高了测定船舶方位的精确程度。船队还掌握了印度洋季节风及海流流向的基本规律,一般在 10 月以后东北季风时节启程,而在次年 4 月以后西南海洋季风时节返航。

郑和七下西洋,推进了明朝与亚非国家的友好关系,增进了各国人民的友谊,促进了海外贸易的扩大,也推动了国内陶瓷业、丝织业、印染业的发展。使团成员马欢、费信记录沿途所见所闻,撰写《瀛涯胜览》、《星槎胜览》等著作,极大地丰富了国人的海外知识,留下了明代中外文化交流的珍贵资料。

(二)明清时期的西学输入

明帝国时期,世界的政治、经济格局发生了重大变化,发端于南欧地中海沿岸的资本主义萌芽,在欧洲各国生长、壮大。资产阶级革命的先声——文艺复兴运动达于极盛。反对罗马教廷——欧洲封建制度的国际中心——的宗教改革运动,如火如荼地蓬勃兴起。由马丁·路德创立的新教,很快就在北欧各国广泛传播开来,引起罗马教廷和整个天主教世界的惶恐。在此关头,以扶助教皇为宗旨的耶稣会成立,起而与新教相抗衡。为了从深得民心的新教那里争取群众,耶稣会十分注意培养博学的教士,并派遣其前往南美、非洲和亚洲传教。幅员广阔、人口众多的中国,自然而然成为耶稣会宗教扩张的重点目标。1552 年,耶稣会创办人之一的圣方济各由印度卧亚来到广东上川,这是西洋教士直接进入中国之始。1583 年,耶稣会士利玛窦(图 12－6)和罗明坚进入广东肇庆,并在肇庆建立起传教据点。以此为端绪,耶稣会士竞相来华。其间著名者有意大利传教士龙华民、高一志、熊三

图12-6　利玛窦像

拔、艾儒略、毕方济、罗雅谷、利类思;西班牙传教士庞迪我;葡萄牙传教士阳玛诺、傅汎际;德国传教士汤若望;法国传教士金尼阁;瑞士传教士邓玉涵。在这些传教士中,最为著名者为利玛窦。这位少年时代便献身于"上帝的事业"的基督教徒,不仅对神学有深入的钻研,而且曾得到罗马神学院教授、著名数学家克拉维斯等名师的指教,相当广泛地涉猎了自然科学的各个领域,因而既具教士的虔诚,又具学者的渊博。

为了冲破古老中国文化对于异域、异质文化的排拒阻力,打开传教局面,利玛窦等耶稣会士十分注意打通官场关节,取得官方支持。利玛窦的前驱者罗明坚1580年来到中国南方,极力与广州提督等明朝官僚交结,向他们赠献日晷、自鸣钟、三棱镜等,从而取得进入肇庆的许可。其后,利玛窦、庞迪我、熊三拔以重金买通宦官马堂,获得向皇帝进贡方物的机会,进而得以在北京建立教堂,借朝廷的支持展开传教活动。

利玛窦等传教士十分明白地意识到,要真正进入中国社会,必须深切了解中国国情和民心,并顺应中国习俗,改变固有传教方法。为此,他们"习华言,易华服,读儒书,从儒教,以博中国人之信用"①。如利玛窦的意大利姓名是玛泰奥·利奇(Matto Ricci),为了带上中国姓名的韵味,他自称姓"利"名"玛窦",被中国士大夫呼为"利先生"或"利子",其他来华耶稣会士也都启用了类似的中国名字。在服饰方面,利玛窦等人初入华时,著和尚袈裟,到南京后,听从士人建议,改服儒士长衫。为了借助中国传统的语言文字和思想宣传天主教教义,利玛窦潜心钻研中国典籍,"按图画人物,请人指点,渐晓语言,旁通文字,至于六经子史等编,无不尽畅其意义"②。他们的传教活动针对不同对象采取不同手法:"对于下等社会,则以浅易演说,讲明基督教之福音;对于士人社会,利用流畅淳雅之汉文,从科学上立论,渐次说及基督教之精神,使之自然感化。"③他们所改绘的世界地图,许多地名都沿用中国旧图名称,使得中国人"虽欲不信不能也"④。如转移地图上第一条子午线的投

---

① 柳治徵:《中国文化史》下册,中国大百科全书出版社1988年版,第661页。

② 艾儒略:《大西利先生行迹》,1918年刊本。

③ 稻叶君山:《清朝全史》,中华书局1925年版。

④ 王庸:《中国地图史纲》,商务印书馆1959年版,第77页。

影位置，将中国绘在地图正中，以迎合中国人“中国为天下之中”的传统心理。

洞悉中国内情的利玛窦深知，要使被中国人视做“旁门左道”的天主教真正植根于中国土地，最要紧的是和学术阶层相联络，而要打动学术界士人，最好的方法是以学术为媒，借西洋科学、哲学、艺术引起士大夫的注意。为此，利玛窦等人在学有专长的中国士人协助下，展开大规模的西洋学术译介工作，使得欧洲的古典哲学、逻辑学、美术、音乐、建筑，尤其是自然科学被大量地介绍到中国。

在传教士输入的图籍中，天文历法方面的著作达 43 种，其中有 21 种收入《崇祯历书》，因此，《崇祯历书》基本上代表了传教士输入的西方天文历法的水平。与中国传统历法相比，《崇祯历书》进步之处甚多，如明确指出七曜与地球距离不等，并且提供了七曜距地的具体数值；在推步技术上引进了几何学、三角学的方法，对于中国来说，这完全是一种新的数学理论，它既简化了计算手续，提高了计算精度，又扩充了解题范围。

传教士们向中国学人译介了近代几何学的经典之作《几何原本》。该书介绍了古希腊数学家欧几里得的平面几何学。它所涉及的平面几何图形比中国传统几何学要丰富得多，更为重要的是，它具有严密逻辑结构的公理体系是中国传统几何学所不能比拟的。

耶稣会士介绍的地理学，使中国士人耳目一新。在当时中国人自己绘制的“世界地图”上，世界仅限于中国本土，本土周围全是海水，其间散有几座小岛。耶稣会士的《坤舆万国全图》介绍了五大洲、三大洋的地理位置，引进了明确的地圆概念，并以经纬度划分球面。这不但对于破除中国旧有的天圆地方或地平观念有着重要的意义，而且比传统的“浑天说”以“鸡中黄”来比附地球的形状更为科学。此外，《职方外纪》、《西方问答》亦是当时在中国士人中流行的地理书。前者介绍了各国山川形势，风土民情；后者介绍了西洋海陆通路，物产风俗。这些知识有助于中国人形成比较开阔的世界观念。

由于宗教信仰、社会职能、知识结构等方面的限制，传教士们对于西方文艺复兴以来最富于革命性的文化成就或讳莫如深，或有所歪曲。在他们的笔下，绝未透露过从达·芬奇到莎士比亚，从马丁·路德到伏尔泰、狄德罗等文化巨匠的任何信息，汤若望甚至歪曲道，托勒密、哥白尼的两家学说，并无本质区别，“其理无二”。但是，即便如此，对于中国传统文化来说，传教士们的工作仍然开启了一扇新知的窗口，其积极意义应予以肯定。

耶稣会士来华，带来了与中国传统文化面貌迥异且充满活力的西方文化。如何对待这种前所未遇的文化挑战，中国社会中最敏感的士绅阶层表现出不同的态度。

图 12－7　徐光启像

以礼部尚书徐光启(图 12－7)、光禄少卿李之藻等为代表的官吏、学者主张全面接受西学，明确提出“遐方文献，何嫌并蓄兼收”①。他们充分意识到吸收西方文化对于促进中国文化发展的积极作用，“令彼三千年增修渐进之业，我岁月间拱受其成”。② 他们的文化心态广博开放，“学原不问精粗，总期有济于世，人亦不问中西，总期不违于天”③。

与此相对立，保守的士绅们仍坚持“夷夏之大防”的文化观，他们认为中国传统的以儒学为主干的文化系统尽善尽美，“惟天地开辟以来，而中国之教，自伏羲以迄周孔，传心有要，阐道有宗，天人之理，发泄尽矣，无容以异说参矣”。④ 他们以儒家伦理纲常抨击基督教义，将这些文章汇编成册，名之曰《破邪集》，甚至挑动教案，逮捕、驱逐教士。

以上两种态度，都有偏颇之弊。赞赏西学者，不仅以西方先进科技为学习对象，而且将其宗教神学也列入受容之列。其极端者更一味推崇西学，甚至提出“尽毁成宪而专用西法”⑤。而排斥西学者，不仅反对基督教神学，而且“因其学之异也，并其技而斥之，以为戾古不足用”⑥。清初杨光先反对向传教士学习西洋精确历法，甚至说出“宁可使中夏无好历法，不可使中国有西洋人”的昏话，更留下长久的笑柄。

不同于以上的绝对化倾向，方以智等人以更为冷静和理智的态度去审视西学，一方面承认西洋科技确实比中国高明，应当学习、仿效；另一方面又反对传教士们宣传的宗教神学，并且指出神学有碍于自然科学的进一步发展。

由于基督教神学毕竟与中国传统儒学体系格格不入，所以传教士们的布道事业成效有限。不过，在徐光启等开明士人、科学家的鼎力相助之下，西方先进的科学技术知识及其理论方法在明清之际得到一定程度的传播，受到中国社会的欢迎和接纳。

---

① 李之藻:《刻同文算指序》。
② 徐光启:《简平仪说序》。
③ 王徵:《远西奇器图说录最》序。
④ 《南宫署牍》引“晏文辉疏”,《圣朝破邪集》卷一。
⑤ 王锡阐:《晓庵新法序》。
⑥ 梅谷成:《梅氏丛书辑要序》。

徐光启敏锐地注意到西方科技精于理论思维的优长，而这正是中国学术的缺失之点。在他看来，《几何原本》的最大优点在于：一是运用了具有确定性的演绎推理的方法；二是具有严密的逻辑结构。李之藻的意见与徐光启相似。他在比较中西天文学时指出，西方的天文学理论，“不徒论其度数而已，又能论其所以然之理”①，而这一点，中国历代“天文历志诸书皆未论及”，即使有“颇与相近”的议论，也只是凭直觉体验方式，“依稀揣度”②而来，而非真切的理性思考。

更为难能可贵的是，徐光启等人以一种“虚心扬榷”、阔大开放的胸怀去“会通”中西科技的精华。例如，方以智在《物理小识》中，引述西方风力说、水力说和船舶制造说。李之藻亦力主会通中西，《浑盖通宪图说》、《同文算指》便是他“会通一二”③的努力。徐光启更是将中西学“会通归一”④的大师。他负责修历，“熔西人之精算，入大统之型模；正朔闰月，从中不从西；定气整度，从西不从中”⑤，既吸收了西洋历法中准确反映天象的优长，又继承了传统历法中为农业生产提供科学依据的合理成分。此外，在农业、水利方面，他翻译了《泰西水法》；在军事上，他提出“尽用西术”主张，并请汤若望帮助铸造火器。他还对传教士带来的西洋天文仪器、星象图表进行了中西合璧的改造。

在徐光启、李之藻、方以智等人的推动下，中国历史上第一次出现了学习西方先进文化的浪潮。《几何原本》、《泰西水法》、《同文算指》、《勾股义》、《西洋奇器图》等西方科学译著相继推出，它们如同闪电，短暂而又明亮地照出中国科技发展的前景。这是打破民族障壁，博采外域优长，振兴民族文化的重要契机。然而，1757 年清朝乾隆皇帝闭关锁国政策的确立却将这一契机断送。

（三）中国文化在西方的传播

明清时期，与西学输入中国文化系统的同时，中国文化也经由西方传教士的传介，在欧洲流播开来。在欧亚大陆之间，耶稣会士不自觉地成为“文化联系的最高范例”⑥。

罗明坚是第一个用汉文发表数理书的传教士，也是第一个翻译“四书”的西方学者。他于 1590 年返回欧洲，向罗马的外交官和学者安东尼奥·波赛诺维奇提供

---

① 李之藻：《请译西洋历法等书疏》。

② 李之藻：《请译西洋历法等书疏》。

③ 李之藻：《浑盖通宪图说序》，《增订徐文定公案》卷 6。

④ 徐光启：《条议历法修正岁差疏》。

⑤ 徐光启：《勾股义绪言》。

⑥ 李约瑟：《中国科学技术史》，第四卷，第二分册，科学出版社 1999 年版，第 693 页。

了其巨著《图书论》中有关中国的资料。波赛诺维奇依据罗明坚所提供的材料，对中国文化作了耶稣会士式的第一次阐述。其后，金尼阁发表利玛窦著作《基督教远征中国史》，书中介绍了儒学的主要观念。熟谙中国文化的利玛窦在1604年致耶稣会长的书简中还提到了有关“太极”和“理”的理论。

1687年，在巴黎出版了一部关于中国文化的重要著作，这就是由耶稣会士殷铎泽等人编纂的《中国的哲学家孔夫子》。书中包括有《大学》、《中庸》和《论语》的译文以及带绘像的《孔子传》。孔子的形象第一次被传到欧洲。此书把孔子描绘成一位全面的伦理学家，认为他的伦理和自然神学统治着中国。书中还介绍了宋明理学。这些介绍进一步增进了欧洲对中国哲学的了解。中国的儒家经典如《周易》、《尚书》以及《礼记》等亦先后被译成拉丁文和法文，在欧洲知识界和上层社会广泛流传。

与此同时，中国的历史、地理、科技、文学等著作也都以耶稣会士为中介，在欧洲流传开来。1735年，杜赫德在巴黎刊印了由耶稣会士在中国的考察资料汇总而成的巨著《中华帝国志》。这部被誉为中国百科全书的大部头著作分为四卷：第一卷记叙各省地理和历朝编年史；第二卷研究中国的政治、经济、经典和教育；第三卷介绍中国的宗教、道德、医药、博物等科目；第四卷将满、蒙、西藏、朝鲜列入研究。许多中国著作如《古文观止》、《赵氏孤儿》都被收入该书内。法国百科全书派启蒙学者与德国、英国的知识界均以此书作为了解中国的重要材料。此外，如《耶稣会士书简集》、《北京教士报告》、《中华大帝国史》、《中国大观》、《中国》、《中华帝国图》、《中国游记》等耶稣会士著述，都报告了大量关于中国的消息，从而在欧洲大陆引起热烈回响。

图12－8　启蒙思想家伏尔泰

欧洲启蒙学者热衷于从中国古老文明中汲取营养。中国传统学术文化成为莱布尼兹、伏尔泰（图12－8）等启蒙思想家笔下“借以鞭挞旧欧洲的‘巨杖’”①。

欧洲启蒙思想家注意到中国哲学宗教色彩淡薄，如孔子的儒家学说以“天”为自然法则的代表，宋明理学以“道”这一理念为基本原则，将它视为“天地之本，万物之源”。欧洲学者对此大加推崇。

① 《伏尔泰小说选》，人民文学出版社1980年版，第31—33页。

在法国，启蒙学者伏尔泰的政治理论是希望在清除现存的“神示宗教”后，建立一个崇尚理性、自然和道德的新的“理性宗教”。而中国儒教就是这种“理性宗教”的楷模。他在哲理小说《查第格》中说，中国的理或者所谓的天，既是“万物的本源”，也是中国文明“完美”的原因。他称中国人“是在所有的人中最有理性的人”。他推崇孔子“全然不以先知自诩，绝不认为自己受神的启示，他根本不传播新的宗教，不求助于魔力”①。伏尔泰还称赞中国哲学“既无迷信，亦无荒谬的传说，更没有诅骂理性和自然的教条”。狄德罗与伏尔泰相呼应，在《百科全书》“中国”条目下，介绍了自古代至明末的中国哲学，认为其基本概念是“理性”。他特别称赞中国儒教，说它“只需以‘理性’或‘真理’便可以治国平天下”。

在德国，以“哲学的宗教”来代替正宗神学宗教的思潮，也受到中国哲学的影响。黑格尔尽管对中国哲学十分轻视，却也认为“中国人承认的基本原则是理性”②。这种理解和启蒙运动以理性为最高准则的致思倾向是一脉相通的。

在英国，启蒙学者常常引用“中国人的议论”来批驳《圣经》。例如，18 世纪早期的自然神论者马修·廷德尔在《自创世以来就有的基督教》中，把孔子与耶稣、圣保罗相提并论，并加以比较，从中引出“中国孔子的话，比较合理”的结论。英国哲学家休谟也认为，孔子的门徒，是天地间最纯正的自然神论的学徒。

中国哲学宗教色彩淡薄，而伦理原则渗透本体论、认识论和人性论，对于这一特质，欧洲思想家也给予重视和肯定。霍尔巴赫指出：“伦理与政治是相互关联的，二者不可分离，否则便会出现危险。”而在世界上，“把政治与伦理道德紧紧相连的国家只有中国”，伦理道德是中国的“惟一宗教”③。莱布尼茨也说：“在我看来，我们目前已处于道德沦落难以自拔之境。我甚至认为必须请中国派遣人员，前来教导我们关于自然神学的目的和实践，正如我们派遣传教士到中国去传授上帝启示的神学一样。”④伏尔泰对于中国伦理型文化的巨大精神力量同样颇为重视。他曾仿照元曲《赵氏孤儿》编写了诗剧《中国孤儿》，剧中崇尚武功、企图以暴力取胜的成吉思汗，最后折服于崇高的道义。

欧洲启蒙学者多是开明君主专制论者，中国历史上传统的仁君统治以及清初的康熙“盛世”成为启蒙思想家们所向往的社会楷模。如莱布尼茨的国家观是建立一个具有仁爱、正义、毅力和广阔知识的开明君主治理下的统一国家。他将中国

---

① 《伏尔泰全集》第 7 卷。

② 黑格尔：《历史哲学》，上海书店出版社 1999 年版，第 141 页。

③ 霍尔巴赫：《社会体系》，商务印书馆 1963 年版，第 174 页。

④ 《中国近事》。

的康熙皇帝作为这样一种开明专制的表率。霍尔巴赫主张以德治国,他公开宣布"欧洲政府必须以中国为模范"①。波维尔对中国社会十分景仰,他认为:"如果中国的法律变为各国的法律,中国就可以为世界提供一个作为去向的美妙境界。"②重农学派更是中国政治制度的热烈鼓吹者。重农学派的创始人魁奈因在1767年发表《中国的专制制度》而被誉为"欧洲的孔子"。在该书导言中,魁奈断言中国的政治是合法的专制政治,中国皇帝是合法的专制君主。在《自然法则》一书中,魁奈又把中国奉为按自然法则建立国家的圭臬。

当然,以上欧洲思想家所理解和表述的中国文化,带有明显的理想化色彩,与中国本土文化形似而神异,相去甚远。但是,由此亦可见证中国文化所蕴藏的丰富内涵与巨大的感召力。

思考题:

1. 怎样认识"胡服骑射"的文化史意义?

2. 明清时期的西学输入对中国文化的发展有何影响?

---

① 霍尔巴赫:《社会体系》,商务印书馆1963年版,第86页。

② 利奇温:《十八世纪中国与欧洲文化的接触》,商务印书馆1962年版,第82页。

第十三章 中华旧邦　其命维新

穷则变，变则通，通则久。

——《周易·系辞下》

1840 年爆发的鸦片战争，是西方资本主义文化向东方拓展影响和势力的必然趋势所致。中国战败了，西方殖民者用不平等条约的绳索将中华民族裹挟进资本主义的世界秩序之中。中国文化遭遇到前所未有的挑战。正是在与异质文化——西方资本主义文化的灵与肉、笔与剑的全面交锋中，古老的中国文化扬弃、蜕变并赢得新生。这一过程是一种痛苦而又充满生机和希望的"凤凰涅槃"①。这种痛苦源于亡国灭种阴霾笼罩下的民族忧虑与激愤，"四万万人齐下泪，天涯何处是神州！"②但这只是问题的一面。痛苦是新生的产婆，新生是痛苦的报偿。如果我们从文化演进和历史发展的更高层次思考问题，那么，生机与希望便在痛苦之中升腾。正如梁启超所说，近代中国"正像蚕变蛾、蛇蜕壳的时代。变蛾蜕壳，自然是一种极艰难、极苦痛的事，哪里能够轻轻松松地做到。只要他生理上有必变必蜕的机能，心理上还有必变必蜕的觉悟，那么，把那不可逃避的艰难苦痛经过了，前途便别是一个世界"③。

3 000 年前，《诗经》里便有"周虽旧邦，其命维新"④的诗句，其意为周邦虽然历史久远，但是因为不断地改革，所以依然生机勃勃。同样的道理，古老的中国文化已经走过漫长的历程，只要我们革故鼎新，与时俱进，中华民族的未来必将是一片光明。

---

① 佛教称死而更生，进入更高理想境界为"涅槃"。20 年代郭沫若曾创作著名新诗《凤凰涅槃》，歌颂中华民族及其文化的蜕变与新生。

② 谭嗣同：《有感一首》，《谭嗣同全集》，中华书局 1981 年版，第 540 页。

③ 梁启超：《五十年中国进化概论》。

④ 《诗经·大雅·文王》。

一、开眼看世界

中国文化具有悠久的历史和丰厚的遗产。14、15世纪以前，中国文化一直处于世界领先地位，以自己圆熟的哲理、精致的典籍、实用的科技，为人类进步作出了巨大的贡献。但这也相应地带来若干弊端，最突出的便是积淀下以“天朝上国”自居的心理态势，视四邻为蛮夷，一心“用夏变夷”，“怀柔远人”。14、15世纪以后，世界文化格局发生剧烈变化，西方资本主义文化突飞猛进，后来居上，相形之下，中国文化失去了自己的领先地位。明末清初，耶稣会士来到中国，给古老淳化的中华民族送来一丝西方文明的清新气息。“风生于地，起于青苹之末”①，这本是中国与西方并驾齐驱迈入近代的契机，但是，“天朝上国”的虚骄架子、“用夷变夏”的文化恐惧和“物产丰盛，无所不有”的资源凭借相结合，促使清政府于1757年正式下令闭关、禁教。中华帝国的大门在新时代潮流面前封闭了。

国门的封闭意味着文化新陈代谢机制的严重阻碍。物质、信息交流的中断还在其次，更糟糕的是，因循保守、拒纳新知的守旧心理由此而大为强化。中华民族对于地球另一边发生的、对人类历史进程具有革命性意义的重大变迁——资本主义的产生及其壮大，处于一种漠然无知的状态。1840年英国发动鸦片战争，以坚船利炮打上门来，清廷朝野上下均“震于英吉利之名，而实不知其来历”②。受命钦差的林则徐，赴广州禁烟之初，竟以为洋人腿直，不能弯曲，即便开战，也不堪一击。一边是新锐突进，有备而来；一边是老大羸弱，浑浑噩噩。在这种情况下，中英双方尚未正式交火，战争的结局便已昭然若揭。

从本质上看，鸦片战争是资本主义及其世界贸易发展的产物。资本主义的萌发，本是人类文明进步的新阶梯，但是，这种文明进步的动力借以表现出来的形式，却是资产阶级恶劣的情欲。因此，一旦中国传统的小农业与家庭手工业相结合的自给自足经济“对大工业产品进行了最顽强的抵抗”③，资产阶级的发财欲望被遏制，资本主义文明便立刻显露出一副极端野蛮的面孔。战争本身从来是实力的较量。仁义道德终究抵挡不住侵略者的坚船利炮。战争以石头城下一纸不平等条约的签订而告终。

资本主义列强的大炮轰开了紧闭的国门，给中华民族带来了深重的灾难和屈辱，但它同时也开启了一扇窗口，使中国人得以窥见域外世界的新鲜图景。“开眼

① 宋玉：《风赋》。
② 《林则徐集·奏稿》中册，中华书局1965年版，第649页。
③ 《马克思恩格斯全集》，第25卷，人民出版社2001年版，第373页。

看世界”成为中华民族从昏睡中觉醒的标志。林则徐、徐继畬、魏源等人，担当了“开眼看世界”的时代前驱。

1839年，林则徐（图13－1）以钦差大臣身份，赴广东禁烟。现实斗争的迫切需要和“知己知彼”的传统古训，促使林则徐“日日使人刺探西事”，又令随行译员翻译英国商人主办的《广州周报》、《广州纪事报》等刊物，编成《澳门新闻纸》，从中择要编成《澳门月报》。他还令人翻译英国人慕瑞的《世界地理大全》，编成《四洲志》，概述5大洲30余国的地理、历史，重点介绍英、美、法、俄等国情形。这些举措，在“徒知侈张中华，未睹寰流之大”①的士大夫阶层中，显得格外与众不同。正如当时西方人的评论：“中国官府完全不晓得外国的政事，又不询问考求，至今仍不知西洋。只有林总督行事与其他官员相反，署里用了许多翻译人员，又有指点洋商、通事、引水的二三十位，到处探听消息，按日期呈递登记在簿上。他自己不辞辛苦，常时习用，凡有所得，记在心中，因而添了许多知识。”②

图13－1　林则徐像

鸦片战争时期，与林则徐同样关注外洋、寻求新知的，还有不为人们所熟悉的徐继畬。徐继畬是山西五台人，道光进士，官至广东按察使、福建巡抚。游宦闽粤的经历，为他接触西方人士、了解世界情形提供了便利条件。1848年，他怀抱“冀雪中国之耻，重边海之防，免胥沦于鬼域”③的目的，撰写十卷本《瀛环志略》，配以42幅地图，论述“地形如球”，“海得十之六有奇，土不及十之四”，“北极在上，南极在下，赤道横绕地球之中，日驭之所正照也”，又介绍亚、欧、非、美、澳洲数十国情形，内容包括地理、历史、民风、物产、制度，精审谨严，尤以英、法等国为详尽。尤为引人注目的是，徐继畬在书中称赞美国资产阶级领袖人物华盛顿：“起事勇于胜广，割据雄于曹刘，既已提三尺剑，开疆万里，乃不僭位号，不传子孙，而创为推举之法，几于天下为公，骎骎乎三代之遗意。”④为此，美国政府向徐继畬赠送一幅华盛顿画像，他在答词中又颂扬华盛顿“已成为全人类的典范和导师，他的贤德，已经成为联

① 魏源：《圣武记》卷十二。
② 《澳门新闻纸》，1839年12月14日。
③ 徐继畬：《东源文后集》卷八。
④ 这段文字后来被镌刻在美国华盛顿纪念塔的石刻中文碑上。

结古代圣贤和他以后各代伟人的一条纽带,因此,必将永远活在人们心中"①。

图13-2　魏源像

继承并光大林则徐"开眼看世界"事业的最重要人物是魏源(图13-2)。魏源是林则徐的朋友。1841年8月,林则徐赴戍新疆,途中邂逅魏源于江苏京口(今镇江),老友相会,家国忧患,百感交集,两人通宵对榻,抵掌作彻夜谈。林则徐将《四洲志》手稿及有关材料交给魏源,嘱托他进一步研究外情,编撰《海国图志》。魏源不负所托,于次年完成《海国图志》50卷本,1852年又扩充为100卷本,洋洋80余万言,配图百余幅,是19世纪中叶中国乃至东亚内容最丰富的世界知识百科全书。尤其具有重要时代意义的是,魏源在《海国图志》中卓有胆识地提出"师夷长技以制夷"的思想,率先突破文化观方面的"夷夏之大防",不仅承认西方物质文明相对于中国的先进性,而且明确表示出学习西方、超脱先进的开放襟怀,预示了中国近代文化变迁的基本方向。

鸦片战争以后,"华夷隔绝之天下,一变为中外联属之天下"②。"开眼看世界",也成为先进中国人共同的思想特征。就在徐继畬、魏源等士大夫亟亟于著书立说,"谈瀛海故实"的同时,活动于桂、粤山区的一介塾师洪秀全,破天荒地引入西方宗教并加以创造性改铸,唤起亿万中国农民的共鸣,鼓舞着他们掀起了一场历时13年,席卷半壁河山的太平天国风暴。

鉴于孔子、佛等偶像已被中国统治阶级据为己有,洪秀全决定引入一个新偶像——耶稣基督。出于现实斗争的需要,洪秀全并没有照搬西方基督教的全部教义,而是将其改造成具有中国特色、符合农民阶级利益的"拜上帝教"。1847年,洪秀全、洪仁玕应约赴广州与传教士罗孝全"论道",双方因对"上帝真道"的理解不同,不欢而散。定都天京之后,洋教士们接踵而至。拜上帝教和基督教到底谁代表"真道",更成为反复争论的问题。显而易见,洪秀全的本意,并不在真心诚意地做上帝的子民,而只是借用基督教、皇上帝做工具,来召唤、聚集贫苦农民的力量,在中国的大地上建立起现实的平等"天国"。从根本上看,洪秀全的思想并未脱出中国传统文化的基本规范。他在论证"皇上帝"至尊地位时,反复引证《诗》、《书》、

① 原文为英文,载《纽约日报》1868年3月29日第10版。
② 薛福成:《变法》,《晚清文选》,上海书店出版社1987年版,第218页。

《易》等中国典籍，他主持制定的《天朝田亩制度》，更是几千年来中国农民"有田同耕，有饭同食"的"均平"思想的集大成式总结。

与洪秀全相比，太平天国的另一位思想家洪仁玕，其思想的近代色彩要鲜明得多。洪仁玕长年奔走于广东、香港、上海等地，在与欧美传教士的频繁交往中，不但吸取了远较洪秀全详备、正规的基督教知识，而且广泛学习了西方科学技术、社会政治学说。洪仁玕自称："不仅在宗教方面，而且在科学与社会改革方面，完全赞同外国人讲的道理。"①这种对西方文化的全面向往，集中体现于他撰写的著名建策《资政新篇》中。《资政新篇》力主仿效欧美资本主义民主制度，造火车，修轮船，筑道路，兴邮政，开矿山，办银行，振兴经济，改革政治，统一事权，禁止陋习，富国利民。可以认为，这是近代中国较早的一份完整的资本主义发展蓝图。不过，这头头是道的《资政新篇》与轰轰烈烈的太平天国革命运动基本上没有发生直接的联系，除了博得洪秀全的若干条"此策是也"的朱笔御批外，并未付诸实施。太平天国后期日趋危急的政治、军事危机，当然是《资政新编》不及施行的表层原因，其深层原因恐怕更在于农民阶级自身的局限性决定了他们不可能扮演新式生产关系代表者的角色，不可能把中国推向一个全新的时代。

二、洋务事业"种豆得瓜"

英国殖民者的大炮，将清政府封闭的国门轰开了一个缺口。穿过这个缺口，林则徐、徐继畬、魏源等人率先向着西方睁开寻求新知的眼睛。他们的行动表示了一种积极的、开放的文化态度，但在"师夷长技"方面却并未取得多少值得称道的实绩。与林则徐等人处于敌对阶级营垒的洪秀全，从西方学到了基督教，并把它实用地改造成一整套服务于农民战争的思想和行为规范。洪秀全将耶稣改铸成"皇上帝"，并把它安放在本由孔夫子占据的极尊地位上。但是，从太平天国的纲领和实践看，其经济上的平均主义、政治上的集权主义、意识形态上的道德主义恰恰说明，"中国化"的耶稣的躯壳里，却是孔圣人的幽灵不散。一方面接受西方文化，另一方面阉割西方文化，这不仅是洪秀全个人及其事业的特征，而且是近代中国屡见不鲜的文化世象。至于洪仁玕的《资政新篇》，倒确是一份充满近代资本主义气息的文件，不过，它并没有与太平天国的实践挂起钩来，仅仅是一张蓝图，一纸空文。

曾国藩是太平天国最强悍的对手。他不忍心传统文化遭到太平大国的亵渎，同样也不忍心这种文化蒙受西方人的凌辱。对于前者，他直接诉诸屠刀；对于后者，他却诉诸理智。在痛苦地承认中西文化在物质层面上的差距之后，他与奕

① 见《太平军在上海——＜北华捷报＞选译》，上海人民出版社1983年版。

䜣、李鸿章、左宗棠等人开创了“略仿西洋之法”的“洋务”、“自强”事业，林则徐、魏源等人倡导的“师夷长技”主张，至此才得以在中国大地上变为现实。

19世纪60年代，“洋务”事业在镇压“内忧”与抵御“外患”的双重目的下得以开展。19世纪60~70年代，它以“求强”、兴办近代军事工业为中心；70~80年代，转以“求富”、兴办近代民用工业为重点。19世纪80年代中期以后，张之洞后来居上，以洋务事业的“恢张”者自任，在湖广地区兴办了一大批不仅领先于全国，而且独步于亚洲的实业项目，如亚洲最大的钢铁联合企业汉阳炼铁厂（图13－3）、装备先进的湖北兵工厂、纱布丝麻四局、贯通南北的芦汉铁路等，成为洋务事业的“殿军”。

图13－3　汉阳炼铁厂旧影

奕䜣、曾国藩、左宗棠、李鸿章（图13－4）、张之洞（图13－5）等人，确是传统社会忠贞不贰的卫道者。他们兴办“洋务”事业的初衷，在于援西洋之长，以扶正摇摇欲坠的清朝统治大厦。但是，“结果和它的期望恰恰相反。它不自觉地把机捩拧拨了一下，当机捩一旦转动，就逐渐地向着毁灭旧制度的爆炸点走去，再也没有任何力量能够迫使它停止下来”①。以这一批清朝“中兴名臣”为“始作俑者”引入中华大地的西方资本主义大工业生产方式及与之相联系的意识形态，按照它自身的发展规律，艰难地、然而不可阻挡地成长、壮大，终于将延续2 000年的中国君主专制制度送进坟墓。这正像张之洞的弟子张继煦所形象评论的那样：“虽为公（指张之洞——引者）所不及料，而事机凑泊，种豆得瓜。”②

洋务运动“种豆得瓜”的客观效果体现在以下诸端：

① 戴逸：《洋务运动试论》，《人民日报》1962年9月13日。

② 《张文襄公治鄂记》，湖北通志馆1947年版。

图 13－4　李鸿章

图 13－5　张之洞

其一，揭开中国近代生产方式的序幕，初步奠定近代文化的物质基础。洋务派开办了中华民族历史上第一批具有近代性质的大机器工业，产业门类比较齐全，有冶金、机械、煤炭、矿产、军工、纺织等等，实际上形成了中国近代工业的产业构架。这些企业总数有 48 个，资本总数达 2 263 万元，拥有工人 4 万人左右，其中 500 名工人以上的企业工人总数约 3 万①。洋务运动还初步改变了中国交通运输和通讯的落后状况，建立了包括轮船 20 余艘、5 万总吨位的轮船招商局，筑成铁路上千公里。当然，这一切相对于数亿人口、近 1 000 万平方公里土地的大国来说，分量显然过于单薄，但它毕竟是一个充满生机的开端。

其二，传播近代科技知识，培养出中国第一批近代科技人才。洋务派认识到"惟洋人制造确有精理，不从学堂出身者只能步其后尘，不能独出奇异，则西学馆之设，自不可少"②。"天津、上海、福建、广东仿造枪炮船械之地，无不兼设学堂，风气日升，人才蔚起，海防洋务，利赖良多"③。洋务运动促成了中国近代教育的创生，不仅新式学堂遍及各地，而且开始了大规模的出国留学教育。留学生中当然不乏声色犬马之徒，但毕竟产生出詹天佑等杰出的科技人才。从此，不同于传统士大夫的近代知识分子开始登上历史舞台，并扮演了时代前驱的角色。

其三，促成社会风气的转变。洋务运动大规模地引进"西学"、"西艺"，强烈地

---

① 姜锋：《试论洋务运动的经济活动和外国侵略资本的矛盾》，《文汇报》1962 年 1 月 12 日。

② 张树声往来函犊，致黎兆棠函。

③ 刘传铭：《台设西学堂招选牛徒聘西师立案折》。

冲击了封闭保守的社会风气。“夷情叵测，反复靡常，利器精兵，百倍中国，其所以逞其贪纵者，不过持有长技耳。长技为何，一在战舰之精也，一在机器之利也，然彼有其战具，我非不可以购求；彼有其机巧，我非不可以学习。”[①]学西夷之长，兴洋务之业，日益成为社会的共识。有人作此对比：“咸丰初元，国家方讳言洋务，若于官场言及之，必以为其人非丧心病狂必不至是，以是虽有其说，而不敢质之于人，不谓不及十年而其局大变也。今则几于人人皆知洋务矣。”[②]中国传统的贵义贱利、重农轻商的观念开始发生动摇。“逮其久，风气渐开，凡人心智慧不同，且将自发其复，臣料数十年后，中国富商大贾必有仿照洋机器制作以自求利益者。”[③]显然，后世的历史证实了李鸿章的这一预料。

三、“中学为体，西学为用”

洋务事业的推行，在朝野上下引起强烈反响。清朝内部，顽固派以“立国之道，尚礼义不尚权谋；根本之图，在人心不在技艺”[④]之类的陈腐论调，攻击洋务派“捐弃礼义廉耻之大本大原”，败坏人心；而洋务派力陈当此“三千余年一大变局”，兴办洋务正好比“君父之有危疾”而“百计求医”，非如此不足以存亡继绝。双方论争不断，古井无波的思想界渐起涟漪，由“死水微澜”而“洪波巨浪”。这便是关于中学与西学“体”、“用”关系的深入思考和热烈争鸣。

19世纪四五十年代，中国人对西方文化的感受，仅仅触及物质层面，最直接的便是坚船利炮。魏源以为对于这类“夷之长技”，只需闽粤两省派些精兵巧匠，“一年而可习，二年而可精”[⑤]，显然把问题看得过于简单。正如王韬所论：“当默深（魏源字默深——引注）先生时，与洋人交际未深，未能洞见其肺腑，然师长一说，实倡先声。”历史又前进了20年，19世纪60年代的冯桂芬，对于中西文化的比较更深入一层，即不仅承认船坚炮利不如人，而且承认“人无弃才不如人，地无遗利不如人，君民不隔不如人，名实必符不如人”[⑥]，进而提出“改科举”，“采西学”，“制洋器”。他把自己的主张归纳为“以中国之伦常名教为原本，辅以诸国富强之术”。冯桂芬虽然没有揭出“体”与“用”的对峙之词，但明确表示了移花接木地将西方近代资本主义文化之“用”与中国传统文化之“体”嫁接起来的思想。70年代，洋务大

---

① 中国近代史资料丛刊《洋务运动》第一册，上海人民出版社2000年版，第13页。
② 中国近代史资料丛刊《洋务运动》第一册，上海人民出版社2000年版，第484页。
③ 中国近代史资料丛刊《洋务运动》第四册，上海人民出版社2000年版，第14页。
④ 中国近代史资料丛刊《洋务运动》第二册，上海人民出版社2000年版，第30页。
⑤ 魏源：《海国图志》。
⑥ 冯桂芬：《校邠庐抗议·制洋器议》。

吏们的“智囊”人物王韬、马建忠、薛福成，沿着冯桂芬的思路继续缓慢推进，一方面大声疾呼发展工艺科技，扶助民族资本，开办近代工业，振兴商务外贸，废除科举制度，建立新式学堂，甚至提出仿效西方实行议院制度；另一方面仍坚持“取西人器数之学，以卫吾尧、舜、禹、汤、文、武、周公之道”①。

进入19世纪90年代，内忧日甚，外患日迫。中西文化在军事、政治、经济等各领域内全面交锋，“洋务”事业进入高峰。士林中人对中西文化关系的思考，也进入一个新的阶段。这一阶段的最大思想结晶，便是“中体西用”说的正式出现和广为流行。梁启超这样说道：“甲午丧师，举国震动；年少气盛之士，疾首扼腕言‘维新变法’，而疆吏李鸿章、张之洞辈，亦稍和之。而其流行语，则有所谓‘中学为体，西学为用’者，张之洞最乐道之，而举国以为至言。”②

“中体西用”命题中的体、用与道、器一样，是中国传统学术体系中的一对重要范畴。概而言之，体，指形体、实体、本体；用，指作用、功能、属性。体是第一位的，基本的；用是第二位的，从属的。“中体西用”说，正是从中学为基本、西学为补充的含义上来运用体、用概念的。具体地说，“中体西用”论者多将体、用与道、器配套使用。中学为体，就是坚持形而上的中国孔孟之道；西学为用，就是采纳形而下的西方科技之器。这样做的理由是：“自形而上者言之，则中国先儒阐发已无余蕴；自形而下者言之，则泰西新理日出不穷，盖中国重道而轻艺，故其格致专以义理为重，西国重艺而轻道，故其格致偏于物理为多，此中西所由分也。”③

当“中体西用”的思想尚处萌芽状时，“西用”的内涵比较单薄，基本上局限于严格的形下意义，专指工艺、器制。但是，越到后来，随着人们对西方文化了解的深入，“西用”包括的内容便越多。例如，开设议院的主张，显然已直接与封建君主专制的“中体”相对立。如宋育仁说：“议院为欧洲二百年振兴根本……议院为其国国政所在，即其国国本之所在。”④陈炽也认为：“泰西议院……合君民为一体，通上下为一心……英美各邦，所以强兵富国，纵横四海之根源也。”⑤张之洞的“新学为用”，也包括“学校、地理、度支、赋税、武备、律例、劝工、通商”等一系列“西政”。实际上，“中体西用”论者自己也程度不同地看出，“西洋立国，有本有末，其本在朝廷政教，其末在商贾、造船、制器”⑥，西洋之末胜于中学之末，其依据还在朝廷政教之

---

① 薛福成：《筹洋刍议·变法》。

② 梁启超：《清代学术概论·二十九》。

③ 钟天纬：《刖足集·外篇》。

④ 宋育仁：《泰西各国采风录》。

⑤ 陈炽：《庸书·议院》。

⑥ 郭嵩焘：《条陈海防事宜折》。

本。冯桂芬的“君民不隔不如人”，就已经隐约道出其中的道理。

一方面不得不承认西方政教的优长，另一方面又固守孔孟之道而不后退半步。如何消解这种矛盾，“中体西用”论者又祭出了“西学中源”的法宝，认为倡言民权中国古已有之，康有为称“选举实为孔子所创”①。梁启超认为：“《洪范》之卿士，《孟子》之诸大夫，上议院也；《洪范》之庶人，《孟子》之国人，下议院也。”②不仅西方政教出自中国，而且西方学术文化俱出自中国。郑观应认为西方的光学、电学、数学、物理学、化学、地理学俱“出于我也”③。陈炽说：“中国大乱，抱器者无所容，转徙而之西域。”④皮锡瑞断言：“西学出于中国，本周、秦诸子之遗，庄、刘关乎诸书所载，是其明证。”⑤这样一来，“西用”之中那些显然难以归纳于形而下意义的、关乎政教人心方面的内容，便被生拉硬扯地塞进“中体”的陈旧框架。

应该看到，同样打出“中体西用”旗号的人，各自的目的并不一致，因此他们对这一思想的理解角度和强调侧面也大相径庭。冯桂芬等早期改良派鼓吹“中体西用”，是为了在陈腐、僵化的封建文化的一统天下之中，为新思想的立足打进一个楔子，为的是让“西用”得以在“中体”之中存身。曾国藩、张之洞等洋务派以“中体西用”为理论纲领，本意却是用“西用”来捍卫“中体”，这其中既包括用西方的先进火炮来镇压太平天国农民起义，以捍卫被革命浪潮冲得摇摇欲坠的专制朝廷，又包括面对咄咄逼人的西方列强的不断要挟恫吓，有必要用西艺、西技增强清廷的力量，以保全“天朝上国”的面子。康有为、梁启超等维新派对“中体西用”也表示出强烈的兴趣，那是由于他们机敏地将这一现成口号服务于自己的变法活动。

概而言之，“中体西用”说为古老的中国文化吸纳西方文化的营养，创造了一种在当时的历史条件下所可能的模式。我们今天有充分理由来论证“中体西用”的浅薄，但是却设想不出一种可能的理论，来取代它在沟通中西文化方面冲破坚冰、开启航道的客观历史作用。正是在它的庇护之下，先进的西方近代文化才得以排除顽固势力的重重阻挠，插足于中国传统文化的世袭领地，并不以人们意志为转移地对于“中体”、“中学”以强烈的对比、影响，最终促进了它们的革命性变化。

从学理上分析，“中体西用”论自有其不可克服的内在矛盾，最根本的在于它袭用了传统的“体”、“用”范畴，却抛弃了体用相关、“体用不二”这些符合事物本来规律的古典认识论精华。文化形体与功能属性、物质文化与精神文化、器用与制度

---

① 康有为：《孔子改制考》。

② 梁启超：《古议院考》。

③ 郑观应：《盛世危言》。

④ 陈炽：《庸书》。

⑤ 皮锡瑞：《论讲学之益》，载《湘报》第六号。

本来就是不可分割的浑然整体。“中体西用”说却将它们机械地割裂开来，然后随意拼搭，貌似全面、公允，实则似是而非。这种本质的弊端，从“中体西用”说问世之日起，就不断受到尖锐责难。洋务事业的艰难曲折，为这种责难提供了充分的实践依据。王韬认为，仅仅学习“西用”的坚船利炮，“仅袭皮毛即嚣然自足”，“终不能一旦骤臻于自强”①；钟天纬也说：“欲挽回大局，岂仅在船利炮利区区末艺之间，即小小补苴，仍无补存亡之大计，必须破除积习，大为更张。”②

历史严酷地验证了王韬、钟天纬的论断。1894 年中日甲午之战，以北洋水师的覆灭而告结束。为什么同是“坚船利炮”，堂堂天朝上国竟不敌蕞尔东洋？亲身参战者如是回答：“海军所有章程，除衣冠语言外，均当仿照西法，万不得采择与中国合宜者用之，不合宜者去之，盖去一不合宜，则生一私弊。”③“我国海军章程，与泰西不同，缘为我朝制所限，所以难而尽仿，所以难而操胜算也。”④这些并无多少高深学问的海军下级官佐，用血的教训，打中了“中体西用”的要害。对于西政西学，“何宜者用之，不合宜者去之”，打的旗号冠冕堂皇，骨子里却是用“中体”限制“西用”，消解“西用”，到头来只落得个“西用”失效，“中体”蒙难的结局。

甲午惨败，“西用”并不能捍卫“中体”的事实，启发了维新派更深入一步地探讨中学与西学的“道器”、“体用”关系。谭嗣同论道：“道，用也；器，体也。体立而用行，器存而道不亡。……器既变，道安得独不变？变而仍为器，亦仍不离乎道，人自不能弃器，又何以弃道哉？”⑤谭嗣同不愧为“冲决网罗”的思想斗士，他不仅明确重申道器、体用一变俱变的不可分割关系，而且将洋务派们以“道”为“体”、以“器”为“用”的观点来了一个根本的颠倒，以“道”为“用”，以“器”为“体”，从而兜底掀翻了“中体西用”、“变器不变道”的理论基石。

与谭嗣同的认识基本一致，但逻辑推理更加缜密的对于“中体西用”的批判，来自中学功底深厚而西学造诣在当时堪称首屈一指的启蒙思想家严复：“……体用者，即一物而言之也，有牛之体则有负重之用，有马之体则有致远之用，未闻以牛为体，以马为用者也。中西学之为异也，如其种人之面目然，不可强谓似也。故中学有中学之体用，西学有西学之体用，分之则并立，合之则两亡。议者必欲合之而以

---

① 王韬：《变法》上。

② 钟天纬：《刖足集·外篇》。

③ 《盛宣怀档案资料选辑之三：甲午中日战争》下册，上海人民出版社 1980 年版，第 414 页，第400 页。

④ 《盛宣怀档案资料选辑之三：甲午中日战争》下册，上海人民出版社 1980 年版，第 414 页，第400 页。

⑤ 《报贝元征》，《谭嗣同全集》，中华书局 1981 年版，第 197 年。

为一物，且一体而一用也，斯其文之违舛，固已名之不可言矣，乌望言之而可行乎！”①

严复说这些话时，历史已经迈入20世纪的门槛。洋务事业的高潮已过，但其“殿军”人物张之洞在湖北地区推行的“新政”，劲头不减。汉阳炼铁厂鼓风炉的轰鸣、两湖总师范学堂的朗朗读书声、新军营房内威武的操演呐喊，在“尽瘁清室”的张之洞听来也许是纯正悦耳的“明体达用”的旋律，其实这些音响正蕴涵着“西用”与“中体”的摩擦与冲撞，传递着张之洞力图捍卫的腐朽制度行将崩溃的信息，印证着严复“体用者，即一物而言之也”的正确论断。

张之洞死后仅仅两年，辛亥首义的枪声就在他兴办洋务的中心地区武昌城头响起。全国迅即响应，清廷顷刻瓦解，2 000年君主专制制度从此寿终正寝。有人为此而愤愤指责张之洞：“追原祸始，张文襄（张之洞谥文襄——引注）优容新进，骄纵军人，养痈十余年，糜帑数千万，兴学练兵，设厂制造，徒资逆用，以演成今日之惨剧，殊堪浩叹。”②我们当然不赞成论者的守旧立场，但认为他毕竟道出了一桩历史的真情：洋务事业及其“中学为体，西学为用”的思想，在客观上起到了推动历史进步的积极作用，正所谓“事机凑泊，种豆得瓜”！

四、从“维新”到“革命”

梁启超曾将近代中国学习西方文化的进程分为三期。“第一期，先从器物上感觉不足”；“第二期，是从制度上感觉不足”；“第三期，便是从文化根本上感觉不足”。③ 林则徐、魏源、曾国藩、张之洞，是第一期的代表。从第一期过渡到第二期，关键在甲午一役，“和日本打了一个败仗下来，国内有心人，真像睡梦中着了一个霹雳。因想堂堂中国为什么衰败到这田地？都为的是政制不良”。④ 这“国内有心人”，便是以康有为为代表的维新派和以孙中山为代表的革命派。

“维新”与“革命”，都是中国典籍中古已有之的词汇。《诗经·大雅·文王》称“周虽旧邦，其命维新”，说的是周朝虽然历史长久，但到文王时期，变旧法，行新政，又呈新国气象。《易·革卦》称：“天地革而四时成，汤武革命顺乎天而应乎人”，说的是天地变革而形成四季，商汤、周武王革故鼎新，顺乎天命而合于人心。在中国近代历史上，人们将主张对君主专制制度实行改良、推行君主立宪的政治力

---

① 《与外交报主人书》，《严复集》第三册，中华书局1986年版，第559页。

② 《欧阳萼致袁世凯书》，《闵尔昌旧存有关武昌起义函电》，载《近代史资料》1954年第1期。

③ 梁启超：《五十年中国进化概论》。

④ 梁启超：《五十年中国进化概论》。

量称为“维新派”，而将主张彻底推翻专制，建立民主共和国的政治力量称为“革命派”。这两派都鼓吹资产阶级的意识形态，都要求在制度文化层面上学习西方，但在方式、手段上存在分歧，前者温和，后者激烈。后果也不一样：前者昙花一现，终遭失败；后者百折不挠，竟获成功。

（一）维新思潮

维新派领袖康有为（图 13－6）生长在最早遭受西方资本主义侵略和最早接触西方资本主义文化的广东，他早年接受的是严格的儒家正统教育。成年后，他对旧学“渐厌之，日有新思，思考据家著书满家，究复何用？”[①]他结识在京城任职的张鼎华，“尽知京朝风气，近时人才及各种新书”。后来，他又游历香港，亲见资本主义文物制度确有其优越性：“西人治国有法度，不得以古旧之夷狄视之。”另一方面，对于中国传统学术，他鄙弃繁琐的汉学和空疏的程朱之学，喜好陆王心学，尤其在师从廖平之后，更拳拳服膺儒家今文经学。西方资本主义的社会政治学说和自然科学，中国儒家今文经学，是康有为思想的两大支柱。

图 13－6　康有为

19 世纪 80 年代“国势危蹙，祖陵奇变”[②]的时局，刺激康有为生发出变革现实政治的思想。1888 年，他第一次上书光绪帝，提出“变成法”、“通下情”、“慎左右”三条建议，但因保守势力阻遏，上书未果。此后五六年间，康有为潜心研究变法理论，并在广州长兴里创设万木草堂，收徒授学，鼓吹变法理论，培养变法人才。他撰写《新学伪经考》，断言东汉以来之所谓古文经学，均系刘歆伪造，故曰“伪经”，它是为新莽王朝篡位服务的，故曰“新学”。此论一出，千百年来被官府士林视为圣典的经书经学，顷刻贱如秕糠，声誉扫地。当时占据学界统治地位的汉学训诂考据和宋学义理文章，都因此受到毁灭性的批判。该书引导知识分子怀疑并进而否定“卫封建之道”的古代经典，有如卷起思想界之一大飓风。他又撰《孔子改制考》，提出孔子以前的历史，统统是孔子为了改制救世而假托的宣传品。康有为认为，孔子改制的精义，以《春秋公羊传》阐释最为精妙，

① 《康南海自编年谱》，中华书局 1992 年版。

② 康有为：《上清帝第一书》。

所谓“传经只有一公羊”。《孔子改制考》从维新运动的政治需要出发，推演《春秋公羊传》的“通三统”、“张三世”之说，将两者揉合，指认“据乱世”就是西方的君主专制时代，“升平世”就是君主立宪时代，“太平世”即民主共和时代。三世循序渐进是人类进化公理，而中国当时正处据乱世，必须经由变法维新而进入升平世，即由君主专制走向君主立宪。

1895 年 5 月，清政府与日本签订丧权辱国的《马关条约》的消息传来，正在北京参加会试的康有为召集各省举人 1 300 余人于松筠庵集会，联名上书光绪帝，慷慨陈词，力主拒绝和议，恳请“下诏鼓天下之气，迁都定天下之本，练兵强天下之势，变法成天下之治”。此举冲破清政府严禁士人干政的禁令，在朝野上下引起强烈震动，上书虽被都察院所拒绝，但其内容却在全国广泛流传。资产阶级变法维新运动由此发端。

《新学伪经考》、《孔子改制考》以及六次上书，集中地体现了康有为的变法主张。这些著作，直接地为当时的现实斗争服务，并没有全面、精微地表达康有为对于时代文化的更为深远的理性思考。从思想文化史的角度考察，这后一部分内容，却更具有启蒙意义。康有为的这些思想，主要留存在他酝酿构思于戊戌以前、修改定稿于 1901 年至 1902 年间的《大同书》中。

戊戌变法失败以后，康有为流亡海外，于印度北部山城大吉岭定居下来，潜心著述《大同书》。《大同书》洋洋 20 万言，建构起一个无国家、无家族、无私产，平等、自由的“大同世界”。

康有为的“大同”世界，有别于欧洲文艺复兴时期思想家莫尔的“乌托邦”和康帕内拉的“太阳城”，具有鲜明的中国特色。其一，西方资产阶级的自由、平等、博爱被他熔铸进中华传统的文化范畴“仁”的型范。西方“人道主义”和中华“人本主义”在他这里结合成为新的哲学支柱“仁道主义”，用以支撑他的理想社会的大厦。其二，刺激莫尔、康帕内拉思想创作的主要动因是圈地运动等资本原始积累给欧洲人民造成的巨大灾难，他们首先关注的是理想国内的经济平等和政治民主；而刺激康有为创作的主要动因，却是几千年来宗法家族制度对中华民族的严重戕害，因此，《大同书》首先要铲除的正是盘根错节于社会肌体中的传统伦常关系及其枢纽——家族及家庭，确立“独人”（个人）的尊严。

《大同书》的内容超出当时中国的社会现实和维新派的政治变革主张，其空想性质不言而喻，康有为也自觉“非今日所能骤及”，“故秘其稿不肯示人”。尽管如此，作为一份思想资料，它所蕴涵的深刻文化启蒙意义，仍然弥足珍贵。

在戊戌变法运动和资本主义新文化的启蒙浪潮中，康有为的学生梁启超（图 13－7）占有特殊地位。康有为的名字及其变法思想理论在知识阶层中广泛传颂，是与梁启超的卓有成效的宣传、鼓动分不开的。“戊戌前，南海已蜚声海内，实任公文章之力也。”[①]梁启超的功绩，主要不在思想的创造，而在思想的鼓吹。戊戌时期，他以时务学堂、《时务报》等为阵地，挥动如椽大笔，摧枯拉朽，横扫千军。“至于雷鸣怒吼，恣睢淋淋，叱咤风云，震骇心魄，时或衷感曼鸣，长歌代哭，湘兰汉月，血拂神销，以饱带情感之笔，写流利畅达之文，洋洋万言，雅俗共赏，读时则慑魂忘疲，读竟或怒发冲冠，或热泪湿纸，此非阿谀，惟有梁启超之文如此耳！”[②]

维新派中思想最激进者，当推谭嗣同（图13－8）。他以“冲决网罗”的大无畏精神，批评“二千年来之政，秦政也，皆大盗也；二千年来之学，荀学也，皆乡愿也。”他痛斥君主专制“如此黑暗地狱，直无一法一政足备记录，徒兹人愤懑而已”！又揭露封建纲常伦理“不惟关其口，使不敢昌言，乃并锢其心，使不敢涉想。……三纲之慑人，足以破其胆，而杀其灵魂，有如此矣”[③]。这些尖锐泼辣的言论，在当时确实起到振聋发聩的作用，梁启超也不得不承认“其思想为吾人所不能达，其言论为吾人所不敢言”[④]，并赞誉谭嗣同为晚清思想界的一颗“彗星”。

图13－7　梁启超

图13－8　谭嗣同

作为一场政治变革，维新派发动的戊戌变法是肤浅的、失败的。康、梁、谭等人将成功的希望寄托在一个傀儡皇帝身上，幻想通过合法手段，自上而下推行改革，结果在顽固守旧势力的突然袭击下，措手不及，迅速失败。但是，作为一场资产阶级

① 王照：《复江翊云兼谢丁文江书》，《戊戌变法》二，上海人民出版社2000年版，第573页。

② 吴其昌：《梁启超》。

③ 《谭嗣同全集》，中华书局1981年版，第337页，第492页，第348页。

④ 《本馆第一百册祝辞并论报馆之责任及本馆之经历》，《饮冰室合集文集》第三册。

的文化启蒙运动,维新派在戊戌时代的所作所为,却产生了深刻而又久远的影响。这方面成就最高者,是康有为推崇的"中国西学第一者"严复。

与康有为等人不同,严复(图13－9)幼年就学于新式学堂,成年后又留学英国,观察资本主义社会制度,研读资产阶级政治学说。在戊戌时代的风云激荡中,他敏锐地觉察到中华民族深重危机的根源,并不仅在于缺少近代西方的声光电化、坚船利炮之"末",而尤其在于腐朽不堪的君主专制制度之"本"。改变这种制度的前提是用先进的资产阶级意识形态去唤起民族精神的觉醒。他说:"吾民之智、德、力,经四千年之治化,虽至今日,其短日彰,不可为讳,顾使深而求之,其中富有可为强族大国之储能,虽摧斫而不可灭者。"①正是基于这种对民族性格客观、冷静的分析和对民族前途乐观、坚定的信心,严复满腔激情地在十分广阔的领域内,以前无古人、后少来者的气魄和水平,翻译了一批西方资产阶级政治学、经济学、法学、伦理学、逻辑学著作,进行资产阶级的思想文化启蒙,筚路蓝缕,功不可没。

图13－9 严复像

严复一生最重要的文化贡献,是翻译、介绍、宣扬了近代科学形态的生物进化论,并把它运用于社会历史领域。"宇宙有至大之公例,日万化皆渐而无顿。"②他一方面赞同斯宾塞"以天演自然言化,著书造论,贯天地人而一理之",另一方面又用赫胥黎的"与天争胜"论来补救斯氏"任天为治之末流","且于自强保种之事,反复三致意焉"③。可以毫不夸张地说,严复"做"(鲁迅语)的《天演论》,深刻启发、教育了跨越19—20世纪的整整一代热血青年。鲁迅曾深情地回忆:"一有闲空,就照例吃侉饼、花生米、辣椒,看《天演论》","一口气读下去"④。毛泽东形容早年在长沙省立图书馆读严复著作时的感受:"我正像黄牛闯进了菜园,初尝菜味,只顾着了吃!""这是我学习历史上最有价值的半年。"⑤胡适说,《天演论》"像野火一样,

① 严复:《社会通诠·按语》。
② 严复:《政治讲义》。
③ 严复:《译天演论·自序》。
④ 鲁迅:《朝花夕拾·琐记》。
⑤ 见《毛泽东早期哲学思想探源》,中国社会科学出版社,湖南人民出版社,1983年版,第52页,第54页。

延烧着许多少年人的心和血”，而书的名字就是直接取自“物竞天择，适者生存”的时代口头禅。“自严氏之书出，而物竞天择之理，厘然当于人心，中国民气为之一变。”①一部译作，竟然能够产生如此强烈的社会效应，实在是文化史上的奇观。这种现象正反映出暮气沉沉的中国社会对于新时代、新文化、新思想的极度渴求。严复担当了历史的重托，历史也赋予严复以不朽的声名。

（二）孙中山与辛亥革命

戊戌变法昙花一现，改良的道路走不通。当亡命海外的康有为不识时务地依旧在保皇、复辟的死胡同里踯躅徘徊的时候，一大批热血青年（包括许多他的学生）迅速地离开了他，走向孙中山。时代思潮的主旋律，由温和的维新转换为激越的革命。

孙中山（图 13－10）出生于广东香山一个农民家庭，青少年时代，辗转于夏威夷、香港等地求学，接受了西方社会的政治思想和自然科学知识。1893 年，他上书李鸿章，提出“人尽其才，地尽其利，物尽其用，货畅其流”为“富强之大经，治国之大本”，说明自己欲致力于农业，“深望我中堂有以玉成其志”，但未获回音。甲午战争失败，尤其是戊戌变法以后，他摒弃改良幻想，“怅然长叹，知和平方法，无可复施”②，毅然决然走上以暴力推翻清朝专制统治的革命道路。

图 13－10　孙中山

1905 年 8 月，以孙中山为首的兴中会联合华兴会、光复会，在日本东京成立了全国性的革命政党中国同盟会，提出“驱除鞑虏，恢复中华，建立民国，平均地权”的革命纲领。孙中山和他的战友在思想文化战线做了大量工作。他们创办了多种报刊，宣传资产阶级民族主义、民主主义，鼓舞人民对外反对帝国主义对中华民族的殖民掠夺，对内反对满清统治集团的民族歧视和民族压迫政策，呼吁扫除专制政体，建立自由独立的“中华共和国”。此时，流亡海外的康有为、梁启超仍然迷恋于拥戴光绪帝重掌政权，实现君主立宪，沦为保皇派。1905 年至 1907 年，保皇派与革命派围绕着要不要以暴力推翻帝国主义的走狗清政府、要不要建立资产阶级共和国、要不要改变传

① 《述侯官严氏最近政见》，《民报》第 2 号。

② 《孙中山全集》第 1 卷，中华书局 1981 年版，第 18 页，第 52 页。

统的土地所有制,展开了激烈的大论战。著名资产阶级政论家章太炎主持同盟会机关报《民报》,以磅礴的气势、犀利的言词,倡言与其流血求立宪,不如牺牲求共和,将保皇派驳得体无完肤。大论战最终以保皇派的节节败退、梁启超主笔的《新民丛报》乞求"休战"不成,被迫于1907年7月自行停刊而告结束。这场论战以及革命派从事的一系列宣传活动,加速了民主革命思想的传播,把资产阶级的新文化启蒙工作更向前推进了一步,为辛亥革命作了舆论和思想上的准备。

孙中山是近代中国旧民主主义革命的政治领袖和思想领袖,他对于这场革命所要打倒的对象,有着深刻的理解。他指出,延续数千年的封建制度犹如"即将倒塌的房屋,整个结构已从根本上彻底地腐朽了"①。与此相应,曾经领先于世界的中国传统文化已经"停滞不前了","时至今日,这种文明已经和人民群众完全格格不入了"②。更严重的是,当中国文化还在传统故道上蹒跚而行之时,西方资本主义文化却风驰电掣般地后来居上。"欧美近一百年来的文化雄飞突进,一日千里,种种文明都是比中国进步得多"③,两种文化一旦交锋,中国文化的落后更显鲜明,改造刻不容缓。因此,他总是把"激荡新文化之波澜,灌溉新思想之萌蘖"和"树立新事业之基础,描绘新计划之雏形"④联系起来,作为救国图存,"振兴中华"⑤的总体目标加以考虑。

孙中山在肯定现时中国文化从总体上落后于西方资本主义文化的前提下,对中西文化又作了具体分析,指出中国文化传统并非一无是处,也有许多积极的方面,"持中国近代之文明以比欧美,在物质方面,不逮固甚远,其在心性方面,虽不如彼者亦多,而能与彼颉颃者正不少,即胜彼者,亦间有之"。⑥ 如《大学》所称"修身、齐家、治国、平天下","这样精微开展的理论,无论外国什么政治哲学家都没有见到,都没有说出,这就是我们政治哲学的知识中独有的宝贝"⑦。而西方资本主义文化也有它的阴暗方面,如财富过于集中,贫富不均,道德沦丧,社会动乱不已。所以他提出,中国不能一味仿效西方的变革之路,而应将政治革命和社会革命"毕其功于一役"。

立足于总体把握和具体分析的坚实基础之上,孙中山提出了自己的中西文化

---

① 孙中山:《中国问题的真解决》。

② 《孙中山全集》第1卷,中华书局1981年版,第86页。

③ 《孙中山全集》第9卷,中华书局1986年版,第315页。

④ 黄季陆编:《总理全集》下册,近芬书屋1944年版。

⑤ 《兴中会宣言》。

⑥ 《孙中山全集》第6卷,中华书局1985年版,第180页。

⑦ 《孙中山全集》第9卷,中华书局1986年版,第247页。

观：“取欧美之民主以为模范，同时仍取数千年旧有文化而融贯之。”[①]“发扬吾固有之文化，且吸收世界之文化而光大之，以期与诸民族并驱于世界。”[②]孙中山特别指出，落后的中国文化要赶超西方，应遵循“取法乎上”的原则，而不能“追逐于人已然之末轨者”[③]，“我们要学习外国，是要迎头赶上去，不要向后跟着他。譬如学科学，迎头赶上去，便可以减少两百年的光阴”。[④]

孙中山贡献给中华民族的最宝贵的文化财富，是他提出的“三民主义”的民主革命理论纲领。在这个凝结了他毕生心血的思想结晶中，孙中山自觉地贯彻了他取中西文化之精华而“融贯之”的宗旨。诚如他自己所说：“余之谋中国革命，其所持主义，有因袭吾国固有之思想者，有规抚欧洲之学说事迹者，有吾所独见而创获者。一民族主义，二民权主义，三民生主义。”[⑤]民族主义反对列强侵略，主张各民族平等，承认民族自决权；民权主义打倒君主专制，倡行民主政治，立法、司法、行政、考试、监察五权分离；民生主义实行耕者有其田，节制私人资本。三民主义是中国资产阶级社会政治思想的最高成就。

在孙中山的领导下，革命派顽强战斗，百折不回，发动群众，积蓄力量，终于在1911年10月以武昌首义的火星点燃了遍布全国的干柴。10月10日深夜，湖北新军中的革命士兵打响了第一枪，并迅速占领武汉三镇，成立湖北军政府。革命受到全国热烈响应，短短两个月时间，13省先后宣布独立，清朝统治土崩瓦解。1912年1月1日，中华民国临时政府在南京成立，孙中山出任临时大总统，随后组成临时参议院，颁布《中华民国临时约法》。2月12日，清帝溥仪宣告退位。统治中国两千多年的君主专制制度至此终结。

但是，辛亥革命也有严重的不彻底性。革命打倒了专制皇帝，却没有也不愿连根刨除专制制度的经济根基；革命推翻了一个“洋人的朝廷”，却没有也无力把帝国主义侵略势力统统赶出中国；革命推动了移风易俗活动，但影响范围多在大小城市，对广大农村则成效甚微。鲁迅小说《风波》中赵七爷头顶那盘了又放，放了又盘，却始终不肯剪去的辫子，正是它留下的又粗又长的“尾巴”。中华民族的民主革命道路，还有漫长的征程。

---

① 《孙中山全集》第1卷，中华书局1981年版，第560页。
② 《孙中山全集》第7卷，中华书局1985年版，第60页。
③ 《孙中山选集》，人民出版社1981年版，第64页。
④ 《孙中山选集》，人民出版社1981年版，第690页。
⑤ 《孙中山全集》第7卷，中华书局1985年版，第60页。

五、民主与科学

辛亥革命将专制君主从金銮宝殿上打翻在地，政权却落入袁世凯手中。袁世凯利令智昏，竟然做起黄袍加身的美梦，结果身败名裂，仅仅当了83天的“洪宪皇帝”便在举国上下一片唾骂声中死去。黎元洪与段祺瑞争权夺利，“辫帅”张勋见有机可乘，抬出废帝溥仪，演出了一场比袁世凯更短命的“复辟”闹剧。孙中山等革命党人为挽救辛亥革命的成果不懈地苦斗，“二次革命”、“护国运动”均无成效，“护法运动”又为西南军阀作了嫁衣裳。

打倒一个昏聩的皇朝，却换来一个黑暗的民国。陈独秀说道：“三年以来，吾人于共和国体之下，备受专制政治之痛苦。……然自今以往，共和国体果能巩固无虞乎？立宪政治果能施行无阻乎？以予观之，此等政治根本解决问题，犹待吾人最后之觉悟。”①梁启超说得更明白：“革命成功将近十年，所希望的件件都落空，渐渐有点废然思返。觉得社会文化是整套的，要求旧心理运用新制度，决计不可能，渐渐要求全人格的觉悟。”②

多么宝贵的“最后之觉悟”、“全人格的觉悟”！经过黑暗政治的煎熬，先进的中国人终于接触到问题的核心——文化的觉醒、思想的启蒙，这才是民族振兴的关键工程之所在。由此发端，新文化运动轰轰烈烈地高涨起来。

图13－11　陈独秀

（一）新文化运动的兴起

1915年9月，陈独秀（图13－11）在上海创办《青年》杂志，从第二卷开始，改为《新青年》，1916年迁至北京出版。它的问世，标志着新文化运动的崛起。陈独秀为其创刊号撰写了激情喷涌的《敬告青年》：“青年如初春，如朝日，如百卉之萌动，如利刃新发于硎，人生最可宝贵之时期也。青年之于社会，犹新鲜活泼细胞之在人身。”他寄希望于新一代青年，号召他们运用“自主的而非奴隶的”、“进步的而非保守的”、“进取的而非退隐的”、“世界的而非锁国的”、“实利的而非虚文的”、“科学的而非想象的”资产阶级民主主义去批判传统，改造中国。

① 陈独秀：《吾人最后之觉悟》，《青年杂志》1卷6号，1916年2月15日。

② 梁启超：《五十年中国进化概论》，《申报》创刊50周年纪念文集《最近之五十年》。

《新青年》以尖锐、泼辣的思想和自由、生动的文风引起社会的热切关注和巨大反响，也招致了守旧卫道士们的仇视和围攻。什么破坏孔教、破坏礼法、破坏国粹、破坏贞节……一盆盆污水倾泻而来。但《新青年》毫不退缩，陈独秀在《"新青年"罪案之答辩书》中公开高扬民主、科学的大旗，理直气壮地予以反击："本志同人本来无罪，只因为拥护那德莫克拉西(Democracy)和赛因斯(Science)两位先生，才犯了这几条滔天的大罪。要拥护那德先生，便不得不反对孔教、礼法、贞节、旧伦理、旧政治，要拥护那赛先生，便不得不反对旧艺术、旧宗教。要拥护德先生又要拥护赛先生，便不得不反对国粹和旧文学。……我们现在认定，只有这两位先生可以救治中国政治上、道德上、学术上、思想上一切的黑暗。若因为拥护这两位先生，一切的压迫，社会的攻击笑骂，就是断头流血，都不推辞。"①

陈独秀在这里极力赞颂的德先生——民主、赛先生——科学，正是新文化运动的两大主题。用民主取代专制，用科学扫荡迷信，"无论是古是今，是人是鬼，是《三坟》、《五典》，百宋千元，天球河图，金人玉佛，祖传丸散，秘制膏丹，全都踏倒他"②。新文化运动在众多的领域内掀起了思想解放的浪涛。

《新青年》高举起"打倒孔家店"的旗帜。1916年9月1日，《新青年》2卷1号发表易白沙的《孔子平议》，指名道姓，向孔子开战。文章首先打掉孔子的神圣光环，"当春秋季世，虽称显学，不过九家之一"，只是因为汉代罢黜百家，独尊儒术，"利用孔子为傀儡，垄断天下之思想"，才使得"中国一切风俗、人心、学问，过去未来之责任，堆积孔子之两肩"。文章笔锋犀利地揭露"孔子以何因缘被彼野心家所利用，甘作滑稽之傀儡，是不能不归咎于孔子之自身"。

新文化战士对于2 000年来戕害人们精神的儒学名教发起猛烈声讨。鲁迅借"狂人"之口，道出惊世骇俗之言："我翻开历史一查，这历史没有年代，歪歪斜斜的每叶上都写着'仁义道德'几个字。我横竖睡不着，仔细看了半夜，才从字缝里看出字来，满本都写着两个字是'吃人'！"③吴虞与鲁迅大声呼应，猛烈抨击礼教"吃人"。"孔二先生的礼教讲到极点，就非杀人吃人不成功，真是惨酷极了！……我们如今，应该明白了：吃人的就是讲礼教的！讲礼教的就是吃人的呀！"④

新文化运动对孔子及其学说的批判，其意义不限于对一个历史人物、一派学术思想的褒贬臧否。"余之掊击孔子，非掊击孔子之本身，乃掊击孔子为历代君主所

① 《新青年》6卷1号，1919年1月15日。

② 《鲁迅全集》第3卷，人民文学出版社1957年版，第36页。

③ 《鲁迅全集》第1卷，人民文学出版社，1957年版，第12页。

④ 《吃人与礼教》，《新青年》6卷6号，1919年11月1日。

雕塑之偶像的权威也；非掊击孔子，乃掊击专制政治之灵魂也。”①李大钊的话，简明地概括了“打倒孔家店”的政治动因与文化内涵。“打倒孔家店”，实质上是对统治中国几千年的思想体系、文化传统的扬弃。当然，新文化运动对孔子及儒学的批判，也存在种种粗浅、偏颇之处。陈独秀、胡适、鲁迅、吴虞、易白沙等人此时掌握的武器，还是民主主义、人文主义和个性主义。他们一般都只是用进化论来作为理论基点，而且又多表现出强烈的全盘否定文化传统的非历史主义倾向，破坏有余，建设不足。但五四新文化运动打碎精神枷锁，让思想冲破牢笼的业绩，光辉不可掩。

（二）文学革命

新文化运动对旧制度及其意识形态的否定，不仅需要新的思想作为依本，而且必须诉诸生动活泼、平易流畅的宣传武器。因此，在“打倒孔家店”的热潮中，文学革命应运而生。

图 13－12　胡适

青年胡适（图 13－12）“搴旗作健儿”②，充当了文学革命的急先锋。1916 年秋天，当时留学美国康奈尔大学的胡适信告陈独秀，倡言“文学革命”。次年 1 月，他又应陈独秀的邀约，将信中思想整理成《文学改良刍议》，交《新青年》2 卷 5 号发表。文章提出：“吾以为今日而言文学改良，须从八事入手。八事者何？一曰，须言之有物。二曰，不摹仿古人。三曰，须讲求方法。四曰，不作无病之呻吟。五曰，务去烂调套语。六曰，不用典。七曰，不讲对仗。八曰，不避俗字俗语。”胡适撕开了突破口，陈独秀向纵深挺进。他在《文学革命论》一文中响亮地指出：“推倒雕琢的、阿谀的贵族文学，建设平易的、抒情的国民文学”；“推倒陈腐的、铺张的古典文学，建设新鲜的、立诚的写实文学”；“推倒迂晦的、艰涩的山林文学，建设明了的、通俗的社会文学。”

文学革命的成功，不仅有赖于胡适、陈独秀等人的理论鼓吹，在更大的程度上还得力于一批彪炳千秋的新文学作品的横空出世。

---

① 李大钊：《自然的伦理观与孔子》。

② 胡适：《逼上梁山》，《东方杂志》第 31 卷 1 期，1934 年 1 月 1 日。

鲁迅(图13－13)是文学革命的巨匠。这一场革命的实绩,首先是由他的白话小说体现出来的。1918年5月,他在《新青年》上发表了《狂人日记》,是为新文学的开山之作。鲁迅运用象征、隐喻等现代表现手法,将描状狂人的病态心理与揭露社会的阴惨现状完美地结合起来,撕开"仁义道德"的伪装,赤裸裸地展现家族制度和礼教的血腥与污秽。鲁迅由此而一发不可收,连续创作了《孔乙己》、《药》、《风波》、《故乡》等一系列尖锐深刻的小说作品。1921年冬,鲁迅开始写作《阿Q正传》,以巴人的笔名陆续连载于北京的《晨报》副刊。这是新文学运动的最杰出作品。小说以辛亥革命前后的乡村未庄为背景,塑造了深受压迫和毒害的贫苦农民阿Q这一不朽的文学典型。阿Q"真能做",但却一无所有,甚至没有自己的姓名和籍贯。阿Q的生活穷困潦倒,精神上却"常处优胜",以"我们先前——比你阔得多啦"自豪。他神往革命会改变自己的处境,却不知革命为何物,最后稀里糊涂地被新成立的革命政府当作盗贼,抓去枪毙。鲁迅慧眼独具地点明农民是民主革命的基本力量:"据我的意思,中国倘不革命,阿Q便不做,既然革命,就会做的。"①但是中国农民的传统性格弱点,如自私、麻木、愚昧,尤其是阿Q式的"精神胜利法",又严重地阻碍了他们走向革命,赢得革命。在这里,鲁迅漫画式的笔触已经越出阿Q——农民的对象范围,深入到中华民族整体文化心理的最隐秘的部分,触及"国民性"改造这样一个极重要又极敏感的问题,从而使作品体现出巨大的社会容量和文化涵盖功能,以至小说一经发表,立即引起社会、尤其是文化触觉最敏感的知识阶层的躁动和惶惑,疑心作者在讽喻自己——他们聪明地从阿Q身上看到了自己的影子,但却可悲地误解了鲁迅的深刻用心!《阿Q正传》很快被译成日、俄、英、法多种文字出版,当之无愧地进入世界名著之林。

图13－13　鲁迅

新诗创作,是文学革命的另一条重要战线。1918年8月,胡适出版了新文化运动的第一部白话诗集《尝试集》,引起轰动,一时洛阳纸贵。最初阶段的新诗作品,虽然勉力追求"诗体解放",不乏冲破格律束缚的锐气和活泼、清新的韵致,但总体

① 《鲁迅全集》第3卷,人民文学出版社1957年版,第282页。

上看，意境偏于狭窄，缺少撼人心魄的力度和蓬勃旺盛的情感。真正成熟的新诗作品，还有待后来居上、才华横溢的郭沫若笔下《女神》的高唱。

青年郭沫若崇拜泰戈尔、歌德、海涅，更倾心于惠特曼。《草叶集》的自由、奔放猛烈撞击着他的心胸，引起他强烈的共鸣。时值五四前后，“个人的郁积，民族的郁积，在这时找出了喷火口，也找出了喷火的方式，我在那时差不多是狂了。民七民八之交，将近三四个月的时间差不多每天都有诗兴来猛袭，我抓着也就把它写在纸上”①。

郭沫若炽烈的诗情如火山一样喷发。他热烈欢呼《凤凰涅槃》，与“五采而文”的凤、凰一齐控诉宇宙的“黑暗如漆”、“腥秽如血”，同声高唱“我们生动，我们自由，我们雄浑，我们悠久”。他以《天狗》自诩，气吞日月宇宙。“我便是我！”他以《炉中煤》自况，倾诉“眷念祖国的情绪”，“要我这黑奴的胸中，才有火一样的心肠”，“我为我心爱的人儿燃到了这般模样”！他讴歌《日出》，“哦哦，光的雄劲！玛瑙一样的晨鸟在我眼前飞腾。明与暗，刀切断了一样地分明！这正是生命和死亡的斗争！”他在《浴海》中欢歌：“太阳当顶了！无限的太平洋鼓奏着男性的音调！万象森罗，一个圆形舞蹈！我在这舞蹈场中戏弄波涛！……趁着我们的血浪还在潮，趁着我们的心火还在烧，快把那陈腐了的旧皮囊全盘洗掉！新社会的改造全赖吾曹！”

（三）科学精神

新文化运动高扬“科学”的大纛。陈独秀形象称呼的“赛先生”，主要不是指某一门类的具体科学知识系统，而是指针对愚昧、盲从、迷信的理性态度、批判勇气和实证精神。

迷信利用愚昧，愚昧又加强迷信，这是旧时代不可救药的顽症。辛亥以后，随着“尊孔”、“读经”运动的鼓噪，鬼神之说又热闹起来。1917 年秋，上海公然出现了迷信团体“灵学会”，“专研人鬼之理，仙佛之道”。② 针对这股逆流，陈独秀的《有鬼论质疑》提出八个问题，将有鬼论者逼至绝境。钱玄同号召青年：“剿灭这种最野蛮的邪教和这班兴妖作怪胡说八道的妖魔！”③鲁迅更直截了当地用“科学”扫荡“鬼话”：“现在有一班好讲鬼话的人，最恨科学，因为科学能教道理明白，能教人思路清楚，不许鬼混，所以自然而然地成了讲鬼话的人的对头。”“据我看来，要救治

① 郭沫若：《沸羹集·序我的诗》。
② 《余冰臣先生书》，《灵学丛志》一卷三期。
③ 《新青年》4 卷 5 号，1918 年 5 月。

这‘几至国亡种灭’的中国，那种‘孔圣人、张天师传言由山东来’的方法，是全不对症的，只有这鬼话的对头科学！——不是皮毛的真正科学！”①

新文化运动中的北京大学，不仅是民主堡垒，而且是科学摇篮。1917 年初，蔡元培（图 13－14）接长北京大学。他大刀阔斧厉行改革，废止衙门式管理方式，设立由教授组成的评议会，作为全校最高权力机构。他调整学科结构，将学校办成文、理科为主的综合性大学。1919 年，又采行分系制，废文、理、法科名称，改门为系，促进各科知识的融通。

尤其应该大书特书的，是蔡元培的“循‘思想自由’原则，取兼容并包主义”②，培育了北京大学一代科学学风。他说：“我素信学术上的派别，是相对的，不是绝对的；所以每一种学科的教员，即使主张不同，若都是“言之成理，持之有故”的，就让他们并存，令学生有自由选择的余地。”③“大学者，‘囊括大典，网罗众家’之学府也。……各国大学，哲学之唯心论与唯物论，文学、美术之理想派与写实派，计学之干涉论与放任论，伦理学之动机论与功利论，宇宙论之乐天观与厌世观，常樊然并峙于其中，此思想自由之通则，而大学之所以为大也。”④

图 13－14　蔡元培

蔡元培不拘一格广延人才。教员阵容中既有中国最早信奉马克思主义的先进知识分子李大钊、陈独秀，又有称“八部书外皆狗屁”⑤的国学大师黄侃；既有马褂长辫、怪模怪样、大讲“外国国风”的前清遗老辜鸿铭，又有风流倜傥、鼓吹“文学革命”的洋博士胡适。当时的北大，真可谓精英群集，人文荟萃。外国著名学者，如美国的杜威、英国的罗素、法国的维勃吕尔、苏俄的耶尔朔夫、日本的福田德三等人也纷纷应邀来校讲学。新知与旧识、中学与西学在这里摆开阵势，自由争鸣。正是在这种民主、自由、宽容的学术环境中，理性的、批判的、实证的科学精神在北大校园蔚然成风，并且吹向全国。

---

① 《鲁迅全集》第 1 卷，人民文学出版社 1957 年版，第 377 页、第 381 页。
② 蔡元培：《致〈公言报〉函并附答林琴南君函》。
③ 蔡元培：《致〈公言报〉函并附答林琴南君函》。
④ 《北京大学月刊发刊词》，《蔡元培选集》，中华书局 1959 年版，第 67 页。
⑤ “八部书”指《毛诗》、《左传》、《周礼》、《说文解字》、《广韵》、《史记》、《汉书》、《昭明文选》。

新文化运动中科学精神的苏醒，催生了丰硕的成果。

在科学之光的透视之下，绵延2 000年的经学病灶毕现，寿终正寝。钱玄同已经看出，“今文学是孔子学派所传衍，经长期的蜕化而失掉它的真面目的。古文经异军突起，古文家得到了一点古代材料，用自己的意思加以整理改造，七拼八凑而成其古文学，目的是用它做工具而和今文家唱对台戏，所以今文家攻击古文经伪造，这话对；古文家攻击今文家不得孔子的真意，这话也对。我们今天该用古文家的话来批评今文家，又该用今文家的话来批评古文家，把他们的假面目一齐撕破，方好显露出他们的真相”①。顾颉刚等更为年轻一代的学者，“知道现在治经学的任务不是要延长经学的寿命，而是正要促成经学的死亡，使得我们以后没有经学，而把经学的材料，全数变成古代史和古代思想史的材料。所以，董仲舒和京房等是系统的经学的开创者，而我们乃是经学的结束者。我们要结两千年来经学的帐，结清了就此关店”②。新文化运动完成了这个任务。

实证的科学方法论日益成为学者们的研究工具。胡适用科学的方法考证古代小说，成绩斐然。他的《水浒传考证》，运用“历史演进法”，勾勒出成书经过：“《水浒传》不是青天白日里从半空中掉下来的，《水浒传》乃是从南宋初年到明朝中叶这四百年的‘梁山泊故事’的结晶。”③他用此法考证《三国演义》、《西游记》、《三侠五义》，总结出文学创作的“滚雪球”理论：最初仅有一个简单的故事“母题”，后经众口传说，添枝加叶，又经平话家敷演，戏曲家剪裁，小说家修饰，才逐渐丰富、精细、曲折、生动、圆满起来。他另辟蹊径，从考察《红楼梦》作者的身世入手，艰苦搜寻爬梳，于1921年11月写成《红楼梦考证》改定稿，得出该书“是曹雪芹的自叙传”的结论。一言既出，学界轰然。胡适以“疑古的精神”清理中国古史。他的《中国哲学史大纲》，断然抛开半神话半正史和真伪莫辨的唐、虞、夏、商，径从周宣王以后讲起，理由是“以现在中国考古学的程度看来，我们对于东周以前的中国古史，只可存一个怀疑的态度”。蔡元培高度评价此书，亲自为之作序，盛赞其证明的方法，扼要的手段，平等的眼光，系统的研究④。胡适也以此书“暴得大名”，奠定了自己的学术地位。

在胡适“疑古”思想的影响下，顾颉刚（图13－15）由辨伪书进而辨伪史，提出著名的“层累地造成的古史观”，一举推翻了千百年来人们确定不疑的古史系统，

---

① 转引自顾颉刚：《秦汉的方士与儒生》序，上海古籍出版社1978年版。

② 刘起釪：《顾颉刚先生学述》，中华书局1986年版，第54页。

③ 《胡适文存》卷三，第90页。

④ 见《中国哲学史大纲·序》。

好似在史学界爆炸了一颗核弹。钱玄同改名“疑古玄同”，以示支持，并致信祝贺，“希望先生用这方法，常常考查，多多发明，廓清云雾，斩尽葛藤，使后来学子不致再被一切伪史所蒙”①。

图 13－15　顾颉刚

在胡适、钱玄同、顾颉刚等人以科学精神和实证方法“疑古”的前后，另一位大师却以同样的精神和更为精密的方法在“证史”，他就是王国维。王国维“研究学问的方式是近代式的，思想感情是封建式的。……他留给我们的是他知识的产品，那好像一座崔巍的楼阁，在几千年的旧学的城垒上，灿燃放出了一段异样的光辉”②。这光辉正来自他运用自如的近代西方实证科学方法论。王国维充分利用 19 世纪后半期以来新发掘的资料，如殷墟甲骨文、敦煌及西域出土简牍、千佛洞卷轴等等，将它们与古器物、古文献资料相互印证，相互发明，相互补充，写出《殷卜辞中所见先公先王考》、《殷周制度论》等著名论文。王国维的“古史新证”，雄辩地证明殷周史的信而有证，将中国的信史上溯至 4 000 年前。从具体结论上看，这与顾颉刚的“层累地造成的古史观”正相矛盾，但两者在科学实证的治学门径上，却是完全相通的。

新文化运动推动了自然科学研究的发展。早在 1914 年夏，在美国的中国留学生任鸿隽、赵元任、杨杏佛、茅以升等人发起组织“中国科学社”。1918 年，在新文化运动的高潮中，中国科学社总部由美国迁回国，到 1919 年，会员增至 604 人。许多著名学者如李四光、竺可桢、茅以升等纷纷从欧、美学成归国，怀着“科学救国”的理想，在教学、研究园地里辛勤耕耘，取得了一些世界瞩目的成就。1922 年 5 月，李四光发表了著名学术演讲稿《中国第四纪冰川作用的证据》，向瑞典地质学权威安特生发起挑战。李四光在地质学方面的其他重要贡献，如古生物䗴科的鉴定、地质力学的创立，也是在这一时期开始的。

六、现代化道路的新启示

正值新文化运动风起云涌之时，传来了俄国发生十月革命的消息。先进的中国知识分子从俄国人的实践榜样中，从马克思主义的理论学说中，获得了中国社会

① 《古史辨》第一册，上海古籍出版社 1982 年版，第 67 页。

② 郭沫若：《中国古代社会研究 · 自序》。

发展的新启示，这就是走社会主义的现代化之路。

空前惨烈的第一次世界大战，将欧、亚、非的33个国家、15亿人口卷入腥风血雨之中。大战造成3 000余万人的伤亡，毁灭了数以巨万的物质财富，给人类心灵留下难以平复的创伤。资本主义的发展，一方面给人类带来巨大的财富和利益，另一方面又给人类带来空前的灾难和痛苦，这就给鸦片战后"开眼看世界"的中国人以新的困惑。学习西方几十年，不但未获成功，到头来连西方值不值得学，都发生疑问。中国的社会发展之路该怎样走？恪守旧道，显然没有前途；追赶新潮，又方向茫然。在先进的中国人眼中，欧美资本主义的现代化失却了昔日的光彩，而俄罗斯大地上那一片熹微晨光，却给了他们新的期冀和鼓舞。"用无产阶级的宇宙观作为观察国家命运的工具，重新考虑自己的问题，走俄国人的路——这就是结论。"①

图13－16　李大钊

李大钊(图13－16)是播火的先驱。1918年7月，他在《治言杂志》发表《法俄革命之比较观》，称十月革命是"天下惊秋"的桐叶。"吾人对于俄罗斯今日之事变，惟有翘首以迎其世界文明之曙光，倾耳以迎其建于自由、人道上之新俄罗斯之消息，而求所以适应此世界的新潮流。"10月，他又在《新青年》5卷5号上同时发表《庶民的胜利》和《Bolshevism的胜利》两文，指出十月革命"是二十世纪中世界革命的先声"，"试看将来的环球，必是赤旗的世界"！1919年5月，《新青年》出版了"马克思研究专号"，全面、系统介绍马克思主义的唯物史观、阶级竞争说和经济论。

与李大钊齐名的新文化运动的领袖人物陈独秀，也稍后于李转向马克思主义。他在1920年9月发表《谈政治》一文，指出："世界各国里面最不平、最痛苦的事，不是别的，就是少数游惰的消费的资产阶级，利用国家、政治、法律等机关，把多数勤苦的生产的劳动阶级压在资本势力底下，当做牛马、机器还不如。""若劳动阶级自己宣言永远不要国家，不要政权，资产阶级自然不胜感激之至。"与此同时，李达、李汉俊等人也在传播马克思主义、科学社会主义方面做了不少工作。1920年，陈望道翻译的第一个中文全译本《共产党宣言》在上海出版。列宁的一些著作的译本也在《新青年》、《共产党》、《曙光》等刊物上出现。

随着十月革命影响的逐渐深入，社会主义问题成为舆论关注的一个热点。1920年8月，《新青年》开辟了"关于社会主义的讨论"专栏。与此同时，《民国日

① 《毛泽东选集》一卷本，人民出版社1964年版，第1360页。

报》、《改造》、《劳动界》、《共产党》等许多报刊也纷纷发表文章，参加讨论。除了李大钊、陈独秀、李达、陈望道等人宣传马克思主义的科学社会主义之外，各种牌号、形形色色的行会社会主义、无政府社会主义、国家社会主义也鼓噪一时。更有甚者，政客集团安福系的首领王揖唐、广东军阀陈炯明等人，也来高谈"社会主义"。胡适对知识界、舆论界的这种"时髦"颇不以为然，挑起了"问题与主义"的论战，以"少谈些主义，多研究些问题"为旗帜，反对马克思主义，反对社会主义。李大钊十分清醒地一方面与种种冒牌的"社会主义"划清界限，另一方面坚决回击了胡适关于科学社会主义是"阿猫、阿狗、鹦鹉和留声机"都能"空谈"的"好听的主义"的恶毒攻击。他提出，正"因为有了假冒牌号的人，我们愈发应该一面宣传我们的主义，一面就种种问题已经实用的方法，好去本着主义作实际的运动，免得阿猫、阿狗、鹦鹉和留声机来混我们、骗大家"。①

正当国内知识界、舆论界围绕社会主义问题热烈争鸣之时，21 岁的《晨报》记者瞿秋白不满足于"隔着纱窗看晓雾"的模糊纷乱，怀着急切的向往"向着红光里去"，实地考察了"世界第一个社会革命的国家，世界革命的中心点，东西文化的接触地"，学习思考，"担一份中国再生时代思想发展的责任"。② 1921 年 1 月，瞿秋白到达莫斯科。在其后的两年内，他为《晨报》发回大量专题报道，又完成《俄乡纪程——新俄国游记》、《赤都心史》两部散文集，全面、系统、生动地向国内介绍了苏维埃俄国生机勃勃的新气象、新面貌，热情歌颂十月社会主义革命的丰硕成果。他意味深长地渲染出"世界革命的中心"的"无限盛意"，"发惊人的洪声，遥震万里外的四千余年古国的'万里长城'，隐隐的似闻回响"。

历史应验了瞿秋白的预感。在十月革命的影响和鼓舞下，1921 年 7 月，中国共产党第一次全国代表大会在上海召开。会议通过了党的第一个纲领，宣告其政治主张和奋斗目标是"由劳动阶级重建国家，直至消灭阶级差别"，"废除资本家私有制，没收一切生产资料如机器、土地、厂房、半成品等，归社会公有"。

五四运动和中国共产党的建立，开始了中国文化现代化的新阶段。时代的浪潮不可阻挡。马克思主义的传入及其中国化，给予中华民族以锐利的武器，去扫除民族文化近代化道路上的重峦叠嶂。中国文化的五彩凤凰，展开民主与科学的双翼，腾空而起，展翅高翔。

---

① 李大钊：《再论问题与主义》，《每周评论》第 35 号。

② 《瞿秋白文集》第 1 卷，文学篇，人民文学出版社 1985 年版，第 31 页。

七、路在何方

从五四新文化运动开始，中华民族关于国家、民族现代化之路的思考，进入了一种多元比较、争鸣选择的纷繁状态。30年间，“路在何方”的争论几起几落。

（一）东方化还是西方化

东西方文化的大论战大致可分为三个阶段。

1. 论战的第一阶段。从1915年《新青年》创刊到1919年五四运动爆发为第一个阶段，争论集中在比较东西方文化的异同、优劣上。在《新青年》创刊号上，陈独秀撰文推崇以法国大革命为代表的近世文明，指出其特征为人权说、生物进化论和社会主义。他还强调，“近世文明东西洋绝别为二。代表东洋文明者，曰印度，曰中国，此二种文明虽不无相异之点，而大体相同，其质量举未能脱古代文明之窠臼，名为近世，其实犹古之遗也”。[①] 3个月后，陈独秀又发表《东西民族根本思想之差异》，对比论列了西洋民族以战争为本位，东洋民族以安息为本位；西洋民族以个人为本位，东洋民族以家族为本位；西洋民族以法治为本位、以实力为本位，东洋民族以感情为本位、以虚文为本位。他批评东洋，颂扬西洋，表现了近代民主主义的要求，因而受到杜亚泉等人的激烈反对。杜亚泉以伧父为笔名，在《东方杂志》发表《静的文明与动的文明》，将西洋文明概括为动的文明，将中国文明概括为静的文明，两者“乃性质之异，而非程度之差”。杜亚泉批评西洋文明如酒肉之毒害人体，必须用淡泊如水、粗粝如蔬的“吾国文明”去救其弊，济其穷。李大钊采纳杜亚泉的东洋文明主静、西洋文明主动之说，但得出相反的结论，认为“中国文明之疾病已达炎热之最高之度”，应该“竭力以受西洋文明之特长，以济吾静止文明之穷”[②]。

2. 论战的第二阶段。五四运动爆发，论战进入第二阶段，转而讨论东西方文化的相互联系及能否调和，如何调和。从机械、片面、表象地罗列两方的异同，到深入分析两者的本质区别，探讨相互融通的可能性与必要性，认识显然更进了一步。1919年9月，章士钊在寰球中国学生会发表演说，称思想的演化从来都是“新旧杂糅”，“此之谓调和。调和者，社会进化至精之义也”。具体到文化问题，他主张“不善于保旧，决不能迎新”。杜亚泉接过章士钊的“调和”论，发挥为“新屋既筑，旧屋自废；新衣既制，旧衣自弃”。[③]

对这种貌似公允、改头换面的文化守旧论，蒋梦麟批驳道：“新陈代谢是进化的道

① 陈独秀：《法兰西人与近世文明》，《青年杂志》创刊号。

② 《东方杂志》13卷10号。

③ 杜亚泉：《何谓新思想》，《东方杂志》16卷11号，1919年11月。

理，自然的趋势，不是机械的调和。”“要新的停止活动，就是要中国停止进化。”他提出，“新”是一种态度，而不是方法和目的。新旧并非对立的学派，“两个学派之中能容调和派，新旧之间是用不着调和派”。[①] 陈独秀则肯定新旧调和确是“思想文化史上的自然现象”，但他紧接着指出，“新旧调和只可说是由人类惰性上自然发生的一种不幸的现象，不可说是社会进化上一种应该如此的道理”。他认为，依照“调和”论的主张，决计不可能改造私有制度下的旧道德。[②] 李大钊剖析了“物质开新，道德复旧”的荒谬，指出“道德是精神现象的一种，精神现象是物质的反映，物质既不复旧，道德全无复旧的道德，物质既急于开新，道德亦必跟着开新”。[③] 他还从经济上分析了新文化取代旧文化而不是与之调和的客观必然性。李大钊“正告那些钳制新思想的人，你们若能够把现代的世界经济关系完全打破，再复古代闭关自守的生活，把欧洲的物质文明，动的文明，完全扫除，再复古代静止的生活，新思想自然不会发生。你们若是无可奈何这新经济势力，那么只有听新思想自由流行；因为新思想是应经济的新状态、社会的新要求发生的，不是这几个青年凭空造出来的”。[④]

3. 论战的第三阶段。论战的前两阶段，双方唇枪舌剑，僵持不下。1920 年，梁启超发表《欧游心影录》，梁漱溟出版《东西文化及其哲学》，把论战推向第三阶段，各方争辩的焦点转移到具体讨论建设什么样的中华民族新文化上。在东方化和西方化的两极对立之上，马克思主义的学者响亮地提出建设社会主义新文化的口号，揭示了中国现代化的正确方向。而力主回归传统的“东方文化派”以此为端绪，发展成“现代新儒家”，在思想领域不断产生着重要的影响。

图 13－17　梁漱溟

1920 年，梁启超游历欧洲归来。他在《欧游心影录》中发表自己对第一次世界大战后满目疮痍的欧洲大陆的观感，指出科学刺激的物质文明并没有给人类带来幸福，反倒将人类抛入弱肉强食的黑暗深渊。他援引西方记者的话说，“西洋文明已经破产”，正眼巴巴地乞望东方文明伸出搭救之手呢！同年，梁漱溟（图 13－17）出版震动学坛的《东西文化及其哲

① 蒋梦麟：《新旧与调和》，《晨报》1919 年 10 月 13 日、14 日。
② 陈独秀：《调和论与旧道德》，《新青年》7 卷 1 号，1919 年 12 月。
③ 李大钊：《物质变动与道德变动》，《新潮》2 卷 2 号，1919 年 12 月。
④ 李大钊：《由经济上解释中国近代思想变动的原因》，《新青年》7 卷 2 号，1920 年 1 月。

学》,精致地论证了中国文化的独特路向和蓬勃活力。他认为,各民族在精神生活、社会生活和物质生活方面的不同价值取向和发达程度,形成各具特色的“生活的样法”。他归纳的结论是:西洋生活是直觉运用理智的;中国生活是理智运用直觉的;印度生活是理智运用现量的。梁漱溟认为,西洋文明用理智研究人对物的问题,处在人类文化发展的第一路,这一路已经走到头,必须转入用直觉研究人对人的问题,即文化发展的第二路。这是时势使然,绝无逆转之可能。他斩钉截铁地说,只要西方人现在看到“孔子是全力照注在人类情态方面的”,“就不怕他不走孔子的路”!至于人类关注对无生本体的探索,走向印度文化代表的运用现量的路向,那还是遥远将来的事。由此,梁漱溟提出:对印度文化坚决排斥;对西洋文化全盘承受,根本改过;批评地把中国文化重新拿出来。

梁漱溟的系统理论立即受到来自两方面的猛烈批判。一方面,胡适、张东荪等人坚持走西方资本主义文化之路;另一方面,李大钊、瞿秋白等人则提出应该建立社会主义的现代文明,以取代早已落后于时代的宗法专制文明,以及弊端渐显的资本主义文明。

胡适指责梁漱溟归纳的文化三路向是不顾历史事实的“闭眼瞎说”。“梁先生太热心寻求简单公式,所以把这种历史上程度上的差异,认作民族生活根本不同方向的特征,这已是大错了。他还更进一步,凭空想出某民族生活是某种作用运用某种作用,这真是‘玄之又玄’了。”①1926 年 7 月,《政治生活》第 79 期发表署名希祖的文章。文章表示既反对胡适等赞美的西方资产阶级文化,又反对梁漱溟称颂的东方传统文化,而欢迎无产阶级的革命文化。“总之我们所欢迎的就是马克思主义,列宁主义,共产主义的全部。”②

在论战的第三阶段,瞿秋白发表了几篇重要文章,将论战提升到新的理论高度。瞿秋白认为,“东西文化的差异,其实不过是时间上的”。他运用辩证唯物史观的锐利武器,剖析科学文明“是资产阶级的产儿,然而亦就是破毁资产阶级的起点”。他从东方文化派和西方文化派的尖锐对立中,看出两者落后于时代的共同本质及必将携手反对无产阶级社会主义新文化的必然趋势。“宗法社会的思想代表还正在竭力拥护旧伦理,世界资产阶级也反过来否认新科学,这也难怪,原来他们俩,一在殖民地上,一在强国之中,都已魂游墟墓,看不见前途,所以不得不向后转。”只有进行无产阶级世界革命,“东方民族方能免殖民地之祸,方能正当地为大

---

① 《读梁漱溟先生的〈东西文化及其哲学〉》,《胡适文存》2 集 2 卷。

② 希祖:《我们对于西洋近代文明的态度》,《政治生活》第 79 期,1926 年 7 月。

多数劳动平民应用科学，以破宗法社会封建制度的遗迹，方能得真正文化的发展”。[①]

（二）“全盘西化”与中国本位

承接20世纪20年代东西方文化之争的余绪，30年代，思想界又发生了关于中国的现代化究竟是走“全盘西化”之路，还是应该坚持中国文化本位的论战。

1．“全盘西化”思想。长期以来，胡适被认为“全盘西化”论的始作俑者。这是一种事出有因的误解。1929年，胡适用英文发表《文明的冲突》[②]一文，文中说到：“中国之所以未能在现代世界中实现自我调整，主要是因为她的领袖们未能对现代文明采取唯一可行的态度，即一心一意接受的态度。”文中的“一心一意”，胡适用的是“wholehearted”来表示的。胡适在这里强调学习西方的态度要坚决，而并未说照搬西方的一切。因此，从准确的意义上讲，“一心一意”学西方与“全盘西化”是不应该简单画上等号的。

20世纪30年代，真正主张“全盘西化”的，是留学美国归来的陈序经。1933年12月19日，陈序经在中山大学发表演讲，论及“中国文化之出路”。他既反对保存中国固有文化的“复古”，又反对在中西文化之间搞调和折中，而以“主张全盘接受西洋文化的西洋派”自命。他的理由是：第一，西洋文化的确比我们进步得多；第二，无论我们喜欢与否，西洋现代文化毕竟是现在世界的趋势。陈序经明确指出，胡适算不上“全盘西化”派。胡适虽然承认与西方比，“自己百事不如人”，但又认为“近数百年来的中国学问，是合乎科学的方法”的，这就证明“胡先生所说的西化，不外是部分西化，非全盘西化”。[③]

值得注意的是，胡适对陈序经的评论，不申辩，不反驳，反而表示“完全赞成陈序经先生的全盘西化论”。他的思路是，文化有很强的惰性，只有“全盘接受”西方文化，“旧文化的惰性自然会使它成为一个折中调和的中国本位新文化”。如果一开始就不走极端，那么旧文化的惰性足以使一切改革的努力化为泡影。[④]显然，胡适是从矫枉过正的角度赞同“全盘西化”的，与陈序经的本意并不一致。

说过这番话后，胡适觉得不妥，于是又发表《充分世界化与全盘西化》的文章，检讨自己“用字不小心”而引起的误解，并郑重提出以“充分世界化”的提法来取代

① 瞿秋白：《东方文化与世界革命》，《新青年》（季刊）第1期，1923年6月。
② 转引自罗荣渠主编：《从“西化”到现代化》，北京大学出版社1990年版，第364页。
③ 转引自罗荣渠主编：《从“西化”到现代化》，北京大学出版社1990年版，第381页。
④ 胡适：《编辑后记》，《独立评论》第142号。

易生歧义的“全盘西化”。他明确表示，中国传统文化的延续完全可以与“充分世界化”相协调，“我自信我的长袍和缎鞋和中国字，并没有违反我主张‘充分世界化’的原则”。胡适总结道：“文化只是人民生活的方式，处处都不能不受人民的经济状况和历史习惯的限制，这就是我以前说过的文化惰性。你尽管相信‘西菜较合卫生’，但事实上决不能期望人人都吃西菜，都改用刀叉。况且西洋文化确有不少的历史因袭的成分，我们不但理智上不愿采取，事实上也决不会全盘采取。”①如此看来，“全盘西化”的帽子，应该从胡适头上摘掉才对。

2.“十教授宣言”与中国本位说。陈序经极力鼓吹“全盘西化”，胡适也在此问题上反复辩白，这都与当时一桩重要的文化事件有关，这就是轰动一时的“十教授宣言”的发表。

1935 年 1 月 10 日，王新命、何炳松、陶希圣等 10 位教授联名于《文化建设》1 卷 4 期上发表《中国本位文化建设宣言》（以下简称《宣言》）。《宣言》警告国人，“在文化的领域中，我们看不见现在的中国了”。这 10 位教授提出，“中国既要有自我的认识，也要有世界的眼光，既要有不闭关自守的度量，也要有不盲目模仿的决心”。现代化建设应当不守旧，不盲从，根据中国本位，采取批评态度，应用科学方法来检讨过去，把握现在，创造将来。

表面上看，10 位教授的《宣言》公允、稳妥，但其实质，却与戊戌时代的“中学为体，西学为用”一脉相承。正如胡适所批评的，“说话是全变了，精神还是那位劝学篇作者的精神”。“根据中国本位”，是“中学为体”；“采取批评态度，吸收其所当吸收”，还是“西学为用”。胡适认为，我们没有必要替“中国本位”担忧，只要虚心接受“科学工艺的世界文化和它背后的精神文明”，“借它的朝气锐气来打掉我们的老文化的惰性和暮气，将来文化大变动的结晶品，当然是一个中国本位的文化，那是毫无疑问的”。②

当然，10 位教授对陈序经“全盘西化”论的反驳，确有其合理的成分。王新命批评陈序经最大的错误在于忘记了中国几千年历史、四万万人民也是文化的产物，忘记了性史、春药、洋八股的流行正是无条件接受西化的恶果，忘记了“聪明相等的民族纵有其不相如的地方，而在文化创造上，决不会甲种民族的创造完全是构成天堂的材料，乙种民族的创造完全是构成地狱的材料”③。

20 世纪 30 年代的这一场论争，吸引了不少有识之士的关注。张奚若是其中有

---

① 《大公报》1935 年 6 月 21 日。

② 《独立评论》第 145 号。

③ 《全盘西化的错误》，《晨报》，1935 年 4 月 3 日。

代表性的一位。关于“全盘西化”，张奚若指出它在理论上有两个“极不妥当的地方”。其一是，所谓“文化单位是分不开的”，因为分不开，所以要么全盘接受，要么全盘拒绝。张奚若承认，“中国今日大部的事物都非现代化，或西化不可”，但这与“全盘西化”有极大的区别。而且，“文化不全是量的问题，也有质的问题”。其二是，以为西洋什么都好，中国什么都要不得。他批评“全盘西化”论者对于西洋文化和中国文化都没有充分的认识和深刻的了解。“我们虽不敢称他们为‘洋迷’，但总觉得他们是过于笼统，过于武断。”关于“中国本位文化”，张奚若认为10教授《宣言》又大又空，使人“如堕在五里雾中”，不得要领。他提出，现代化有两种，一种是将中国所有西洋所无的东西，本着现在的智识、经验和需要，加以合理化或适用化；另一种是将西洋所有，但现在并未合理化或适用的事情，予以合理化或适用化。“总之，现代化可以包括西化，西化却不能包括现代化。”①

综观20世纪30年代有关“全盘西化”与“中国本位文化”的争论，不同立场、不同主张的学者比较充分地发表了各自的观点，相互驳难中，虽未达成共识，但毕竟从总体上促进了现代化问题的理论思考，因而具有积极的思想史意义。

（三）以农立国还是以工立国

经济的高度发展，是现代化的物质基础。经济发展所应遵循的主导方向、各产业在经济结构中所应占的份额与比重，以及现代化应从乡村着手还是从城市着手等重要问题，是20世纪20—40年代知识界、舆论界热烈争鸣的又一焦点。

图13－18　章士钊

1.“以农立国”论。力主“以农立国”的是大名士章士钊（图13－18）。1923年8月，他发表《业治与农》一文，提出“吾国当确定国是，以农立国，文化治制，一切使基于农”。他分析欧洲各国，工商发达，但其“本毒未除”，导致战祸惨烈。如果我们不知此因，仍然仿效西方，“扬帆以穷追之，毋乃与于不智之甚”。② 赴美留学归来的农学家董时进支持章士钊的主张。他认为，“中国不宜工业化”，其理由是“农业国可以不需工业国而独立，工业国不能离农业国

①《国闻周报》，第12卷第13期。

②《新闻报》1923年8月12日。

而存在”。而且，中国若行工业化，极易为列强所趁，攫我原料，役我人才，“其害最大，未可漠视”。总之，“农业国之社会，安定太平”，其乐融融①。

此时已接受马克思主义的恽代英，针对董时进所论“农业国可以不需工业国而独立，工业国不能离农业国而存在”，提出商榷意见，认为后半句无可非议，但前半句“殊未可信也”。他反问道，若如章士钊所论，中国的经济凋敝“系农业国而强效工业国之过”，那么我们拆毁铁路，捣坏工厂，复归农业，就能够解决问题吗？恽代英的结论是，“中国亦必化为工业国然后乃可以自存，吾以为殆无疑义”。②

面对舆论的批评，章士钊又撰《农国辨》，进行答辩。他强调，农业国与工业国的区别，“不在人民择业之不毗于工，而在百业之本意不违于农”。他的辩解未能说服对手。半年后，杨明斋在所著《评中西文化观》一书中，专辟《论〈农国辨〉》一节，继续反驳。他认为，章士钊所谓农国“取义在均”，完全不符合中国贫富悬殊的实际情况。至于章氏所云“以拙胜巧”、“捍御外侮”，更是废话一堆。“人家巧能造大炮火船乘着来攻我，我拙不能出国门一步，只好坐待人攻而已”③，何捍御外侮之有？

2.“以工立国”论。与“以农立国”论相对立，“以工立国”论在20世纪30—40年代的思想文化界拥有较广泛的影响。1934年，社会学家吴景超在《独立评论》撰文，强调“生存在今日的世界中，我们只有努力走上工业化的路，才可以图存”。他批评“以农立国”是“经济上的复古论”，决不可行。④ 贺岳僧也极力主张通过开发工业来挽救中国经济的衰落。“中国现在所需要的，是改变不是改良，是前进不是后退，是推广优良的生产技术于一切生产事业，不是保守主义的复兴农村计划，这是挽救经济厄运的惟一办法，这是走上近代化的惟一直道。”⑤许涤新一针见血地指出，“以农立国”论的本质不外是企图保存传统的生产关系。中国要想“立国”，必须尽量地工业化，包括使农业工业化。⑥

3.“以农立国”和“以工立国”的调和说。在“以农立国”和“以工立国”的对立之间，还有持调和观点的一派。杨铨说：“今世之立国，农业与工业不可偏废者也，而在中国为尤甚。”“工与农实并行而不悖，相得而益彰。”⑦在学、政两界都地位显

① 《申报》1923年10月25日。
② 《申报》1923年10月30日。
③ 杨明斋：《评中西文化观》，北京印刷局1924年版。
④ 《独立评论》第125号，1934年11月。
⑤ 《独立评论》第131号，1934年12月。
⑥ 《新华日报》1940年6月4日。
⑦ 《申报》1923年10月28日。

赫的翁文灏也认为，“以农立国”和“以工立国”之论，“各有其长处，分开来看，都觉太偏，合起来说，才是正道”。他将自己的看法归纳为“以农立国，以工建国”。[①] 与杨、翁观点类似的郑林庄，有别于重工、重农之说，干脆提出“我们可走第三条路”。他不同意立即建立城市工业，而应当努力将农村和工业结合在一处。“我们所企望的那个工业经济，应该由现有的这个农业经济蜕化出来，而不能另自产生。”[②]

郑林庄的“第三条路”说，立即受到年轻的经济学者张培刚的反驳。他认为“第三条路”根本走不通，将农村工业作为走上工业经济的过渡方法，“是倒行逆施”[③]。经过10年的深入研究，张培刚指出，“农业本身就包含在工业化的过程之内，并且是这个过程的内在的不可分割的一部分”。在工业化的过程中，农业将扮演一个“重要而又有些被动的角色”。[④]

如何在中国这样一个有数千年农业传统的东方大国成功地实现现代化，如何处理现代化过程中农业与工业、乡村发展与城市建设的关系，确系切关宏旨的大问题。以上几派观点，各有相对正确的成分。它们留下的丰富思想资料，对于今天的现代化建设，仍有借鉴意义。

（四）从新民主主义到社会主义

在20世纪20—40年代关于中国社会发展之路的思考与争鸣中，接受了马克思主义的先进知识分子作出了重要贡献。他们提出的从新民主主义到社会主义的两阶段发展论，已经被、并将继续被历史证明是唯一可行的中国现代化之路。

经过从民主主义到社会主义的转变，实现传统社会向现代社会的变革，是马克思主义社会历史发展观的重要创造。19世纪30—40年代以后，资本主义体系的固有矛盾日益尖锐，社会主义革命的曙光出现在人类历史的地平线上。马克思、恩格斯根据这一变化，及时提出在英、法等资本主义发展较为充分的国家，社会主义革命已成为无产阶级的直接任务。而在德国这样资本主义发展很不充分的国家，则不能跨越资产阶级民主革命而直接进行社会主义革命。马克思、恩格斯认为，德国无产阶级应该独立地参加民主革命，并在这一革命成功的“最初一瞬间”，不停顿地向社会主义革命转变。

由于历史条件的限制，马克思、恩格斯的设想没能在德国实现，但却被列宁所

---

① 《中央日报》1940年8月。

② 《独立评论》第137号，1935年1月。

③ 《独立评论》第138号，1935年2月。

④ 转引自张培刚：《农业与工业化》，华中工学院出版社1984年版。

继承、发展,在俄国取得了成功。马克思、恩格斯的创造性构思,特别是列宁及俄国布尔什维克党所赢得的"十月革命",启发和鼓舞了中国共产党人:中国的国情与德、俄相仿,因此,中国的现代化,只能走经民主主义向社会主义转变的道路。根据这一认识,1922年7月,中国共产党第二次全国代表大会制定了党的最高纲领和最低纲领。20世纪30年代中期以后,毛泽东成为党的领袖。他在一系列重要著作里,建构了经由民主主义转向社会主义的完整理论体系。毛泽东把民主主义革命和社会主义革命比喻为相互关联的两篇文章:"两篇文章,上篇与下篇,只有上篇做好,下篇才能做好。"①"只有经过民主主义,才能到达社会主义,这是马克思主义的天经地义。"②

毛泽东十分详尽地论述了中国新民主主义社会的基本特征。新民主主义的政治,就是建立无产阶级领导的一切反帝反封建的人们联合专政的民主共和国。新民主主义的经济,就是建立国家所有的大银行、大工业、大商业,同时并不禁止"不能操纵国民生计"的资本主义的发展。没收地主的土地,分给无地或少地的农民。新民主主义的文化,就是建立民族的科学的大众的文化。毛泽东明确指出,民主革命不是我们的最终目的。在中国,新民主主义革命的前途只能是社会主义而不是资本主义。中国共产党人的任务,就是将社会主义的前途由"极大的可能性",转变为完全的现实性。

毛泽东具体分析了新民主主义向社会主义转变所必须的条件。其一,党的工作重心由乡村转移到城市;其二,建立和巩固人民民主专政的国家政权;其三,建立和发展社会主义的国营经济,并逐步变个体经济为集体经济;其四,提高广大人民群众、特别是农民群众的政治觉悟和社会主义积极性。

从20世纪20年代初中国共产党的诞生,到40年代末中华人民共和国建立,这一条经由新民主主义向社会主义转变的现代化道路,经受了异常严峻的历史考验。这其中既包括国内革命战争和国际反侵略战争的血与火的洗礼,也包括在思想领域内与不同主张的资产阶级、小资产阶级政治力量的斗争。

20世纪40年代中后期,新民主主义革命进入十分关键的最后阶段,"两个中国之命运"展开了生死搏斗。少数以"中间派"、"第三方面"自居的民主党派知识分子公开提出由他们来领导中国,走既非资本主义、也非社会主义的"中间路线"。中国共产党人对持"中间派"立场的民主党派朋友予以严肃批评和热情帮助,"用

① 《毛泽东选集》一卷本,人民出版社1964年版,第254页。

② 《毛泽东选集》一卷本,人民出版社1964年版,第961页。

善意去帮助他们，批评他们的动摇性"，"叫他们丢掉幻想，准备斗争"。[①] 具有历史讽刺意味的是，"中间派"寄予希望的国民党当局也从反面教育了这些不乏爱国热诚的知识分子。1947 年 10 月，国民党政府以"参加叛乱"等罪名，宣布民盟为"非法团体"，"严加取缔"。"信而见疑，忠而被谤"，连自身组织乃至身家性命都没有保障，又谈何推行"和平民主运动"？事实教训了善良、天真的"第三方面"知识分子，"中间道路"走不通。他们终于认识到"毛泽东先生说得十分正确，'全世界都一样，不倒向帝国主义就倒向社会主义'"[②]，从而全身心投入到从新民主主义到社会主义的正确道路上来。

八、中国特色社会主义事业的曲折前进

经过 28 年的英勇奋斗，中国共产党人领导中国人民取得了新民主主义革命的完全胜利。1949 年 9 月 21 日，毛泽东在中国人民政治协商会议第一次全体会议开幕词中，豪迈地向世界宣布："占人类总数四分之一的中国人从此站立起来了。"他说："随着经济建设的高潮的到来，不可避免地将要出现一个文化建设的高潮。中国人被人认为不文明的时代已经过去了，我们将以一个具有高度文化的民族出现于世界。"[③]

新中国成立后的头三年，国民经济的恢复取得了巨大成绩。1953 年起，国家执行第一个五年计划。到 1957 年年底，计划超额完成，农业、手工业、资本主义工商业三大改造提前实现。美国学者也承认，"就是同(20 世纪)50 年代大多数新独立的、人均年增长率为 2.5% 左右的发展中国家相比，中国的经验也是成功的"。[④]

经济建设的顺利开局极大地鼓舞了中国人民加速建设现代化国家的激情，但同时也从相当程度上激发了毛泽东期望在"大约几十年内追上或赶过世界上最强大的资本主义国家"的不切实际的设想。1958 年 8 月，毛泽东对中央委员们说，赶超美国是我们的责任。"你有那么多人，你有那么一块大地方，资源那么丰富，又听说搞了社会主义，据说是有优越性，结果你搞了五、六十年还不能超过美国，你像个什么样子呢？那就要从地球上开除你的球籍！"[⑤]

在这种急迫的心态下，"一天等于二十年"的大跃进运动在全国形成热潮。工业上，"大办钢铁"急躁蛮干；农业方面，"高产"浮夸风盛极一时。人民公社超越生

---

① 《毛泽东选集》一卷本，人民出版社 1964 年版，第 1377 页。

② 《中国民主同盟发表对美帝白皮书的斥责》，1948 年 8 月 23 日。

③ 《毛泽东选集》第五卷，人民出版社 1978 年版，第 6 页。

④ 费正清等：《剑桥中华人民共和国史》(1949—1965)，上海人民出版社 1990 年版，第 165 页。

⑤ 《毛泽东选集》第五卷，人民出版社 1978 年版，第 296 页。

产力的发展水平，大刮“共产风”，引起生产、生活秩序的大混乱。很快，国民经济比例失调，人民生活水平下降的严重后果显现出来。1961 年，中央决定采取“调整、巩固、充实、提高”的八字方针，挽救困局，渡过难关。1962 年底，工农业生产全面下降的局面开始扭转。1964 年，第三次全国人民代表大会第一次会议提出，今后国民经济的主要任务，“就是要在不太长的历史时期内，把我国建设成为一个具有现代农业、现代工业、现代国防和现代科学技术的社会主义强国，赶上和超过世界先进水平”。有资料显示，1965 年，中国已具备相当的经济实力，国内总产值达到 1 094 亿美元，略低于联邦德国，而略高于英国、法国和日本①。中国的现代化建设，处于稳步推进的新的起跑线上。

然而，良好的发展势头被人为终止。1966 年，由毛泽东错误发动、被反革命集团利用，给党、国家和各族人民带来严重灾难的“文化大革命”迅猛兴起并形成高潮，国民经济建设的正常进程被迫中断。1976 年 10 月，“四人帮”被粉碎，噩梦终于结束。十年内乱，严重滞缓了现代化的前进步伐，拉大了我国与世界发达国家以及周边国家社会经济发展水平的差距。日本及亚洲“四小龙”突飞猛进之时，我们却在大搞“窝里斗”，名为“大革命”，实为大混乱。国民经济总体水平在世界大格局中的地位，日显落后。毛泽东在 20 世纪 50 年代中期提出的“球籍”问题，不仅远未解决，而且愈加紧迫。

在思想战线和实际工作中拨乱反正取得重大成绩的基础上，1978 年 12 月，中国共产党十一届三中全会在北京召开。这次会议标志着新中国成立以来党的历史上具有深远意义的伟大转折。全会从根本上冲破了长期“左”倾错误的束缚，充分肯定必须完整、准确地掌握毛泽东思想的科学体系，高度评价了关于真理标准问题的讨论，确定了解放思想、开动脑筋、实事求是、团结一致向前看的指导方针，重新确立了马克思主义的思想路线。在新的发展战略的指引下，中国的现代化事业扬帆起航，欣欣向荣，经历了从农村改革到城市改革，从经济体制改革到各方面体制改革，从对内搞活到对外开放的波澜壮阔的历史进程。1987 年 4 月，邓小平会见西班牙副首相格拉，向客人全面阐述了中国现代化建设“分三步走”的宏伟设想。第一步，在 80 年代翻一番；第二步，到 20 世纪末，再翻一番；第三步，在下个世纪（指 21 世纪）用 30 年到 40 年再翻两番，大体达到人均 4 000 美元。做到这一步，中国就达到中等发达水平。“已经过去的八年多证明，我们走的路是对的。但要证明社会主义真正优越于资本主义，要看第三步。现在还吹不起这个牛。我们还需要五十年的艰苦努力。那时，我这样的人就不在了，但相信我们现在的娃娃会完成这个

① 刘国平：《中国与世界经济发展的比较》，湖南出版社 1991 年版，第 114 页。

任务。”①

20多年过去了,“分三步走”宏伟设想的前两步已经圆满实现。改革开放的总设计师虽然已离我们而去,但他高瞻远瞩的目光和博大宽广的襟怀,永远鼓舞着中华儿女在建设民主法治、公平正义、诚信友爱、充满活力、安定有序、人与自然和谐相处的社会主义和谐社会的千秋伟业中奋勇前行。

思考题:

1. 怎样认识西方资本主义文化传入中国对于中国文化革故鼎新的深刻影响?
2. 如何评价“中学为体,西学为用”的思想史意义?
3. 为什么说只有社会主义能够救中国?

① 《邓小平文选》第3卷,人民出版社1993年版,第227页。

结语 中国文化精神

红日初升，其道大光；河出伏流，一泻汪洋；潜龙腾渊，鳞爪飞扬；乳虎啸谷，百兽震惶；鹰隼试翼，风尘吸张；奇花初胎，矞矞皇皇；干将发硎，有作其芒；天戴其苍，地履其黄；纵有千古，横有八荒；前途似海，来日方长。美哉我少年中国，与天不老；壮哉我中国少年，与国无疆！

——梁启超：《少年中国说》

源远流长的中国文化孕育了中华民族有别于世界其他民族的价值观念、道德尺度、理想境界和人生目标，它们共同构成了独具特色的中国文化精神。

一、“天人合一”的自然观

文化就是“自然的人化”。如何构建科学的、和谐的人与自然的关系，是人类一切文化活动最基本的目标指向。因此，世界各民族的贤人先哲无不对此问题的求解有所思索，有所发明，有所贡献。在这方面，中国文化古已有之的“天人合一”宇宙观别开生面，独具风采。

中国最古老的经典之一的《周易》，就以十分清晰的思路来描述自然与人类之间协调、对应的关系。《郭店楚简·语丛一》称“易，所以会天道、人道也”，学界认为，这是最早最明确的“天人合一”思想的表述①。《周易·乾文言》：“夫大人者，与天地合其德，与日月合其明，与四时合其序，与鬼神合其吉凶。”《易传》更明确地并列“天文”与“人文”：“观乎天文，以察时变，观乎人文，以化成天下。”宋代大儒张载解释《周易》：“儒者则因明致诚，因诚致明，故天人合一，致学可以成圣，得天而未始遗人，《易》所谓不遗，不流，不过者也。”循此思路，他将“为天地立心，为生民

① 汤一介：《论“天人合一”》，《中国哲学史》2005年第2期。

立命，为往圣继绝学，为万世开太平”作为读书人的神圣使命。

由于思想家认识方面的差异，“天人合一”中的“天”，有意志之天、义理之天、自然之天三层含义。

从“意志之天”的含义上来理解天人关系，在迷信盛行的商代主要是讲上天主宰人间的吉凶祸福。对此认识，周代有所拨正，认为人意固然要服从天意，但天意也须顺应人意，二者之间存在互通的关系。“天命靡常”，只要人能“以德配天”，就能得到天的认可。从这个意义上讲，不是神为民主，而是“民为神主”。“天视自我民视，天听自我民听，此之谓也。”①汉代董仲舒的天人感应说便是以此为源头，但其主旨是强调“君权天授”的合理性、权威性。

从“义理之天”的含义上来理解天人关系，是说天有天道，人有人道，天与人都要讲义理、规则、道德。孟子提出“诚者，天之道也；思诚者，人之道也”。② 他认为“至大”、“至刚”的“浩然正气”，既充塞于天地之间，也鼓荡于人心之中。人们从道德修养入手，便可以贯通天人，“尽其心者，知其性也；知其性，则知天矣”。③ 宋明理学家如二程兄弟、朱熹、陆九渊、王阳明等人，将此一派的学说推至极致。“一人之心则天地之心，一物之理即万物之理。”天人一体，“在天为命，在义为理，在人为性，主于身为心，其实一也”。④

从“自然之天”的含义上来理解天人关系，是说天、人同属自然这一大系统之中，应当亲密交往，和谐共处。从逻辑上讲，“自然之天”是对“意志之天”和“义理之天”的反拨和超越，但是表现在思想史、文化史上，中国历代的思想家都对三者的认识深化作出了贡献。荀子剥离天人之间的意志关联和义理关联，“天行有常，不为尧存，不为桀亡”。社会治乱的根源在人不在天。“天有其时，地有其财，人有其治。⑤”在主张“明于天人之分”的同时，荀子仍然承认天人之间存在统一的关系，承认人是自然界的一部分。“人的情绪、感官、心知，都是自然而然的，都是天所生成的，所以称为天情、天官、天君。”⑥循着这一思路，唐人刘禹锡以为，“天，有形之大者也；人，动物之尤者也”。荀子进一步阐发天人关系：“天之能，人固不能也；人之能，天亦有所不能也。故余曰：天与人交相胜也。”⑦值得注意的是，这里所谓“交相

① 《尚书·太誓》。

② 《孟子·离娄上》。

③ 《孟子·尽心上》。

④ 《河南程氏遗书》卷十八。

⑤ 《荀子·天论》。

⑥ 张岱年：《中国哲学大纲》，中国社会科学出版社1982年版，第178页。

⑦ 《荀子·天论上》。

胜也”,本意不是说天人相斗,各有强项可以取胜,而是说天与人各有优长之处,不可互相征服,而应当和谐共处。所以刘禹锡不仅说两者“交相胜”,而且“还相用”。宋人张载再进一步,提出“民,吾同胞;物,吾与也”[①]的辉煌命题,肯定人与人是同胞,人与自然是朋友。明末清初的大哲王夫之,在完全的自然意义上全面地论述了天人关系。他认为,天是自然物,是太和之气和阴阳五行的总和,无意志而有规律。与天同为自然物的人,不同于一般动物。动物只能被动地“任天”,而人可以主动地“相天”。就自然规律制约人的活动而言,他主张“以天治人”;就人能积极主动地改造自然而言,他主张“以人造天”。两者相结合,“惟循理以畏天,则命在己矣”。[②]

天人关系是一个哲学问题,更是一个文化问题。司马迁将“究天人之际”作为自己的人生抱负。邵雍则说:“学不际天人,不足以谓之学。”[③]“天人合一”不仅是对天人关系的认识,而且是人应该追求的一种人生境界。[④] 吸纳中国传统“天人合一”思想的精华,尤其是上述自然之天意义上的“天人合一”观,对于今天人类社会的健康发展,具有积极的借鉴价值。1972 年,联合国召开人类环境会议。会议讨论了题为《只有一个地球——对一个小小行星的关怀和维护》的主题报告。针对人类对自然不尊重、不爱护的现状及其严重后果,报告最后写道:“这个地球难道不是我们人世间的宝贵家园吗?难道它不值得我们热爱吗?难道人类的全部才智、勇气和宽容不应当都倾注给它,来使它免于退化和破坏吗?我们难道不明白,只有这样,人类自身才能继续生存下去吗?”[⑤]为了制止人类与自然在相互抵触的歧路上迷途而不知返,沦入万劫不复的绝境,中国传统“天人合一”思想所蕴涵的“君子以厚德载物”[⑥],“万物各得其和以生,各得其养以成”[⑦],“民,吾同胞,物,吾与也”的理性精神,在物质文明高度发达的今天,理应重新焕发出光彩。

二、“和而不同”的矛盾观

在宇宙天地间,在人类历史的长河里,矛盾无处不在,无时不现。矛盾双方既斗争又妥协,进而达成和谐,这是宇宙的真理,是最高的善。“致中和,天地位焉,万

---

① 张载:《正蒙·乾称篇》。

② 王夫之:《读通鉴论》卷二十四。

③ 《皇极经世·观物外篇》。

④ 汤一介:《论“天人合一”》,《中国哲学史》2005 年第 2 期。

⑤ 巴巴拉·沃德、雷内·杜博斯:《只有一个地球》,石油工业出版社 1981 年版,第 277 页。

⑥ 《周易·坤卦·象传》。

⑦ 《荀子·天论》。

物育焉。”①西方文化强调通过斗争来解决矛盾，中国文化则主张通过调和来化解矛盾。如何以包容品格和博大精神对待矛盾、处理矛盾、协调化解矛盾，构建和谐的社会，是中国文化的重要精神指向。

承认矛盾存在的合理性，承认矛盾双方的相辅相成、交流融通是世界多极性、多样性的逻辑前提，是中华先民很早就达到的认识成就。为了论证这一点，他们归纳出“和”（承认矛盾）、“同”（取消矛盾）的概念，提出“和而不同”的命题。《国语·郑语》记载，周太史史伯在回答郑桓公“周其弊乎”的发问时指出，西周最大的弊端就是“去和而取同”。“夫和实生物，同则不继。以他平他谓之和，故能丰长，而物归之；若以同裨同，尽乃弃矣。”从哲学上讲，“土与金木水火杂，以成百物”，所以，五声和，然后可听；五色和，然后成文；五味和，然后可食。推广到政治上，则必须“择臣取谏工，而讲以多物，务和同也”，多方综合不同意见，防止偏于一端，专横独断，否则，“天夺之明，欲无弊，得乎”？齐国名相晏婴也论及“和”、“同”的差异。他对齐侯说，食物、音乐都是以“和”为美，“同”则单调乏味。“和如羹焉，水、火、醯、醢、盐、梅，以烹鱼肉，燀之以薪，宰夫和之，齐之以味，济其不及，以泻其过。君子食之，以平其心。”君臣之间的意见交流讨论，也应仿效这种关系。“君所谓可而有否焉，臣献其否以成其可；君所谓否而有可焉，臣献其可以去其否。是以政平而不干，民无争心。”他批评子犹不负责任地随声附和君主，“若以水济水，谁能食之；若琴瑟之专一，谁能听之？同之不可也如是”。②

孔子继承和发展了前人对“和”、“同”关系的认识，明确提出“和而不同”的文化观。“君子和而不同，小人同而不和。”③他赞扬君子在学术论辩时吸取对方的正确观点，纠正其错误意见，不固执，不盲从，力求结论公允，这叫做“和而不同”；而小人却一味随声附和，从不提出自己的独立见解，这叫做“同而不和”。对此，朱熹特别解释：“和者，无乖戾之心；同者，有阿比之意。”④

荀子从认识论方面阐述了“和而不同”的精髓。他说：“凡人之患，蔽于一曲而暗于大理。”在不同意见的争鸣中，最忌讳的是“私其所积，唯恐闻其恶也，倚其所私以观异术，唯恐闻其美也。”各家各派都不可持门户之见，守一曲，走极端，“观于道之一隅而未之能识也”。正确的做法是，“目视各色，耳听备声”，“兼陈万物而中县衡焉”。⑤“目视各色，耳听备声”，“兼陈万物”，即多方接受客观世界“不同”的

① 《礼记·中庸》。
② 《左传·昭公二十年》。
③ 《论语·子路》。
④ 朱熹：《四书集注·论语章句》。
⑤ 《荀子·解蔽》。

文化信息,“中县衡焉”即依据对“道”(客观规律)的全面把握来调和、提炼“和”的认识结晶。这一思想在儒家经典《礼记·中庸》中被表述为:“中也者,天下之大本也,和也者,天下之达道也。”

在中国文化发展的长期进程中,“和而不同”精神的体现是显而易见的。这方面非常典型的例证是发生于春秋战国时代的“百家争鸣”。在天下大乱、礼崩乐坏的社会背景下,儒、墨、道、法、阴阳等学派从“六经”的思想库里中各取所需,各有所长,皆有所明,形成各家蜂起、相互驳难的生动局面。儒家的《荀子·非十二子》和道家的《庄子·天下》,议论风发,词锋锐利,直指论敌的要害,但同时也肯定对方的合理成分,“其持之有故,其言之成理”,自有独立的学术地位,在极尖锐的批判言辞中,充分体现了“和而不同”的文化精神。如果我们进一步开阔视野,还会看到,就中国文化内部关系而言,千百年来,华夏—汉族与数十个民族共存共荣,其间虽有暂时的兵戎相见,但绝大多数时段内都保持着密切的交往,互相学习,互相帮助,亲如一家。就中国文化与外来文化的关系而言,无论古代汉唐盛世下的主动拓展,还是近代晚清衰局下的被动承受,中国文化都能以平等姿态,呼吸吞吐,与异域他邦的文化相容相摄,表现出有容乃大的襟怀,海纳百川的气度。

冯友兰说:“在中国古典哲学中,‘和’与‘同’不一样,‘同’不能容‘异’;‘和’不但能容‘异’,而且必须有‘异’,才能称其为‘和’。客观辩证法的两个对立面矛盾统一的局面,就是一个‘和’,两个对立面矛盾斗争,当然不是‘同’,而是‘异’;但却同处于一个统一体中,这又是‘和’。”①这是对中国文化“和而不同”精神简明精当的哲理透析。

三、“通变执中”的发展观

世间万物都处在发展变化之中。人类文化只有在发展中才能保持蓬勃的生机与持续进步。在如何看待发展的问题上,世界各民族都有独立的思考。就此而论,中国文化“通变执中”的发展观意蕴深远。

中华先民很早就观察到天地自然与人类活动的变动不居,意识到其间规律性的存在。《周易》称“在天成象,在地成形,变化见矣”②,只有在持续不断的变化中,宇宙才能保持恒久的存在,“天地之道,恒久而不已也。……观其所恒而天地万物之情可见矣”。因此,《周易》又说:“易,穷则变,变则通,通则久。”③春秋时代的史

① 冯友兰:《中国现代哲学史》,广东人民出版社 1999 年版,第 253 页。
② 《周易·系辞上传》。
③ 《周易·系辞下传》。

墨提示赵简子:“社稷无常奉,君臣无常位,自古以然。故《诗》曰:‘高岸为谷,深谷为陵。’三后之姓,于今为庶。”[①]孔子观察夏、商、周三代的变化,认为“所损益可知也”。[②] 商鞅划分历史为上世、中世和下世,指出各段的特点分别为“亲亲而爱私”、“上贤而说仁”、“贵贵而尊官”。[③] 韩非也区别上古之世、中古之世和近古之世竞争的不同,“古人亟于德,中世逐于智,当今争于力”[④]。司马迁的眼光更远大,“夫天运,三十岁一小变,百年中变,五百载大变;三大变一纪,三纪而大备;此其大数也,为国者必贵三五,上下各千岁,然后天人之际续备”[⑤]。

如何把握自然界和人类社会的变化规律,中华先民提出了“通变”说。《周易·系辞上传》:“富有之谓大业,日新之谓盛德,生生之谓易。”通晓事物生生不已的变化而采取相应的行动,就会取得成功,这就叫“通变之谓事”。能否“通变”,是对为人处世能力的重大考验。所以,王弼《周易注》称:“穷必通也,处困而不能自通者,小人也。”

世间无时不变,无事不变,变化是绝对的。从客观方面看,变化是有规律可循的;从主观方面看,变化不能随心所欲。“圣人有以见天下之动,而观其会通,以行其典礼。”[⑥]从这个意义上讲,变化之中又有不变的法则。这种法则,中华先民称之为“常”。“常即变中不变之义,而变自身也是一种常。”[⑦]于是,“通变”也就是“知常”。老子因此强调:“知常曰明。不知常,妄作凶。”[⑧]不知变化的规则,任意胡来,结果必然凶险。

通变知常,即明白变与不变的关系,知道何时当变,何时不当变。古人称其为“经”与“权”的关系。“经”就是不变的原则性,“权”就是变的灵活性。“权者何?权者反于经,然后有善者也。”[⑨]司马迁当年就批评“守经事而不知其宜,遭变事而不知其权”[⑩]的愚蠢行为。表面上看,“权”是对“经”的反拨、修正,但是本质上却与“经”同属于“道”的范畴。“夫权虽反经,亦必在可以然之域;不在可以然之域,故

---

① 《左传·昭公三十二年》。
② 《论语·为政》。
③ 《商君书·开塞》。
④ 《韩非子·五蠹》。
⑤ 《史记·天官书》。
⑥ 《周易·系辞上传》。
⑦ 张岱年:《中国哲学大纲》,中国社会科学出版社 1982 年版,第 98 页。
⑧ 《老子·十六章》
⑨ 《春秋公羊传·桓公十一年》。
⑩ 《史记·太史公自序》。

虽死亡，终弗为也。"①

军事、政治斗争要讲究"通变"。在这方面，诸葛亮的神机妙算，其实来源于他的"审天地之道，察众人之心"②，"占主客之情"，"知进退之宜，顺机会之时"③，"校变通之道"。诸葛亮明知孙权"有僭逆之心久已"，但是为了免除"东顾之忧"，确保北伐曹魏的胜利，"先帝优与吴盟，皆应权通变，弘思远益"，④这是经典的"小不忍则乱大谋"。

文学创作也要讲究"通变"。在这方面，刘勰的《文心雕龙》专设《通变》一章，讨论"常"与"变"的关系："名理有常，体必资于故实；通变无方，数必酌于新声。"体裁有一定之规，而文章可变化无穷。继承与创新相结合，"参伍因革，通变之数也"。他总结文学"通变"的规律："文律运周，日新其业。变则可久，通则不乏。趋时必果，乘机无怯。望今制奇，参古定法。"

社会革命，更要讲究"通变"。《周易》中《革》卦的《彖》辞说："天地革而四时成。汤武革命，顺乎天而应乎人。革之时，大矣哉。"依据时势而发动变革，意义多么重大！"《革》卦可以说是一篇论变革的绝妙文章，显示了《易经》作者将变易哲学运用于社会实践所达到的高水平。""《革》卦的卦爻辞讲到变革应遵循如下原则：变革须捕捉良好时机；变革者先须巩固自身；变革要取得民众的信任和拥护；变革作为非常行动，应当非常谨慎，既不畏怯，又不冒进；变革不能满足于表面文章，而要有彻底性，并推及于群众；变革获得成功后，上下应洗心革面，并及时与民休息，以获得安定吉祥。"⑤

《革》卦主张的"既不畏怯，又不冒进"，涉及通变知常另一项重要的题中应有之义，就是如何把握变化的快慢、深浅、烈缓之"度"。在这一点上，中华先民创造的"中庸"哲学，含义隽永，影响深远。

"中庸"一说，首见于《论语·雍也》："中庸之为德也，其至矣乎！民鲜久矣。"针对春秋战国时代礼的式微，孔子发出这样的感叹。在这里，"中庸"是对自觉遵循礼的美德的最高赞语，但孔子并没有对其作更详尽的理论阐发。到了汉代，儒生们继承和发展了先秦儒学的"中庸"观，不仅把它作为伦理道德的最高境界，而且把它作为日常行为基本准则的哲理化抽象。汉儒深入掘发出"中庸"相互关联的三层含义：执两用中；用中为常道；中和可常行。《礼记·中庸》说"执其两端，用其

① 董仲舒：《春秋繁露·玉英》。
② 《三国志·蜀书·诸葛亮传》。
③ 《诸葛亮集·治军》，中华书局1960年版。
④ 《三国志·蜀书·诸葛亮传》。
⑤ 冯天瑜：《中华元典精神》，上海人民出版社1994年版，第210页。

中于民"，释"庸"为"用"。因此，"中庸"就是"用中"，为人处世，不偏于极端，而追求一种不偏不倚、无过无不及的"中和"之道。为人处世，是人生的常务，因此，"中庸"又是"常道"。故汉儒郑玄又说："庸，常也，用中为常道。"既是"常道"，那么它就一点儿也不玄妙神秘，而是非常平实，简洁易行的，这便是所谓"君子尊德性而道问学，致广大而尽精微，极高明而道中庸"。宋儒程颐、程颢解释："不偏之为中，不易之为庸。中者，天下之正道；庸者，天下之定理。"①朱熹循二程兄弟的理路进一步掘进，在《中庸章句序》中强调，"尧之所以授舜"、"舜之所以授禹"的为政秘诀，不过就是"允执厥中"而已。"允执厥中"，语出《尚书·大禹谟》，意思是"诚实地坚持不偏不倚、无过无不及的正道"。

更简明地说，"中庸"就是"执中"，"君子时中，则执中之谓也"。② 君子通晓"穷则变，变则通，通则久"的宇宙恒久法则，察时而动，应时而变，在动态平衡中掌握事物发展变化的速率，既不消极等待，也不盲目冒进，积极稳妥地推进事物向前运动。这就是中国文化"通变执中"发展观的全部精义。

四、刚健自强的实践观

人类立足于自然界，民族立足于世界诸族之林，个人立足于社会，必须有积极进取的生命姿态，刚健自强的奋斗精神。中国古代圣贤对此有深刻的认识和精彩的阐述。其中最为经典的是《周易·乾卦·象传》："天行健，君子以自强不息。"

"天行健，君子以自强不息"是对乾卦卦象的解说。高亨解释道："本卦是两乾相重，乾为天，本卦之卦象仍为天。天道刚健，君子观此卦象，以天为法，从而自强不息。"③张岱年则说得更细致："天体运行，永无已时，故称健。健含有主动性、能动性以及刚强不屈之义。君子法天，故应自强不息。自强不息就是努力向上，绝不停止。"④长期以来，注家一般均依此模式立论阐发。近年来有学者提出，"天行健"中的"健"，实为"乾"的假借字。因此，本句应读作"天行，健(乾)，君子以自强不息"。⑤ 文句的辨证自有其学术探讨的价值，但它并不影响我们对其精神内核的把握。古人观察天道，从其刚健强劲的运行中感悟到人生的真谛，即以天为法，生命不息，奋斗不息，运动不息，自强不息。黄口小儿，已知"少壮不努力，老大徒伤

① 《二程遗书》卷七。

② 朱熹：《中庸章句序》。

③ 高亨：《周易大传今注》，齐鲁书社 1979 年版，第 56 页。

④ 张岱年：《中国文化与文化论争》，中国人民大学出版社，1990 年版。

⑤ 参见梅珍生《"天行健"新解》，《江汉论坛》2000 年 12 期。

悲”;耄耋之年,依然“老骥伏枥,志在千里;烈士暮年,壮心不已”。王夫之将这样的人生态度称为“合天德”:“圣人尽人道而合天德。合天德者,健以存生之理;尽人道者,动以顺生之几。”①“惟君子积刚以固其德,而不懈于动。”②“天下日动而君子日生,天下日生而君子日动。动者,道之枢,德之牖也。”③

洪荒开辟之际,中华先民在极其困苦的条件下,艰难创业。这一段历史没有留下确切的文字记载,但流传给后世许多瑰丽的神话。女娲补天,夸父追日,精卫填海,大禹治水,愚公移山,这些脍炙人口的传说,无不体现了中华民族古已有之、生生不息的刚健自强精神。

从先秦时代起,刚健自强就是思想家、哲学家们着力阐发的人生精义。老子说:“道大,天大,地大,人亦大。域中有四大,而人居其一焉。”④道家的“无为”,实质上是参透了“人法地,地法天,天法道,道法自然”⑤哲理之后的更高层次的“有为”。儒家一向以积极“入世”的修、齐、治、平作为自家学说的宗旨。“水火有气而无生,草木有生而无知,禽兽有知而无义,人有气有生有知亦且有义,故最为天下贵也。”⑥“士不可以不弘毅。”⑦“三军可夺帅也,匹夫不可夺志也。”⑧“富贵不能淫,贫贱不能移,威武不能屈,此之谓大丈夫。”⑨这些儒家先圣的经典之论,成为几千年来中华民族奋发图强的座右铭。

在中国历史的长河里,无数仁人志士以自己的坚忍不拔,谱写了自强不息的辉煌诗篇。司马迁推崇发奋有为的圣贤:“西伯拘羑里而演《周易》;仲尼厄陈蔡而作《春秋》;屈原放逐,乃赋《离骚》;左丘失明,厥有《国语》;孙子膑脚,《兵法》修列;不韦迁蜀,世传《吕览》;韩非囚秦,《说难》、《孤愤》;《诗》三百篇,大抵贤圣发愤之所作也。”⑩鲁迅赞扬“并不失掉自信力的中国人”:“我们从古以来,就有埋头苦干的人,有拚命硬干的人,有为民请命的人,有舍身求法的人……虽是等于为帝王将相作家谱的所谓‘正史’,也往往掩不住他们的光辉,这就是中国的脊梁。”⑪

---

① 王夫之:《周易外传·无妄》。
② 王夫之:《周易内传·大壮》。
③ 王夫之:《周易外传》卷六。
④ 《老子·二十五章》。
⑤ 《老子·一章》。
⑥ 《荀子·王制》。
⑦ 《论语·泰伯》。
⑧ 《论语·子罕》。
⑨ 《孟子·滕文公下》。
⑩ 《史记·太史公自序》。
⑪ 《鲁迅全集》第6卷,人民文学出版社1957年版,第92页。

19世纪中叶以后，资本主义浪潮席卷全球。古老的中华民族及其文化，面临空前的生存危机，但同时又是凤凰涅槃的再生机遇。新的历史条件下，中国文化刚健自强的生命基因勃发出巨大的能量。严复以自己的译作《天演论》及《论世变之亟》、《救亡决论》、《原强》等著述，唤醒睡狮，振兴中华。“盖生民之大要三，而强弱存亡莫不视此：一曰血气体力之强，二曰聪明知虑之强，三曰德行仁义之强。……未有三者备而民生不优，亦未有三者备而国威不奋者也。”[①]严复提示道：“彼《周易》否泰之数，老氏雌雄之言，固圣智者之妙用微权，而非无所事事俟其自至之谓也。无所事事而俟其自至者，正《太甲》所谓‘自作孽，不可活’者耳。天固不为无衣者减寒，岁亦不为不耕者减饥也。”[②]在著名的《天演论》中，严复介绍了近代科学形态的生物进化论，并将其运用于社会历史领域。他一方面赞同斯宾塞“以天演自然言化，著书造论，贯天地人而一理之”；另一方面又用赫胥黎的“与天争胜”论来补救斯氏“任天为治之末流”，“且于自强保种之事，反复三致意焉”。[③] 严复强调，人类进化绝非全凭自然的选择、淘汰，其根据就在于人类可以发挥历史主动精神去吸取教训，创造条件，发愤图强，而这恰恰是动物所做不到的。严复在这里说明的道理，正与中国文化古已有之的“天行健，君子以自强不息”若合符节。千千万万不甘沦落的炎黄子孙，正是从这个意义上，始而愕然，继而欣然地接受了这经过严复改造的进化论，终而奋然地走上了救国救民的艰苦征途。孙中山革命党人屡败屡战，百折不回，终于推翻清朝统治，结束了两千多年君主专制制度。以毛泽东为代表的中国共产党人，带领中国各族人民，“下定决心，不怕牺牲，排除万难，去争取胜利”，推翻三座大山，赢得了民族独立和人民解放。

张岱年曾经批评道：“过去有一种流行的观点，认为中国文化是柔静的文化。应该指出，这是从表面看问题。道家宣扬柔静，周敦颐提倡‘主静’，固然都有一定影响，但这不是中国文化的主流。仅仅推崇‘柔静’，是不可能创造出灿烂的文化业绩的。作为中国文化的基本精神的，应是刚健有为、自强不息的思想态度。”[④]这一批评，值得深思。

五、尊亲尚德的社会观

人类文明演进的大趋势，是社会组织关系由血缘向地缘进化。在中华民族的

① 《严复集》，第一册，中华书局1986年版，第18页。
② 《严复集》，第一册，中华书局1986年版，第12页。
③ 严复：《译天演论自序》。
④ 深圳大学国学研究所主编：《中国文化与中国哲学》，东方出版社1986年版，第10页。

文化演进过程中，社会组织血缘纽带的解体，远不如古希腊那样完全、充分。这正是周代宗法制度的特点及其影响千年不衰的历史渊源。由此渊源，古代中国社会形成了伦理型社会的结构定势。① 尊亲尚德便是维系这一社会和谐关系的主要精神纽带。

关于周代宗法制度如何引导尊亲尚德的观念形成，王国维有简明而深刻的说明。他指出，“周人制度之异于商者”，一是立子立嫡之制，二是庙数之制，三是同姓不婚之制。“此数者，皆周之所以纲纪天下，其旨则在纳上下于道德，而合天子诸侯卿大夫士庶民以成一道德之团体。”②宗法制度的核心是社会生活中政治权力统治与血亲道德制约的紧密结合。周代严格的宗法制度解体之后，强调血亲道德因素在维系社会和谐关系方面的作用这一传统却一直延续了下来。直到 19 世纪末，梁启超还说：“周代宗法之制，在今日形式虽废，其精神犹存也。”③尊亲尚德，正是这“犹存”精神的重要内容。

中华先民期待天下大治，而天下大治和谐社会的建立，基础是人际关系方面的尊亲尚德。这其中的道理，儒家经典《礼记·大学》有如下说明：“大学之道，在明明德，在亲民，在止于至善。……古之欲明明德于天下者，先治其国；欲治其国者，先齐其家；欲齐其家者，先修其身；欲修其身者，先正其心；欲正其心者，先诚其意；欲诚其意者，先致其知。致知在格物。”格物致知，正心诚意，首先要尊亲。尊亲的具体要求，是讲孝悌。中国传统的伦理思想以“孝悌”为本。《孝经》能侧身于中国古代最重要的经典“十三经”之列，这一事实本身就很能说明问题。郑玄解释道：《孝经》者，三才之经纬，五行之纲纪。孝为百行之首，经者不易之称。”④

孝，指“善事父母”；悌，指“敬爱兄长”。“教民亲爱，莫善于孝；教民礼顺，莫善于悌。”⑤“君子之事孝亲，故忠可移于君；事兄悌，故顺可移于长。”⑥孝悌之心可推而广之，由尽孝而尽忠，由事兄而敬长。家庭血缘的亲情进一步放大，可作为社会一般成员之间和睦相处的伦理准则。“夫孝，始于事亲，中于事君，终于立身。”⑦于是，尊亲便提升为尚德。

---

① 参见冯天瑜、何晓明、周积明：《中华文化史》第 2 版，上海人民出版社 2005 年版，第 184 页。

② 王国维：《殷周制度论》，《观堂集林》卷十。

③ 梁启超：《新大陆游记》，《饮冰室合集·专集》第五册。

④ 《孝经·郑氏序》。

⑤ 《孝经·广要道章》。

⑥ 《孝经·广扬名章》。

⑦ 《孝经·开宗明义章》。

“德”的观念，由周人首先提出。“皇天无亲，唯德是辅①。”《诗经》、《尚书》一再赞颂的周代先王，就是“敬德”的楷模。郭沫若解释：“德字照字面上看来是从直从心，意思是把心思放端正，便是《大学》上所说的‘欲修其身者先正其心’。但从《周书》和‘周彝’看来，德字不仅包括主观方面的修养，同时也包括客观方面的规模——后人所谓‘礼’。”“礼是由德的客观方面的节文所蜕化下来的，古代有德者的一切正当行为的方式汇集了下来便成为后代的礼。德的客观上的节文，《周书》中说得很少，但德的精神上的推动，是明白地注重在一个‘敬’字上的。敬者警也，本意是要人时常努力，不可有丝毫的放松。”②

作为主观修养方面的“德”，内涵丰富。人们常说的仁义礼智信，温良恭俭让，礼义廉耻，忠孝节义等等，均在此列。将主观修养方面的“德”的具体要求条理化、规范化，便有了“礼”。中国之所以被称为“礼仪之邦”，其内在的依据是中国人数千年一贯制地将“立德”作为超越生命价值的永恒追求。据《左传》记载，晋臣范宣子问鲁国大夫叔孙豹，什么叫做“死而不朽”。叔孙豹回答：“太上有立德，其次有立功，其次有立言，虽久不废，此之谓不朽。”作为对比，“若夫保姓受氏，以守宗祊，世不绝祀，无国无之。禄之大者，不可谓不朽。”③叔孙豹在这里提出的人生“三不朽”，以“立德”最为难能可贵。“当一个人确立其崇高的道德，建树其宏伟的功业，留下内容与形式双美的言论文字，其德、行、言影响时人和后人至深至远，其人便经久而名不废，与无止境的历史同在。”④

人生“三不朽”不是人人都可以达到的境界，但是基本的“德行”——“仁者爱人”，却是人人都不难做到的。从逻辑上讲，“爱人”当然是从身边最亲密的人爱起，然后推而广之。“弟子入则孝，出则悌，谨而信，泛爱众，而亲仁。”⑤“老吾老以及人之老，幼吾幼以及人之幼。”⑥所以，“君子务本，本立而道生。孝悌也者，其为仁之本欤。”⑦“仁者爱人”的基本规范是将爱己之心推及他人，“夫仁者，己欲立而立人，己欲达而达人。能取近譬，可谓仁之方也已”。⑧ 这一道理反过来讲，便是

---

① 《左传·僖公五年》引《周书》。

② 《郭沫若全集》历史编，第1卷，人民出版社1982年版，第336页。

③ 《左传·襄公二十四年》。

④ 冯天瑜：《中华元典精神》，上海人民出版社1994年版，第195页。

⑤ 《论语·学而》。

⑥ 《孟子·梁惠王上》。

⑦ 《论语·学而》。

⑧ 《论语·雍也》。

“己所不欲,勿施于人”。①

尊亲尚德,领导者应率先垂范,这是中国古代政治的优良传统。儒家修身、齐家、治国、平天下的道理,首先是以统治阶层为宣传对象的。“季康子问政于孔子,孔子对曰:‘政者,正也。子帅以正,孰敢不正。’”②“其身正,不令而行;其身不正,虽令不行。”③他生动地比喻说:“为政以德,譬如北辰居其所而众星共之。”④

全社会尊亲尚德所能达到的理想境界,儒家经典《礼记·礼运》有如下描绘:“大道之行也,天下为公,选贤与能,讲信修睦。故人不独亲其亲,不独子其子,使老有所终,壮有所用,幼有所长,鳏寡孤独废疾者皆有所养,男有分,女有归。货恶其弃于地也,不必藏于己;力恶其不出于身也,不必为己。是故谋闭而不兴,盗窃乱贼而不作,故外户而不闭,是谓大同。”

只要人人都献出一点爱,世界将变成美好的人间。“大同”社会是中华民族几千年追求的“乐土”,也是全人类的共同理想。在努力建设社会主义和谐社会的伟大事业中,继承古代文化珍贵遗产,在健全法制秩序的同时,发扬尊亲尚德的传统精神,是现代文明的题中应有之义。我们应当为之努力奋斗。

思考题:

1. 为什么说中国文化精神是中华民族智慧的结晶?
2. 中国文化精神对当代大学生有何启迪与激励作用?

---

① 《论语·颜渊》。
② 《论语·颜渊》。
③ 《论语·为政》。
④ 《论语·为政》。

推荐阅读书目

1. 钱穆. 中国文化史导论[M]. 北京:商务印书馆,1994.

2. 冯天瑜. 中华元典精神[M]. 上海:上海人民出版社, 1994.

3. 袁珂. 中国古代神话[M]. 北京:中华书局, 1960.

4. 徐扬杰. 中国家族制度史[M]. 北京:人民出版社, 1992.

5. 冯友兰. 中国哲学简史[M]. 北京:北京大学出版社, 1985.

6. 刘泽华. 中国的王权主义[M]. 上海:上海人民出版社, 2000.

7. 徐复观. 中国艺术精神[M]. 沈阳:春风文艺出版社, 1987.

8. 章培恒,骆玉明. 中国文学史[M]. 上海:复旦大学出版社, 1996.

9. 钟敬文. 民俗学概论[M]. 上海:上海文艺出版社, 1998.

10. 钟叔河. 走向世界[M]. 北京:中华书局, 1985.

11. 沈福伟. 中西文化交流史[M]. 上海:上海人民出版社, 1985.

12. 姜义华. 中华文化读本[M]. 上海:上海人民出版社, 2004.

13. 葛兆光. 宅兹中国:重建有关"中国"的历史论述[M]. 北京:中华书局,2011.

14. 黄兴涛. 重塑中华:近代中国"中华民族"观念研究[M]. 北京:北京师范大学出版社,2017.

后 记

本书是我与湖北经济学院曹流副教授合作的成果。我负责全书的结构设计、章节安排、标题拟订、大部分文字的撰写及全书定稿，曹流参与了第一、二、三、七、十、十一章的部分撰写工作。

感谢责任编辑孟岩岭先生为本书出版所作的建设性贡献。

何晓明

2007 年 7 月 10 日

于湖北大学中国思想文化史研究所

再版后记

本书此次再版，内容未作大的修改，仅做了若干文字订正工作。我的研究生程太红同学协助核查了大量的引证资料，认真负责，特此表示深深的谢意。

何晓明
2011年5月28日
于湖大教师公寓望湖居

三版后记

《中国文化概论》有机会出第三版,略感意外,亦觉欣慰。借此机会,调整了有关时效性的内容,又对全书做了一遍较为细致的文字订正。推荐阅读书目,也有增补。

何晓明

2018 年 11 月 15 日

于湖北大学教师公寓望湖居